2040
위대한 격차의 시작

2040
위대한 격차의 시작

기술의 진화가 기하급수적 차이를 만든다

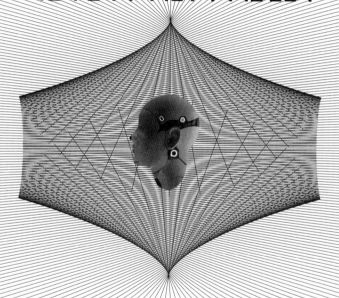

아짐 아자르 지음 | 장진영 옮김

EXPONENTIAL

청림출판

일러두기

이 책의 주와 참고 문헌을 PDF 파일로 제공합니다.

아래 QR코드를 통해 청림출판 홈페이지에서 내려받으시면 됩니다.

새로운 기술은 우리를
어디로 데려가는가

내 집은 런던 북서부의 크리클우드 지역과 골더스그린 지역 사이에 있다. 유럽과 미국의 교외에서 흔히 볼 수 있는 전원주택으로 꽤나 최근에 지어졌다. 1920년 지도를 보면, 이 일대는 모두 농지였다. 내 연립주택이 지어진 토지는 농지 한복판에 있다. 현재 진입로가 나 있는 곳에 사람이나 말이 다닐 만한 너비의 길이 있었고, 지금 내가 살고 있는 지역의 경계가 문과 산울타리로 표시되어 있었다. 북쪽으로 200여 미터 떨어진 곳에는 대장간이 있었다.

불과 몇 년 뒤에 풍경이 완전히 바뀌었다. 1936년 지도를 보면, 농지는 내가 매일 거니는 거리가 되었다. 대장간이 사라졌고 공장이 들어섰다. 전간戰間 시대에는 벽돌집들이 가지런히 들어섰다. 특이한 유리 증축 건물들은 사라졌지만, 이 벽돌집들은 여전히 그 자리를 지키고 있다. 이는 경이로운 '변형'으로, 현대 생활방식의 등장을 보여준다.

1880년대 후반까지만 해도 런던의 생활 모습은 훨씬 이전 시대와 닮아 있었다. 수많은 말이 길 위를 달렸고, 길 위에서 아무렇게나 배설을 했다. 대부분의 가사는 수작업이었고, 많은 사람이 수백 년 된 허름한 건물에서 살을 부대끼며 살았다. 하지만 1890년대 초반부터 변화가 시작되었다. 이때부터 20세기의 핵심 기술들이 자리를 잡기 시작했고, 이러한 기술로 나타난 변화는 대부분 1920년대에 완성되었다. 1925년 런던 중심부의 사진을 보면, 말이 사라진 거리에 자동차와 버스가 달린다. 전력망이 화력발전소에서 사무실과 가정으로 전력을 공급했다. 많은 가정에 전화선이 연결되면서, 사람들은 먼 곳의 친구들과도 대화를 나눌 수 있었다.

이런 변화는 사회 대변혁을 가져왔다. 현대적인 생산 체계가 발달했고, 복지 혜택이 포함된 근로계약도 등장했다. 새로운 교통수단은 통근을 가능케 했고, 공장의 전기화는 들으면 알 만한 브랜드를 지닌 대기업을 등장시켰다. 타임머신을 타고 1880년대로 되돌아간 1980년대 사람은 완전히 생경한 풍경과 마주하게 될 것이다. 1930년대로만 되돌아가더라도 그 생경함은 훨씬 덜할 것이다.

이러한 20년에 걸친 전환은 기술이 가져올 수 있는 갑작스럽고 극적인 변화를 보여준다. 부싯돌 도끼와 목재 뒤지개를 사용하던 시절부터 인류는 기술자였다. 인류는 스스로 삶을 편리하고 윤택하게 만들고자 애쓴다. 그리하여 이 목표를 달성하는 데 도움이 될 도구와 기술을 개발해낸다. 인류는 오랫동안 이렇게 개발한 기술로 세상의 정의를 다시

서론

써내려갔다. 농사를 짓던 인류는 새로운 기술로 무언가를 만들어냈다. 육로로만 이동하다가 하늘을 날아다녔고, 이제는 우주까지 여행하게 되었다. 여기저기 떠도는 유목 생활은 작은 마을을 이루면서 정착 생활로 변했고, 그 작은 마을들이 거대한 도시로 변했다.

하지만 지금의 런던 북서부에 살던 나의 선조들이 배웠듯이, 인류가 만들어낸 기술은 사회를 예상하지 못한 방향으로 이끌 수 있다. 새로운 기술이 자리를 잡으면, 인간의 삶은 전반적으로 엄청난 영향을 받을 수 있다. 다시 말해 하나의 기술이 직업, 전쟁, 정치, 심지어 태도와 습관 등 모든 것을 바꿀 수 있다. 경제학 용어를 빌리면, 기술은 인류의 삶을 정의하는 다른 요소들에 대하여 '외생적'이지 않다. 기술은 정치, 문화 그리고 사회 시스템과 결합하고 이는 대체로 극적이고 뜻밖이다.

기술은 다른 요소들과 예기치 못하게 결합하여 때로는 서서히, 때로는 빠르고 급격하게 변화를 가져온다. 이런 이유로 기술을 분석하는 것은 매우 어렵다. 복잡한 시스템의 서로 다른 요소들이 어떻게 상호작용하는지를 밝히기 위해 '복잡성 과학'이라는 새로운 학문이 등장했다. 복잡성 과학은 예를 들어 서로 다른 종들이 어떤 관계를 맺으며 생태계를 구성하는지를 연구한다. 인간 사회는 궁극의 '복잡한 시스템'이다. 그것은 개인, 가정, 정부, 비즈니스, 신념, 기술 등 끊임없이 상호작용하는 수많은 요소로 구성된다.

복잡성 과학에 따르면, 서로 다른 요소들이 연결되어 있다는 것은 어느 한 부분에서 생겨난 작은 변화가 시스템 전반에 영향을 미칠 수 있다는 의미다. 그리고 이런 변화는 혼란스럽고 갑작스럽고 심오할 수 있다.[1] 설령 시스템의 구성 요소에 대해 높은 수준의 지식을 갖추고 있더라도 어느 한 부분의 변화가 어디까지 영향을 미칠지 예측하는 것은 거의 불가능하다.[2] 새로운 기술은 처음에는 작은 사회 변화를 일으킬지도 모른다. 하지만 그것은 결국에 엄청난 파장을 일으키며 연쇄적으로 변화를 낳고 사회 전반을 뒤흔들 것이다.

이러한 파급효과를 복잡성 과학에서는 '피드백 루프feedback loop'라고 부른다. 피드백 루프가 퍼지기 시작하면, 사람들은 불편한 감정을 경험한다. 20세기의 전환기에 발행된 신문만 봐도, 갑작스러운 변화가 불안을 야기한다는 것을 알 수 있다. 1세기 전 〈뉴욕 타임스New York Times〉 기사를 재빨리 훑어보면, 미국인들이 엘리베이터·전화·텔레비전 등에 대해 불안해했다는 것을 알 수 있다.[3]

물론 엘리베이터에 대한 불안감은 당시에 큰 문젯거리는 아니었다. 하지만 이러한 혁신들은 변화의 속도에 대한 사람들의 불안감을 상징하게 되었다. 기술적 변화가 어느 한 영역 안에서 끝나는 예가 거의 없다는 사실을 우리는 직관적으로 안다. 엘리베이터의 등장으로 하늘을 찌를 듯한 고층 건물이 속속 등장했고, 그것은 도시의 설계와 경제를 혁명적으로 바꿨다. 전화는 사람들을 연결하여 동료와 친구와의 소통 방식을 철저하게 바꿨다. 새로운 기술이 등장하여 자리를 잡으면, 그 영향은 도처에서 느껴진다.

오늘날 인류는 또 하나의 급격한 전환의 시기를 겪고 있다. 사람들이 기술에 대해 어떤 식으로 말하는지만 봐도 이를 명확히 알 수 있다. 에델만Edelman은 공공 영역에서의 신뢰도 조사를 매년 실시하는 세계적인

PR 기업이다. 20개국의 3만 명을 대상으로 실시되는 이 조사는 빠르게 변하는 기술에 대해 편안함을 느끼는지 묻는다. 2020년 조사에 참가한 응답자의 60퍼센트 이상이 '변화의 속도가 지나치게 빠르다'고 느꼈다. 그런데 이렇게 느끼는 응답자 수는 몇 년 동안 급격하게 증가하고 있다.[4]

사람들은 항상 기술적 변화와 사회적 변화가 지나치게 빠르다고 느끼기 쉽다. 1세기 전에도 그러했고, 지금도 그렇게 느낀다. 이 책에서는 인류가 이례적으로 빠른 변화의 시대를 살아가고 있고, 이런 변화는 갑작스러운 기술 발전에 의해 생겨나고 있다고 주장한다. 21세기 초에는 산업화 시대의 본질적 의미를 규정하는 핵심 기술들이 변하고 있다. 우리 사회는 컴퓨팅 기술과 인공지능, 재생에너지로 생산된 전기와 에너지 저장, 생물학과 제조업의 중대한 발전 등 수많은 혁신 덕분에 앞으로 빠르게 나아가고 있다.

이런 혁신들은 인류가 아직까지 완전히 이해하지 못한 방식으로 발전하고 있다. 그것들이 발전하고 있다는 사실이 그것들을 특별하게 만든다. 혁신은 날이 갈수록 폭발적인 속도로 점점 더 빨라지고 있다. 기술적 변화가 빠르게 일어나던 이전 시기처럼, 그 영향이 사회 전반에 걸쳐 느껴진다. 그것은 새로운 서비스와 상품의 출현뿐 아니라 오래된 기업과 새로운 기업, 고용자와 피고용자, 도시와 국가, 시민과 시장의 관계도 바꿔 놓고 있다.

복잡성 과학을 탐구하는 과학자들은 한 시스템 안에서 일어나는 과격한 변화의 순간을 '상전이phase transition'라 일컫는다.[5] 물이 수증기로 변할 때, 화학적으로 동일하지만 작용 방식은 완전히 달라진다. 사회 역시 이러한 상전이를 겪을 수 있다. 어떤 순간들은 갑작스럽고, 단속적이고, 상전벽해처럼 느껴진다. 콜럼버스가 아메리카 대륙을 발견한 순간이나 베를린 장벽이 무너진 순간을 생각해보라.

사회가 빠르게 재편되고 있는 오늘이 이런 순간이다. 사회는 상전이에 이르렀고, 우리는 사회 시스템의 전환을 눈앞에서 목격하고 있다. 물이 수증기가 되고 있는 것이다.

기술은 새롭고, 위험하고, 예기치 못한 방향으로 진화한다

21세기 초 사회의 전환이 이 책의 핵심이다. 이 책에서는 새로운 기술이 얼마나 더 빨리 등장하고 있는지를 살핀다. 그리고 그것이 우리의 정치와 경제, 생활방식에 미치는 영향을 설명한다.

하지만 이 책에서는 기술에 의한 급격한 사회 변화를 비관적으로 바라보지 않는다. 이 책에서 다룰 기술들은 불가피하게라도 사회에 부정적인 영향을 주지 않는다. 인류에게 가장 중요한 사회의 구성 요소는 기업과 문화, 법 등인데, 그것들은 일찍이 등장한 새로운 기술들이 가져온 변화들에 반응하여 변한다. 적응성은 인류 역사의 본질을 규정하는 주된 특징 중 하나다. 새로운 기술이 등장하면, 그것은 제일 먼저 혼란을 낳는다. 사람들은 그 혼란에 적응하고, 결국 번창하는 법을 배운다.

나는 기술적 변화를 이해하는 데 도움이 될 용어가 부족해서 이 책을 쓰게 되었다. 애석하게도 세상을 바꾸는 새로운 기술에 대한 대중적인 논의는 제한적이다. 뉴스를 보거나 오랫동안 기술의 중심지로 여겨지는 실리콘밸리에서 나오는 블로그만 읽어봐도 알 수 있는 명백한 사실이다. 새로운 기술이 세상을 바꾸고 있다. 하지만 어떤 기술이 세상을 바꾸고 있는지, 그 기술이 왜 중요한지, 그리고 우리가 어떻게 대응해야 하는지에 대해서는 오해가 팽배해 있다.

나는 기술에 대한 대중적 논의에 크게 두 가지 문제점이 있다고 보는데, 그것이 바로 이 책에서 다루고 싶은 문제다. 첫 번째 문제는 우리가 기술을 이해하고 관계를 맺는 방법에 대한 오해다. 사람들은 흔히 왠지 기술은 인류와 관계없이 독립적으로 존재한다고 생각한다. 기술은 독립적으로 개발되고, 그것을 개발한 인류의 편견과 권력 구조를 반영하지 않는다고 생각한다. 이런 식으로 생각하면 기술은 몰가치성을 지닌다. 그러므로 기술은 가치중립적이고, 그것을 선하게 쓸지 악하게 쓸지를 결정하는 것은 그 기술의 소비자다.

이러한 시각이 특히 실리콘밸리에 흔하게 존재한다. 2013년, 구글Google 회장 에릭 슈미트Eric Schmidt는 다음과 같이 썼다. "기술 산업의 본질은 기술은 중립적이나 사람은 그렇지 않다는 것이다. 하지만 이것은 온갖 잡음 속에서 주기적으로 상실된다."[6] 기술 강의를 하는 조직인 싱귤래리티대학교Singularity University의 창립자일 뿐 아니라 엔지니어이자 의사인 피터 디아만디스Peter Diamandis는 다음과 같이 썼다. "컴퓨터는 확실히 자기 역량 강화에 최고의 도구이지만, 그것은 단지 도구일 뿐이고 다른 모든 도구와 마찬가지로 근본적으로 가치중립적이다."[7]

이것은 기술을 개발해내는 사람들에게는 편리한 생각이다. 기술이 가치중립적이라면, 기술 개발자는 자신의 생각을 바탕으로 새롭고 쓸모 있는 간단한 장치만 만들면 된다. 기술이 서서히 어떤 영향력을 행사하기 시작하면, 그 책임은 개발자가 아닌 사회에 있다. 하지만 기술이 가치중립적이지 않다면, 다시 말해 기술에 어떤 형태의 이데올로기나 권력 체계가 표현된다면, 기술 개발자는 더 신경 써서 기술을 개발해야 한다. 그리고 사회는 기술 개발자와 그가 개발한 기술을 관리하거나 규제하고 싶어 할 것이다. 그리고 이러한 규제가 기술 개발에 귀찮은 걸림돌이 될지도 모른다.

기술 개발자들에게는 안타까운 말이지만, 기술에 관한 그들의 관점은 한낱 허구다. 기술은 사용자가 원하는 대로 사용하는(또는 오용하는) 가치중립적인 도구가 아니다. 기술은 사람이 만든 인공물이다. 개발자는 자신의 개인적인 선호에 따라 원하는 기술을 개발하고 설계한다. 일부 종교적 문헌에 인간은 신의 모습을 본떠서 만들어졌다고 씌어 있듯이, 도구도 그것을 설계하는 사람의 이미지를 본떠서 만들어진다. 그것은 우리가 만들어낸 기술이 흔히 나머지 사회에 존재하는 권력 체계를 다시 만들어낸다는 뜻이다. 전화기는 여자가 아닌 남자의 손에 꼭 맞게 설계된다. 많은 약물이 흑인과 아시아인에게 덜 효과적이다. 제약 업계는 주로 백인 소비자를 위해 약물을 개발하기 때문이다. 기술을 만들 때, 우리는 이러한 권력 체계가 더 오래가길 바랄지도 모른다. 그래서 인간보다 더 이해하기 어렵고 덜 책임감 있는 사회 기반 시스템에 맞게 기술을 개발하는지도 모른다.

그러므로 이 책에서는 기술을 나머지 사회 시스템과는 별개인 추상적인 개념으로 분석하지 않는다. 설령 인간 사회를 과격하고 예기치 못하게 바꿀 수 있다고 하더라도, 사람이 만들고 사람의 욕구를 반영하는 것으로 기술을 바라본다. 이 책에서는 기술 자체뿐 아니라 그것이 사회, 정치, 경제 조직과 어떻게 상호작용하는지를 면밀히 살핀다.

기술에 관한 대중적 논의가 안고 있는 두 번째 문제는 훨씬 더 심각하다. 기술 업계에 몸담고 있지 않은 사람들 중에서 대다수가 기술을 이해하려는 노력을 전혀 하지 않는다. 심지어 기술에 제대로 대응하는 방법조차 고민하지 않는다. 정치인들은 대체로 주류 기술의 지극히 기본적인 작동 방식에 대해 완전히 무지하다.[8] 그들은 건초로 자동차의 연료통을 채우려는 사람 같다. 2020년 12월 영국과 유럽연합이 맺은 브렉시트 무역협정에서는 넷스케이프 커뮤니케이터Netscape Communicator를 '현대의 이메일 소프트웨어 패키지'로 표현한다. 하지만 이 소프트웨어는 1997년 이후로 존재하지도 않는다.

새로운 기술을 이해하는 것이 어렵다는 점을 인정한다. 새로운 기술을 이해하려면 다양한 새로운 혁신에 관한 지식이 필요하다. 그리고 사회의 기존 규칙, 기준, 제도와 관행에 관한 이해도 필요하다. 다시 말해, 기술을 효과적으로 분석하려면 동시에 두 세계에 발을 담그고 있어야 한다. 이것은 1959년 영국 과학자이자 소설가 C.P. 스노C.P. Snow가 했던 유명한 강연을 생각나게 한다. 그는 지적 삶이 특히 영국 대중의 삶에서 문학과 과학으로 양분되고 있다고 걱정했다. 이 '두 문화 영역'은 교차하지 않고, 어느 한 영역을 이해하는 사람은 다른 영역을 좀처럼 이해하지 못했다. 두 영역 사이에는 기술과 과학의 진보를 업신여기고 예술가인 척 고상을 떠는 옥스브리지Oxbridge(옥스퍼드대학교와 케임브리지대학교를 아울러 이르는 말—옮긴이) 졸업생들로 구성된 '퇴영적인 지식 계급'이 만들어낸 '상호 이해 부족이라는 간극'이 존재했다. 스노에 따르면 그것은 처참한 결과로 이어질 가능성을 안고 있었다. 그는 "두 영역의 사이가 멀어져서 그 어떤 사회도 지혜롭게 사고하지 못하게 될 것"이라고 말했다.[9]

오늘날 문학과 과학의 사이는 어느 때보다 더 벌어졌다. 특히나 소프트웨어 엔지니어, 상품 개발자, 실리콘밸리의 기술 기업 임원 등 기술자와 나머지 사람들 사이에 엄청난 간극이 존재한다. 기술 영역은 계속해서 새롭고, 위험하고, 예기치 못한 방향으로 발전하고 있다. 하지만 대다수 논평가와 정책 입안자가 속한 인문학과 사회과학 등의 다른 영역은 기술 변화의 속도를 따라가지 못하고 있다. 두 영역 사이 대화의 부재 속에서 각 영역을 대표하는 사상가들은 옳은 해결책을 제시하는 데 어려움을 겪게 될 것이다.

첨단 기술과 뒤처지는 사회 사이의 아주 깊은 골짜기

이 책은 이 두 영역을 연결하려는 나의 작은 시도다. 한편으로 기술자들이 기술을 개발하려는 자신들의 노력을 더 넓은 사회적 맥락에서 바라볼 수 있도록 돕고, 다른 한편으로 비기술자들이 빠른 사회 변화의 시대를 떠받치고 있는 기술을 더 잘 이해하도록 돕고자 한다.

서로 다른 학문을 결합하는 것은 내게 낯설지 않다. 오히려 꼭 맞는 옷을 입은 것과 다름없다. 나는 최초의 상업용 컴퓨터 프로세서가 출시되고 1년 뒤에 태어났고, 웹사이트가 최초로 개발된 시기에 대학교를 다닌 인터넷 세대다. 기술 업계에서 일하면서 1995년 영국 일간지 〈가디언The Guardian〉을 위해 웹사이트를 만들었다. 내가 만든 첫 웹사이트였다. 나는 1998년 이후로 네 개의 기술 기업을 설립했고, 30개 이상의 스타트업에 투자했다. 새천년이 시작될 무렵 붕괴된 닷컴 버블도 견뎌냈다. 그 이후에 나는 로이터Reuters에서 혁신 그룹을 이끌었다. 우리는 헤지펀드 매니저들과 인도 농부들을 위해 이상한, 때때로 기가 막힌 제품을 개발했다. 나는 수년간 유럽의 벤처 투자가들과 일했고, 거대한 야심을 품은 기술 창업자들을 지원했다. 그리고 여전히 젊은 기술 기업에 활발히 투자한다. 스타트업 투자자로서 나는 인공지능, 고급 생물학, 지속 가능성, 양자 컴퓨팅quantum computing, 전기자동차와 우주 비행 등 다양한 분야에서 활동하는 기술 기업 창립자 수백여 명과 대화를 나눴다.

하지만 나는 사회과학을 전공했다. 특이하게 나보다 훨씬 똑똑한 물리학자들과 함께 프로그래밍 강의도 들었지만, 대학에 다닐 때 나는 정치학·철학·경제학을 중점적으로 공부했다. 그리고 경력의 대부분을 기술이 기업과 사회를 변화시키는 방법과 관련하여 쌓았다. 나는 〈가디언〉에서 언론인으로서 첫발을 내디뎠고, 그 후 경제 전문지 〈이코노미스트The Economist〉로 옮겨 경력을 쌓았다. 언론인으로서 나는 소프트웨어 엔지니어링과 관련된 복잡한 주제들을 일반 대중에게 쉽게 설명해야 한다는 책임감을 느꼈다. 그리고 새로운 형태의 기술이 갖는 정치적인 영향력에 특히 관심을 가져왔다. 나는 잠시 동안 영국의 통신·인터넷·미디어 업계를 감시하는 방송·통신 규제 기관인 오프콤 Ofcom의 비상임 이사로 일했다. 2018년에는 사회에서 데이터와 인공지능을 이용하는 것이 어떤 윤리적 함의를 지니는지를 연구하는 에이다 러브레이스 인스티튜트 Ada Lovelace Institute의 상임 이사가 되었다.

지난 몇 년 동안 나는 새로운 기술이 사회에 미치는 영향을 탐구하며, 기술과 사회라는 '두 문화'를 아우르는 뉴스레터 겸 팟캐스트인 '익스포넨셜 뷰 Exponential View'에 전념했다. '익스포넨셜 뷰'는 나의 세 번째 스타트업인 피어인덱스 PeerIndex가 훨씬 더 큰 기술 기업에 인수된 이후에 시작됐다. 피어인덱스를 통해서는 사람들의 온라인 활동에 관한 방대한 공공 데이터에 머신러닝 기술을 활용하여, 공공 데이터로 해도 되는 일과 해선 안 되는 일에 관한 많은 윤리적 딜레마를 해소하고자 노력했다. 피어인덱스가 인수된 이후에 나는 뉴스레터에서 그러한 문제를 다룰 마음의 여유가 생겼다.

'익스포넨셜 뷰'는 사람들에게 반향을 불러일으켰다. 이 글을 쓸 무렵 전 세계 구독자는 거의 20만 명에 달한다. 세계적으로 유명한 창업자부터 투자자, 정책 입안자와 학자에 이르기까지 100여 개국에 걸쳐 다양하다. 그 덕분에 나는 새로운 기술이 제시하는, 무엇보다 시사하는 바가 큰 문제들에 깊이 파고들 수 있었다. 그리고 뉴스레터와 동명의 팟캐스트에서 100여 명의 엔지니어, 기업가, 정책 입안자, 역사학자, 과학자, 기업 임원들을 인터뷰했다. 지난 6년 동안 수만 가지에 달하는 책, 신문과 잡지, 블로그 포스트와 기사를 읽었다. 최근 곰곰이 살펴보니 내가 지난 50년 동안 기술을 둘러싸고 어떤 일이 일어나고 있는지를 이해하기 위해 읽은 글만 해도 무려 2000만 자에 달한다는 사실을 알게 되었다(다행히 이 책은 내가 읽은 책들보다 얇은 편이다).

그동안 조사한 것을 통해 나는 아주 단순한 결론에 이르렀다. 나는 본질적으로 두 가닥으로 방향을 잡고 이 책을 썼다. 첫째, 기술 가격은 빠르게 떨어지고 있지만 새로운 기술들은 어느 때보다 빨리 개발되고 커지고 있다. 기술들의 부상을 그래프 위에 나타내면, 지수곡선이 그려질 것이다.

둘째, 정치 규범부터 경제 시스템과 관계 형성 방식에 이르기까지 모든 제도는 더 서서히 변하고 있다. 이러한 사회 제도들의 변화를 그래프 위에 나타내면, 완만한 직선이 나올 것이다.

기술과 사회 제도의 변화 속도가 급격히 벌어지면서, 이른바 '기하급수적인 격차Exponential Gap'가 나타난다. 다시 말해 새로운 기술과 그것이 촉발한 비즈니스, 노동, 정치와 시민 사회에 대한 새로운 접근법과 변화에 뒤처진 기업, 피고용자, 정치와 폭넓은 사회 규범 사이에 아주 깊은 틈이 생긴다.

그것은 다음과 같이 더 많은 의문을 낳을 뿐이다. '기하급수적인 기술Exponential Technology'은 노동에서의 갈등과 정치에 이르는 다른 영역에 어떤 영향을 미칠까? 얼마나 오랫동안 이러한 기하급수적인 변화가 지속될까? 기하급수적인 변화가 멈추기는 할까? 정책 입안자, 사업가나 시민으로서 우리 모두가 사회를 좀먹는 기하급수적인 격차를 막기 위해 무엇을 할 수 있을까?

나는 위와 같은 의문에 가능한 한 분명한 답을 제시할 수 있도록 이 책을 체계적으로 정리했다. 먼저, 기하급수적인 기술이 무엇인지 설명하고, 왜 생겨났는지 살펴볼 것이다. 현 시대는 여러 개의 새로운 '범용 기술general purpose technologies'의 등장으로 정의된다. 각각의 범용 기술은 기하급수적으로 개선된다. 이야기는 컴퓨팅 기술에서 시작되지만 에너지와 생물학, 제조업도 아우를 것이다. 새로운 범용 기술의 등장으로 생겨난 변화의 폭은 우리가 인간 사회와 경제 조직의 완전히 새로운 시대에 들어섰다는 것을 의미한다. 이러한 시대를 우리는 '기하급수적인 시대Exponential Age'라고 부른다.

그다음에 기하급수적인 시대가 인간 사회에 대해 갖는 함의를 좀 더 포괄적으로 살펴볼 것이다. 기하급수적인 시대는 기하급수적인 격차의 출현을 의미한다. 인위적인 제도들이 새로운 기술의 등장으로 나타난 변화에 서서히 적응하는 데는 많은 이유가 있다. 새로운 기술로 말미암은 기하급수적인 변화를 개념화하는 데 심리적으로 애를 먹고, 그 변화에 따라 거대한 조직의 방향을 전환하는 데에도 어려움이 내재해 있다. 이로 인해 기술과 사회 제도 사이가 계속 벌어진다.

하지만 실제로 기하급수적인 격차에는 어떤 영향이 있을까? 그와 관련해 우리는 무엇을 할 수 있을까? 이 책의 중후반에서 이러한 의문을 중점적으로 다룰 것이다. 이를 위해 경제와 노동부터, 무역과 갈등의 지정학적 특성과, 시민과 사회의 폭넓은 관계에 이르기까지 다양한 분야를 살펴볼 것이다.

첫 번째로 기하급수적인 기술이 기업에 미치는 영향을 살펴볼 것이다. 기하급수적인 시대에 기술 주도형 기업들은 이전에 생각했던 것보다 더 크게 성장하고, 전통적인 기업들은 뒤처진다. 이것은 승자독식 시장으로 이어진다. 소수의 슈퍼스타들이 시장을 지배하고, 패배한 경쟁자는 하찮은 존재로 추락한다. 기하급수적인 격차가 생겨난다. 다시 말해 시장 권력, 독점, 경쟁과 세금을 둘러싼 기존의 규칙과 최근에 등장하여 시장을 장악한 거대한 기술 기업 사이에 큰 틈이 생긴다.

이러한 거대한 기술 기업의 등장으로 피고용인의 전망이 어떻게 변하고 있는지도 살펴볼 것이다. 피고용인과 고용인의 관계는 유동적이어서 항상 변한다. 하지만 지금 어느 때보다 둘의 관계가 빠르게 변하고 있다. 슈퍼스타들은 긱 플랫폼gig platform의 영향을 받는 새로운 형태의 노동을 선호한다. 이것은 피고용인의 입장에서 달갑지 않은 일이다. 현재의 법과 고용 관행은 노동을 둘러싼 변화하는 규범에 대응하는 데 애를 먹는다.

두 번째로 지정학적 전환을 살펴볼 것이다. 기하급수적인 기술들이 무역, 힘의 충돌과 지구적 균형을 어떻게 재편하고 있는지를 논할 것이다. 현재 두 가지 큰 변화가 일어나고 있다. 첫 번째 변화는 지역으로의 귀환이다. 혁신은 원자재를 확보하고, 제품을 만들고, 에너지를 생산하는 방식을 바꾼다. 우리가 살고 있는 지역 안에서 위 세 가지 활동이 모두 가능해지고 있다. 그와 동시에 경제 시스템이 점점 복잡해지면서 도시라는 단위가 이전보다 더 중요해질 것이다. 이것은 지방자치단체와 중앙정부 사이에 긴장을 초래한다. 산업 시대가 세계화라면, 기하급수적인 시대는 재지역화다. 두 번째 변화는 전쟁의 전환이다. 세계가 다시 지역화하면서, 세계 갈등의 패턴이 변할 것이다. 국가와 다른 행위자가 사이버 위협부터 드론과 허위 정보에 이르기까지 새로운 적대적 전술을 활용할 수 있게 될 것이다. 이러한 전술이 갈등을 촉발하는 비용을 급격히 낮춰서 갈등이 훨씬 더 흔해질 것이다. 그리하여 새로운 첨단 기술을 이용한 공격력과 사회의 방어력 사이에 격차가 생길 것이다.

세 번째로 기하급수적인 시대가 시민과 사회의 관계를 어떻게 재편하는지 살펴볼 것이다. 한 국가와 맞먹는 규모를 지닌 기업들이 증가하고 있다. 그들은 사기업의 역할에 관한 지극히 기본적인 관념에 이의를 제기한다. 시장이 공공 영역과 사생활을 깊이 파고들고 있다. 대국민 담화는 갈수록 사적으로 소유된 플랫폼에서 이뤄진다. 개인의 지극히 사적인 정보가 데이터 경제의 등장으로 온라인에서 거래된다. 심지어 친구를 만나고 커뮤니티를 형성하는 방법마저도 하나의 상품으로 변했다. 하지만 우리는 여전히 산업 시대에 형성된 시장 역할에 관한 관념을 고수한다. 그래서 이러한 변화가 우리의 가장 소중한 가치들을 무너뜨리지 못하도록 막을 도구를 확보하지 못한 상태다.

다시 말해, 기하급수적인 격차는 우리 사회를 구성하는 많은 요소에 도전하고 있다. 그러나 우리는 이러한 도전에 대응할 수 있다. 그래서 이 책의 마지막 부분에서는 기하급수적인 변화의 시대에 승승장구하는 데 필요한 원칙들을 살펴볼 것이다. 예를 들어 현재의 제도들을 빠른 전환에 더 탄력적으로 반응하도록 만들고 공동 소유와 의사 결정의 권력을 거듭 거론하는 것이다. 나는 이 책이 기술이 어떻게 우리 사회를 바꾸고 있는지를 이해하고 그와 관련하여 우리가 무엇을 할 수 있는지를 고민하는 데 전체론적 관점을 제시할 수 있기를 바란다.

서론

새로운 세상의 지형을 파악하기 위한 안내서

내가 이 책을 쓰는 동안에도 세상은 극적으로 변했다. 처음 조사를 시작했을 때 코로나바이러스 같은 것은 존재하지 않았고, 봉쇄 조치는 좀비 영화에나 등장했다. 하지만 이 책의 초고를 절반 정도 썼을 무렵 전세계적으로 각국은 국경을 봉쇄하고 사람들에게 밖으로 나가지 말고 집 안에 머물라는 조치를 내리기 시작했다. 이 모든 것이 코로나바이러스가 자국의 보건 시스템과 경제를 붕괴시키지 못하도록 막기 위해 불가피한 결정이었다.

어떤 면에서 코로나바이러스가 촉발한 팬데믹은 명백히 저차원의 기술이다. 봉쇄 조치는 질병의 확산을 막기 위해 수천 년 동안 사용된 수단이다. 격리 조치는 전혀 새로운 것이 아니다. 그것은 흑사병이 창궐하던 시기에 유래된 용어다. 선원들은 상륙하기 전 40일 동안 선박에서 격리된 채 머물러야 했다. 한낱 바이러스 때문에 세계경제가 둔화하는 것을 보면서, 기술이 아직까지 해결하지 못한 아주 오래된 문제들이 얼마나 많은지 새삼 다시 깨닫게 된다.

하지만 팬데믹 사태는 이 책이 전달하고자 하는 핵심 아이디어를 강조한다. 바이러스의 확산은 기하급수적인 증가를 통제하기 어렵다는 것을 보여주었다. 코로나바이러스는 서서히 우리에게 영향을 미치기 시작하다가 한순간에 폭발했다. 한때 모든 것이 괜찮아 보였지만, 보건 시스템은 새로운 바이러스의 등장으로 붕괴 직전으로 내몰렸다. 세계 각국, 특히 미국과 유럽의 안일한 대응이 보여주듯이, 인류는 코로나바이러스와 그 확산 속도를 이해하는 데 무진장 애를 먹었다.

이와 동시에 코로나바이러스로 야기된 팬데믹은 최신 기술의 힘을 여실히 보여주었다. 대부분의 선진국에 내려진 봉쇄 조치는 빠른 인터넷에 많은 이가 접속할 수 있었기에 가능했다. 이 시기에 대부분의 시간을 집에서 보낸 사람들은 한시도 휴대전화를 손에서 내려놓지 않았다. 무엇보다 눈에 띄는 것은 1년 안에 과학자들이 수십 개의 새로운 백신을 개발해냈다는 것이었다. 알다시피 그것은 머신러닝과 같은 혁신 덕분에 가능했다. 어떤 면에서 기하급수적인 기술이 코로나바이러스에 패기 있게 맞선 것이다.

무엇보다도 팬데믹은 영상통화나 소셜미디어 플랫폼 등 기하급수적인 시대의 기술들이 우리의 일상 구석구석에 스며들었다는 것을 여실히 보여주었다. 그것은 갈수록 더욱 자명해질 것이다. 변화의 속도가 빨라지면서 기술과 인구 변동부터 국정 운영과 경제 정책까지 모든 영역은 끊임없이 상호작용할 것이다. 기술 영역과 정치 영역을 분명히 구분하는 것은 쓸모없어질 것이다. 기술은 정치 제도를 다시 만들고, 정치 제도는 기술을 형성한다. 기술 영역이나 정치 영역에 대한 건설적인 분석에는 두 영역 모두에 대한 분석이 필요하다. 정치뿐 아니라 경제나 문화 또는 비즈니스 전략도 마찬가지다.

기술과 경제, 정치, 사회의 지속적인 피드백 루프 때문에 미래를 안정적으로 예측하는 것은 쉽지 않은 일이 되었다. 내가 이 책을 쓰는 동안에도 책의 주제는 계속 변하고 있었다.

우리는 기술이 어느 때보다 더 좋게, 더 빨리, 그리고 더 다양하게 변하는 시대를 살아가고 있다. 이것은 우리의 삶을 정의하는 많은 규범과 제도의 안정성을 약화하고 있다. 그리고 지금 당장 우리가 원하는 미래로 가는 데 도움이 될 로드맵이 우리에게는 없다.

어쩌면 이 책이 완전한 로드맵이 되지는 못하겠지만, 미래의 지형을 파악하고 옳은 방향으로 나아가는 데 도움이 되기를 바란다.

아짐 아자르

차 례

4장 한계의 한계를 넘다 _기하급수 시대의 기업

5장 AI가 대체할 수 없는 일 _기하급수 시대의 노동

6장 세계화의 종말과 도시의 부상 _기하급수 시대의 세계

7장 통제할 수 없는 공격에 대처하라
_기하급수 시대의 분쟁

8장 혁신의 방향은 인간이 결정한다
_기하급수 시대의 시민

1장

거대한 변화의 조짐

EXPONENTIAL

EXPONENTIAL

●

　　　　　　　　나는 실리콘밸리라는 곳을 알기도 전에 컴
퓨터를 접했다. 때는 1979년 12월이었다. 바로 옆집에 살던 이웃이 직
접 조립해서 사용하는 컴퓨터 키트를 샀던 것이다. 그는 거실에서 컴퓨
터를 조립해 흑백 TV에 연결했다. 솜씨 있게 몇 가지 명령어를 입력하
자, TV 화면이 순식간에 컴퓨터 화면으로 변했다.

　겨우 일곱 살이었던 나는 너무 놀라서 입을 떡 벌린 채로 그 광경을
지켜보았다. 그때까지 TV 쇼와 영화에서 컴퓨터를 본 것이 전부였다.
눈앞에 컴퓨터가 놓여 있고, 심지어 내 손으로 직접 만져볼 수도 있었
다. 지금 생각해보니 조립식 컴퓨터를 1970년대 잠비아의 작은 교외
지역인 루사카에서도 볼 수 있었다는 사실이 더 놀라운 것 같다. 당시
에는 세계 공급망이 원초적인 수준이었다. 그래서 아주 멀리 떨어진 곳
에서 생산한 제품을 구매한다는 것은 생각조차 하지 못할 일이었다. 원

격 쇼핑이라는 것은 존재하지도 않았다. 하지만 디지털 혁명을 알리는 첫 번째 조짐은 이미 뚜렷했다.

조립식 컴퓨터는 내 호기심을 자극했다. 그로부터 2년 뒤인 1981년 가을에 내 인생 첫 컴퓨터를 갖게 되었다. 그것은 8비트 마이크로 컴퓨터인 싱클레어 ZX81이었다. 런던 너머 배후 지역에 있는 작은 마을로 이사를 가고 1년 뒤였다. 집에 있는 책장에는 아직도 싱클레어 ZX81이 놓여 있다. 7인치 레코드 슬리브 크기에 두께는 대략 집게손가락과 가운뎃손가락만 하다. 진공관 텔레비전이나 커다란 카세트 데크 등 1980년대에 거실에서 사용했던 다른 가전제품들과 비교하면 싱클레어 ZX81은 작고 가벼웠다. 엄지손가락과 집게손가락만으로 들 수 있을 정도였다. 붙박이 키보드는 깔끔하지만 뻑뻑해서 빨리 칠 수가 없었다. 책망하려고 친구의 옆구리를 쿡 찌르듯이 키보드를 눌러야만 했다. 하지만 단순 계산, 간단한 도형 그리기, 단순한 게임 등 이 작은 기계로 많은 일을 할 수 있었다.

싱클레어 ZX81은 영국 일간지에 연일 광고되었다. 그것은 그야말로 혁신이었다. 69파운드에 제대로 작동하는 컴퓨터를 가질 수 있었다. 원칙적으로 단순한 프로그래밍 언어는 (비록 시간은 오래 걸렸지만) 아무리 복잡하더라도 모든 컴퓨터 문제를 해결할 수 있었다.[1] 하지만 싱클레어 ZX81은 오래가지 못했다. 기술이 빠르게 발전했다. 불과 몇 년 만에 흑백 화면에 투박한 키보드가 달리고 처리 속도가 더딘 내 인생 첫 컴퓨터는 퇴물이 되었다. 6년 뒤에 우리는 영국의 에이콘 컴퓨터스Acorn Computers가 만든 더 현대적인 컴퓨터를 구매했다. 에이콘 BBC 마스터는 싱클레어 ZX81과 비교하면 매력적인 짐승이었다. 컴퓨터에는 실물 키보드와 숫자판이 달려 있었다.

에이콘 BBC 마스터의 주황색 특수키는 1980년대 공상과학영화에 등장하는 소품과 잘 어울렸다. 외관이 싱클레어 ZX81과 조금 달라졌다면, 내부는 그야말로 천지개벽 수준으로 바뀌었다. 에이콘 BBC 마스터는 싱클레어 ZX81보다 처리 속도가 몇 배는 빨랐고, 메모리는 무려 128배였다. 한 번에 여덟 가지 색상만 구현했지만, 무려 16가지 색상을 처리할 수 있었다. 작은 스피커는 네 가지 음향을 출력할 수 있어 단순한 음악을 재생하기에는 충분했다. 나는 에이콘 BBC 마스터의 스피커로 바흐의 '토카타와 푸가 D단조'를 들었다. 상대적으로 싱클레어 ZX81보다 고급인 에이콘 BBC 마스터로 (단 한 번도 쓴 적 없는) 스프레드시트와 (당시 내가 했던) 게임 등 다소 복잡한 프로그램도 쓸 수 있었다.

6년이 또 흘러 1990년대 초에 나는 다시 새 컴퓨터를 샀다. 당시 컴퓨터 업계는 서로 먹고 먹히는 잔인한 시기를 보내고 있었다. TRS-80, 아미가 500, 아타리 ST, 오즈번 1, 샤프 MZ-80 등 수많은 컴퓨터가 시장에서 성공하기 위해 경쟁을 벌였다. 일부 소기업들은 반짝 성공을 거뒀지만, 얼마 지나지 않아 소수의 떠오르는 새로운 기술 기업과의 경쟁에 밀려났다.

1980년대의 데스매치에서 살아남은 것은 마이크로소프트Microsoft와 인텔Intel이었다. 두 기업은 각 영역에서 진화론적 적자생존의 주인공이었다. 마이크로소프트는 운영체제에서, 인텔은 중앙처리장치에서 승자였다. 마이크로소프트와 인텔은 20여 년 동안 공생 관계를 유지했다. 인텔은 중앙처리장치의 성능을 향상했고, 마이크로소프트는 이를 이용하여 더 좋은 운영체제를 개발했다. 운영체제가 발달할수록 컴퓨터에는 조금씩 더 부담이 갔고, 인텔은 이어서 중앙처리장치를 개선할 수밖에 없었다. 그래서 심지어 '앤디가 준 것을 빌이 빼앗아버린다'라는 우스갯소리가 컴퓨터 업계에 떠돌았다(앤디 그로브Andy Grove가 당시 인텔의 CEO였고, 빌 게이츠Bill Gates는 마이크로소프트의 창립자다).

열아홉 살에 나는 컴퓨터 업계의 역학 관계를 전혀 몰랐다. 내가 아는 것은 컴퓨터가 더 빨라지고 좋아진다는 것이 전부였다. 나는 컴퓨터를 알고 싶었다. 학생들은 이른바 PC 호환 기종을 사곤 했다. 그것은 IBM의 PC를 베낀 값싼 복제품이었다. PC 호환 기종은 PC 표준에 맞춘 다양한 구성 요소를 기반으로 제작된 컴퓨터였고, 그것은 사용자가(그리고 프로그래머가) 하드웨어를 통제할 수 있도록 하는 마이크로소프트의 최신 운영체제가 탑재되었다는 것을 의미했다.

못생긴 정육면체로 최신 인텔 프로세서 80486을 장착한 내 PC 호환 기종은 1초당 1100만 개의 지시를 처리할 수 있었다. 아마도 내 이전 컴퓨터가 초당 처리할 수 있는 양의 4~5배 정도일 것이다. 케이스에 있는 '터보' 버튼을 누르면 프로세서를 20퍼센트 더 빨리 돌릴 수 있었다. 운전자가 가속페달을 밟고 있는 자동차처럼, 고장이 날 위험을 감수하고 프로세서의 처리 속도를 가속하는 것이었다.

PC 호환 기종의 메모리(램)는 4메가바이트였는데, 이는 싱클레어 ZX81의 4000배에 달하는 용량이었다. 그래픽은 최첨단은 아니었지만 입이 떡 벌어질 정도로 훌륭했다. 나는 PC 호환 기종에 보통 수준의 그래픽스 어댑터를 연결했고, 그 덕분에 3만 2728개의 색상을 화면에 구현할 수 있었다. 물론 다채로운 색상이었지만, 파란색 계열은 아쉬움이 있었다. 50파운드만 더 투자했다면, 1600만 개의 색상을 구현할 수 있는 그래픽스 어댑터를 구입할 수 있었을지도 모른다. 참고로, 그것은 인간의 눈으로 색조의 차이를 거의 구별할 수 없을 정도로 많은 색상이었다.

내가 싱클레어 ZX81에서 PC 호환 기종을 갖게 되기까지 10년이란 시간이 걸렸다. 그동안 기술은 기하급수적인 변화를 거듭했다. PC 호환 기종의 프로세서는 싱클레어 ZX81보다 수천 배 강력했다. 1991년에 등장한 PC 호환 기종은 1981년에 등장한 싱클레어 ZX81보다 성능도 훨씬 뛰어났다. 이러한 전환은 막 생겨난 컴퓨터 업계의 빠른 발전의 결과였다. 2년마다 컴퓨터의 처리 속도가 거의 2배씩 빨라졌다.

이 전환을 이해하려면, 컴퓨터가 어떻게 작동하는지 이해해야 한다. 영국의 수학자이자 철학자인 조지 불George Boole은 19세기에 논리를 이진법으로 풀었다. 실제로 무엇이든지 '비트'로 알려진 이진 숫자로 표현할 수 있다. 레버의 위치로 비트를 기계적으로 표현할 수 있다. 레버가 위로 올라가거나 아래로 내려간 모습을 표시하는 것이다. 그리고 이론적으로 M&M 초콜릿으로도 비트를 표현할 수 있다. 빨간 초콜릿과 파란 초콜릿을 사용하는 것이다(초콜릿으로 비트를 표현한다는 것은 맛있는 아이디어이지만, 실용적인 아이디어는 아니다). 마침내 과학자들은 최고의 이진법으로 1과 0을 사용하기로 결정했다.

초기에 컴퓨터로 불 논리Boolean logic를 실행하는 것은 어렵고 번거로웠다. 컴퓨터, 즉 기본적으로 불 논리를 이용해 작업을 실행하는 기기에는 수십여 개의 투박한 기계 부품이 필요했다. 그러다가 1938년에 돌파구가 마련되었다. 매사추세츠공과대학교에서 석사과정을 밟고 있던 클로드 섀넌Claude Shannon이 전자회로를 이용해 불 논리를 실행할 수 있다는 사실을 깨달았다. 그는 전원이 들어오면 1을, 전원이 나가면 0을 의미하도록 했다. 이는 변혁적인 발견이었고, 이로써 컴퓨터에 전자 부품이 사용되었다. 앨런 튜링Alan Turing 등 연합군의 암호 해독가들이 제2차 세계대전 동안 프로그램 작동이 가능하고 전자회로가 탑재된 디지털 컴퓨터를 최초로 사용했다.

제2차 세계대전이 끝나고 2년 뒤에 벨 연구소의 과학자들이 부분적으로 전기가 통하고 부분적으로 전기가 통하지 않는 일종의 반도체인 트랜지스터를 개발했다. 참고로, 반도체를 이용하면 유용한 스위치를 만들 수 있다. 트랜지스터는 논리게이트logic gate를 만드는 데 사용되었다. 논리게이트는 기본적인 논리연산을 하는 장치다. 대다수의 논리게이트를 차곡차곡 쌓아서 유용한 연산장치를 만들 수 있다.

전문적으로 들릴지도 모르지만, 그 결과는 간단했다. 새로운 트랜지스터는 초기 전자 부품에 사용되었던 밸브보다 더 작아지고 안정적이었다. 그 덕분에 컴퓨터는 점점 더 정교해졌다. 1947년 12월, 과학자들이 최초의 트랜지스터를 만들었다. 그것은 투박했고, 종이 클립 등 많은 대형 부품을 짜깁기해서 만들어졌다. 그럼에도 불구하고 트랜지스터는 작동했다. 그리고 수년의 시간이 흐르면서 트랜지스터는 점점 더 정교하고 일관성 있게 설계되었다.

1940년대부터 목표는 트랜지스터의 소형화였다. 1960년, 페어차일드 세미컨덕터Fairchild Semiconductor의 로버트 노이스Robert Noyce가 세계 최초로 집적회로integrated circuit를 개발했다. 집적회로는 트랜지스터 여러 개를 집적하여 만든 전자 부품이었는데, 초소형 트랜지스터를 집적하여 만들어졌다. 그래서 사람이나 기계로 초소형 트랜지스터를 개별적으로 다루는 것은 불가능했다. '포토리소그래피'라 불리는 화학적 포토그래피와 같은 섬세한 공정이 필요했다. 엔지니어가 스텐실처럼 회로도가 그려진 필름에 자외선을 쏘면, 회로도가 실리콘 웨이퍼에 찍힌다. 트랜지스터가 겹겹이 쌓일 때까지 이 과정을 단일 웨이퍼를 대상으로 몇 번이고 반복한다. 각각의 웨이퍼에 일렬로 여러 개의 똑같은 회로도가 새겨진다. 이 웨이퍼를 얇게 자르면 실리콘 '마이크로칩'이 나온다.

이 기술이 지닌 힘을 처음으로 이해한 사람 가운데 고든 무어Gordon Moore가 있었는데, 그는 노이스를 위해 일하던 연구원이었다. 노이스가 집적회로를 개발하고 5년이 흐른 뒤에 무어는 트랜지스터의 수는 줄어들지 않고 집적회로의 면적이 매년 약 50퍼센트씩 줄어들고 있다는 것을 깨달았다. 이로써 포토리소그래피에 사용되는 필름 즉 '마스크'에 더 자세한 패턴을 설계할 수 있었다. 트랜지스터와 커넥션은 소형화되고, 부품 자체는 더 복잡해졌다. 이렇게 집적회로의 가격이 낮아지고 성능은 향상되었다. 더 작은 부품과 빽빽한 패턴으로 만들어진 새로운 마이크로칩은 정보를 처리하는 속도가 더 빨랐다.

무어는 이러한 발전 과정을 살펴보고 1965년에 하나의 가설을 내놓았다. 그는 특정 기간 동안 같은 비용으로 생산된 마이크로칩의 실효 속도는 2배 빨라진다고 상정했다.[2] 그는 마침내 18~24개월마다 같은 값의 마이크로칩 성능이 2배 향상된다고 결론을 내렸다. 이어서 무어는 20세기의 최대 마이크로칩 제조 업체인 인텔을 공동 창립했다. 하지만 그는 인텔의 공동 창립자란 사실보다 '무어의 법칙Moore's Law'으로 더 유명해진다.

'무어의 법칙'은 이해하기 쉽다. 이것은 물리 법칙과는 다르다. 물리 법칙은 탄탄한 관찰에 근거하고 무언가를 예측해낼 수 있다. 뉴턴의 운동 법칙은 인간의 일상적인 행동으로 반박될 수 없다. 뉴턴은 힘은 질량과 가속도를 곱한 값과 같다고 말했다. 이것은 거의 항상 옳다.[3] 뉴턴의 운동 법칙에서 우리가 무엇을 하느냐 혹은 하지 않느냐는 중요하지 않다. 하루 중 언제인지 또는 달성할 수익치가 있는지도 중요하지 않다.

반면에 무어의 법칙은 예측적이지 않다. 무어의 법칙은 서술적이다. 무어가 이론을 발표하자, 마이크로칩 제조 업체부터 수많은 공급 업체들까지 컴퓨터 업계가 그것을 하나의 목표로 삼기 시작했다. 그리하여 무어의 법칙은 '사회적 사실'이 되었다. 그것은 기술 자체가 타고난 특징이 아니고, 컴퓨터 업계가 존재하기를 바라는 무언가였다. 소재 업체, 전자 설계 업체, 레이저 제조 업체 등의 컴퓨터 업계는 무어의 법칙이 유효하길 원했다. 그들의 바람대로 무어의 법칙은 유효했다.[4]

무어의 법칙의 영향력은 커져 갔다. 세상에 소개된 순간부터 무어의 법칙은 컴퓨터가 어떻게 발전해왔는지를 이해하는 데 훌륭한 가이드였다. 마이크로칩에는 더 많은 트랜지스터가 들어갔다. 지수곡선에 따라 마이크로칩에 들어가는 트랜지스터의 수가 급증했다. 초반에는 알아차릴 수 없을 정도로 서서히 증가하다가, 어느 시점에는 이해하기 어려운 속도로 가파르게 증가했다.

다음의 그래프를 살펴보자. 37쪽의 그래프는 1971년부터 2015년까지 마이크로칩 하나당 트랜지스터의 수가 어떻게 증가했는지를 보여준다. 기하급수적인 증가의 힘을 보이는 2005년까지는 증가세가 전혀 두드러지지 않는다. 거의 빈사 상태나 다름없다. 38쪽의 그래프는 로그 눈금을 이용하여 같은 데이터를 보여준다. 참고로, 로그 눈금은 기하급수적인 증가를 직선으로 변환하는 측정법이다. 두 번째 그래프를 보면, 1971년과 2015년 사이에 마이크로칩당 트랜지스터의 수가 거의 1000만 배 증가했다는 사실을 알 수 있다.

마이크로칩당 트랜지스터 수 (단위 10억, 선형 눈금)

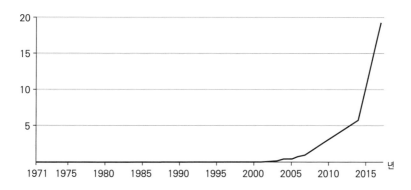

출처: 아워 월드 인 데이터

마이크로칩당 트랜지스터 수 (단위 10억, 로그 눈금)

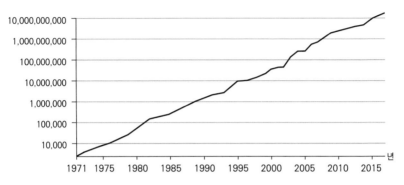

출처: 아워 월드 인 데이터

이러한 변화의 규모를 이해하고 개념적으로 정리하는 것은 거의 불
가능하다. 하지만 단일 트랜지스터의 가격을 중점적으로 살펴보면서
이해하려고 시도해보자. 1958년, 페어차일드 세미컨덕터는 IBM에 한
개당 150달러로 트랜지스터 100개를 팔았다.[5] 1960년대까지 트랜지스
터 가격은 한 개당 약 8달러로 떨어졌다. 내가 태어난 1972년에 트랜지
스터의 평균 가격은 15센트로 떨어졌고,[6] 반도체 업계는 연간 1000억
~1조 개에 달하는 트랜지스터를 생산해냈다. 2014년에는 연간 250경
개의 트랜지스터가 생산되었다. 이것은 은하수를 수놓은 별들의 25배
에 달하는 수다. 전 세계 '팹fab'에서 초 단위로 8조 개의 트랜지스터가
생산되었다.[7] 팹은 트랜지스터를 전문으로 생산하는 제조 공장을 뜻한
다. 트랜지스터의 가격은 수십억 분의 1달러로 떨어졌다.

　이것이 왜 중요할까? 트랜지스터 생산량이 기하급수적으로 증가하고 가격이 기하급수적으로 하락한 덕분에, 컴퓨터가 폭발적으로 발전할 수 있었다. 컴퓨터가 정보를 처리하는 속도는 처리장치를 구성하는 트랜지스터의 수에 대충 비례한다. 마이크로칩에 들어가는 트랜지스터가 많아지면서, 정보 처리 속도가 빨라졌다. 그것도 훨씬 더 빨라졌다. 그와 동시에 마이크로칩 자체는 더 저렴해졌다.

트랜지스터 가격의 폭락은 내가 십 대 시절에 몸소 체험했던 컴퓨터 혁명의 추진 동력이다. 내 에이콘 BBC 마스터는 싱클레어 ZX81보다 성능이 훨씬 뛰어났다. 그 이후로 내 삶을 송두리째 바꾸는 사건이 또 일어났다. 스마트폰의 등장이었다. 스마트폰에는 여러 개의 마이크로칩과 수십억 개의 트랜지스터가 들어간다. 컴퓨터는 한때 군대나 과학 연구소에서만 사용되었지만, 이제는 흔해졌다. 1945년 블레츨리 파크에서 앨런 튜링의 암호해독 알고리즘을 돌리던 최초의 전자식 컴퓨터를 생각해보자. 그로부터 10년 뒤에 전 세계에는 겨우 264개의 컴퓨터만이 존재했고, 컴퓨터 임대료만 수만 달러에 달했다.[8] 그로부터 60년이 흐른 지금은 우리의 주머니 속 슈퍼 컴퓨터인 스마트폰을 포함하여 50억 개가 넘는 컴퓨터가 사용되고 있다. 부엌 찬장, 보관함과 다락방은 출시된 지 불과 몇 년밖에 되지 않았지만 구형 취급을 받는 컴퓨터들로 어질러져 있다.

무어의 법칙은 디지털 기술의 기하급수적인 발전의 정수다. 지난 반세기 동안 컴퓨터의 처리 속도는 무자비할 정도로 빨라졌다. 이와 함께 그 누구도 들어본 적 없는 기술적·경제적·사회적 전환을 가져왔다. 이번 장에서는 이러한 변화가 어떻게 일어났는지, 그리고 왜 당분간 지속될 것으로 생각되는지 살펴보고자 한다. 그것은 우리가 지금 살고 있는 이 시대를 본질적으로 정의하는 힘을 살펴보는 첫 단계가 될 것이다. 다시 말해, 떠오르는 기하급수적인 기술들을 이해하는 데 도움이 될 것이다.

기하급수적인 기술에 대한 이해

간단히 말해, 기하급수적인 증가는 시간이 흐르면서 지속적으로 복리로 늘어나는 증가세를 일컫는다. 선형적 프로세스가 우리가 나이를 먹어가는 프로세스와 같다면, 기하급수적인 프로세스는 이자가 붙는 예금과 같다. 예를 들어 매년 2퍼센트씩 예금이 불어난다고 가정해보자. 첫해에는 원금의 2퍼센트에 해당하는 이자가 붙는다. 그리고 그다음 해에는 첫해의 이자가 붙은 예금액의 2퍼센트가 이자로 붙는다. 이러한 복리 효과는 서서히 시작되어 다소 지루한 프로세스다. 하지만 어느 시점이 지나면 곡선이 상승세로 돌아서면서 예금이 급증하기 시작한다. 이때부터 예금은 현기증이 날 정도로 아찔한 속도로 불어난다.

모든 생물의 개체 수는 이렇게 기하급수적인 패턴을 그리면서 증가한다. 배양접시에서 번식하는 박테리아나 사람을 통해 확산되는 바이러스를 예로 들 수 있다. 최근 들어서는 다른 영역에서도 이러한 패턴이 나타난다. 바로 기하급수적인 기술들의 등장이다. 나는 기하급수적인 기술을 대략적인 고정비를 기준으로 수십 년 동안 연간 10퍼센트가 넘는 속도로 성능을 개선할 수 있는 기술로 정의한다. 물론 수학적 순수주의자는 1퍼센트의 복리 변화도 기하급수적인 변화라고 주장할 것이다. 엄격하게 말해서 그렇다. 그러나 연간 1퍼센트의 변화는 시작되는 데 오랜 시간이 걸린다. 연간 1퍼센트씩 복리로 증가하는 숫자가 2배가 되려면 무려 70년이 걸린다.

이것이 연간 10퍼센트라는 문턱이 중요한 이유다. 기술의 가격과 성능이 복리로 10퍼센트씩 변한다면, 해당 기술은 10년마다 같은 값에 2.5배 더 강력해진다는 것을 의미한다. 역으로 같은 성능을 지닌 기술을 생산하는 데 드는 비용이 4분의 3 이상 낮아질 것이다. 10년은 전통적인 비즈니스 사이클이 두 번 지난 것에 불과하다. 이는 어느 한 분야에서 직업을 갖거나 경력을 쌓을 기간이다. 영국이나 프랑스 의회 의원 임기의 2배, 호주 의회 의원 임기의 3배에 맞먹는 기간이고, 미국 대통령 임기의 2배보다 조금 더 긴 기간이다.

기하급수적인 기술에 대한 정의에서는 기간도 중요하다. 기술이 기하급수적이려면, 그 변화가 수십 년 동안 유효해야 한다. 잠깐 지속되는 반짝 트렌드여서는 안 된다. 몇 년 동안 10퍼센트 이상 발전하다가 멈춘 기술은 지속적으로 발전하는 기술보다 훨씬 덜 변혁적이다. 이런 이유로 디젤엔진은 기하급수적인 기술이 아니다. 초기에 디젤엔진은 빠르게 발전했다. 그러나 발전 속도가 이내 사그라졌다. 반면에 컴퓨터 마이크로칩은 분명히 기하급수적인 기술이 될 자격을 갖추고 있다. 컴퓨터 마이크로칩은 지난 50년 동안 연간 50퍼센트 정도 발전했다.

10년 뒤에 자동차를 바꾼다고 가정해보자. 그리고 최고 속도나 연비 같은 자동차의 주요 성능이 매년 10퍼센트씩 개선된다고 가정해보자. 새로 산 자동차는 이전 자동차보다 연비나 최고 속도가 2배 높을지도 모른다. 물론 일반적으로 이런 일은 일어나지 않는다. 그러나 이 책에서 다루는 많은 기술에서는 가능한 일이다. 사실상 많은 기술의 성능이 매년 20~50퍼센트씩 개선되고 있다. 이러한 혁신의 속도는 10년 동안 같은 비용을 치르고 성능이 6~60배 개선된 기술을 경험하게 된다는 것을 의미한다.

이런 현상에는 양면이 존재한다. 바로 가격의 하락과 잠재력의 증가다. 기술의 가격이 떨어지면, 해당 기술은 도처에서 등장하기 시작한다. 산업은 갑자기 기하급수적인 기술들을 하나로 묶어서 새로운 제품을 내놓을 수 있다. 인류는 처음에 마이크로칩을 군대와 항공우주국이 구매하는 전문 장치에 집어넣었다. 그리고 나서 대기업이 살 수 있는 소형 컴퓨터에 마이크로칩을 탑재했다. 그로부터 10년 뒤에 데스크톱 컴퓨터가 등장했다. 마이크로칩이 더 저렴하고 작아지면서, 전화기 안에도 들어가게 되었다.

이와 동시에 기술의 성능이 폭발적으로 발전한다. 불과 20여 년 전만 해도 부국에서조차 고해상도 영상, 고성능 음향, 고속 액션 게임, 텍스트 스캐닝 등의 기능이 탑재된 스마트폰은 꿈도 꾸지 못했다. 기술이 기하급수적으로 발전하면, 완전히 새로운 일을 가능케 하는 더 저렴한 제품이 계속해서 생산된다.

이러한 프로세스를 이해하려면 호러스 데디우Horace Dediu의 연구를 살펴볼 필요가 있다. 비즈니스 애널리스트인 데디우는 클레이튼 크리스텐슨Clayton Christensen의 제자다. 세계적 석학인 크리스텐슨은 하버드대학교 교수이고, 실리콘밸리 기술 기업들에 바이블로 여겨지는 《혁신 기업의 딜레마The Innovator's Dilemma》의 저자다. 데디우는 혁신의 패턴에 관한 연구로 큰 명성을 얻었다. 지난 20년 동안, 데디우는 미국에서 기술이 확산되는 속도를 조사하기 위해 200여 년 동안 수집된 역사 데이터를 분석했다.[9] 그는 되도록 다양한 기술(수세식 화장실, 프린터, 도로의 확산, 진공청소기, 디젤 기관차, 파워스티어링, 전기 가마, 인조 섬유, ATM, 디지털카메라, 소셜미디어, 태블릿 컴퓨터 등)을 대상으로 조사했다. 그리고 각각의 기술이 75퍼센트의 시장 침투율을 기록하는 데 얼마나 시간이 걸리는지를 살폈다. 시장 침투율이 75퍼센트라는 것은 미국 성인의 4분의 3(더 적절하게는 미국 가정의 4분의 3)이 해당 기술을 사용한다는 뜻이었다.

조사 대상은 달랐지만, 그것들이 인기를 얻어 널리 확산되는 프로세스에는 공통적으로 관찰되는 특징이 있었다. 대다수가 '로지스틱 곡선logistic curve' 또는 S곡선에 따라서 확산되었다. 초기에 기술은 시장에서 서서히 퍼져나간다. 얼리어답터들이 새로운 기술을 먼저 구매하여 시험 삼아 사용한다. 얼리어답터들의 반응을 참고하여 생산자들은 기술을 개선하고 적정한 가격을 설정한다. 이 과정에서 기술의 성능이 향상된다. 어느 시점에 해당 기술은 변곡점을 찍고, 확산 속도는 매우 가파르게 증가한다. 그래서 곡선의 첫 두 구간은 전형적인 지수곡선처럼 보인다. 처음에는 평평하고 지루하지만, 그 구간을 넘어서면 가파르고 짜릿해진다. 하지만 순수한 지수곡선과 달리 S곡선에는 한계가 있다. 가정이 소유할 수 있는 자동차나 세탁기의 수는 정해져 있다. 시장이 포화 상태에 이르면 성장세가 완만해진다. 이제 스마트폰이나 전자레인지가 없는 가정은 거의 없다. 전기 용광로를 사용하지 않는 철강 업체도 거의 없다. 그래서 어느 시점에 그래프의 가파른 구간이 평평해지기 시작한다. 다시 말해, 'S'가 축 늘어진 것처럼 보이기 시작한다.

사람들 대부분이 예상했던 것보다 더 늦게 시장이 포화 상태에 이를 때가 간혹 있다. 1974년에 빌 게이츠는 '집집마다 모든 책상 위에 컴퓨터가 놓이는 날'을 꿈꿨다. 당시에는 전 세계에서 사용되는 컴퓨터가 50만 대도 되지 않았다. 새천년이 도래하던 시기에 컴퓨터의 수가 5억 대를 넘어섰다. 그러나 유럽이나 미국 한 가구당 컴퓨터 한 대라는 목표치에는 못 미쳤다. 하지만 20여 년도 지나지 않아 서양에서 일반적인 가정에서는 스마트폰, 가족용 컴퓨터, 최신형 TV, 아마존Amazon의 알렉사 같은 스마트 스피커 등 여섯 대의 컴퓨터를 갖추고 있다. 전자기기에 해박한 지식이 있는 가정에서 사용되는 컴퓨터 수는 족히 두 자릿수는 될 것이다.

전반적으로 S곡선 성장 모델은 정확하다. 그러나 기하급수적인 기술은 놀라울 정도로 가파른 'S' 곡선을 그리며 성장한다. 수십 년 동안 시장이 포화 상태에 이르는 시기가 점점 빨라지고 있다. 20세기를 살아낸 사람이라면 이렇게 빨라지는 변화의 속도를 피부로 느낄 수 있을 것이다. 1920년에, 태어났지만 아직 쉰다섯 살이 되지 않은 사람들은 달 착륙을 봤을지 몰라도 닉슨의 몰락은 보지 못했을 것이다. 원자폭탄, 우주여행 등 몇 가지 예외가 있지만, 그들이 접한 기술은 변함없이 이어진다. 자동차, 전화기, 텔레비전, 세탁기, 전기, 수세식 화장실 등을 생각해보라.[10] 이들 중에서 일부는 상대적으로 일찍 발명되었다. 예를 들어 1946년에 처음 판매된 전자레인지는 1970년대까지만 해도 아주 희귀한 것이었다.[11]

그러나 무어의 법칙이 등장한 시대에 태어난 사람이라면 이야기가 달라진다. 제품이 더 빠르게 쏟아져나오고, 디지털 인프라에 힘입은 기술은 무엇보다 빠르게 발전한다. 미국인 10명 중 일곱 명이 소셜미디어를 사용하기까지 11년이 걸렸다. 소셜미디어가 처음 등장했을 때 평균수명이 77세를 넘어섰으니, 그것이 시장 포화 상태에 도달하는 데는 고작 수명의 14퍼센트밖에 걸리지 않았다. 전기의 경우에는 평균수명의 62퍼센트였다. 기술이 도입된 시기의 평균수명과 비교하면, 스마트폰은 일반 전화기보다 12.5배 더 빨리 확산되었다.

차트의 반대쪽을 보면 이야기가 훨씬 더 단순해진다. 전화기, 전력, 자동차 등 20세기 초를 정의하는 기술들은 차트의 오른쪽에 있다. 각각의 기술은 세기가 바뀔 무렵 도입되었고, 미국 가정의 4분의 3에 침투하기까지 30년 넘게 걸렸다. 이 시기에 사람들의 평균수명은 대략 50년이었다. 차트의 왼쪽에는 우리 시대의 첫 번째 기하급수적인 기술들이 위치한다. 이 모든 기술이 발전하는 컴퓨터의 연산력에 뒷받침된다. 각각의 기술이 미국 가정의 4분의 3에 침투하기까지 8~15년이 걸렸다. 이 시기에 출생한 사람들의 평균수명은 75년이 넘었다. 현재의 기술은 과거의 기술보다 더 빨리 확산될 뿐 아니라, 그 확산 속도도 꾸준히 빨라지고 있다.

다시 말해 기술, 특히 디지털 기술은 어느 때보다 빠르게 확산되고 있다. 그리고 확산 속도는 계속해서 더 빨라지고 있다. 무어의 법칙이 지배하는 시대의 삶은 기술의 기하급수적인 확산으로 정의된다.

이러한 기술 확산의 가속화가 지난 반세기 동안 진행되고 있다. 그리고 지난 10~20년 동안 추세는 더욱 뚜렷해졌다. 소셜미디어를 생각해보자. 세계 최초의 웹 기반 소셜미디어는 식스디그리스SixDegrees였다. 나는 1997년에 식스디그리스가 출시된 지 이틀 만에 가입했다. 프렌드스터Friendster와 링크트인LinkedIn은 2003년에 등장했는데, 나는 최초 가입 회원 1000명에 들었다. 이듬해 마이스페이스MySpace가 등장했다. 마이스페이스는 빠르게 성장했다. 탄생한 지 얼마 되지 않은 소셜미디어 업계에서 마이스페이스는 곧 거물급으로 성장했다. 사용자가 가장 많을 때는 1억 1500만 명에 달했다. 하지만 디지털 기술이 성장할 수 있는 가장 빠른 속도를 보여준 것은 다름 아닌 페이스북Facebook이었다. 페이스북은 2004년 2월에 모습을 드러낸 뒤 전 세계 역사상 가장 빠르게 성장했다. 사용자 수가 100만 명에 도달하는 데 불과 15개월이 걸렸다. 페이스북의 창립자인 마크 저커버그Mark Zuckerberg는 지구상에서 가장 인기 있는 제품을 지닌 사람이다. 페이스북의 사용자 수는 2019년 말에 25억 명에 달했다.

하지만 오늘날 페이스북의 성장세는 뭔가 예스럽다. 라임Lime을 보자. 2017년 1월에 설립된 라임은 눈에 띄는 초록색 전동 스쿠터와 자전거를 도시 전역에 공급한다. 스마트폰 버튼을 누르면 몇 분 안에 전동 스쿠터나 자전거를 대여할 수 있다. 라임의 비즈니스 모델은 페이스북

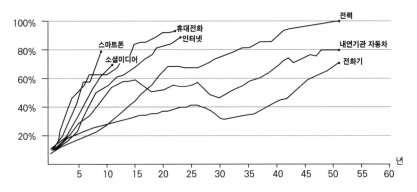

출처: 호러스 데디우, '익스포낸셜 뷰' 분석

의 비즈니스 모델보다 훨씬 복잡하다. 라임은 GPS, GSM 커넥션, 충전, 유지 보수와 추적 기술을 이용해서 서비스를 제공한다. 라임이 100만 명의 이용자를 확보하는 데는 겨우 6개월이 걸렸다. 그리고 그로부터 7개월 뒤에 1000만 명의 이용자를 확보했다.[12] 이 모든 것은 컴퓨팅 기술의 혁명 덕분에 가능했다. 컴퓨터 가격이 급격히 떨어진 덕분에 라임은 소형 컴퓨터와 GSM 라디오를 수십만 대의 전동 스쿠터에 설치할 수 있었다.[13]

디지털 기술의 가파른 성장세는 미국에서만 나타나는 현상이 아니다. 카카오톡KakaoTalk은 위챗WeChat이나 왓츠앱WhatsApp과 비슷한 한국의 대표적인 소셜미디어다. 2016년 1월에 카카오톡은 금융 서비스를 시작했다. 서비스를 시작한 지 불과 2주 만에 한국 인구의 4퍼센트에 해당하는 200만 명이 카카오톡을 통해 계좌를 개설했다. 2019년 여름까지 한국 인구의 20퍼센트 이상이 카카오톡을 통해 계좌를 개설했다.[14] 빠르게 변하는 기하급수적인 시대에는 신제품을 이해하고 익숙해지면 또 다른 신제품이 등장한다. 웃긴 영상을 찍어서 인터넷에 올리는 소셜 미디어인 틱톡TikTok이 그 주인공이다. 전무후무한 서비스를 제공하는 틱톡은 불과 몇 달만에 세계에서 가장 많이 내려받은 앱이 되었다. 이와 함께 매출 역시 무엇과도 비교할 수 없을 정도로 급성장했다. 틱톡의 모기업인 바이트댄스ByteDance는 2018년에 70억 달러의 매출을 기록했다. 그로부터 2년 뒤에는 매출이 무려 5배 이상 증가했다. 참고로, 불과 5년 전에 70억 달러의 매출을 기록한 페이스북은 그로부터 2년 뒤에 겨우 3배 증가하는 데 그쳤다.[15]

이렇게 증가하는 성장세는 무어의 법칙의 유산이다. 디지털 기술을 지탱하는 하드웨어가 지속적인 성능 개선과 가격 하락에 도움이 된다. 마이크로칩이 기하급수적인 속도로 발전하면, 다시 말해 수년 동안 매년 복리로 발전해서 그 발전 속도가 50퍼센트를 넘어서면, 적은 비용으로 상상할 수 없을 정도로 강력한 연산력을 발휘할 수 있게 된다. 이러한 초디플레이션은 어느 때보다 큰 가능성을 낳는다. 결과적으로, 새로운 제품이 시장을 더 빠르게 장악해나갈 수 있다. 이 모든 프로세스는 일종의 끊임없는 가속화다.

기하급수적인 기술들의 릴레이

21세기가 시작되고 일부 기술자들은 무어의 법칙이 둔화된다는 것을 눈치챘다. 어쩌면 놀랄 일이 아닐지도 모른다. 기술은 무한정 개선되지 않는다. 제2차 세계대전이 끝날 무렵 도로를 달리던 자동차보다 지금의 자동차가 훨씬 더 빠르지는 않다. 현대의 여객기는 한 시간당 500마일 정도를 이동한다. 1950년대에 하늘을 날던 최초의 여객기는 한 시간당 468마일을 비행했다.

   현재의 마이크로칩 설계는 머지않아 잠재력의 한계에 도달할 것이라는 강력한 증거가 있다. 과학자들은 무어의 법칙을 지키기 위해 매우 복잡한 프로세스를 생각해냈다. 트랜지스터가 소형화되면서, 마이크로칩을 만드는 데 매우 정교한 기계가 필요해졌다. 오늘날의 반도체 제조 공장은 매우 정교한 레이저 기술에 의존한다. 하지만 최첨단 레이저는 한 개당 1억 달러가 넘는다. 게다가 반도체 제조 공장의 대기 환경에 조금이라도 변화가 생기면 미세한 트랜지스터를 모두 폐기 처분해야 하는 사태가 발생할 수 있다. 단 하나의 먼지가 실리콘 웨이퍼를 망칠 수 있다. 또한 마이크로칩이 생산되는 공간은 수많은 방진 댐퍼 위에 놓인, 이 세상에서 가장 고요한 곳이다. 그리고 가장 깨끗한 곳이기도 하다. 면적이 20만 제곱미터에 달하기도 하는 이 공간의 공기는 한 시간당 600회 정도 여과된다(비교하자면, 병원 수술실은 한 시간당 15회 정도 공기를 정화한다).

이것이 시사하는 바는 우리가 무어의 법칙을 이야기할 때 그것은 엄격한 법칙이라기보다는 사회적 사실이라는 것이다. 반도체 업계는 무어의 법칙을 준수하기 위해 안간힘을 써왔다. 일부 경제학자들은 무어의 법칙이 유효하다는 것을 방증하기 위해 진행된 조사량이 1971년과 2018년 사이에 18배 증가했다고 추산한다. 반도체 팹의 건축비가 연간 약 13퍼센트 증가하고 있다. 최근에는 반도체 팹 하나를 짓는 데 150억 달러 이상이 소요된다.[16]

그러나 업계의 노력에도 불구하고 2010년대 후반에 이르러서는 마이크로칩당 트랜지스터의 성장세가 둔화되기 시작했다. 뙤약볕이 내리쬐는 무더운 날에 뺨과 겨드랑이까지 땀에 흠뻑 젖은 출퇴근길의 사람들처럼, 극초소형 회로들이 서로를 자극하고 있었다. 각각의 초소형 트랜지스터는 열을 발생시킨다. 이 열은 옆에 있는 트랜지스터로 옮겨가서 회로 전체를 불안정하게 한다. 마이크로칩 엔지니어들은 이 문제를 해결하는 데 애를 먹는다. 게다가 현대의 트랜지스터는 너무 작아서 양자물리학처럼 기이한 현상을 일으킬지도 모른다. 최근에 생산되는 트랜지스터는 원자 몇 개의 크기만큼 작다. 이런 크기에서 입자들은 너무 작아서 파동처럼 움직인다. 다시 말해, 입자들이 물리적인 장애물을 통과하고 관여해서는 안 되는 곳에 관여할 수 있다. 무어의 법칙은 술에 진탕 취한 전자들 때문에 정상 궤도에서 탈선하고 있다.

그렇다고 컴퓨터 연산력의 성장세가 둔화될 것이란 뜻은 아니다. 컴퓨터 혁명의 속도에는 둔화될 조짐이 없다. 세계적으로 유명한 기술 연구원 레이 커즈와일Ray Kurzweil은 기술 발전 이론을 근거로 삼아 그 이유를

1장

설명한다. 커즈와일은 이른바 '수확가속의 법칙Law of Accelerating Returns'에 따라 기술은 엄청난 속도로 발전한다고 말한다. 커즈와일 모델의 핵심은 긍정적인 피드백 루프다. 좋은 마이크로칩은 더 많은 데이터를 처리하고, 그것은 더 좋은 마이크로칩을 만들어내는 법을 익히는 데 도움이 된다. 결국 새로운 마이크로칩을 사용해 더 좋은 마이크로칩을 만들 수 있는 것이다. 커즈와일에 따르면, 이러한 기술 발전 과정이 끊임없이 가속화하고 있다. 각 세대 기술의 결과물이 앞선 세대 기술의 결과물 위에 차곡차곡 쌓이고, 심지어 서로에게 긍정적인 영향을 준다.[17]

커즈와일은 자동차나 마이크로칩 같은 기술 하나만 보고 이론을 세우지는 않았다. 그는 서로 다른 기술들이 어떻게 상호작용하는지를 중점적으로 살폈다. 또한 그는 기술의 기하급수적인 발전이 해당 기술을 활용하여 개발된 개별 결과물이나 심지어 경제의 개별 영역의 진보와 관련되지 않는다고 주장한다. 이 주장에서 그의 탁월한 통찰력을 엿볼 수 있다. 사실상 기술이 계속해서 기하급수적으로 발전한다는 환각은 동시에 발전하고 계속 상호작용하는 수십 개의 서로 다른 기술들 때문에 생긴다.

데디우의 데이터에서 S곡선을 떠올려 보라. 기술이 처음 등장하면, 그것은 서서히 점진적으로 발전하고 확산된다. 그것은 더디지만 의미 있는 진보가 일어나고 있다는 방증이다. 하지만 어느 시점이 되면 기술의 발전에 가속도가 붙는다. 그리고 어느 단계에서 성장세가 수그러들 때까지 기술은 빠르게 확산된다. 하늘을 찌를 듯이 수직으로 치솟은 그래프가 다시 수평으로 되돌아가서 평평해진다.

그러나 커즈와일에 따르면, 다양한 기술이 S곡선에 따라 동시에 발전하는 순간이 있다. 하나의 S곡선이 가장 가파른 구간에 도달하면, 다른 S곡선이 시작된다. 첫 번째 S곡선이 평평해지기 시작할 때, 뒤늦게 나온 기술이 폭발적인 성장 구간에 접근하여 급성장하기 시작한다. 무엇보다도 이렇게 다양한 기술이 서로에게 발전의 자양분이 된다는 점이 중요하다. 어느 한 영역에서 일어난 혁신은 다음 발전으로 이어질 영감이 된다. 하나의 기술이 잠재력의 한계에 이르면, 새로운 기술 패러다임이 느슨해진 고삐를 잡기 위해 자신의 차례를 기다리고 있다. 그 결과 개별 기술들의 발전 속도가 일관적으로 느려지더라도 사회 전반에 걸쳐서 기술적 진보는 가속된다.[18]

커즈와일의 이론은 컴퓨팅의 미래에 심오한 영향을 끼친다. 무어의 법칙으로 설명되는 패러다임은 한계에 도달했지만, 전반적으로 컴퓨터 연산력은 아직 한계에 도달하지 않았다. 이 이론이 보여주듯이, 이용자의 커져가는 수요를 충족하는 데 도움이 될 새로운 접근법을 항상 찾아야 한다. 왜냐하면 미래에는 마이크로칩에 더 많은 트랜지스터를 욱여넣는다고 연산력이 무한정 높아지지는 않을 것이기 때문이다.

지금까지는 커즈와일의 이론이 잘 들어맞는 것 같다. 새천년의 초기에 많은 엔지니어가 거의 비슷한 시기에 무어의 법칙이 물리적 한계에 도달했다고 생각했다. 그리고 우리는 전환점에 이르렀다. 마침내 인공지능이라는 새로운 기술 패러다임의 발전을 가능케 할 데이터와 연산력을 충분히 확보했다. 그리고 이것은 연산력에 관한 완전히 새로운 사고방식을 촉발했다. 우리는 이 새로운 사고방식으로 오랜 마이크로칩 설계 방식의 한계를 돌파했다.

　인류는 고대부터 인공지능을 만들어낼 방법을 고심했다. 인공지능을 주제로 일류 대학원의 교재를 쓴 스튜어트 러셀Stuart Russell은 목적을 달성할 수 있는 행동을 취할 수 있다면 컴퓨터가 지능을 갖고 있다고 생각할 수 있다고 말한다.[19] 핵심을 꼬집자면, 인공지능 소프트웨어는 입력된 프로그램의 명령을 맹목적으로 따르기보다 어떤 종류의 의사 결정을 내릴 수 있어야 한다.

　컴퓨터과학자 존 매카시John McCarthy가 1955년 '인공지능'이라는 단어를 만들어냈다. 그 이후로 연구원들은 '지능 있는' 기계를 만들어내기 시작했다. 그로부터 60년 동안 인공지능 연구는 서서히 속도를 내면서 진행되었다. 시작부터 실패인 경우가 많았다. 중요하게 여겨지는 돌파구가 과도한 기대감을 낳았고, 이어서 실패와 낙담으로 이어졌다. 문제는 데이터와 연산력의 부족이었다. 수십 년 동안 많은 과학자가 인공지능 분야에서 주요 돌파구는 아마도 이른바 '머신러닝'을 통해 마련될 것이라고 믿었다. 머신러닝은 어떤 문제에 대해 방대한 정보를 수집하고 알고리즘을 활용하여 반복되는 패턴을 찾아내는 방식이다. 예를 들어 1000만 장의 고양이와 개 사진을 보여주면서 무엇이 고양이이고 무엇이 개인지를 분명하게 말해줌으로써 고양이와 개의 차이점을 인공지능에게 학습시킬 수 있을지도 모른다. 결국 이 '모델'은 고양이 사진과 개 사진을 구별하는 법을 배우게 될 것이다. 하지만 비교적 최근까지는 이러한 머신러닝의 잠재력을 깨닫기에는 데이터와 연산력이 부족했다. 대량의 정보를 고속으로 처리할 필요성이 생기면서 방대한 정보와 빠른 컴퓨터가 필요해졌다. 그러나 그런 정보와 연산력은 존재하지 않았다.

하지만 2010년대 초부터 상황이 변하기 시작했다. 사람들이 인터넷에 일상 사진을 공유하면서 방대한 데이터가 갑자기 생겨났다. 처음에 이 데이터는 인공지능 연구원들에게 그렇게 유용하지는 않았다. 하지만 페이페이 리Fei-Fei Li 교수가 이를 바꿔 놓기 시작했다. 스탠퍼드대학교의 교수인 그녀는 컴퓨터과학자이고, 신경과학과 컴퓨터과학을 전공했다. 그녀는 인간이 사물을 인지하는 방식에 특히 관심이 있었다. 2009년, 현실에 존재하는 사물을 최대한 많이 디지털 매핑하면 인공지능을 개선할 수 있을 것이란 생각을 품고 리 교수는 이미지넷ImageNet이라는 이름으로 프로젝트를 시작했다. 이미지넷은 5년 동안 단독으로 유용한 인공지능의 폭발적 발전을 촉발하겠다는 야심 찬 프로젝트였다. 리 교수는 1419만 7122개의 복잡한 이미지를 수집하고 각각에 '식물', '악기', '스포츠', '개'와 '고양이' 등의 태그를 달아 사이트에 올렸다. 이 데이터 세트는 가장 일관적이고 정확하게 사물을 식별하는 알고리즘을 찾는 연례 경연의 기초 자료로 활용되었다. 이미지넷 덕분에 양질의 데이터가 갑자기 풍부하게 공급되었다.

다량의 데이터는 연산력의 폭발로 이어졌다. 2010년까지 무어의 법칙은 새로운 종류의 머신러닝인 '딥러닝deep learning'을 촉진하기에 충분한 힘을 발휘했다. 딥러닝은 인간의 두뇌를 지탱하는 세포를 본뜬 인공신경을 여러 겹으로 만들어낸다. 이렇게 만들어진 '신경망'은 오랫동안 차세대 인공지능 기술로 소개되었다. 하지만 연산력의 부족 때문에 기

1장

술 발전에 제약이 존재했다. 하지만 더는 아니다. 2012년 알렉스 크리젭스키Alex Krizhevsky, 일리야 수츠케버Ilya Sutskever, 제프리 힌턴Geoffrey Hinton 등 유명한 인공지능 과학자들이 '심층 합성곱 신경망Deep Convolutional Neural Network, DCNN'을 개발했다. DCNN은 인공지능이 오랫동안 고전을 면치 못했던 이미지 분류 작업에 딥러닝을 활용한 것이었다. 이것은 대단한 연산력에 뿌리를 둔 기술이었다. DCNN은 65만 개의 신경과 시스템을 조정하는 데 사용되는 6000만 개의 매개변수로 구성되었다. 그야말로 게임체인저였다. 크리젭스키 팀이 만들어낸 알렉스넷보다 앞서 이미지넷 경연에 참가한 인공지능은 대부분 실수가 잦았다. 몇 년 동안 74퍼센트가 넘는 점수를 기록한 인공지능이 없었다. 하지만 알렉스넷은 무려 87퍼센트의 성공률을 기록했다. 딥러닝이 제대로 작동했던 것이다.

딥러닝의 승리로 너도나도 인공지능 연구에 달려들었다. 과학자들은 앞다퉈 심층 신경망과 그 파생물을 다양한 문제에 접목하여 인공지능 시스템을 개발했다. 제조 결함을 찾는 것부터 번역까지, 음성 인식부터 신용 사기 감지까지, 그리고 신약 개발부터 비디오 추천까지 다양한 문제를 해결하는 인공지능 시스템이 속속 개발되었다. 투자자들은 그들을 지원하기 위해 돈주머니를 거침없이 열었다. 순식간에 딥러닝이 도처에 존재했다. 그 결과 신경망은 방대한 데이터와 강력한 처리력을 소비하게 되었다. 2020년에 등장한 GPT-3는 1750억 개의 매개변수를 갖고 있다. 이것은 알렉스넷이 보유한 매개변수보다 3000배 많은 양이다. GPT-3는 때때로 사람이 직접 쓴 것이라고 오인할 정도의 글을 써낼 수 있다.

하지만 컴퓨팅에 대한 새로운 접근법이 인공지능이었다면, 인공지능을 작동시킬 힘은 무엇이었을까? 2012년과 2018년 사이에 초대형 인공지능 모델을 학습시키는 데 사용되는 연산력이 무어의 법칙이 제시한 속도보다 6배 빨리 증가했다. 57쪽의 그래프는 무어의 법칙의 지수곡선과 대조하여 최첨단 인공지능 시스템에 사용되는 연산력의 성장을 보여준다. 인공지능이 사용하는 연산력이 무어의 법칙이 제시한 성장곡선을 따른다면, 6년 동안 대략 7배 증가했을 것이다. 하지만 실제로는 30만 배 증가했다.[20]

실로 놀라운 통계치다. 하지만 커즈와일이 수십 년 전에 밝혀낸 프로세스로 정확하게 설명할 수 있다. 마이크로칩에 더 많은 트랜지스터를 집어넣어 연산력을 높이는 오래된 방식이 한계에 부딪혔을 때, 과학자들은 살짝 다른 접근 방식을 채택해 참신한 해결책을 마련했다.

해답은 사용되는 마이크로칩의 종류에 있다. 크리젭스키 같은 인공지능 과학자들은 전통적인 컴퓨터 마이크로칩을 비디오게임에 쓰이는, 고급 그래픽을 그리기 위해 개발된 마이크로칩으로 대체했다. 일상적으로 사용되는 컴퓨터에 이런 마이크로칩을 사용하지는 않을 것이다. 하지만 이러한 마이크로칩은 인공지능에 놀랍도록 적합했다. 특히 수학적 문제를 해결하는 데 탁월했다. 사실적인 장면을 구현하기 위해 비디오게임에 필요한 연산 작업에는 곱셈이 많이 개입되었다. 복잡한 신경망이 작동하려면 이러한 곱셈을 수백만 번, 때로는 수십억 번 해야 한다. 그런데 비디오게임에 사용되는 그래픽 마이크로칩이 이런 작업에 적합했던 것이다.

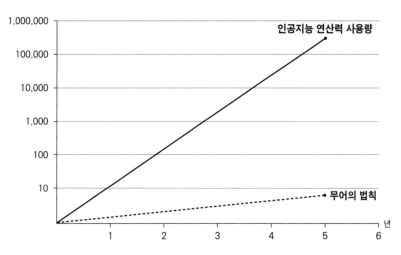

인공지능이 사용하는 상대적인 연산력과 무어의 법칙

1,000,000

100,000

10,000

1,000

100

10

인공지능 연산력 사용량

무어의 법칙

1 2 3 4 5 6 년

출처: 오픈AI, '익스포낸셜 뷰' 분석

이런 마이크로칩을 중심으로 거대한 시장이 형성되고 있다는 사실이 명백해지자, 컴퓨터 업계는 도전에 정면으로 맞섰다. 인공지능 개발자들은 더 많은 연산력이 필요했다. 그것은 전문 마이크로칩에서 얻을 수 있었다. 그리하여 캘리포니아의 세레브라스Cerebras와 영국의 그래프코어Graphcore 같은 기업들이 신경망을 고속으로 작동할 수 있는 전문 마이크로칩을 생산하기 시작했다.

그 결과 무어의 법칙의 족쇄에서 자유로워졌을 뿐 아니라 연산력이 계속하여 기하급수적으로 증가했다. 무어의 법칙은 소형화에서 추진력을 얻는다. 더 많은 트랜지스터를 더 협소한 공간에 집어넣는 것이다. 하지만 오늘날의 인공지능 마이크로칩은 이러한 초소형화에 의존하지 않는다. 사실상 크기가 훨씬 큰 트랜지스터가 탑재되는 마이크로 칩도 있다. 일반적으로 랩톱에 탑재되는 프로세서에는 대략 7나노미터의 트랜지스터가 들어간다. 이 크기의 트랜지스터 3000개로 머리카락 한 가닥의 단면을 채울 수 있다. 그래프코어가 생산한 전문 인공지능 마이크로칩은 16나노미터의 트랜지스터가 탑재된다. 16나노미터 트랜지스터 약 1300개로 머리카락 한 가닥의 단면을 가득 채울 수 있다.

이에 따르면, 연산력이 가까운 미래에 기하급수적으로 성장할 것으로 보인다. 그리고 새로운 마이크로칩이 사회의 커지는 수요를 만족시키는 데 적합하지 않은 것으로 드러난다면, 완전히 새로운 무언가가 기다리고 있다. 바로 '양자 컴퓨팅'이다.[21] 전형적인 컴퓨팅에서 정보의 핵심 단위는 이진 숫자인 비트다. 반면에 양자 컴퓨팅에서 기본적인 단위는 큐비트다. 큐비트는 양자물리학의 기초 수학을 반영한다. 값이 0 아니면 1이어야 하는 비트의 이원성과 달리, 큐비트는 일제히 0과 1 사이의 모든 값을 나타낼 수 있다.

전문 인공지능 마이크로칩처럼 양자 컴퓨터는 대부분의 연산 작업에는 적절하지 않지만, 생명 유지와 관련된 중요한 문제를 해결할 수 있다. 예를 들어 과학자들은 양자 컴퓨터를 이용해 대기 중으로 다량의 이산화탄소를 배출하지 않는 질소 비료를 만들어낼 수 있을 것으로 기대한다. 여기서 핵심은 비료 생산 과정에 촉매제로 사용되는 새로운 종류의 분자를 모델링하는 것이다. 전형적인 컴퓨터는 이러한 분자를 모델링하는 데 수십만 년이 걸릴 것이다. 하지만 양자 컴퓨터는 하루 만에 해낼 수 있다.[22]

2019년 10월에 보고된 어느 실험에서 구글이 내놓은 양자 컴퓨터 시제품이 200초 동안 연산 작업을 수행했다. 최첨단 슈퍼 컴퓨터로 같은 연산 작업을 수행한다면 1만 년이란 시간이 걸릴 것이다. 구글의 원초적인 양자 컴퓨터는 라이벌인 슈퍼 컴퓨터보다 10억 배 빨리 연산 작업을 수행했다.

다시 말해, 지금까지 커즈와일이 옳다는 것이 입증되었다. 설령 하나의 기술 패러다임이 기력을 잃더라도 새로운 대안이 등장한다. 하나의 접근법이 한계에 도달할 때, 또 다른 접근법이 그 자리를 대신하는 것처럼 말이다. 하나의 기술이 극복할 수 없는 한계에 이를 때마다, 창의적인 사람들이 인접한 분야와 학문을 이용해 당면한 문제를 극복할 참신한 해결책을 내놓을 것이다.

그리고 이 이론이 전반적으로 옳다면, 특히 컴퓨팅에 적절하다고 느껴진다. 싱클레어 ZX81부터 구글의 시제품 양자 컴퓨터까지 지난 반세기 동안 컴퓨터는 기하급수적으로 빨라지고 있다. 이러한 기하급수성은 느려질 기미가 없다. 컴퓨터가 빨라질 때 새로운 기술 패러다임이 발전할 것이다. 하나의 접근법이 완전한 잠재력을 발휘하여 한계에 이를 즈음에 다른 대안이 나타나서 자리를 대신할 것이다.

이런 맥락에서 컴퓨팅은 기하급수적인 시대가 곧 도래하리라는 것을 보여주는 조짐이다. 기하급수적인 시대는 첫 기술이 놀라운 속도로 변하기 시작하는 순간이다. 기술의 속도가 빨라지고, 성능이 개선되고, 가격이 하락하면서 완전한 산업이 형성된다. 기하급수적인 시대는 이 프로세스에 무슨 일이 일어나는지를 보여준다.

컴퓨터만이 기하급수적인 기술인 것은 아니다. 많은 영역에 걸쳐서 기술은 빠르게 발전하고 있고, 그 프로세스에서 많은 변화를 낳는다. 사회적인 힘, 경제적인 힘 그리고 정치적인 힘이 기이하게 결합되면서 기술의 발전 속도가 더 빨라지고 있다. 여러 영역에서의 기술 발전 가속화와 그 원인이 바로 다음 장에서 살펴볼 주제다.

기하급수 시대,
위대한 격차의 시작

EXPONENTIAL

EXPONENTIAL

●

　　　　나는 영화 '007' 시리즈 중에서 〈007 황금총
을 가진 사나이〉를 제일 좋아하는 몇 안 되는 사람 중 한 명이다.[1] 이 영
화의 등장인물들이 보여주는 양면성에 필적할 것은 영화의 배경뿐이
라고 생각한다. 이 영화는 분명히 매력적이다. 로저 무어$_{Roger\ Moore}$가 연기
한 제임스 본드는 마카오부터 태국까지 아름다운 열대지방을 넘나들
며 암살자 프란시스코 스카라망가를 추적한다. 스카라망가는 태양력
으로 전 세계에 공급할 전력을 생산할 수 있는 장치인 솔렉스 에지테이
터를 훔친다. 제임스 본드는 이 장치를 되찾는 임무를 맡는다. 이 영화
는 기술 물신주의를 보여준다. 스카라망가의 개인 섬에 설치된 미래적
인 태양광발전소가 영화 속에서 기술 물신주의를 상징한다. 스카라망
가는 자신의 섬에서 제임스 본드와 최후의 대결을 펼친다.

　　1974년에 개봉된 이 영화는 전무후무한 석유 파동에 휘말린 세계의

불안감을 보여주었다. 1973년 10월, 중동 산유국들이 석유 금수 조치를 선언했다. 그해 발발한 욤 키푸르 전쟁에서 서로 연합하여 이스라엘을 지지한 미국과 동맹국들에게 석유를 수출하지 않겠다는 것이었다. 그로부터 6개월 동안 유가는 10월보다 3배 치솟았다. 유가가 고통스러울 정도로 치솟자, 대체에너지가 전 세계의 상상력을 자극했다. 이런 이유로 솔렉스 에지테이터라는 장치가 등장했는지도 모른다.

하지만 아시아 태평양을 가로지르며 적을 물리치고 아름다운 여인과 로맨스를 펼치는 제임스 본드의 눈부신 활약에도 불구하고, 태양광은 석유파동을 해결하지 못했다. 영화 제작자들처럼, 일본과 미국 정부는 치솟는 유가와 연료난을 해결하기 위해 태양광으로 전기를 생산하는 연구에 박차를 가했다. 하지만 당시에는 태양광으로 충분한 전기를 생산하는 데 너무나 많은 비용이 들었다.

1975년에는 전 세계 태양광발전소에 설치된 태양광을 반사하는 기판인 실리콘 광전지 모듈로 1와트의 전기를 생산하는 데 대략 100달러가 들어갔다. 그래서 태양광은 에너지를 적게 먹는 장치와 정부기관에서 사용하는 전기기기의 에너지원으로만 활용되었다. 1958년 이후 인공위성에는 건전지보다 가벼운 태양광 전지판이 탑재되었다.[2] 1970년대 말부터 손목시계와 계산기에도 태양광 전지판이 들어가기 시작했다. 하지만 태양광 발전을 더 다양한 분야에 활용하지는 못했다. 태양광으로 전기를 생산하는 데 너무 많은 비용이 들었기 때문이다.

하지만 상황이 바뀌었다. 1975년과 2019년 사이에 태양광 발전 가격이 500배 낮아졌다. 태양광으로 전기 1와트를 만들어내는 데 들어가는 비용이 23센트 이하로 떨어졌다.[3] 지난 10여 년 동안 대부분의 변화가 일어났다. 2010년에는 태양광 전지판으로 1킬로와트시를 생산하는 데 30~40센트가 들었다. 화석연료보다 10~20배 더 비쌌다.[4] 하지만 태양광 에너지의 비용은 기하급수적으로 하락하고 있다. 대용량 전기를 만드는 경우에 발전비용은 연간 40퍼센트 하락했다. 2020년 10월부터 풍력발전과 마찬가지로 대규모 태양광발전 역시 가장 값싼 형태의 화력발전인 복합 사이클 가스 발전보다 훨씬 저렴해졌다.[5] 2009년부터 2019년까지 태양광 발전비용이 89퍼센트 하락했다.

태양광에 필적할 에너지원은 없다. 태양광은 스카라망가가 꿈꾸던 이상적인 에너지원이었으나 21세기 초에는 기본적으로 경제성이 떨어지는 에너지원이었다. 그러나 이제 태양광은 전 세계 인구의 3분의 2에게 가장 저렴하게 전기를 공급하고 있다.[6] 지금 태양광 전지판은 부국과 빈국을 막론하고 전 세계적으로 많은 집의 지붕에 설치되어 있다. 북반구든 남반구든, 또는 더운 나라든 추운 나라든, 어디서든 태양광 전지판을 쉽게 볼 수 있다. 태양광으로 생산한 저렴한 전기는 아프가니스탄에 있는 아편 농부들의 삶마저 바꿔놓았다. 전기를 이용해 농장에 물을 끌어들이면서 양귀비 수확량이 증가했고, 다른 작물을 재배할 수 있게 되었다.[7]

1970년대 이후 태양광 발전의 발달 과정은 기하급수적인 성장이 컴퓨터의 발전 과정에만 국한되지 않았다는 것을 보여준다. 물론 컴퓨터 업계는 기하급수적으로 발전하는 기술들 덕분에 새로운 시대의 기반을 마련했다. 하지만 이러한 현상은 트랜지스터나 인공지능에만 국한되지 않는다. 기술의 기하급수적인 성장은 네 가지 주요 영역에서 나타났다. 각각의 영역은 서로 융합하여 세계경제의 기반을 형성했다. 물론 컴퓨팅도 그중 하나다. 에너지, 생물학 그리고 제조업이 나머지 영역이다. 각 영역에서 놀랍고 짜릿한 변화가 진행되고 있다. 각 영역의 핵심 기술들의 비용이 급격하게 하락하고 있다. 10년마다 거의 6배씩 하락하고 있다. 앞 장에서 컴퓨팅에서 기하급수성이 어떤 모습으로 나타나는지를 살펴보았다면, 이번 장에서는 나머지 세 영역에서 기하급수성이 어떻게 나타나는지 살펴볼 것이다.

네 영역은 광범위하기 때문에 각 영역에서 나타나는 기하급수성을 살펴보려면 폭넓은 시야를 지녀야 한다. 컴퓨팅뿐 아니라 다른 영역에서도 기하급수성을 이해하려면, 그것을 기술적인 힘, 경제적인 힘 그리고 정치적인 힘이 광범위하게 결합된 결과로 봐야 한다. 이것들을 설명하는 것이 이번 장의 목표다.

지금부터 각 영역의 새로운 기술들이 사회 전반에 어떻게 변혁적인 영향을 미치는지 살펴볼 것이다. 그리고 새로운 기술이 왜 등장했는지 살펴볼 것이다. 알다시피 수요가 증가하면 기술의 가격이 낮아진다. 그리고 모든 새로운 기술은 서로 상호작용하고 결합하면서 또 다른 새로운 기술을 만들어낸다. 그동안 정보망과 교역망이 커지면 새로운 기술들은 하루가 다르게 확산되고 성장했다.

컴퓨팅, 에너지, 생물학과 제조업을 살펴보면, 인간 사회가 나아가고 있는 완전히 새로운 시대의 모습을 대략적으로 그려볼 수 있다. 기하급수성은 단순히 소수의 독특한 분야의 기술이 급속히 성장하고 발전하는 것을 말하는 것이 아니다. 그것은 여러 경제 영역에 존재하는 모든 기술의 기본적인 특성이다. 우리는 지금 기하급수적인 시대에 살고 있다.

에너지, 바이오, 제조업의 기하급수적 혁명

기하급수적인 변화를 가져오는 나머지 영역들을 하나씩 살펴보자. 첫 번째는 에너지다. 태양광만이 기하급수적인 기술 발전을 보여주는 에너지원인 것은 아니다. 얕은 호수, 그리고 바람이 거센 평원과 산꼭대기에 대규모로 풍력 터빈이 설치되는 데는 경제적인 이유가 있다. 2009년부터 2019년까지 풍력발전 비용이 70퍼센트 하락했다. 즉 연간 13퍼센트 하락했던 셈이다. 발전비용이 떨어지자, 풍력발전이 전 세계적으로 다른 발전 방식을 대체하기 시작했다. 재생에너지 발전비용이 기하급수적으로 하락하면서 화력발전소 가동이 중단되고 있다.

물론 풍력과 태양광만으로 에너지 수요를 모두 충족시킬 수는 없다. 풍력과 태양광에는 단속성이란 한계가 있다. 에너지를 생산하지만 저장할 수는 없다. 화석연료는 에너지를 저장할 수 있다는 특징이 있다. 석탄은 그야말로 열 덩어리다. 어디든지 옮길 수 있고, 어디서든 에너지를 발생시킨다. 풍력발전은 강한 바람이 불지 않는 밤이나 낮에는 에너지를 발생시키지 못한다는 큰 단점이 있다. 다행히 배터리 기술이 기하급수적으로 성장하고 있다. 리튬이온전지 가격이 2010년부터 10년 동안 연간 19퍼센트씩 하락했다.[8] 2021년에는 대규모 배터리 시스템이 석탄 발전소 및 가스 발전소와 경쟁할 수 있을 정도로 재생에너지 발전비용을 떨어뜨렸다. 그리고 2020년과 2030년 사이에 태양광이나 풍력으로 만든 전기 가격이 몇 배 더 하락하고, 재생에너지 저장 장치의 가격도 이와 같은 속도로 하락할 것이라고 충분히 예상할 수 있다.

다른 영역에서도 이와 유사한 과정이 진행되고 있다. 이번에는 생물학을 살펴보자. 생물학 기술의 발전을 보면, 에너지 기술의 혁명이 무색해 보인다. 몇 대에 걸쳐서 생물학은 난해하고 골치 아픈 과학이었다. 기술적 전환이 쉽게 일어나지 않는 분야였다. 화학자들은 오랫동안 시험관에서 간단한 화학물질을 분리해 냈고, 물리학자들은 우주를 물리법칙으로 정리했다. 하지만 전반적으로 생물학은 생명체의 혼란스러울 정도로 복잡한 내면을 집중적으로 연구하는 모호한 분야였다.

인간 게놈을 읽는 프로세스를 생각해보자. 인간 게놈은 개개인을 생물학적으로 이해하는 데 필수적인 유전암호다. 이러한 게놈을 분석하는 것은 복잡한 작업이다. 인간 게놈은 30억 개의 문자로 이뤄진 이진수의 정보로 구성된 긴 문자 사슬이다. 게놈의 염기인 구아닌Guanine, 타이민Thymine, 사이토신Cytosine, 아데닌Adenine을 각각 'G', 'T', 'C', 'A'로 나타낸다. 게놈을 읽으려면 먼저 전기화학 배열을 이용해서 읽을 수 있는 수백만 개의 작은 조각으로 분해해야 한다. 그러고 나서 각각의 시퀀스를 조심스럽게 정렬하고 재조합해서 게놈을 읽어낸다.

1999년 4월과 2000년 6월 사이에 최초로 인간 게놈의 배열 순서가 완전히 밝혀졌다. 미완성이지만, 최초로 게놈의 배열 순서를 밝혀내는 데 대략 3억 달러가 들어갔다. 하지만 1억 5000만 달러를 추가로 들여서 후속 개선 작업을 해야만 했다. 그래서 첫 번째 게놈을 해독하는 데 최소 5억 달러에서 최대 10억 달러가 들어갔다.

하지만 이것은 빠르게 변했다. 2001년 9월, 미국 국립보건원의 국립인간게놈연구소는 인간 게놈의 배열 순서를 완전히 밝히는 데 9526만 3702달러가 들었다고 추산했다. 하지만 2019년 8월까지 비용은 942달러로 급감했다. 게놈 시퀀싱 기술이 10만 배 개선되었기 때문이다.[9] 그 이면에는 일루미나Illumina라는 미국 회사가 있었는데, 여기서 개발한 최신 유전체 분석 시스템인 하이세크 엑스HiSeq X가 2014년 게놈 시퀀싱 비용을 1000달러대로 낮췄던 것이다.

그로부터 몇 년 동안 일루미나가 게놈 시퀀싱 시장을 지배했다. 그러다가 2020년 3월 선전에 본사를 둔 BGI가 단돈 100달러에 인간 게놈의 배열 순서를 완전히 밝힐 수 있다고 선언했다. 이것은 20년이 채 안되는 기간에 게놈 시퀀싱 기술이 100만 배 개선되었다는 뜻이다.[10] 그리고 20년 동안 매년 게놈 시퀀싱 비용이 거의 절반씩 하락했다는 의미이기도 하다. 무어의 법칙이 무색해진다. 게놈 시퀀싱에서의 가성비가 마이크로칩에서 무어의 법칙이 예측한 것과 같은 곡선을 그리면서 개선되었다면, 이 글을 쓸 때 게놈 시퀀싱 비용은 10만 달러가 넘었을 것이다. 하지만 사실 게놈 시퀀싱 비용은 무어의 법칙이 예측한 것보다 1000배 더 하락했다.

그리고 여느 때와 마찬가지로 비용이 하락하자 더 다양한 곳에서 기술이 활용되었다. 1999년에는 복잡한 게놈 하나를 겨우 해독했다. 하지만 2015년에는 연간 20만 개 이상의 게놈 배열 순서를 밝혀냈다.[11] 어느 연구 집단은 2025년까지 무려 20억 개의 인간 게놈을 해독할 수 있을 것으로 내다보았다.[12]

게놈 해독 비용을 낮추는 여러 요인이 있는데, 연산력 향상도 그중 하나다. 게놈은 거대한 문자 사슬이며, 인간 게놈 하나를 해독하는 데는 대략 100기가바이트의 저장 공간이 필요하다(이것은 25편의 고해상도 영화를 저장하기에 충분한 용량이다). 다행히도 25년 전과 비교하면 이 정도의 저장 공간을 확보하는 것이 훨씬 쉬워졌다. 하지만 무어의 법칙이 게놈 시퀀싱 비용 감소의 유일한 원인은 아니다. 시약과 DNA 샘플을 해독할 수 있는 무언가로 변환하는 데 필요한 '증폭기'를 생산하는 방식이 발전했다. 그리고 지난 몇 년 동안 이런 화학물질들의 값은 꾸준히 하락했다. 또한 그동안 전자기기가 발전하면서 과학자들은 더 저렴한 센서를 개발할 수 있었고, 로봇 기술이 발전하면서 수작업에 의존하던 복잡한 작업을 자동화할 수 있었다.[13]

유전자 코딩은 바이오 기술에서 일어난 혁명의 일면일 뿐이다. 컴퓨터과학, 생물학, 전기공학, 생물물리학 등 여러 학문이 뒤섞여 새로운 생물학적 요소와 시스템을 개발하는 합성생물학도 있다. 이 분야가 기하급수적으로 발전하면서 농업과 제약, 재료, 보건에서 혁신적인 결과물이 쏟아지고 있다. 요즘은 미생물을 '시퀀싱'하고 조작할 수 있다. 미생물을 불과 10년 전만 해도 생각할 수 없었던 화학물질과 소재를 생산하는 작은 자연 공장으로 바꿔놓을 수도 있다. 그 결과는 세상을 뒤

바꿔 놓을 것이다. 일부 추정에 따르면, 세계경제에서 물리적 '인풋'의 60퍼센트를 2040년이 되면 생물학적으로 만들어낼 수 있다.[14] 이런 식으로 자연을 활용하면 완전히 새로운 소재를 생산해낼 수도 있을 것이다. 예를 들면 바다를 오염시키지 않는 생물고분자, 또는 더 가볍거나 에너지를 덜 소비하는 전자 부품이 그렇다.

이제 기하급수적인 변화를 만들어내고 있는 네 영역 중에서 마지막으로 제조업을 살펴보자. 지금 무언가를 만들어내는 방식이 근본적으로 변하고 있다. 이런 변화는 아마도 수백 년 만에 최초일 것이다.

인류는 호모 사피엔스가 등장하기 훨씬 이전에 사용하던 방식 그대로 물리적인 재료, 다시 말해 물질을 조작하고 있다. 오늘날의 탄자니아에 해당하는 올두바이에서 세계에서 가장 오래된 구석기 유물이 발견되었다. 무려 170만 년 전에 만들어진 것이다. 산업화 시대의 제조 공정은 먼 옛날의 선조들이 사용하던 방식과 많은 공통점을 지니고 있다. 덩어리를 가져다가 불필요한 부분을 깎아낸다. 이를 조각법이라고 하자. 인류의 조상은 부싯돌을 이런 방식으로 다듬어서 사용했다. 파라오의 석공들은 거대한 암석을 깎아서 피라미드를 만들어냈고, 미켈란젤로는 거대한 대리석을 깎아서 다비드상을 만들어냈다.

오늘날에는 이런 작업을 대규모로, 그리고 훨씬 더 정확하게 수행할 수 있다. 하지만 그 과정은 본질적으로 변함이 없다. 컴퓨터가 등장하면서 정교한 기계가공이 가능해졌지만, 커다란 덩어리에서 필요 없는 부분을 제거하는 조각법은 그대로였다. 초기 인류가 딱딱한 돌 위에 부싯돌을 내리쳐서 무언가를 만들었다면, 이제는 컴퓨터가 통제하는 다이아몬드 절단기가 딱딱한 돌을 대신한다. 물론 주물을 사용해 금속이나 플라스틱을 주조하는 것처럼 제조 방식은 다양하다. 깎아서 무언가를 만드는 방식과 비교해 이러한 주물법과 주조법은 재료 낭비가 없다는 장점이 있다. 하지만 큰 단점을 안고 있다. 주물과 주조는 단일 디자인을 복제할 뿐이다. 그러므로 새로운 제품을 갖고 싶으면 새로운 주물이 필요하다.

적층가공 또는 3D프린팅은 버리는 부분 없이 불필요한 부분을 제거하는 조각법을 뒤집은 기하급수적인 기술이다. 앞으로 이 책에서 적층가공과 3D프린팅이란 용어를 혼용해서 사용할 것이다. 일반적으로 컴퓨터를 이용해 도면을 그리고, 그 도면에 따라 물체를 만들어낸다. 처음부터 새로운 물체를 만들어내는 것이다. 레이저나 잉크젯 프린터와 비슷하게 생긴 장비를 사용해서 용해된 물질을 한 겹 한 겹 쌓아 올린다. 원료로 유리부터 플라스틱, 초콜릿까지 다양한 물질이 사용될 수 있다. 이것은 수만 년의 조각법과 수천 년의 주물법, 주조법으로부터의 해방을 의미한다.

1980년대 중반 찰스 헐Charles Hull이 세계 최초로 3D프린터를 개발한 이후, 적층가공은 급격하게 발전했다. 적층가공은 더 빨라졌고, 더 정확해졌으며, 더 다양한 용도로 사용되었다. 오늘날 3D프린터는 플라스틱, 철, 세라믹, 그리고 심지어 인간 단백질을 재료로 무언가를 만들어낼 수 있다. 1999년 웨이크 포레스트 재생의학연구소는 세계 최초로 이식수술용 인공장기를 3D프린터로 만들어냈다. 그리고 2019년 두바이에서 나의 벗인 노아 래퍼드Noah Raford 박사가 3D프린터로 500제곱미터의 일층 건물을 만들어냈다.[15] 콘크리트로 이 건물을 만드는 데는 꼬박 17일이 걸렸다. 노아는 몇 달 동안 이 건물에서 업무를 보았다. 같은 크기의 건물을 지을 때 사용하는 콘크리트보다 75퍼센트 적게 사용되었고, 전례 없이 정밀한 건물이 세워졌다.

적층가공은 여전히 시장이 작다. 유명 제품과 전문 분야에서 적층가공이 활용된다. 예를 들어 전투기의 초경량 부품 생산이나 장기이식 수술에서 이 기술이 활용된다. 하지만 적층가공을 가능케 하는 기술들이 기하급수적으로 성장하고 있다. 연구원들은 매년 16.7퍼센트에서 37.6퍼센트 사이의 속도로 적층가공이 발전하고 있는 것으로 추정한다. 평균 성장 속도는 30퍼센트대다.[16] 앞으로 10년 동안 적층가공 성능이 14배 개선될 것이고, 가격 역시 하락할 것이다. 적층가공 애널리스트인 테리 윌러스Terry Wohlers는 3D프린팅 시장이 2009년부터 2019년까지 10년 동안 11배 성장했는데, 연간 성장률로 환산하면 27%에 달한다고 말한다.[17]

진정한 변화는 아직 시작되지 않았다

이 네 영역의 변화가 왜 중요할까? 이 영역에서 일어난 변화가 새로운 기술로 이어지게 된다. 연구원들은 문제를 해결하는 새로운 방법을 개발하고, 엔지니어들은 이미 존재하는 방법을 개선한다. 이 프로세스에서 획기적인 돌파구가 마련된다. 그래서 설령 변화의 속도가 빨라지고 있다고 해도, 기본 프로세스는 전혀 새로울 것이 없다고 생각할 수 있다.

하지만 컴퓨팅, 생물학, 에너지, 제조업 등 지금까지 살펴본 네 영역의 기술들은 특별하다. 그 이유를 이해하려면 혁신에 관한 불편한 진실을 인정해야 한다. 바로 모든 기술이 동등하지는 않다는 것이다.

대부분의 기술이 정해진 몇 안 되는 목적을 위해서 사용된다. 발걸이나 전구를 생각해보자. 그렇다고 이런 기술들의 영향력이 작다고는 할 수 없다. 발걸이는 기수가 말을 타고 앉아 두 발로 디디게 되어 있는 보잘것없는 물건이다. 하지만 칭기즈칸이 아시아를 누비며 전 세계에서 가장 큰 제국을 만드는 데 일조했다. 전구는 어둠으로부터 인류를 자유롭게 했다. 전구 덕분에 해가 진 뒤에도 직장이나 가정에서 사회 시스템이 정상적으로 작동할 수 있었다. 이렇게 제한된 목적으로 사용되는 기술도 사회 전반에 영향을 미쳤다. 하지만 그러한 기술은 여전히 상대적으로 제한된 영역에서 사용되고 있다.

그러나 일부 혁신적인 기술은 훨씬 더 폭넓게 사용된다. 바퀴는 물레바퀴에 동력을 제공하거나, 도르래의 부품으로 사용되거나, 자동차에 사용된다. 농부와 소방관, 금융업자가 모두 자동차를 운전한다. 바퀴는 그들이 몸담은 업계에서 매일 사용된다. 이렇듯 광범한 범위의 발명품들이 '범용 기술'로서 알려진다. 이들은 다른 기술을 대체하고 다양한 보완재를 만들어내는데, 이 보완재는 바로 그 한 가지 기술 때문에 존재할 수 있다.

역사적으로 범용 기술은 사회를 알아볼 수 없을 정도로 변화시켜 왔다. 전기는 공장이 돌아가는 방식을 완전히 바꿨고, 우리의 일상을 혁명적으로 바꿔놓았다. 종교개혁과 과학혁명에서 주요 역할을 했던 인쇄기는 압력판과 금속활자가 결합된 장치 그 이상의 존재였다. 범용 기술은 경제와 사회를 완전히 뒤집어놓았다. 기술이 시작된 곳을 넘어서 먼 곳까지 변화를 야기했다.[18] 경제학자 리처드 립시Richard Lipsey와 케네스 카를로Kenneth Carlaw, 클리퍼드 베카Clifford Bekar가 말했듯이, 범용 기술은 "새로운 제품, 새로운 프로세스와 새로운 조직의 탄생을 위한 어젠다를 만들어내서 (…) 사회의 거의 모든 것을 바꾼다."[19]

범용 기술이 특히 변혁적인 것은 한 영역을 넘어서 영향력을 행사하기 때문이다. 20세기 초에 존재했던 주요 범용 기술 중 하나인 자동차를 생각해보자. 자동차가 잠재력을 발휘하려면 주행하기에 적합한 도로가 필요했다. 도로는 각국에 걸쳐 이어진 물리적 인프라였다. 하지만 자동차는 연료와 여분의 부품도 필요했다. 그리고 운전자는 일종의 자양분이 필요했고, 이는 충전소와 휴게소 수요를 낳았다. 자동차는 도시 환경에도 변화를 가져왔다. 도시는 변하기 시작했고, 도시 생활에서 자동차는 필수가 되었다. 오랜 시간에 걸쳐 교외 지역이 발전했고, 소비 행태도 점진적으로 변했다. 휴양객들을 위한 합리적인 가격의 호텔과 도매 할인 매장이 들어섰다. 운전자들이 준수해야 하는 안전 규칙 등 새로운 규칙도 서서히 생겨났다. 간략하게 말해, 범용 기술은 모든 것을 바꿨다.

이것이 네 영역에서 나타나는 기하급수적인 혁명이 그토록 중요한 이유다. 변혁적인 범용 기술이 파도처럼 밀려오고 있다. 지금은 인쇄기가 발명된 시대처럼 단 하나의 범용 기술만 있는 것이 아니다. 범용 기술이 전화기와 자동차, 전기 세 가지만 있었던 20세기 초와도 다르다. 기하급수적인 시대에는 컴퓨팅, 에너지, 생물학, 제조업이라는 네 가지 핵심 영역에서 혁신적인 기술이 속속 등장하고 있다.

초기 단계에 각 영역에서 어떤 범용 기술이 기하급수적으로 발전할지 예측하기는 어렵다. 우리가 아는 것은 다방면에 적용될 수 있는 새로운 기술이 각 영역에서 등장하고 있다는 사실뿐이다. 지금까지 살펴보았듯이, 증가하는 연산력을 활용할 수 있는 분야는 제한이 없는 것 같다. 유전공학은 미생물을 조작하거나, 새로운 스마트폰 스크린을 생산하거나, 신약을 개발하는 데 활용될 수 있을 것이다. 3D프린터는 정밀한 자동차 부품부터 새로운 장기까지 거의 모든 것을 만들어낼 수 있다.

이러한 기술들의 빠른 진화는 즉각적인 변화의 전조가 되진 않는다. 범용 기술이 사회 전반에 획기적인 영향을 미치는 데는 시간이 걸린다. 전기를 생각해보자. 저명한 경제사학자 제임스 베슨James Bessen은 다음과 같이 말했다. "최초의 발전소가 1881년에 가동을 시작했다. 하지만 전기화는 1920년대까지 경제의 생산 활동에 거의 영향을 미치지 않았다."[20] 범용 기술이 의미 있는 영향을 사회 전반에 미치는 데는, 즉 범용 기술의 등장으로 새로운 인프라가 만들어지고, 일하는 방법이 변하고, 기업이 구성원들에게 새로운 기술을 훈련시키는 데는 얼마간의 시간이 소요된다.

범용 기술은 여러 단계를 거쳐서 경제 시스템과 통합된다. 경제학자 카를로타 페레즈Carlota Perez가 그 과정을 가장 효과적으로 설명해냈다.[21]

첫 번째는 설치 단계다. 이 단계에서는 범용 기술을 지탱하는 기본적인 인프라가 개발된다. 범용 기술의 출시는 대단히 고된 작업이다. 전력망을 만들려면 발전 시스템과 송전소, 배전관이 필요하다. 설치 단계에서 가용할 수 있는 기술은 제한적이고, 노하우는 희소하다. 범용 기술을 대규모로 활용하는 데 필요한 지식을 쌓는 데는 시간이 필요하다. 범용 기술의 초기 단계는 생산성이 낮고 새로운 발견이 이어지는 시기다. 기존의 성숙한 기술은 새롭게 발명된 기술보다 효과적이고, 사회 전반에 퍼져 있다. 새로운 기술은 가치 있지만, 그것을 효과적으로 활용하려면 기반을 조성해야 한다. 그래서 새로운 기술의 활용은 꽤나 귀찮은 일이다.

하지만 진짜 혁명은 다음 단계에서 일어난다. 바로 배치 단계다. 고된 설치 단계가 끝나면 경제 전반에 걸쳐서 유용하게 쓰일 새로운 기술이 쏟아진다. 기업들은 새로운 기술이 개발된 목적을 깨닫고, 관리자와 노동자들은 새로운 기술을 활용하는 데 필요한 지식과 경험을 축적한다. 그리고 정비소와 도소매상 같은 보완 서비스가 등장한다. 배치 단계에서 사회는 범용 기술의 혜택을 마음껏 누린다. 페레즈의 말을 빌리면, 이것이 범용 기술의 '황금기'다. 하지만 황금기를 맞이하는 데는 시간이 필요하다.

앞 장에서 살펴보았듯이, 범용 기술이든 아니든 오늘의 기술들은 어느 때보다 빠른 속도로 유용한 무언가를 만들어내고 있다. 클라우드 컴퓨팅부터 스마트폰까지 대부분의 인프라가 이미 마련되었다. 그리고 이것은 페레즈가 언급한 전환이 앞선 시대보다 더 빠르게 우리 앞에 다가올지도 모른다는 것을 의미한다. 우리가 지금 살고 있는 시대는 폭포처럼 쏟아지는 기술들로 정의된다. 하나의 새로운 기술이 빠르게 다음 기술로 이어지고, 그것은 또 그다음 기술로 이어진다.

컴퓨팅의 광범위한 영향력을 생각해보자. 컴퓨팅은 IT 업계의 경계를 넘어 도처에 영향을 준다. 페레즈가 지적했듯이, 컴퓨팅 혁명은 정보의 생산과 처리를 훨씬 더 쉽게 만들었다. 그 결과 다양한 맛의 케첩부터 아찔할 정도로 다양한 스타일의 의류까지 틈새시장을 공략할 수 있는 제품들이 등장했다. 그것은 데이터를 수집하고 처리하는 능력이 향상되었기에 가능했다. 또 다른 변화는 기업 조직의 전환이었다. 기업은 운영 방식을 바꿨고, 완전히 다른 전략적 목표를 수립했다. 그 이유는 4장에서 살펴보자.

하지만 컴퓨터의 등장은 첫 단계에 불과했다. PC의 확산은 인터넷의 빠른 확산으로 이어졌다. 1984년에는 1024대의 컴퓨터가 인터넷에 연결되었다. 하지만 1994년을 기점으로 그 수는 3000배 증가했다. 어느 추정에 따르면, 1995년에 인터넷 사용자는 무려 1600만 명에 달했다. 2020년 말에는 50억 명 이상이 인터넷을 사용했다(증가 폭이 무려 300배에 달한다).[22]

그리고 스마트폰의 등장으로 인터넷 확산이 촉진되었고, 이어서 가속되었다. 최초의 스마트폰은 1990년대에 등장했다. 당시 스마트폰은 인터넷 확산에 영향을 미치기에는 역부족이었다. 배터리 수명은 형편없었고, 액정 화면 역시 작았으며, 탑재되는 소프트웨어도 아주 제한적이었다. 1992년에 출시된 IBM의 사이먼은 겨우 5만 대가 팔렸다.[23] 하지만 2007년 애플Apple의 아이폰이 출시되면서 모든 것이 변했다. 이것은 최초의 혁신적인 스마트폰이었다. 5년 이내에 10억 명이 다목적 스마트폰을 사용하게 되었다. 2020년 말에는 스마트폰 사용자가 35억 명에 이르렀다.

이런 혁신들이 상호작용하면서 경제의 구석구석이 변하기 시작했다. 스마트폰은 워크맨, 계산기, 다이어리, 시계, 지도 등 많은 소비재를 대체했다. 카메라 매출은 폰 카메라의 등장으로 폭락했다. 쇼핑도 변했다. 2020년 미국 소비자들이 스마트폰으로 사들인 물건의 액수는 2840억 달러였다.[24] 2019년 11월 광군절光棍節(11월 11일, 배우자나 애인이 없는 '싱글'들을 위한 날—옮긴이)에 중국 소비자들은 스마트폰을 이용해 알리바바Alibaba에서 390억 달러의 물건을 구입했다. 그 이듬해 광군절 매출은 740억 달러였다. 비싼 지역에 값비싼 상점을 연 소매업자들은 소비자들이 매장을 직접 방문하기보다는 침대에 누워서 스마트폰으로 쇼핑하는 것을 더 좋아한다는 사실을 깨달았다.

이것이 범용 기술의 힘이다. 범용 기술은 영역과 영역을 넘어서 사회 전반에 무자비하게 영향을 미친다. 그리고 우리 일상의 곳곳에 파고든다. 기하급수적인 시대의 범용 기술들이 이제 막 등장하기 시작했다. 지금까지는 개인용 PC, 인터넷과 스마트폰의 부상을 지켜보고, 그것들이 가져온 변화를 경험하고 있다. 하지만 매우 싼 에너지, 생물공학, 3D프린팅, 그리고 이제 막 개발되어 그 영향을 예측하기 어려운 수많은 기술이 가져온 변화는 아직 경험하지 못했다.

이해하면 수요가 생기고, 더 많은 것을 만든다

지금까지 새로운 세대의 기하급수적인 기술 중에서 일부 기술이 어떤 앞선 세대의 기술을 바탕으로 태어났는지, 그리고 사회에 어떤 영향을 미치고 있는지 살펴보았다. 그리고 이러한 혁신들이 그토록 변혁적인 영향력을 지니는 이유도 알게 되었다. 다수의 기하급수적인 기술이 범용 기술이 지니는 특징을 갖고 있다. 하지만 이는 새로운, 심지어 더 큰 의문을 낳는다. 왜 지금일까? 다시 말해, 이 기하급수적인 혁명을 이끄는 동력은 무엇일까?

그 답은 세 가지 힘에 있다. 지금부터 그 힘들을 집중적으로 살펴볼 것이다. 첫 번째는 '몸소 터득하기'로 요약할 수 있다.

첫 번째 원인을 이해하려면, 무어의 법칙으로 되돌아가서 그것의 한계를 이해해야 한다. 무어의 법칙에는 항상 내 신경을 건드리는 뭔가가 있었다. 바로 시간과의 관계였다. 무어의 개략적인 설명에 따르면, 시간의 경과는 핵심적인 요소다. 무어의 법칙에 따르면 2년마다 마이크로칩의 가격은 변함이 없지만, 같은 크기의 마이크로칩(실리콘 웨이퍼)에 들어가는 트랜지스터의 수는 2배 증가한다. 나는 1980년대 중반에 무어의 법칙을 처음 접했고, 여느 십 대처럼 그것을 액면 그대로 받아들였다. 무어의 법칙은 매력적이고 기억하기 쉬웠다. 하지만 기술을 업으로 삼으면서 좀 더 비판적으로 무어의 법칙을 바라보게 되었다. 시간이 흐르면서 더 많은 트랜지스터가 실리콘 웨이퍼에 들어간다는 것은 무슨 의미일까? 이 프로세스에 인간의 주체적인 의지가 개입되었을까? 여기서 파업에 대해서 생각해보자. 노동자들이 도구를 내려놓고 팹을 걸어 잠그고, 2년 동안 밖에서 피켓을 들고 시위를 했다면 무슨 일이 벌어질까? 트랜지스터의 소형화는 계속되었을까? 물론 아닐 것이다.

앞 장에서 보았듯이 무어의 법칙은 사회적 사실로 여겨졌고, 반도체 산업의 등장으로 존재할 수 있었다. 그것은 인간 행동이 무어의 법칙에서 반드시 고려해야 하는 핵심 요소라는 의미이기도 하다. 우리가 무어의 법칙이 사실이 되도록 노력하지 않았다면, 그것은 더 이상 사회적 사실로 간주되지 않을 것이다. 적어도 지금은 무어의 법칙으로 기술적 변화를 제대로 설명할 수 있다. 하지만 그것으로 기술들이 왜 개선되는지를 설명할 수는 없다.

그렇다면 시간이 아닌 해당 영역에서 실제로 일어나는 현상에 근거를 두고 기술적 변화를 설명하는 편이 더 합리적일 것이다. 이렇게 하면 기술적 변화에서 인간 행동의 변화를 설명할 수 있다. 마이크로칩 생산이 중단되면, 이러한 접근법은 그 즉시 설득력을 잃을 것이다. 우리에게는 하나의 산업이 어떻게 변하는지를 예측하는 법칙보다 여러 가지 기술로 구성된 기술적 집단이 앞으로 어떻게 변할지 예측할 수 있는 법칙이 필요하다.

다행히 그런 법칙이 이미 존재한다. 마이크로칩이 발명되기 20년 전에 이론화되었다. 그것은 바로 항공 기술자 시어도어 라이트Theodore Wright가 만든 라이트의 법칙이다. 라이트는 항공기 한 대를 제작하는 데 얼마나 드는지, 그리고 왜 그 정도의 비용이 드는지를 이해하고자 했다.

1920년대와 30년대의 항공기 제작 비용을 조사한 그는 제작 비용이 어떤 패턴에 따라 하락했다는 것을 눈치챘다. 항공기를 더 많이 제작하면, 엔지니어와 정비공, 디자이너가 조립하는 기체가 더 많아졌고, 그 덕분에 각각의 기체는 더 저렴해졌다.[25]

라이트의 이론은 생산량이 2배 증가할 때마다 비용이 일정한 비율로 하락한다는 것이었다. 비용 하락은 공학 발전에 달려 있었다. 라이트가 연구한 항공기의 예에서는 생산량이 2배 증가할 때마다 성능이 15퍼센트 개선되었다. 여기서 15퍼센트 개선은 '학습률'로 알려져 있다.

라이트가 분석한 결과에 따르면, 이런 현상이 나타나는 이유는 단순했다. 엔지니어들은 제품을 만들면서 더 잘 만들려면 무엇을 어떻게 해야 하는지 학습하게 된다. 단순히 두 개의 부품을 연결해서 더 정교한 부품을 만들거나, 서로 다른 부품을 결합해서 완전히 새로운 단일 부품을 만들어내기도 한다. 이렇게 엔지니어들은 더 효율적으로 제품을 생산할 지름길을 찾아내고, 경험을 통해 효율적인 방식을 몸소 터득해나간다. 그들은 이러한 프로세스를 통해 여기저기 크고 작은 혁신을 만들어내면서 효율을 높인다.

이러한 이유로 규모의 증가 덕분에 라이트의 법칙이 지속될 수 있는 것이다. 수요가 커지면 공정의 개선으로 이어진다. 이것은 비용 하락으로 이어지고, 비용 하락은 또다시 수요의 증가로 이어진다. 이런 현상이 꼬리에 꼬리를 물고 이어진다. 이것은 규모의 경제와는 별개다. 규모의 경제는 사업 규모가 커지면 효율성이 개선된다거나, 공급량이 많아지면 가격이 떨어진다는 개념이다. 이와 달리 라이트는 수요와 기술의 관계를 강조했다. 어떤 제품의 수요가 커지면, 생산자는 그 제품을 최대한 활용해야 한다. 이것은 경험을 통한 학습 기회가 더 많이 생긴다는 것을 의미한다. 제품을 생산하면서 터득한 지식을 제품 생산에 다시 활용하면, 생산 비용은 점점 더 낮아지게 된다.

이런 점에서 라이트의 법칙은 무어의 법칙보다 우위에 있다. 두 법칙 모두 기술의 비용이 기하급수적으로 하락하는 이유를 설명하는데, 무어의 법칙은 단순히 시간이 흐르면서 개선된 성능 때문이라고 말한다. 그러나 이것만으로는 설명할 수 없는 것들이 있다. 파업에 들어간 마이크로칩 공장의 노동자들을 예로 들 수 있다. 하지만 라이트의 법칙은 진보를 생산량과 연결한다. 예를 들어 생산량이 2배 증가할 때마다 생산 단가가 20퍼센트 하락한다는 식이다. 라이트의 법칙은 파업이 일어나더라도 유효하다. 라이트의 법칙에 따르면, 생산이 중단되면 비용 하락은 멈춘다.

라이트의 시대 이후에 연구원들은 그의 법칙이 화학 업계부터 풍력 터빈과 트랜지스터까지 십여 개의 기술에 적용된다는 것을 발견했다. 생산량이 2배 증가하면 단가는 상대적으로 일정하게 하락했다. 이것은 기하급수적인 시대의 대표적인 기술들에도 해당되었다. 리튬이온 배터리의 가격 하락은 라이트의 법칙을 이용하면 성공적으로 예측할 수 있었다. 전기자동차 매출은 2010년과 2020년 사이에 140배 증가했고, 전기자동차에는 리튬이온 배터리가 필요했다. 같은 10년 동안 리튬이온 배터리 수요는 665배가 치솟았다(매년 배터리 용량은 점점 커졌다). 용량의 증가는 단가의 하락으로 이어졌다. 2010년부터 2020년까지 평균 배터리팩의 가격은 거의 90퍼센트나 떨어졌다. 하지만 단지 배터리만이 아니었다. 라이트의 법칙은 무어의 법칙보다 마이크로칩의 가격 변화를 더 정확하게 설명한다.[26]

　라이트의 법칙은 기하급수적인 시대가 오기 오래 전부터 우리 곁에 있었다. 하지만 지금은 중요한 차이가 있다. 역사적으로 라이트의 법칙은 분명한 한계가 있었다. 제품은 S곡선을 그리며 시장에 진입한다. 초기에는 기하급수적으로 확산되지만, 시장이 포화 상태가 되면 확산세는 약해진다. 이것은 라이트의 법칙에서도 유효했다. 결국 시장이 포화 상태가 되면, 가격 하락세는 둔화하고 마침내 멈춘다. 1970년에 사망한 라이트는 최종적으로 자신이 연구했던 항공기의 가격이 어떻게 되었는지 알게 된다면 이를 바득바득 갈면서 분통을 터뜨렸을 것이다. 1967년에 최초로 제작된 보잉737의 가격은 2020년 가치로 환산하면 270억 달러였다. 2016년에 처음으로 비행한 최신 기종인 737맥스를 만드는 데는 무려 1350억 달러가 들어갔다. 보잉737 가격의 무려 5배 이상이다. 이쯤 되면 가격 하락에 대한 논의는 여기서 그만두자.

　하지만 우리가 살고 있는 이 시대에는 라이트의 법칙이 지닌 분명한 한계가 제대로 힘을 쓰지 못하는 것 같다. 그리고 일부 경우에는 한계가 존재조차 하지 않는 것 같다. 오늘날 새로운 기술의 가격은 끊임없이 하락할 수 있을 것 같다. 이미 이런 현상을 몇 번이고 목격했다. 한 가지 사례를 들어서 이 부분을 살펴보자. 대다수에게 익숙한 USB는 컴퓨터 파일을 옮기는 데 사용되는 작은 동글dongle이다. 2000년에 처음 등장했을 때는 저장 용량이 8메가바이트인 USB를 50달러에 살 수 있었다.[27] 20년이 흐른 뒤에는 50달러로 저장 용량이 2테라바이트인 성능 좋은 플래시 드라이브를 구입할 수 있다(첫 USB 메모리보다 25만 배를 저장할 수 있다). 이것은 관련 기술이 매년 85퍼센트 개선되었다는 뜻이다. 세탁기와 같은 산업화 시대의 제품에서는 어느 시점에 라이트의 법칙이 힘을 잃는다. 하지만 USB에서는 둔화세가 나타나지 않았다.

왜 라이트의 법칙의 한계는 오늘날의 경제 시스템에서 의미가 없는 것처럼 보일까? 어느 정도는 앞선 기술과 근본적으로 다른 기저 기술들의 물리적인 특성들과 관련이 있을 것이다. 마이크로칩의 성장은 부품의 소형화로 말미암아 갈수록 빨라지고 있다. 마이크로칩은 사각형 웨이퍼에 들어간다. 그래서 부품의 크기가 줄어들면 효율성이 제곱으로 개선된다. 100제곱밀리미터의 사각형 웨이퍼에 1밀리미터마다 하나의 트랜지스터를 꽂을 수 있다. 그러면 한 장의 웨이퍼에 1만 개의 트랜지스터가 들어간다. 트랜지스터의 크기를 50퍼센트 줄이면, 1밀리미터당 2개의 트랜지스터를 꽂을 수 있다. 이것은 같은 크기의 웨이퍼에 4만 개의 트랜지스터가 들어간다는 뜻이다.

이 프로세스는 많은 기하급수적 기술에도 유효하다. 심지어 그 대단한 풍력 터빈도 예외가 아니다. 풍력 터빈의 발전 용량은 터빈의 날개가 쓸고 지나가는 면적에 비례한다. 그 면적이 날개 길이의 제곱으로 증가하면, 다시 말해 날개를 2배 늘릴 수 있다면 발전 용량은 4배 증가할 것이다.[28] 1990년에 일반적인 대형 풍력 터빈은 지름 40미터의 날개가 세 개 들어가고, 0.5메가와트의 전기를 만들어냈다.[29] 2020년에 제너럴 일렉트릭이 발전 용량이 24배이고, 날개의 지름이 220미터인 풍

력 터빈을 개발했다. 이것은 1990년에 만들어진 풍력 터빈의 날개보다 5.5배 길었다.[30]

하지만 라이트의 법칙의 새로운 힘은 경제학 덕분에 발견되었다. 이전에 수요의 S곡선은 시장이 포화 상태에 이르면서 완만해졌다. 오늘날에는 시장이 포화 상태에 이르는 데 훨씬 더 오랜 시간이 걸린다. 세계시장이 거대하기 때문이다. 이것은 라이트의 법칙으로 설명된 이 프로세스가 훨씬 더 오래 지속될 수 있고, 기하급수적인 증가가 계속해서 쌓일 수 있다는 뜻이다.

이 책에서 되풀이해 보게 되겠지만, 세계시장의 등장은 지난 50년 동안 일어난 큰 변화 중 하나다. 세계 교역량은 2020년 기준으로 3180억 달러에서 19조 4680억 달러로 60배 증가했다. 그리고 이것은 우리로 하여금 라이트의 법칙을 더 믿게 만들었다. 수요가 증가하면 생산의 효율성이 개선된다. 생산의 효율성이 개선되면 제품의 가격이 하락한다. 제품의 가격이 하락하면 관련 시장이 더 커진다. 이 사이클은 본래 기하급수적인 논리에 따라서 움직인다. 그래서 라이트의 법칙은 기술의 진보가 어떻게 스스로 추진력을 얻는지를 설명한다. 무언가를 더 이해하면 더 많은 수요가 생겨나고, 증가한 수요를 충족시키기 위해 더 많은 것을 만들어낸다.

이것인 라이트의 법칙이 우리를 기하급수적인 미래로 이끄는 이유다. 우리는 경험을 통해 몸소 배운다. 그리고 최근 몇 년 동안 우리는 더 많은 것을 경험하고, 더 많은 것을 배우고 있다.

2장

기술이 혁신이 될 때

기하급수성의 두 번째 동인은 훨씬 더 간단하다. 바로 결합이다. 기하급수적인 시대의 범용 기술들은 기하급수적인 속도로 발전할 뿐 아니라 참신하고 효과적인 방식으로 결합된다. 오늘날의 범용 기술들은 예측할 수 없고 변화무쌍한 방식으로 서로를 흡수한다. 그리고 기술을 활용할 새로운 영역들이 발견되면, 그 영역들이 다른 기술들이 새롭게 진화하도록 돕는다.

결합 발명의 힘을 보여주는 좋은 사례가 빌 그로스Bill Gross의 연구다. 그는 새로운 에너지 저장 시스템을 개발하여 경제 시스템에서 탄소를 없애고자 한다. 그래서 앞서 보았던 재생에너지가 안고 있는 저장 문제를 해결하려고 한다. 그의 회사 에너지 볼트Energy Vault는 거대한 전기 저장 시스템을 만들고 있다. 에너지 볼트의 전기 저장 시스템은 건축 현장에서 사용되는 타워 크레인에 여섯 개의 팔이 달려 있어 다리가 여섯 개인 거대한 곤충을 닮았고, 폐기된 건축물 잔해를 활용한다. 이 전기 저장 시스템은 지역 태양광발전에서 공급받은 전기로 직육면체의 물체를 공중으로 들어 올린다. 층층이 탑을 쌓아올린 듯한 모습으로 무거운 물체를 들어 올리는 데 사용되는 전력 대부분을 중력 에너지로 전환한다.

블록이 쌓이면, 중앙탑은 중력 에너지로부터 35메가와트시에 상응하는 전기를 저장하는 배터리를 만든다. 이것은 소형차 1000대를 완전히 충전하거나, 미국 일반 가정에서 9년 이상 사용하는 전기 양이다. 어두워져 태양광 전지판이 멈추는 밤에 전기가 필요하면 크레인이 블록을 하강시킨다. 이 운동으로 중력 에너지가 운동에너지로 전환되고, 발전기가 돌아가면서 필요한 전류를 전력망으로 공급한다.

에너지 볼트의 에너지 저장 시스템이 결합 발명과 무슨 관련이 있을까? 많은 다른 기술이 상호작용하지 않았다면, 에너지 볼트의 에너지 저장 시스템은 불가능했을 것이다. 거대한 크레인과 블록이 결합된 배터리는 우리가 잘 알고 있는 기술 네 가지가 결합된 덕분에 가능하다. 크레인, 집합건물, 하강하는 블록의 운동에너지를 전력으로 전환하는 발전기, 그리고 물체를 이동시키는 배송 시스템이다. 그런데 여기에 전혀 예상하지 못한 다섯 번째 기술이 결합되었다. 바로 딥러닝이 활용된 자동화 '기계시각 시스템machine vision system'이다. 각각의 크레인은 입력된 정보가 자동으로 컴퓨터에 의해 처리되는 카메라를 탑재하고 있다. 이 컴퓨터는 크레인과 블록의 상하 운동을 통제한다. 이 컴퓨터 덕분에 인간 작업자가 필요 없고, 따라서 에너지 볼트는 경쟁력 있는 가격으로 시스템을 운영할 수 있다.

물론 기술들이 서로 결합되면서 항상 새로운 무언가가 탄생했다. 플라이휠과 크레인이 결합되어 중세 유럽에 양수기가 만들어졌다. 전구는 전기와 유리구, 불활성 기체가 결합된 것이다. 범용 기술에서 이런 현상이 더 명확하게 나타난다. 헨리 포드Henry Ford의 생산 시스템은 전기라는 범용 기술의 등장으로 탄생할 수 있었다. 전기라는 범용 기술 덕분에, 그는 또 다른 범용 기술인 자동차를 만들 수 있었다. 발명은 가계

도를 닮았다. 새로운 돌파구가 앞서 존재했던 기술들의 특성에 기대어 탄생한다.[31]

하지만 오늘날처럼 대규모로 기술 결합이 이뤄진 적은 없었다. 여러 이유로 현대의 기술들은 20세기 중반 기술들보다 쉽게 결합된다. 그 이유 중 하나가 표준화다. 오늘날 표준 부품들은 다양한 제품을 만드는 데 사용될 수 있다. AA배터리를 생각해보자. 리모컨, 전동 칫솔, 손전 등이나 장난감 자동차에 AA배터리가 들어간다. 표준화 덕분에 더 복잡한 제품을 더 쉽고 저렴하게 생산할 수 있다. 칫솔 제조사는 배터리 전문가가 필요 없다. 그냥 배터리 기술을 구매해서 사용하면 된다. 그래서 기술 표준화는 제품이 시장에 출시되고 확산되는 속도도 높인다.

기술 표준화는 어떤 면에서 옛 아이디어가 한 단계 발전한 것이다. 대표적인 사례가 18세기 군대에서 일어난 혁신인 교환 부품이다. 군인들은 여분의 부품을 갖고 다니면서 필요할 때 자신의 장총을 수리할 수 있었다. 그전에 초기 소총에는 전문 부품이 들어갔다. 하지만 오늘날에는 기술 표준화가 과거에 장총을 사용했던 군인들이 상상할 수 있었던 것보다 더 쉽고, 더 넓게 확산되었다. 최근 수십 년 동안 국제전기통신연합, 국제표준화기구 등 국제 표준화 단체들이 교환 부품을 새로운 차원으로 올려놓았다. 이들은 (부품처럼) 간단한 기술과 (제조 공정처럼) 복잡한 기술을 표준화하기 위해 서로 합의한다. 일단 기술 표준이 존재하면, 골치 아픈 일이 없어진다. 전기 소켓은 국제 표준을 따르지 않는다. 그래서 다른 나라를 여행할 때는 어댑터를 갖고 다녀야 한다. 소켓이 맞지 않아 곤란해지는 상황이 비일비재하다.

하지만 기하급수적인 시대의 가장 중요한 표준은 국제기구로부터 상의하달식으로 마련되지 않는다. 그보다는 주로 새로운 기술을 창조해내는 사람들에게서 시작된다. 인터넷은 이런 식으로 만들어진 표준에 따라 발명되었다. 인터넷은 1990년대 초까지 네트워크를 관리했던 학계 연구원들이 개발했던 기술 표준을 따랐다. 이메일을 정의하고 수발신 컴퓨터를 통제하는 일련의 규칙인 이메일 프로토콜이 두 개의 문서에 서술된다. RFC 821[32]과 RFC 822[33]다. 두 문건은 1982년에 만들어졌고, 서던캘리포니아대학교의 존 포스텔Jon Postel과 델라웨어대학교의 데이비드 크로커David Crocker가 썼다. 1989년 팀 버너스 리Tim Berners Lee가 개발한 인터넷 프로토콜은 2년 이내에 사실상 기술 표준으로 확립되었다. 이러한 인터넷 표준들은 이메일 시스템의 호환성을 걱정하지 않고 하나의 컴퓨터에서 다른 하나의 컴퓨터로 이메일을 보낼 수 있다는 것을 의미한다. 간단히 말해, 그것들은 상호 정보교환이 가능하다. 그리고 우리 모두가 이 상호 운용성의 혜택을 누리고 있다.

이런 종류의 기술 표준화는 세상을 더 효율적으로 만든다. 그리고 서로 다른 혁신들의 결합을 가능케 한다. 기술들이 표준을 고수하면, 좀 더 다양한 산업에 사용될 수 있다. 표준 기술들은 레고 블록과 같다. 여러 표준 기술을 선택적으로 조합해 새로운 서비스를 만들어낼 수 있다. 이러한 결합과 재결합은 혁신을 촉진한다.

나는 새로운 기술 표준화 시대에 세상을 바꾼 기술들의 발전을 직접 경험해 왔다. 나는 2006년에 로이터 통신사에서 혁신 그룹을 이끌었다. 당시 CEO였던 톰 글로서Tom Glocer는 항상 새로운 영역을 개척하는 데 열정적이었다. 그는 자신이 최근에 세운 계획을 현실화하는 임무를 내게 맡겼다. 그것은 싱가포르, 상하이, 부산, 로테르담 등 주요 항구의 위성사진을 확보하고 면밀히 분석하여 고객들에게 경제 정보를 제공하는 것이었다. 항구가 바쁘게 돌아간다는 것은 그 나라의 경제가 호황이라는 의미였다. 대형 선박이 거의 드나들지 않고 반만 실은 화물선이 드나든다면 경기 침체를 예측할 수 있었다.

기막힌 아이디어였다. 하지만 그의 아이디어를 실현하는 것은 어려웠다. 어디서부터 시작할지 막막했다. 나는 나사와 유럽우주국에 연락했다. 이 책을 쓰려고 조사하면서 상업용 지구 관측 위성이 몇 되지 않고, 대부분이 우리가 원하는 사진을 얻는 데 적합하지 않은 센서가 달려 있다는 것을 알게 되었다. 하지만 애석하게도 당시에는 이 사실을 알지 못했다. 그렇게 나는 글로서를 실망시켰다.

하지만 지금은 글로서가 원하는 것을 확보하는 것은 하찮을 만큼 쉬운 일이다. 몇십 달러로 그가 원하는 항구를 찍은 위성사진을 구할 수 있다. 사실상 지구 어디든지 정확한 위성사진을 확보할 수 있다. 헤지펀드 매니저와 원자재 트레이더는 정확하게 글로서가 생각했던 대로 이런 위성사진을 활용하고 있다. 그들은 소비자 수요를 추정하기 위해 쇼핑몰 주차장에 주차된 자동차 대수를 헤아리고, 최종적으로 소매 분야가 얼마나 잘 돌아가고 있는지 평가한다. 또는 화물량을 추산하기 위해 유조선 그림자를 분석하고 세계 석유 수요를 파악한다. 미국 보험회사 레모네이드Lemonade는 주택 보험을 팔기 전에 산불의 위험을 위성사진으로 분석한다.[34]

2018년에 지구궤도를 도는 인공위성은 대략 2000개였다. 참여과학 자연대에 따르면, 1991년과 2000년 사이에 118개의 인공위성이 발사 되었다. 연간 10대의 인공위성이 우주로 쏘아 올려지는 셈이다. 이 중 5분의 4가 대체로 통신을 위한 상업용 인공위성이었다(나머지는 정부용 이나 군사용이었다).[35] 2018년에는 372개의 인공위성이 발사되었고, 이 는 세기가 바뀔 무렵 발사된 인공위성보다 20배 이상 많은 것이었다.

짐작했듯이, 이 새로운 세대의 인공위성들도 기술 표준화 덕분에 제 작되고 우주로 쏘아 올릴 수 있었다. 표준 부품들이 인공위성의 가격을 낮추고 접근성을 높였다. 표준 부품은 '큐브샛 CubeSat'으로 불리는 저궤도 소형 인공위성과 같은 표준 크기의 인공위성 제작을 가능케 한다. 또한 로켓에 표준 크기의 인공위성이 탑재되었고, 지구 밖으로 인공위성을 쏘아 올리는 비용이 급격하게 하락했다.[36]

소프트웨어에서 표준화는 흔한 일이 되었고, 부품화를 낳았다. 우리 가 소프트웨어에 처리하도록 지시하는 작업들은 쉽게 접속할 수 있는 일련의 코드로 처리된다. 현대의 소프트웨어 개발자는 새로운 코드를 짤 때 이런 표준 코드들을 조합하기만 하면 된다. 새로운 모바일 앱에 는 수만 개의 코드가 들어간다. 하지만 앱을 설계하는 개발자는 그 코 드를 직접 입력하지 않는다. 그 대신에 다른 누군가가 개발한 표준화된 코드를 찾을 것이다. 이러한 공용성은 기업들이 다른 많은 산업에서 나 온 전문성을 활용할 수 있다는 것을 의미한다. 예를 들어 여행 앱을 개 발하는 사람은 일정 앱을 만들기 위해 이미 설계된 캘린더 코드를 사용 한다.

이 모든 것은 기술 발전의 본질적 특성에서 변화가 일어났다는 뜻이다. 현대의 기술들은 결합하고 재결합할 가능성이 크다. 이러한 결합 과정은 새로운 혁신의 탄생으로 이어진다.

정보와 항로로 전 세계를 연결하다

로라 오설리번Laura O'Sullivan은 아일랜드 코크의 마운트머시대학 부속 고등학교를 졸업하면서, 자궁경부에서 이상을 감지할 수 있는 자동화 시스템을 개발하기로 결심했다. 그 전년도에 200명 이상의 아일랜드 여성이 자궁경부에 이상이 없다는 판정을 받았지만, 모두 암에 걸렸던 것으로 드러나서 사회적으로 큰 논란이 일었다. 당시 열여섯 살이었던 오설리번은 이 문제를 해결하겠다고 굳게 다짐했다. 그녀는 기계시각에서 획기적인 돌파구가 마련되었다는 것을 알고 있었다. 기계시각은 1장에서 언급했던, 컴퓨터가 이미지에서 물체나 패턴을 식별하는 기술이다. 그녀는 이 기술로 자궁경부 이미지에서 종양을 더 잘 식별해낼 수 있을 거라고 생각했다.

오설리번은 주말 코딩 캠프에 한두 번 참가한 것을 제외하고는 코딩 경험이 없었다. 그녀는 정식으로 코딩 교육을 받지도 않았다. 그녀는 이렇게 말했다. "나는 머신러닝과 딥러닝에 관해 코세라Coursera와 스탠퍼드대학교의 온라인 강의 몇 개를 봤을 뿐이다. 두 기술의 기본적인 작동 원리를 알아야 했다." 그녀는 여름방학 때 이 프로젝트에 착수했고, 복잡한 신경망을 설계하고 미세 조정하고 데이터를 확보하고 정제하는 법을 익혔다. 다행히 덴마크의 헤르베르 병원에 그녀가 사용할 수 있는 자궁경부 이미지로 구성된 오픈소스 데이터가 있었다.

하지만 그리 간단하지 않았다. 데이터 과학자들의 전문 용어인 데이터 세트는 불균형했다. 비정상으로 간주되고 종양으로 의심되는 이미지가 지나치게 많이 포함되어 있었고, 건강한 자궁경부 이미지는 충분하지 않았다. 실제 데이터는 그 반대일 것이다. 대부분의 여성은 건강한 자궁경부를 갖고 있고, 소수만이 자궁경부에 문제가 있다. 오설리번이 사용하는 데이터의 이러한 모순이나 불균형은 그녀가 개발하는 시스템에 문제를 야기할 수 있었다.

그래서 오설리번은 건강한 표본을 담고 있는 데이터를 많이 확보할 방법을 찾아야 했다. 그녀는 자신이 개발하는 알고리즘의 효과적인 학습을 가능케 하는 탄탄한 데이터를 확보하려고 '생성적 적대 신경망 Generative Adversarial Networks, GANs'이라는 최신 기법을 활용했다. 불과 4년 전에 캘리포니아 과학자 이언 굿펠로Ian Goodfellow가 GANs를 활용해 최초로 데이터 세트를 확보했다.[37] 그 덕분에 오설리번은 깃허브GitHub에서 생성적 적대 신경망을 구동하는 코드를 내려받을 수 있었다. 깃허브는 소프트웨어 개발자들이 협업하고 무료로 소프트웨어를 공유하는 웹사이트다. 그녀는 아버지의 맞춤형 PC로 모든 컴퓨팅 작업을 진행했다. 모니터가 두 개였기 때문에 한 모니터에서는 코드를 보고 다른 모니터에서는 연산 작업을 할 수 있었다.

2018년 12월, 오설리번은 프로젝트 결과를 미세하게 조정했다. 2019년 1월 아일랜드 청년 과학자 경연대회에서 그녀를 만났을 때, 그녀의 새로운 소프트웨어는 사람보다 자궁경부 이미지에서 이상을 더 잘 식별해냈다. 당연히 그녀가 대회에서 우승했다.

오설리번의 경험은 기하급수적인 기술의 세 번째 동인의 완벽한 사례다. 그것은 바로 네트워크의 다양화다. 지난 50년 동안 정보망과 교역망이 폭발적으로 증가했다. 한 나라에서 다른 나라로 자금을 전송하는 것이 어느 때보다 쉬워졌다. 산티아고에서 시드니로 여행하는 것도 쉬워졌다.[38] 선전에서 스톡홀름으로 전자기기를 배송하는 것이 이보다 쉬웠던 적은 없다. 바이러스가 불과 몇 주 만에 거대한 나라의 외딴 곳에서 100여 개의 국가로 퍼져 나가는 것도 어느 때보다 쉬워졌다.

네트워크는 교역, 혁신, 과학, 관계, 질병, 금융, 정보, 위협 등 모든 것을 본질적으로 바꿨다. 그리고 이러한 흐름이 기술의 기하급수적인 발전과 확산으로 이어진다는 것이 중요하다.

기하급수적인 기술의 발전을 촉진하는 데 특히 중요한 네트워크 유형이 몇 가지 있다. 첫째는 정보망이다. 정보망은 수십 년 동안 발전하고 있다. 1970년대에 컴퓨터가 학계에서 흔한 장치가 되면서 연구 내용과 결과를 공유하는 데 사용되었다. 비슷한 시기에 학리적인 컴퓨팅의 성장이 인터넷의 팽창을 가져왔다. 1990년에는 십여 개의 국가에 30만 대의 컴퓨터가 보급되었고, 대체로 대학에서 사용되었다. 이 컴퓨터들이 인터넷에 연결되었다. 과학자들은 쉽게 논문을 이메일을 통해 서로 주고받았다.

거기서부터, 방대한 무료 학술 데이터베이스를 형성하는 것이 쉬워졌다. 젊은 물리학자 폴 긴스파그Paul Ginsparg는 이메일로 물밀듯 들어오는 논문 때문에 골치를 썩이고 있었다. 그는 모든 사전 공개 논문을 내려받을 수 있는 중앙 시스템을 꿈꿨다. '사전 공개 논문'은 동료들의 엄격한 검토를 거쳐 학술지에 발표되기 전 단계의 논문을 말한다. 내가 1992년 중반 그 시스템에 처음 접속했을 때, 그것은 로스앨러모스 국립연구소에서 관리되었다. 연구원들은 월드와이드웹의 전신인 고퍼Gopher라는 프로그램을 통해 시스템에 접속했다. 오늘날 긴스파그의 발명품은 아카이브arXiv로 불린다. 아카이브는 학술정보가 공급되는 방법을 혁명적으로 바꿔놓았다.

수천 명의 사람이 동료들이 검토한 논문은 아니지만 아카이브에서 양질의 논문에 접근했다. 긴스파그와 조력자들은 학술 정보에 누구나 접근할 수 있는 '오픈 액세스' 운동에 불을 붙였다. 고에너지 물리학에서 출발한 아카이브는 천체물리학, 컴퓨터과학, 수학 등 다양한 학문으로 확대되었다. 1만 건이 넘는 사전 공개 논문이 1994년 아카이브에 등록되었다. 2019년 12월에는 모든 학문 분야의 2300만 건의 사전 공개 논문을 아카이브에서 내려받을 수 있었다.[39] 엄격한 동료 검토를 거치고 학술지에 발표되기 전 단계의 논문이 아카이브에 등록되면서, '출판 전 서버preprint server'라는 이름이 붙었다.

이런 현상은 물리학에만 국한되지 않는다. 다른 영역도 사전 공개 논문 사이트의 혜택을 보고 있다. 2003년 생물학자들을 위해 바이오아카이브BioRxiv가 등장했고, 2016년에는 심리학자들을 위해 사이아카이브$_{PsyArXiv}$가 만들어졌다. 그리고 같은 해 사회과학자들을 위한 소카이브 $_{SocArXiv}$가 등장했다. 지금은 정식으로 출판되기 전의 논문을 볼 수 있는 서비스가 50개 정도 있는데, 학술 정보의 확산을 가속화하고 있다.[40]

이러한 서버들은 학술 연구의 경계를 허물기 때문에 매우 강력하다. 이들 덕분에 일반인들도 공짜로 최신 학술 정보에 접근할 수 있다. 그리고 학술 연구에 참여할 수 있는 단체를 늘리는 역할도 한다. 코로나바이러스로 촉발된 팬데믹에 대응하는 과정에서 사전 공개 논문 사이트들의 힘이 여실히 드러났다. 코로나바이러스에 대한 최초의 학술 논문이 2020년 1월 24일 사전 공개 논문 사이트에 공개되었다. 2020년 11월 여러 학문 분야에서 코로나바이러스에 대하여 8만 4000건이 넘는 논문을 쏟아냈고, 정식으로 출판되기 전에 사전 공개 논문 사이트와 오픈 액세스 소스에 공개되었다.[41] 그리고 오설리번은 새로운 아이디어의 확산을 가속화하는 데 사전 공개 논문 사이트가 보여준 힘의 또 하나의 사례다. 생성적 적대 신경망이라는 강력한 아이디어는 동료들의 엄격한 검토가 끝난 뒤 학술지에 정식으로 출간되기 전에 사전 공개 논문 사이트를 통해 지구 반대편에 있는 고등학생에게 전달되었다. 불과 5년도 안 되는 짧은 시간에 일어난 일이었다.

사전 공개 논문 사이트가 새로운 정보망이 사람들 간의 협업을 촉진하는 도구로 진화한 프로세스를 보여주는 유일한 사례는 아니다. 인터넷은 수천 또는 수백만의 다른 네트워크를 통해 협업을 가능하게 만든다. 깃허브는 5600만 명의 소프트웨어 개발자들이 6000만 개의 프로젝트를 협업해서 진행할 수 있게 한다.[42] 비핸스$_{Behance}$는 디자이너들이 창의적인 프로젝트에서 협업할 수 있도록 돕는다. 블로그는 사람들이 아이디어에 대해 글을 쓰고 댓글을 달도록 한다. 위키피디아는 누구나 전문적인 정보의 바다에 접속하고 이러한 정보를 형성하는 데 참여할 수 있도록 한다. 소셜미디어도 사적인 대화방이 그렇듯 이와 유사한 기능을 한다.

이러한 정보망은 기하급수적인 기술의 등장을 촉진한다. 그것들은 혁신적인 기술들을 만들어내는 노하우를 확산한다. 인터넷은 전 세계를 가로질러 새로운 아이디어를 적극적으로 수용하는 수백만의 사람들에게 새로운 아이디어를 전달한다.

정보망이 아이디어가 전 세계로 확산되도록 돕는다면, 컨테이너는 물리적인 상품을 전 세계로 확산한다. 1950년대에 석유와 곡물 같은 원자재는 대형 선박이나 산적화물선으로 수송되었다. 다른 상품은 다른 크기의 상자에 보관되어 수송되거나 배가 실어서 수송했다. 항만 노동자들은 손으로 직접 화물을 배에서 내리거나 실었다. 이것은 손이 많이 가고, 더디고, 비싼 프로세스였다. 미국에서 유럽으로, 또는 그 반대로 상품을 수송하는 데 3개월이 걸렸고, 수송비는 화물 가치의 20퍼센트에 달했다.

컨테이너화는 모든 것을 바꿨다. 최초의 선적 컨테이너가 1956년 4월 개조된 대형 선박인 아이디어-X Ideal-X에 실려 허드슨 항구에 도착했다. 컨테이너는 가로 35피트, 너비 8피트, 높이 8피트였다. 여기서도 표준화가 도움이 되었다. 1965년 국제표준기구가 선적 컨테이너의 규격에 합의했다(너비 8피트, 높이 8과 2분의 1피트, 가로 10피트, 20피트 또는 40피트). 선적 컨테이너는 전 세계 항구에서 평상형 트럭에 곧장 실려 운반되었다. 1966년 3월, 이러한 선적 컨테이너를 실은 최초의 선박들이 미국에서 출발했다.[43]

최초의 선박에는 226개의 컨테이너가 실렸다. 그로부터 1년 뒤에 609개의 컨테이너를 실은 컨테이너 수송선이 미국 서부 해안의 오클랜드와 베트남의 미국 군사기지 깜라인만 사이 해로를 오가기 시작했다. 컨테이너 수송선들은 대형화되었다. 2020년에는 세계에서 가장 큰 컨테이너 수송선 HMM 알헤시라스호에 2만 3964개의 박스를 실을 수 있었다.[44]

그 영향은 충격적일 만큼 엄청났다. 1980년과 2015년 사이에 컨테이너 선박의 세계 물동량은 25배 증가했다. 이것은 장기 트렌드의 일부였다. 전 세계적으로 사업을 하는 비용이 감소했다. 제2차 세계대전과 1980년 사이의 기간은 컨테이너 선박이 세계 화물선 용적 톤수의 10분의 1이 채 안 되던 시기였고, 해상 화물 비용은 2.5배 하락했다. 그로부터 30년 동안 컨테이너 선박은 전 세계 화물선의 5분의 3을 차지했고, 수송비도 절반으로 줄어들었다. 가격 하락과 함께 물동량이 급격하게 증가했다. 2000년과 2018년 사이에 컨테이너항 교통량이 3배 이상 증가했다.[45]

이 새로운 수송 기술은 인터넷과 전자상거래, 컴퓨터 주문 시스템과 결합하여 물류의 효율성을 높였다. '적시' 공급망은 우리가 일주일 동안 구매한 물품의 대부분이 지금 바다 어딘가를 항해하고 있는 화물선에 실려 있다는 뜻이다. 애플 같은 거대 기업은 '재고자산 회전 기간'을

10일 미만으로 설정한다. 기업은 2주면 팔 수 있는 수백만 달러의 상품을 미리 생산하지 않는다. 기업은 인터넷의 디지털망을 활용해 주문을 받고 생산량을 조정하고, 트럭과 선박의 물리적 네트워크를 통해 예상 수요량을 충족할 수 있다.

이러한 교역망이 새로운 기술의 거침없는 발전과 확산에 기여해왔다. 전 세계적인 교역망 덕분에 상품은 어느 때보다 빨리 멀리 떨어진 시장으로 진출하고 있다. 그리고 기하급수적인 기술의 발전 덕분에 최신 휴대전화와 컴퓨터 등 새로운 상품이 동시에 전 세계에서 출시될 수 있다. 애플이 2007년 6월 29일 아이폰1을 출시했을 때는 샌프란시스코 매장에서만 아이폰을 구입할 수 있었다. 하지만 아이폰11이 2019년 9월 20일에 출시되었을 때는 전 세계 30여 국가의 수백여 도시에 있는 열렬한 애플 고객들에게 팔렸다.

이러한 네트워크들이 기하급수적인 시대의 세 번째 동인이다. 정보와 항로로 세계가 연결되면서 기술이 빠르게 전 세계로 확산되기 쉬워지고 있다.

아무도 모르게, 서서히 빠르게

지금 기하급수적인 기술의 새로운 파도가 어디에서 시작되는지 살펴보고 있다. 기하급수적인 기술은 경험을 통한 학습, 상호작용의 증가와 새로운 기술의 결합, 그리고 새로운 정보망과 교역망의 등장 등 상호 강화 요인에서 추진력을 얻는다.

　그러나 이 그림이 완성되려면, 경제적·정치적 맥락도 살펴볼 필요가 있다. 이미 알아차렸을지도 모르겠지만, 정치와 경제에서 일어나는 광범위한 변화를 언급하지 않고 설명할 수 있는 동인은 없다. 특히 세계화에 주목해야 한다. 경험을 통해 새로운 정보를 계속 습득하는 것은 상품에 대한 국제 수요가 어느 때보다 빠르게 증가하기 때문에 가능한 일이었다. 부품과 소프트웨어, 기술 프로토콜의 표준화는 어느 정도는 국제표준기구의 등장 덕분에 가능했다. 교역망은 새로운 기술의 출현과 더불어 새로운 세계시장이 탄생했기 때문에 형성될 수 있었다. 기술적·정치적 요소와 경제적 요소가 뒤얽힌다. 기하급수적인 기술과 세계화가 서로를 강화하고 있다. 무어의 법칙은 1965년에 탄생했고, 최초의 국제 컨테이너선은 1966년 3월 뉴저지를 출발했다.

　기하급수적인 변화의 기원을 이해하려면, 기술을 넘어 다른 영역도 살펴보아야 한다. 기하급수적인 시대를 대변하는 기술들이 이제 막 생겨나 아직은 성공했다는 평가를 내릴 수 없었던 시기에 새로운 정치적 이념이 무르익었다. 역사학자 빈야민 애펠바움Binyamin Appelbaum에 따르면, 1960년대 후반과 1970년대 초반에 미국 경제학자들이 "공공 정책을 수립하는 데 주요한 역할"을 하기 시작했다.[46] 경제학자들은 지금까지 학문을 연구하는 사람들로 중요하게 여겨지지 않았고, 주요 은행들과 밀접한 관계를 맺으며 일하는 사람들로 간주되었다. 하지만 1970년대에 모든 것이 변했다.

이것은 잘 알려진 이야기다. 부국은 저성장과 높은 인플레이션이 결합된 스태그플레이션으로 몹시 괴로워하고 있었다. 파업과 연료 위기가 몰아닥치면서 서방세계에서 정부에 대한 신뢰가 하락했다. 정부에 대한 신뢰가 바닥을 치자, 유권자들과 정책 입안자들은 해결책을 찾기 위해 주변을 두루 살폈다. 이것은 새로운 경제학파가 등장할 기반이 되었다. 시카고대학교의 밀턴 프리드먼Milton Friedman이 그 새로운 학파를 이끌었다.

프리드먼은 정부가 경제활동에 개입하지 않는다면 시장이 더 잘 돌아갈 것이라고 믿었다. 두 번의 세계대전을 경험한 서방세계의 정부들은 경제활동에 간섭하기 시작했다. 1979년까지 투자 수익에 부과되는 최고 소득세율은 영국에서는 98퍼센트, 미국에서는 70퍼센트였다. 영국에서는 기본 세율이 1970년대 후반까지 33퍼센트였다. 높은 세금과 함께 간섭적인 정부가 등장했다. 산업 국유화과 규제 강화가 이어졌고, 간섭주의적 산업 정책이 도입되었다. 그러나 프리드먼의 추종자들은 이와 다른 접근법을 지지했다. 그들은 정부가 규제를 완화하고 세금을 줄이면 시장이 제대로 돌아갈 수 있다고 주장했다. 그리고 이렇게 하면 경제성장률이 올라가고 인플레이션을 통제할 수 있다고 주장했다. 시장 친화적인 이데올로기가 프리드먼의 유명한 독트린의 기준이 되었다. 그의 경제 원리에 따르면, 기업과 민간 영역이 사회적 책임을 다하면 다른 무엇보다 수익이 크게 증가할 것이다.[47]

그 결과는 엄청났다. 프리드먼이 노벨 경제학상을 받은 1976년까지 시카고대학교는 명실상부 세계에서 가장 중요한 경제 기관이었다. 사회가 시장의 힘을 대규모로 받아들이기 시작했다. 미국 대통령으로 로널드 레이건Ronald Reagan이, 영국 총리로 마거릿 대처Margaret Thatcher가 선출되었고, 이러한 아이디어가 정부로 흘러 들어갔다. 이제 방점은 국가가 아닌 시장에 찍혔다. 1981년, 레이건은 정부가 문제이지 해결책이 아니라는 발언을 했다. 미국과 영국 정부는 규제 완화를 시작했고, 기업의 성공에 방해가 된다고 간주되는 것을 제거해갔다. 은행부터 병원과 기술 기업까지 모든 영역에서 새로운 시장이 창출되었고, 미국과 영국에서 기업가 정신이 확산되기 시작했다.

우리 대부분이 이러한 전환에 익숙하다. 그리고 앞으로 많은 사람이 이러한 전환을 경험하며 살아갈 것이다. 하지만 정치와 경제의 변화와 기술의 관계에 대해 생각해본 사람은 거의 없을 것이다. 특히 이번 장에서 살펴본 기하급수적인 기술들과의 관계 말이다. 자유시장 경제학은 세계화를 촉진했다. 그리고 세계화는 기하급수적인 시대가 등장하도록 도왔다. 이 모든 것은 무어의 법칙의 발견이나 1971년 인텔 4004 프로세서의 출현이 아닌 다른 곳에서 기하급수적인 기술의 시대가 시작되었다는 증거를 찾을 수 있다는 것을 의미한다. 그리고 새로운 정치적 이념의 출현도 그만큼 중요하다. 1970년대 후반부터 자유시장 자본주의는 기하급수성을 드러냈다.

이 순간부터 기학급수적인 시대로의 전환을 위한 기반이 마련되었다. 그러나 기하급수적인 시대가 본격적으로 시작되는 데는 시간이 조금 걸렸다. 기하급수적인 시대가 시작된 날을 특정하기는 까다롭다. 그것은 인간이 하늘을 최초로 날았던 날(1903년 키티 호크에서 오빌 라이트Orville Wrigh와 윌버 라이트Wilbur Wrigh가 첫 비행을 한 날)이나 원자력 시대의 시점 (1942년의 시카고 파일-1 원자력 반응로)이나 우주 시대의 시점(1957년의 스푸트니크 발사) 등과 같지 않다. 기하급수적인 변화는 지속적이고 부드러운 곡선을 따라서 일어난다. 가파르고 연결이 끊어지는 부분은 없다. 1장에서 보았듯이 변화는 아무도 모르게 시작되고, 서서히 속도가 빨라진다. 그리고 마침내 모든 것이 변하기 시작한다. 105쪽의 그래프를 보면, A 지점에서 세계는 정지된 것 같다. 하지만 B 지점에서 모든 것이 어리둥절할 정도로 빠르게 변한다.

나는 A 지점이 인터넷과 마이크로프로세서가 발달하던 1969년과 1971년 사이 어디쯤이라 생각한다. 그로부터 30년 뒤에 기하급수적인 기술이 서서히 발전하기 시작했다. 내가 1990년대 중반에 인터넷 서비스를 개발했을 때, 오프라인 상품은 온라인 상품보다 훨씬 더 중요했다. 확실히 일부 실리콘밸리의 권위자들은 인터넷의 잠재력을 알아보았지만, 나머지 사람들은 그것을 눈치채지 못했다. 새로운 기술이 이제막 세상을 바꾸기 시작하던 때였고, 아직까지 '실제 세상'을 뒤집어 놓지는 않았기 때문이다. 구독자의 일부만이 1996년에 내가 만든 〈이코노미스트〉 웹사이트를 사용했다.

1990년대 이후 어느 순간 B 지점에 이르렀다. 2020년에 〈이코노미스트〉의 구독자는 90만 명에 달했지만 X(구 트위터Twitter)의 팔로어는 2500만 명이 넘었다.[48] 기하급수적인 기술이 진짜 모든 것을 바꾸기 시작한 티핑 포인트는 21세기의 두 번째 10년에 나타났다. 2010년에 3억 개의 스마트폰이 팔렸고, 2015년에는 연간 매출이 15억 개에 달했다.

기하급수적인 시대의 진행 곡선

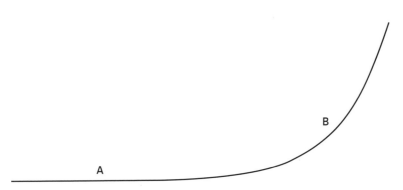

2014년부터 2015년 사이에 태양광 에너지의 세계 평균 가격이 석탄 에너지의 세계 평균 가격 아래로 떨어졌다. 2011년은 수십 년 만에 최초로 석유 회사가 아닌 기업이 세계에서 가장 큰 기업이 된 해였다. 바로 애플이다. 애플은 몇 주 동안 엑손모빌ExxonMobil을 근소한 차이로 앞지르고 세계에서 가장 큰 기업이 되었다. 매출에서 큰 변화는 없었지만, 엑손모빌이 세계에서 가장 가치 있는 기업으로 여겨지던 때는 2013년이 마지막이었다. 2016년이 시작되던 때 기하급수적으로 발전하는 디지털 기술에 기반을 둔 여섯 개의 기업이 이 지구상에서 가장 큰 기업 10개에 들었다. 바로 애플, 텐센트Tencent, 알파벳Alphabet, 마이크로소프트, 아마존, 페이스북(현 메타 플랫폼스Meta Platforms)이었다.

이것이 바로 기하급수적인 시대다. 우리는 더 이상 기하급수적인 기술들의 시대에 살고 있지 않다. 이러한 기술들과 그것들의 영향이 우리 사회를 정의하는 시대를 살고 있다. 앞선 시대처럼 새로운 기술이 제시한 가능성이 사회에 수많은 변화를 일으킨다. 하지만 최근에 이러한 기술들이 평소와 달리 빠르게 발전하고 있다. 매년 10퍼센트 이상 발전한다. 기술들은 개선될수록, 결합과 재결합이 일어나면서 점점 더 많은 가능성이 만들어진다. 그리고 사업, 노동, 정치, 심지어 자의식에 대한 접근법을 재편하면서 우리 삶의 곳곳에 영향을 미친다.

기하급수적인 시대의 파괴력은 기하급수적인 변화 그 자체에만 있는 것이 아니다. 이러한 변화에 대한 우리의 대응 방식에도 그 파괴력이 존재한다. 다음 장에서는 기하급수적인 시대에 인류가 어떻게 대응하고 있는지 살펴볼 것이다.

3장

기하급수적인 격차와
그 파괴력

EXPONENTIAL

EXPONENTIAL

●

2020년에 스물여섯 살이 된 아마존은 지난 25년에 걸쳐 쇼핑 산업을 완전히 바꿔놓았다. 이때 아마존은 매출이 2130억 달러를 넘어서면서, 독일의 슈바르츠 그룹 Schwarz Group, 미국의 코스트코 Costco와 영국의 모든 유통 업체보다 더 큰 유통 업체가 되었다. 아마존보다 더 큰 유통 업체는 매출이 5000억 달러에 달하는 미국의 월마트 Walmart뿐이었다. 그러나 아마존은 단연코 세계 최대 인터넷 유통 업체였다. 아마존의 온라인 사업은 월마트보다 약 8배 컸다. 하지만 아마존은 한낱 온라인 유통 업체가 아니었다. 클라우드 컴퓨팅, 물류, 미디어와 하드웨어 등의 분야에서도 활동했고, 추가로 1720억 달러의 매출을 올렸다.

연구개발 활동이 아마존의 성공에 크게 기여했다. 아마존은 2019년에 무려 360억 달러를 연구개발비로 썼다. 아마존은 로봇부터 스마트

홈 어시스턴트까지 모든 것을 개발한다. 아마존의 연구개발 예산은 다른 기업들, 그리고 수많은 정부의 연구개발 예산을 훌쩍 뛰어넘고, 영국 정부의 연간 연구개발 예산과 맞먹는다.[1] 참고로, 2018년 미국의 연방 연구개발 예산은 겨우 1340억 달러였다.[2]

아마존은 2018년 미국 국립보건원보다 연구개발에 더 많은 돈을 썼다. 로슈Roche는 연구개발에 투자를 아끼지 않는 것으로 알려진 세계적인 제약회사다. 그런 로슈도 2018년에 겨우 120억 달러를 연구개발에 투자했다.[3] 한편 연매출이 500억 파운드(약 700억 달러)가 넘는 영국의 최대 유통 업체인 테스코Tesco의 연구소 예산은 2016년에 수십만 달러였다.[4]

그러나 이보다 더 놀라운 것은 아마존 연구개발 예산의 증가세다. 불과 10년 전만 해도 아마존의 연구개발 예산은 12억 달러였다. 20년 동안 아마존은 연구개발 예산을 매년 약 44퍼센트씩 늘렸다. 2010년대에는 계속해서 연구개발에 대한 투자를 2배로 늘려나갔다. 아마존의 최고기술책임자인 워너 보겔스Werner Vogels의 말을 빌리면, 아마존이 혁신을 중단하면 10~15년 뒤에 폐업할 것이다.[5]

이러한 프로세스에서 아마존은 구세계와 신세계 사이에 큰 골을 만들었다. 기업들은 대체로 성공한 과거의 비즈니스 모델에 의존했다. 그저 과거의 성공한 비즈니스 모델을 아주 조금 수정해서 사용할 뿐이었다.

이러한 선형적 사고는 뭐든지 수개월, 아니면 수십 년이 지나야 변하기 마련이라는 통념에 뿌리를 두고 있었다. 이런 사고방식이 과거에는 통했을지 모르지만, 이제 더는 아니다. 아마존은 기하급수적인 시대의 본성을 이해했다. 변화의 속도가 빨라지고 있었다. 새로운 시대의 기술을 활용할 수 있는 기업들은 승승장구했지만, 변화의 속도를 따라가지 못하는 기업들은 빠르게 사라졌다.

구세계와 신세계 사이에 존재하는 이러한 틈이 바로 '기하급수적인 격차'다. 기하급수적인 속도로 발전하는 기술들이 있다. 이러한 기술을 받아들이거나 활용하는 기업과 제도, 공동체도 있다. 구세계의 사상과 기준도 있다. 그리고 구세계의 사상과 기준을 고수하여 변화에 점진적으로 적응할 수밖에 없는 기업과 제도, 공동체가 있다. 후자는 전자에 빠르게 뒤처진다. 그리하여 이 두 세계의 사이는 점점 더 벌어지고, 큰 격차가 생긴다.

이 격차는 기하급수적인 기술 때문에 생긴 것이다. 2010년대 초까지 대부분의 기업은 자신들이 원자재, 노동력 등의 생산요소를 투입할 때 발생하는 '인풋' 비용은 어쩌면 가벼운 인플레이션이 있을 수는 있지만 매년 거의 변화가 없을 거라고 생각했다. 원자재 가격이 시장에서 널뛸지도 모른다. 통상적인 비즈니스 전략에 따라 제도화된 기획 프로세스가 이러한 변동성을 관리할 수 있을지도 모른다. 그러나 기하급수적인 시대에 정보 처리 능력은 기업의 주요 '인풋'에 해당하고, 데이터를 처리하는 비용에는 연산도 포함된다.[6] 연산 비용은 매년 오르지 않았고, 오히려 급격하게 하락했다. 비즈니스 역학이 근본적으로 변했기 때문이다.

1장에서 우리는 무어의 법칙을 통해 2년마다 연산 비용이 절반이 된다는 사실을 확인했다. 이것은 10년마다 컴퓨터의 정보처리 비용이

100배 하락한다는 뜻이다. 이는 일상에서 컴퓨터를 사용하는 우리뿐 아니라 컴퓨터를 만들어내는 기업의 이익에도 영향을 미친다.

오늘 어떤 작업을 컴퓨터로 처리하는 데 막대한 비용이 소요될지도 모른다. 하지만 똑같은 작업을 컴퓨터로 처리하는 데 소요되는 비용은 2년마다 조금씩 하락할 것이다. 이것은 기업에 큰 의미를 지닌다. 다른 생산요소를 구입하는 데 들어가는 비용은 변함이 없더라도(심지어 증가하더라도), 유효 연산 비용이 하락하고 있다는 것을 이해한 기업들은 가까운 미래를 염두에 두고 새로운 무언가를 계획하고 실행하고 도전해볼 수 있을 것이다. 미래지향적인 활동에 당시에는 많은 비용이 소요되더라도, 머지않아 비용은 하락할 것이다. 이러한 '인풋' 비용의 디플레이션 효과를 이해하고, 그것을 기반으로 사업 계획을 세운 기업은 기하급수적인 시대에 우위를 선점한다.

아마존은 일찍부터 그것을 인지했고, 그 덕분에 역사상 가장 가치 있는 기업 중 하나가 되었다. 하지만 아마존만이 아니었다. 우버Uber부터 알리바바, 스포티파이Spotify 그리고 틱톡까지 새로운 거대 디지털 기업들이 아마존과 비슷한 행보를 보였다. 디지털 분야뿐 아니라 다른 분야에서도 이러한 비즈니스 전략이 유효할 수 있음을 깨달은 기업들이 그들의 뒤를 따랐다. 예를 들어 테슬라Tesla 경영진은 전기자동차의 가격이 지수곡선에 따라 하락할 수 있다고 생각했고, 전기자동차 혁명을 시작했다. 임파서블 푸드Impossible Foods의 창립자들은, 유전적으로 조작된 미생물을 활용하는 정밀 발효의 비용이 갈수록 하락할 것을 알았다. 스파이어Spire와 플래닛 랩스Planet Labs 같은 우주항공 업체의 경영진은 기하급수적인 기술들이 인공위성을 지구궤도로 발사하는 비용을 떨어뜨릴 것을 알았다. 반면에 신문사처럼 기하급수적인 기술이 가져온 변화에 적응하지 못했던 기업들에는 희망이 없다.

지금쯤이면 익숙해졌을 지수곡선을 이용해서 이러한 기하급수적인 격차를 시각적으로 표현해보자. 지금까지 보았듯이, 각각의 기술은 S곡선에 따라서 발전한다. 발전 모습은 대략적으로 기하급수적인 궤도를 그린다. 이미 보았다시피, 기술 발전은 처음에는 단조롭고 지루하다. 이처럼 초기에 기하급수적인 변화는 매우 지루하게 느껴진다. 그래서 대부분이 기하급수적인 변화를 처음에 무시해버린다. S곡선상의 이러한 지점에서 기하급수적인 기술들을 만들어내는 기업들이 있다. 그러한 기업들은 해당 산업에 몸담고 있는 사람들에게는 매우 흥미롭지만, 다른 사람들에게는 발전하지 않는 벽지에 불과하다. 하지만 어느 지점에서 기하급수적인 변화가 선형 변화와 교차하고, 머지않아서 변곡점에 도달한다. 변곡점에 도달하는 순간, 변화의 속도가 급격히 달라진다. 이렇듯 갑작스럽고 미묘한 속도의 변화는 이해하기 어렵다.

기하급수적인 변화가 눈에 보이는데도, 사회를 구성하는 대부분의 조직은 선형 궤도를 따라서 움직인다. 그래서 그들은 기하급수적인 변화를 이해하지 못한다. 성문법과 무언의 사회 규범, 전통적인 형태의 기업과 NGO, 정치 시스템과 정부 간 기구 등 모든 사회 구성 요소는 점차적으로 기하급수적인 변화에 적응하려고만 한다. 왜냐하면 안정성은 조직을 유지하는 데 중요한 요소이기 때문이다.

실제로 안정성은 사회 구성 요소에 내재된 특성이다. 기하급수적인

지수곡선으로 나타낸 기하급수적인 격차

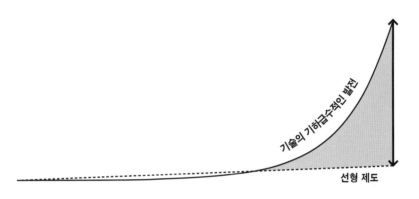

시대가 시작되면서, 기존의 사회 구성 요소들이 변화에 적응하는 속도와 새로운 기술들이 변화를 만들어내는 속도에 격차가 생기고 있다. 바로 이 격차가 기하급수적인 시대를 정의하는 특징이다. 기술이 기하급수적으로 개선되면서 새로운 행동, 새로운 관계, 그리고 새로운 시스템이 등장하고 있다. 반면에 앞선 기술에 맞춰 진화하거나 설계된 규범도 여전히 존재한다. 새로운 것과 오래된 것 사이에 벌어진 격차는 극단적인 긴장감을 낳는다. 기하급수적인 시대에는 어디서든 극단적인 긴장감을 수반한 격차가 생긴다.

경제 시스템을 살펴보자. 기하급수적인 시대의 기업이 전무후무하게 팽창하고 거대한 시장 지배력을 행사한다면, 근본적으로 시장의 활력을 약화할 것이다. 그러나 산업화 시대를 지배하던 독점 시스템은 이런 현상을 해롭다고 여기지 않을지도 모른다. 이것은 기하급수적인 격차를 보여주는 하나의 사례다.

이번에는 노동의 본질에 대해 생각해보자. 새로운 기술의 등장으로 기업과 노동자가 긱 플랫폼을 통해 단기 프로젝트를 진행한다면, 소규모 프로젝트를 중심으로 활발한 시장이 형성될 수 있을 것이다. 그러나 이런 변화는 안정적이고 믿을 수 있는 고용 시장을 훼손할 위험을 안고 있다. 노동자가 작업 공유 플랫폼에서 모바일 앱으로 입찰하여 일감을 따내기 위해 경쟁한다면, 그들의 고용 상태는 무엇일까? 그들은 피고용자일까, 하청업자일까, 아니면 완전히 다른 무엇일까? 그들이 노동자로서 누리는 권리는 무엇일까? 긱 플랫폼은 그들의 권리를 강화할까, 아니면 그들의 인간성을 말살할까? 이 질문들에 명확하게 답할 수 있는 사람은 아무도 없다. 노동의 개념은 19세기와 20세기에 형성되고 발전했다. 19세기와 20세기에 뿌리를 두고 발전한 노동 개념을 지닌 사람들이 과연 긱 플랫폼을 통해 노동 기회를 얻는 상황을 제대로 이해할 수 있을까? 이것 또한 기하급수적인 격차의 사례다.

이번에는 시장과 시민의 관계를 한번 살펴보자. 기업들이 획기적인 기술을 이용해 새로운 서비스를 개발하면, 일상생활의 많은 부분이 민간 기업의 영향을 받게 될 것이다. 기하급수적인 시대의 기업들은 사적 영역이라고 여겨졌던 분야들을 상품화하여 거래할 것이다. 이렇게 되면 시장과 시민 사이에 불협화음이 생긴다. 그리고 갑자기 사생활을 보호하기 위해 도입한 시스템이 부적절하게 여겨진다. 또한 이러한 변화에 맞서 사생활을 더 잘 보호하기 위해 새로운 규제를 마련하느라 애를 먹는다. 이것 역시 기하급수적인 격차의 사례다.

경제 시스템, 노동시장, 시장과 시민의 관계 등을 중심으로 소비자와 시민으로서, 피고용자와 고용자로서 우리의 일상생활이 정의된다. 각 분야에서 등장한 새로운 기술이 우리 사회를 지탱하는 기존 규범에 도전장을 내민다. 이 책에서는 주로 새로운 것과 오래된 것의 사이에 격차가 나타나면서 생긴 변화를 중점적으로 탐구한다. 하지만 지금은 기하급수적인 격차가 생기는 이유를 집중적으로 살펴볼 것이다.

인류의 최대 약점은 지수함수를 이해하지 못하는 것

기본적으로 기하급수적인 격차는 아주 단순한 이유 때문에 생긴다. 바로 우리가 수학을 잘하지 못하기 때문이다. 잠시 기하급수적인 시대를 산다는 것이 어떤 기분인지 생각해보자. 많은 독자가 알다시피, 기하급수적인 시대를 산다는 것은 당황스럽고 혼란스러운 경험의 연속이다. 1970년대 초반에 태어난 나 같은 사람들은 유선통신부터 이동통신까지, 전화 접속 인터넷부터 모바일 인터넷까지, 레코드판부터 CD와 MP3 그리고 스트리밍 서비스까지 혁신의 파도를 계속 경험해왔다. 나는 비지스Bee Gees의 '토요일 밤의 열기Saturday Night Fever'를 레코드판, 카세트테이프, CD, 그리고 MP3 파일로 가지고 있다. 요즘은 스트리밍 서비스로 듣기도 한다.

인간의 인지 구조는 이렇게 빠른 변화를 저절로 처리할 수 없다. 인간의 뇌는 입력된 정보를 처리하기 위한 연산 프로세스를 당혹스러울 정도로 복잡하게 받아들인다. 런던에 이례적인 호우가 내렸다고 가정해보자. 영국의 축구 경기장인 웸블리 스타디움은 우리 집에서 북서쪽으로 대략 8킬로미터 떨어진 곳에 있어서 처가댁을 방문하면 창문 밖으로 그곳이 보인다. 너비 315미터, 높이 133미터의 철제 아치가 은회색 지붕 위로 솟아 있다. 웸블리 스타디움은 약 9만 명을 수용할 수 있는 거대한 건축물이다.

이 웸블리 스타디움의 3구역에서 가장 높은 열에 앉아 있다고 상상해보자. 이곳은 운동장에서 가장 멀리 떨어진 구역이고, 지상을 기준으로 높이가 대략 40미터에 이른다. 비가 내려도 지붕 한편에서 비를 피할 수 있다. 하지만 지금 내리는 비는 그냥 보통 비가 아니다. 기하급수적으로 퍼붓는 비다. 빗방울이 서서히 거세지고 1분당 쏟아지는 빗물의 양이 2배가 된다. 한 방울 떨어지고 1분 뒤에 두 방울이 떨어진다. 그리고 1분 뒤에 네 방울이 떨어진다. 4분째가 되면 하늘에서 여덟 방울의 빗방울이 떨어진다. 3구역의 가장 높은 열에 있는 좌석에서 일어나서 웸블리 스타디움을 벗어나는 데 30분이 걸린다고 가정하자. 지금 기하급수적으로 내리고 있는 비에 흠뻑 젖지 않고 경기장을 빠져나가려면 얼마나 빨리 움직여야 할까?

경기장을 빠져나오는 데 족히 30분은 걸릴 테니, 비에 젖지 않고 경기장을 빠져나오려면 첫 번째 빗방울이 떨어지고 17분 안에 자리에서 일어나 움직여야 한다. 47분이 되는 시점에는 하늘에서 1분당 141조 개의 빗방울이 쏟아질 것이다. 가령 빗방울이 대략 4세제곱밀리미터라면, 47분째에는 6억 리터의 물이 하늘에서 쏟아져내릴것이다.[7] 48분이 되는 순간에 하늘에서 쏟아지는 빗방울의 양은 그 2배가 될 것이다. 그러면 주차장에 이르렀을 때쯤에는 이미 비에 흠뻑 젖은 생쥐 꼴이 될 것이다. 50분에 자동차에 탑승했을 때는 50억 리터의 빗물이 하늘에서 쏟아질 것이다. 그 무게는 500톤에 달한다. 솔직히 기하급수적인 비가 내릴 거라고 예보하면, 그날은 외출을 자제하는 편이 좋다.

기하급수적인 프로세스는 언뜻 들었을 때 바로 이해하기 어렵다. 그래서 사람들은 기하급수적인 프로세스를 이해하려고 애쓴다. 18세기의 정치경제학자 토머스 맬서스Thomas Malthus는 최초로 이 문제를 분명하게 설명했다. 맬서스에 따르면, 인구는 기하급수적으로 증가한다. 하지만 우리는 최근에 이르러서야 기하급수적인 증가의 힘을 깨닫게 되었다. 그에 따르면 기하급수적으로 증가하는 인간의 요구는 식량 생산량을 초월할 것이고, 기아와 역병을 불러들일 것이다. 다행히도 맬서스의 암울한 예측은 산업혁명이 가져온 생산성의 기하급수적인 증가 덕분에 실현되지 않았다. 하지만 그가 말했듯이, 우리는 여전히 기하급수적인 프로세스의 힘을 과소평가하고 있다.

1960년대 후반 들어서 현대 환경 운동이 발전하기 시작하면서, 사람들은 맬서스의 경고를 다시 떠올렸다. 콜로라도대학교의 물리학자 앨버트 바틀릿Albert Bartlett은 1969년 9월 인구와 에너지 사용의 한계에 관해 강의를 시작했다. 그는 "인류의 최대 약점은 지수함수를 제대로 이해하지 못하는 것"이라고 했다.[8] 그는 이 메시지를 널리 퍼트리고자 했고, 36년 동안 1742번 강의를 했다.

바틀릿이 강의를 시작하고 3년이 되던 해, 《성장의 한계The Limits to Growth》가 발표되었다. 이 획기적인 보고서에서 그는 자원 사용량은 기본적으로 계속 기하급수적으로 증가할 수 없을 것이라고 주장했다.[9] 이 보고서는 환경 운동의 불씨가 되었다. 자원 소비량의 증가가 우리가 살고 있는 생물권을 파괴할 것이라는 염려가 확산되면서 환경 운동이 일어났다. 아는 사람이 많이 없지만, 이 보고서는 인간의 경제활동이 초래하는 가속화되는(또는 비선형의) 변화의 유형을 예측할 수 있느냐는 문제에 관한 논의도 촉발했다.[10]

그 이후로 금융학과 심리학 등 각 분야의 학계가 인류가 기하급수적인 증가를 전혀 이해하지 못하고 있다는 사실을 보여주는 증거를 무수히 찾아냈다. 미래를 위해 대비하는 인간의 심리를 연구한 심리학자들은 '기하급수적 증가 편향exponential growth bias'을 밝혀냈다. 사람들은 기하급수적 증가 편향 때문에 복리 증가의 힘을 과소평가한다.[11] 사람들이 복리로 증가하는 예금과 대출, 연금을 보고 얼마나 어리둥절해하는지를 보여주는 연구가 있다. 조금 늦게 연금에 투자하기 시작한 사람은 끈질기게 기하급수적 증가 편향에 시달려왔는지도 모른다. 애석하게도 대부분의 사람이 기하급수적 증가 편향을 갖고 있다.

스웨덴 사람들이 복리를 얼마나 이해하지 못하는지를 보여주는 연구가 있다. 연구원들은 '연이율이 7퍼센트인 은행 계좌에 100크로나를 입금하면 30년 뒤에 원리금은 얼마나 될까?'라고 사람들에게 질문했다. 사람들은 이렇게 단순한 증가율을 계산하는 것만으로도 당혹스러워했다. 응답자들이 제시한 값의 중간값은 410크로나였다. 하지만 정답은 중간값의 2배와 맞먹는 761크로나다. 응답자의 60퍼센트 이상이 복리 증가를 과소평가했던 것이다.[12]

그리고 문제는 7퍼센트의 연간 복리 증가율을 과소평가했다는 것이었다. 앞서 연간 10퍼센트 이상 발전하는 기하급수적인 기술을 예측했던 것을 생각해보자. 스웨덴 연구로 되돌아가서, 30년 동안 복리로 7퍼센트씩 이자가 붙는다면, 결국에는 원금이 7.61배가 된다는 뜻이다. 무어의 법칙에 따라서 증가율이 대략 40퍼센트라면, 같은 기간 동안 3만 2000배 증가할 것이다. 1975년의 동료 검토 요약 보고서는 이 문제를 다음과 같이 요약했다. 기학급수적인 증가의 과소평가는 "일반적으로 기하급수적인 증가를 일상적으로 경험한다고 해소되지 않는다."[13]

기하급수적 증가 편향과 비슷한 편향이 있다. 바로 '기준점 편향 anchoring bias'이다. 노벨 경제학상을 받은 경제학자 대니얼 카너먼Daniel Kahneman과 아모스 트버스키Amos Tversky는 불확실한 환경에서 사람들이 어떻게 의사 결정을 내리는지 연구했다. 그들은 숫자와 관련된 과제가 주어지면 사람들이 쉽게 사용할 수 있는 숫자를 기준으로 자신들의 답을 조정하는 경향이 있음을 확인했다. 이것은 영업사원이 쓰는 전략이기도 하다. 특정 가격대의 상품을 먼저 보여줘서 어떤 상품의 진짜 가치에 대한 사람들의 기대치를 고정한다. 하지만 이 전략은 기하급수적인 증가와 관련되면 효과가 없다. 성장곡선이 상승하더라도 사람들의 기대치는 증가 과정의 초기에 각인된 낮은 숫자에 묶여 버리기 때문이다.

왜 사람들은 기하급수적인 변화의 힘을 끊임없이 과소평가하는 것일까? 가장 짧은 답이 아마도 최고의 답일 것이다. 한 살에서 두 살이 되고, 다시 세 살이 되는 것처럼 우리가 경험하는 대부분의 증가 과정이 점진적이고, 지하철 노선에 따라 이동하는 것처럼 선형적이기 때문이다. 인간의 사고방식은 빠른 변화의 힘을 제대로 이해하지 못한 채로 새로운 세계에 맞게 진화했다. 수렵 채집의 시대에 모든 것은 더디게 흘렀다. 일 년 내내 반복되는 패턴을 기반으로 계절에 따라 생활했다. 꽤 최근까지 사람들은 수렵 채집의 시대에 형성된 더딘 생활 패턴에 따라 생활했다.

산업화 이전 시대를 연구하는 역사학자들은 대부분 사회가 거의 알아차리지 못할 정도로 서서히 변했다고 주장한다. 프랑스 역사학자 페르낭 브로델Fernand Braudel은 중세 프랑스 사람들의 일상에 관한 글을 썼다. 전반부에서 그는 탄생과 결혼, 출산, 죽음처럼 "계속 반복되는 역사, 모든 변화가 서서히 일어나는 역사, 다시 말해 환경과의 관계에서 인간의 역사인 시간의 흐름이 거의 느껴지지 않는 역사"를 집중적으로 살폈다.[14] 당시에는 인류의 역사를 통틀어 인간은 거의 어느 시대보다 여유롭고 느긋한 삶을 살았다. 심지어 영국과 미국처럼 산업화가 상당히 진행된 나라에서도 1920년이 되어서야 인구의 절반이 도시에 거주했다. 그러니 인류가 점점 빨라지는 삶의 속도에 적응하는 데 애를 먹는 것이 과연 놀랄 일일까?

물론 항상 예외는 있기 마련이다. 스페인 독감을 일으킨 H1N1 바이러스 같은 병원균의 확산은 지수곡선에 따라서 움직인다. 1920년대 바이마르 독일이나 최근 짐바브웨와 베네수엘라에서 나타난 초인플레이션 시기의 부의 확산세도 마찬가지다. 몇몇 특이한 사례를 제외하고,

인류는 살면서 극적이고 지속적인 변화를 경험하지 못했다.

인류는 선형적인 세계에 맞춰 진화했다. 예컨대 선형적인 세계가 한 세트의 경험을 만들어낸다면, 기하급수적인 시대는 완전히 다른 한 세트의 경험을 만들어낸다. 진화심리학자 파스칼 보이어Pascal Boyer와 정치학 교수 미카엘 방 페테르센Michael Bang Petersen의 말을 빌리면, 인간의 사고방식은 "두 번째가 아닌 첫 번째 적응 문제를 풀기 위해서" 선택되었을 것이다.[15]

과소평가, 과대평가 그리고 예측하지 못한 결과

심리학자들이 만든 가상 세계가 아닌 실제 세계에서 기하급수적인 변화를 예측하려고 한다면 어떤 일이 벌어질까? 이런 시도 뒤에 직접적으로 나타날 수 있는 문제가 무엇인지 나는 알고 있다. 알다시피 나는 기술 업계에서 경력을 쌓았다. 그러면서 많은 정보를 지닌 사람들이 새로운 기술을 대중적인 인기를 얻지 못하고 극소수 사람들의 관심만 끌다가 이내 사라질 트렌드로 치부해버리는 모습을 자주 목격했다. 휴대전화, 인터넷, 소셜미디어, 온라인 쇼핑, 전기자동차 등이 그들이 한낱 유행으로 치부한 새로운 기술이었다. 지난 20년 동안 나는 자주, 심지어 의도적으로, 새로운 상품이나 서비스의 확산을 보고 그냥 무시해 버리는 기성 기업의 경영진을 곁에서 지켜보았다. 그것들이 하키 스틱 모양으로 성장할 것이 예상됨에도 불구하고 절대적인 수치가 작았기 때문이었다. 기하급수적인 비가 내리는 날 웸블리 스타디움을 찾은 관중들처럼 그들은 끝까지 자리에 남아 있다가 뒤늦게 비에 흠뻑 젖어서 자리를 떠났다.

1980년대 초반에 휴대전화 서비스가 처음 시작되었다. 당시에 휴대전화는 투박했고, 통화는 잡음이 심하고 뚝뚝 끊기기 일쑤였고, 데이터 서비스는 존재하지도 않았다. 미국의 대형 통신사인 AT&T가 세계 최대 경영 컨설팅 업체인 맥킨지McKinsey에 휴대폰의 미래 시장을 예측해줄 것을 요청했다. 20년 전에 맥킨지는 미국 휴대폰 가입자가 2000년 즈음에는 90만 명에 이를 것으로 예측했다.[16]

하지만 그렇지는 않았다. 최초의 휴대전화인 모토롤라 다이너택 Motorola Dyna-TAC은 크기가 시멘트 벽돌만 했다. 1984년에 모토롤라 다이너택은 3995달러에 팔렸다. 하지만 휴대전화에 들어가는 핵심 부품 가격이 매년 하락했고, 그에 따라 휴대전화 가격도 하락했다. 휴대전화는 더 좋아지고, 더 작아지고, 더 저렴해졌다. 2000년에는 수백 달러에 휴대전화를 살 수 있었다. 그와 함께 네트워크 성능도 발달했다. 1991년에 모바일 네트워크가 데이터 서비스를 시작했다. 그때까지 휴대전화는 오직 음성 통화를 위해서만 사용되었지만, 당시에는 특정 장치를 구입해 컴퓨터와 휴대전화 네트워크를 연결하면 1초당 9600비트의 속도로 데이터를 전송할 수 있었다. 아마도 이때 디지털카메라가 대중화되었다면(그런 일은 일어나지 않았다), 사진 한 장을 전송하는 데 수 분이 걸렸을 것이다. 2020년에는 4G 이동통신이 자리를 잡았고, 1초당 3000만

비트의 데이터를 전자기기로 전송할 수 있게 되었다.

통신 네트워크의 속도가 개선되면서 이동통신 비용이 하락했다. 2005년과 2014년 사이에 1메가바이트의 데이터를 전송하는 데 소요되는 평균 비용이 8달러에서 몇 센트로 하락했다.[17] 요컨대, 맥킨지는 이런 변화를 제대로 예측하지 못했다. 2000년에는 1억 명이 넘는 미국인이 휴대전화를 소유했다. 세계에서 가장 유명한 컨설팅 업체인 맥킨지는 휴대전화 가입자 수마저 잘못 예측했고, 실제 수치와 100배 차이가 났다. 미래를 예측하는 것은 물론 어려운 일이다. 하물며 지수곡선을 바탕으로 미래를 예측하는 것은 훨씬 더 어렵다.

그것은 민간 영역에만 국한된 문제가 아니다. 국제에너지기구International Energy Agency, IEA는 1973년 석유파동의 여파로 1974년에 설립된 정부 간 조직이다. IEA는 매년 발표하는 '세계 에너지 전망World Energy Outlook'에서 몇 년 동안 태양광으로 생산하는 전기량의 변화 추이를 예측해왔다. 2009년 보고서에서 IEA는 2015년이 되면 태양광 발전량이 5기가와트에 달할 것으로 전망했다. 그러나 이러한 예측치는 틀렸다. IEA가 2015년 전망치를 발표했던 2009년에 이미 실제 태양광 발전량은 8기가와트였다. 이에 2010년 IEA는 2015년 전망치를 8기가와트로 상향 조정했다. 그리고 2011년에 전망치를 다시 11기가와트로 상향 조정했고, 2012년에는 24기가와트라는 새로운 전망치를 내놓았다. 그러다가 2014년에는 2015년 태양광 발전량이 35기가와트에 이를 것으로 전망했다. 그렇다면 2015년에 실제 태양광 발전량은 얼마였을까? 무려 56기가와트였다. 전문가들로 구성된 국제기구가 6년 연속 시장 트렌드를 제대로 읽어내지 못했던 것이다. 여기서 끝이 아니었다. 6년 동안 형편없는 전망을 내놓은 뒤에도 IEA는 틀린 전망을 발표했다. 2018년, IEA는 그해 세계 태양광 발전량이 90기가와트라고 추산했다. 그리고 이듬해인 2019년에도 90기가와트에서 큰 변화가 없을 것으로 전망했다. 하지만 실제로 2019년 태양광 발전량은 105기가와트를 초과했고, 그해 IEA가 예측한 연간 성장률은 100퍼센트 빗나갔다. 어떻게 계산하느냐에 따라서 IEA의 전망치와 실제 수치의 격차는 무한대였다. 10여 년 동안 기하급수적인 기술을 관찰하면서 가격이 하락하고 시장이 확대되는 것을 목격했지만, 전망은 체계적으로 빗나갔다.[18]

하지만 문제는 기하급수적인 증가가 과소평가되고 있다는 것만이 아니다. 기하급수성의 힘을 인지하고 있는 전문가들은 그 힘을 과대평가하기 쉽다. 1999년 출간한 《21세기 호모 사피엔스The Age of Spiritual Machines》에서 레이 커즈와일은 2019년에 1000달러짜리 컴퓨터는 "인간 두뇌의 연산력에 맞먹는 연산력"을 갖게 될 것으로 예측했다.[19] 이는 낙관적인 전망이었다. 기하급수적인 증가와 지나치게 복잡한 문제를 비교하여 맞춰볼 때, 기본적인 추정에서 발생한 사소한 오류가 전체 예측을 완전히 틀린 방향으로 흘러가게 만들 수 있다. 인간 두뇌만큼 복잡한 신경망으로도 이렇게 틀린 추정치를 바로잡는 것은 거의 불가능하다. 인간 두뇌에는 대략 1000억 개의 뉴런이 존재하는 것으로 추정된다.[20] 각각의 뉴런은 평균적으로 1000개의 다른 뉴런과 연결된다. 그러므로 과학자들은 인간 두뇌에 100조 개의 연결점이 존재한다고 추정한다.[21] 만약 이 추정이 옳고 뉴런의 기능을 제대로 이해했다면, 복잡한 인간 두

뇌를 흉내 낸 기계장치가 20여 년 이내에 만들어질 수 있을 것이다. 하지만 여기에는 심각한 조건들이 따라붙는다. 무언가를 이해하기 위한 과학적 시도가 진행되고 있다면, 예측은 때때로 짐작보다 조금 더 나을 뿐이다.[22]

자율주행 자동차는 크기는 작지만 이와 유사한 골칫거리를 만들어 낸다. 2019년, 일론 머스크Elon Musk는 테슬라가 제작한 자율주행 택시인 '로보택시' 100만 대가 2020년 말까지 도로를 달릴 것으로 전망했다.[23] 하지만 2020년 말에 실제로 도로를 주행하는 로보택시는 단 한 대도 없었다. 이는 테슬라만이 아니었다. 모든 자율주행 자동차 제조 업체들은 스스로 발표한 목표치를 달성하지 못했다. 순수하게 기술적인 관점에서 보았을 때, 문제는 해당 기술을 만들어내는 사람들이 인지한 것보다 훨씬 더 어려운 문제로 드러났다. 장을 보기 위해 자동차에 오르면, 식료품점에 도착하기까지 1마일당 대략 160가지의 의사 결정을 내려야 한다. 대수롭지 않게 들릴 수도 있지만, 거의 무한한 변수를 바탕으로 결정을 내려야 한다면 이야기는 완전히 달라진다.[24]

과소평가와 과대평가의 문제는 세 번째 문제와 비교하면 아무것도 아니다. 세 번째는 예측에 전혀 반영되지 않는 예상하지 못한 결과다. 기하급수성은 예기치 않은 영향을 미치기도 한다. 껌을 생각해보자. 2007년부터 10년 동안 미국의 껌 매출이 15퍼센트 하락했다. 같은 기간 2억 2000만 명의 미국 성인이 생애 첫 스마트폰을 구입했다. 이것은 우연의 일치가 아니었다. 사람들은 계산을 하려고 줄을 서서 기다릴 때, 살 만한 물건이 또 있는지 주변을 훑어본다. 이때 손쉽게 구매할 수 있는 것이 껌이었다. 이제는 스마트폰을 만지면서 자신의 차례가 오길 기다린다. 이 때문에 껌 매출이 곤두박질쳤다.[25] 누구도 이런 결과를 예상하지 못했다. 아이폰이 식료품점에서 껌 매출에 영향을 미칠 거라고는 현대판 노스트라다무스도 예측하지 못했을 것이다.

2020년에는 기하급수성에 관해 정확한 예측을 해내지 못하는 인간의 무능이 정점을 찍었다. 코로나바이러스가 전 세계로 확산되고 있었다. 그러나 대부분의 사람이 코로나바이러스의 확산 속도를 하나같이 과소평가했다. 코로나바이러스 확산 초기에 신규 확진자 수는 무시할 수 있는 수준이었다. 그러나 확산세가 누그러들기는커녕 거세지면서, 정말 큰일이 되었다. 2월 15일부터 2주 동안 미국에서 코로나바이러스에 감염된 사람은 겨우 60명이었다. 하지만 그로부터 2주 뒤에 신규 확진자는 3753명에 달했고, 또 2주 뒤에는 무려 10만 9995명에 이르렀다. 11월 중순에 확진자 수는 매일 15만 명씩 증가했다.

초기에 코로나바이러스 확진자의 기하급수적인 증가세는 미국과 유럽의 대중과 정치권은 도저히 이해할 수 없는 것이었다. 도널드 트럼프 Donald Trump 행정부부터 보리스 존슨 Boris Johnson 내각까지 거의 모든 정치권이 기하급수적인 증가세가 안고 있는 위험성을 과소평가했다. 코로나19 팬데믹의 첫해에 발표된 초기 연구는 사람들이 기하급수적인 증가 편향의 영향을 받았다는 사실을 보여주었다. 코로나19 팬데믹의 모든 단계에서 사람들은 한결같이 미래 추이를 과소평가했다. 연구원들은 3주간 코로나바이러스의 확산세를 보여주는 실제 데이터를 보고 1주, 2주 뒤의 코로나바이러스 전파 수준을 예측했다. 데이터가 제공되었는데도 그들은 코로나바이러스의 미래 확산세를 제대로 예측하지 못했다. 대체로 첫 번째 주의 확진자 수는 46퍼센트 낮게 예측했고, 두 번째 주의 확진자 수는 66퍼센트 낮게 전망했다.[26] 기하급수적인 시대에 무언가를 예측하는 것은 어렵다. 그래서 주로 틀린 예측을 한다.

제도는 빠르게 변하지 않는다

기하급수적인 격차의 첫 번째 원인이 기하급수적인 변화의 속도를 예측하지 못하는 것이라면, 두 번째 원인은 변화의 속도를 예측하는 데 실패해서 결국 그 변화에 적응하지 못하는 것이다. 변화의 속도가 빨라지는 동안 우리 사회는 증가하는 변화의 속도보다 훨씬 느리게 스스로를 변화시킨다. 사회 제도에는 점진주의가 내재되어 있기 때문이다.

빠르게 변하는 기술이 느리게 변하는 사회 제도를 앞지르는 일은 새로울 것이 없다. 이것은 혁신의 피할 수 없는 결과 중 하나다. 19세기 산업 기기의 혁신적인 발전으로 영국은 세계시장을 지배하는 경제 대국이 되었다. 하지만 문제가 있었다. 50년 동안 영국 GDP는 빠르게 증가했지만, 임금수준은 제자리였다. 경제사학자 로버트 앨런Robert Allen은 이를 '엥겔스의 휴지기Engels' pause'라 불렀다. 새로운 기계에 투자할 자본이 있는 사람들은 처음에는 승승장구했다. 그들이 투자한 기계가 경제성장을 이끄는 기술이었기 때문이다. 하지만 임금 성장률이 경제성장률

을 따라잡기까지는 수십 년이 걸렸다.[27]

문제는 임금만이 아니었다. 산업혁명은 결국에는 모두에게 부의 증가, 수명의 연장, 그리고 삶의 수준 향상을 의미했다. 하지만 대부분의 노동자에게 산업혁명의 첫 번째 영향은 주로 노동환경의 달갑지 않은 변화였다. 18세기 후반부터 들판과 농장, 작업장에서 일하던 수백만 명의 사람들이 공장에서 일하기 시작했다. 산업혁명이 본격적으로 시작되기 전인 1760년대에 영국 노동자들은 일주일 동안 평균 41.5시간 일했다. 1830년에 이르러 빅토리아시대의 경제 시스템이 농업 중심에서 산업 중심으로 완전히 이동했을 때, 영국 노동자들은 일주일 동안 57시간 일했다.[28] 오늘날 선진국으로 분류되는 국가들도 당시에는 초기 산업화의 수요로부터 벗어나지 못했다. 1870년에 미국 노동자들의 주당 노동시간은 62시간이었다. 호주 노동자들의 경우에는 겨우 6시간 덜 일할 뿐이었다.

찰스 디킨스Charles Dickens는 19세기가 얼마나 노동 착취적이고 비참하고 더러운 시대였는지를 어느 작가나 관찰자보다도 뛰어나게 보여주었다. 1854년 발표한 《어려운 시절Hard Times》에서 그는 잉글랜드 북부 산업화 도시의 열악한 생활환경을 묘사했다. 공장이 뿜어내는 그을음과 재가 공기 중으로 날아다녔고, 노동자들은 임금을 제대로 받지도 못한 채 쉴 새 없이 일만 했다. 하지만 디킨스의 시대 이전 산업화 시대의 노동환경도 열악하기로 악명 높았다. 1814년, 스페인 귀족으로 가장한 영국 시인 로버트 사우디Robert Southey는 버밍엄을 다음과 같이 묘사했다.

쿵쾅거리는 인쇄기, 달그락거리는 엔진과 윙윙대는 바퀴 때문에 아직도 어지럽고 아찔해서 현기증이 난다네. 지긋지긋한 소음 때문에 머리가 지끈지끈하고, 지옥같이 활활 타오르는 화염 때문에 눈이 따가워. 지긋지긋한 일에 매여 죽도록 일하는 수많은 인간을 보니 내 가슴이 욱신거린다네. 그들은 좀 더 나은 무언가를 가질 수 없는 운명을 타고난 사람들인 것 같아. (…) 버밍엄의 소음은 뭐라고 형언할 수 없는 수준이라네. 사람들은 자신들의 손에서 단 한 순간도 해머를 놓지 않아. 오물은 역겹지. 우리가 살던 오래된 시가지들만큼 아주 더러워. 그곳에 날리던 먼지는 비할 바가 안 돼. 버밍엄은 널브러진 쓰레기 더미 속에 있어. 악취가 풍기는 곳을 거니는 사람들을 제외하고 그 누구도 이를 개의치 않아. 하지만 이곳은 활기차고 뭔가 쉴 새 없이 움직이고 있어. 장난기가 이곳의 공기를 가득 메우고 어디로든 스며든다네.[29]

프리드리히 엥겔스Friedrich Engels는 이로부터 30년 뒤에 발표한《영국 노동자 계급의 현실The Condition of the Working Class in England》에서 도시 생활 여건을 "(우리가) 부끄러워해야 할 비참함으로 가득한 곳"이라고 설명했다.[30] 그는 이런 말을 한 덕분에 150년 뒤에 '엥겔스의 휴지기'라는 표현의 주인공이 되기도 했다.

산업화가 야기한 사회문제를 이해하려면, 기술적·사회적 변화의 속도와 제도와 정치의 적응 속도의 격차를 이해해야 한다. 국가는 산업혁명 시기에 노동 관행을 규제하는 데 실패했다. 이것은 당시 지주계급과 귀족계급이 사회를 지배하고 있었다는 방증이다. 영국의 경제 시스템은 현대적이었지만, 정치 시스템은 독특하게도 전근대적이었다. 전 영국 총리인 토니 블레어Tony Blair는 "변화와 정책 입안자들이 그 변화를 따라잡는 데는 시차가 존재한다"라고 말했다.[31] 공장은 1833년의 공장법으로 중구난방으로 관리되기 시작했다. 도시 노동계급의 이익을 대변하기 위한 노동운동이 시작되고 복지 시스템이 마련되는 데는 훨씬 더 오랜 시간이 걸렸다.

빅토리아 시대의 제도처럼, 오늘날의 제도도 빠르게 변하는 기술에 뒤처져선 안 된다는 어려운 과제를 안고 있다. 하지만 이번에는 변화의 속도와 변화에 적응하는 속도의 격차가 갈수록 더 벌어지고 있고, 벌어지는 속도도 빨라지고 있다. 기하급수적인 시대에서는 수십 년, 아니 불과 몇 년 만에 급진적인 변화가 일어난다. 심지어 몇 달 만에 급진적인 변화가 생기는 경우도 있다.

'제도'가 정말 무엇을 뜻하는지에 대해 잠시 생각해보자. 이 단어를 들으면 견고한 무언가가 머릿속에 그려진다. 뉴욕의 육중한 경찰 건물, 거대한 교회나 우뚝 솟은 유엔 본부 등등. 하지만 제도는 단지 건물만이 아니다. 그것은 건물 그 이상의 의미를 갖는다. 제도는 우리의 일상, 공공 영역과 민간 영역에서의 개인의 행동, 그리고 서로가 관계를 맺는 방법 등을 통제하는 시스템이다.

사회학적 용어를 빌리면, 제도는 우리가 어떻게 살아가는지를 정의하는 모든 영속적 규범이다. 이 책의 목적에 맞게 나는 제도를 사회 구성원이 서로 관계를 맺도록 돕는 사회집단 간의 일종의 합의라고 본다. 이러한 제도 덕분에 숱한 변화에도 불구하고 우리의 삶에 안정감이 생긴다. 사회학자 앤서니 기든스Anthony Giddens는 "제도는 무엇보다 오래가는 사회생활의 특징"이라고 말했다.[32] 오래 지속되지 않는다면, 그것은 제도가 아니다. 그것은 일시적인 유행이고, 잠깐 왔다가는 트렌드나 열풍일 뿐이다.

광의의 개념으로 제도는 다양한 형태로 나타날 수 있다. 일부 제도는 분명히 본질적으로 '제도적'이다. 비즈니스는 직원과 상사, 소유자 간의 합의다. 국가는 시민과 정부 간의 합의다. 정부 부처는 공식적인 제도다. 교회, 이슬람 사원, 절이나 유대교 회당 등 종교적인 개체들도 마찬가지다. 유럽연합, 세계은행, 세계보건기구, 태양광발전을 두고 한심스러울 만큼 형편없는 전망치를 발표했던 국제에너지기구 등의 국제 조직도 공식적인 제도다. 이러한 제도들은 '체현적'이다. 제도라고 하면, 그것을 구성하는 사람들과 그들이 일하는 건물을 머릿속에 떠올릴 수 있다.

법규나 지적재산권법을 구성하는 국제 협약과 국내 입법 등과 같은 제도는 사람들로 구성된 단체가 아니지만, 그럼에도 불구하고 제도적이다. 일부는 조직보다는 정식 규칙과 유사하다. 법과 법적 체계는 명문화된다. 이렇게 명문화된 것들이 우리의 삶을 통치하는 주된 제도다.

그러나 모든 제도가 공식적일 필요는 없다. 행동의 지침이 되는 습관과 관습도 일종의 제도다. 어떤 경우에 사람들은 명문화된 법이나 규범보다 이러한 불문율을 더 철저하게 준수한다. 많은 사람이 보드 게임인 모노폴리를 할 때 벌금 카드를 보드판의 중앙에 놓는다. 설명서에 적혀 있지 않지만, '무료 주차장'에 도달한 사람이 쉽게 카드를 집어들 수 있도록 하기 위해서다. 영국에서는 운전자들이 길을 양보해준 다른 운전자에게 헤드라이트를 깜박여서 고마운 마음을 전한다. 심지어 영국 교통법에서 이런 행위가 금지되어 있는데도 말이다. 경제학자 리처드 넬슨Richard Nelson이 인용한 사례에서 제빵사들은 세부 내용에는 차이가 있겠지만 케이크를 굽는 최고의 방법을 공유한다.[33] 이러한 노하우도 일종의 제도다. 그것들은 우리의 집단행동의 틀을 잡으면서 안정감을 제공한다.

이 모든 제도에는 공통점이 있다. 그것들은 대개 기하급수적으로 마련된 것들이 아니다. 또는 빠른 사회 변화에 대응하기 위해 도입된 것도 아니다. 오히려 매우 극단적인 경우이지만, 변화를 거부하기 위해 제도가 마련되기도 한다.

역사적으로 가장 제도다운 제도를 살펴보자. 바로 가톨릭교회다. 거의 2000살이 된 가톨릭교회는 현존하는 가장 오래된 조직에 속한다. 1633년, 가톨릭교회는 태양계에 관하여 자신의 생각을 밝힌 천문학자 갈릴레오 갈릴레이Galileo Galilei와 정면으로 충돌했다. 하지만 1979년 요한 바오르 2세Pope John Paul II는 갈릴레오의 유죄를 다시 검토하라는 지시를 내렸다.[34] 이것은 갈릴레오가 죽을 때까지 집에서 한 발짝도 나오지 못하는 가택 연금에 처해진 지 346년 뒤에, 그리고 러시아가 스푸트니크를 발사한 지 22년 뒤에 일어난 일이었다. 13년 뒤에 위원회와 교황은 갈릴레오의 체제 전복적인 주장을 비난한 17세기 종교재판의 결과를 뒤엎었다.[35]

이것은 극단적인 사례다. 가톨릭교회만큼 변화에 더디게 적응하는 제도는 거의 없지만, 대부분의 제도가 변화에 빠르게 대응하지 않는다. 기학급수적인 변화를 예측하는 어려움과는 정반대되는 어려움이다.

변화를 정확하게 예측하더라도, 변화에 관한 제도적 대응은 안일할 수 있다. 코닥Kodak의 사례를 살펴보자. 1975년 스티븐 새슨Steven Sasson이라는 코닥 엔지니어는 전자적으로 이미지를 저장할 수 있는 토스터만 한 장치를 만들어냈다. 이 장치로 불과 23초 만에 이미지를 필름에 옮겨 담고 TV 화면에 재생하여 볼 수 있었다. 당시에 이것은 획기적인 발명이었다. 개인 컴퓨터는 거의 존재하지도 않는 개념이었고, 미국 가정에서도 비디오카메라는 귀했다. 그로부터 2년 뒤에 새슨은 '전자 스틸 카메라'로 미국 특허 4131919A를 받았다.[36] 그는 무어의 법칙을 근거로 디지털카메라가 필름 카메라와 경쟁할 정도로 성장하는 데 15~20년이 걸릴 것으로 생각했다. 그의 추정은 딱 들어맞았다. 하지만 20년이나 먼저 출발했는데도 코닥은 그 기회를 붙잡지 못했다. 당시 코닥은 미국에서 사진 매출의 90퍼센트와 카메라 매출의 85퍼센트를 점유하고 있었다. 그래서 코닥은 비즈니스 전략을 전면 수정할 필요를 전혀 느끼지 못했다. 새슨은 이렇게 말했다. "기업 관계자들은 18~20년 뒤의 미래에 전혀 흥미가 없다. 아마도 그들 중에서 그때까지 회사에 남아 있을 사람은 단 한 명도 없을 테니까."[37]

그러나 코닥은 계속해서 디지털카메라를 개발했고, 시장에 최초로 출시된 디지털카메라 중에는 코닥 제품도 있었다. 코닥은 심지어 인터넷의 위력을 인지했고, 인스타그램Instagram이 설립되기 9년 전인 2001년 사진 공유 웹 서비스인 오포토Ofoto를 인수했다. 하지만 비즈니스 모델에 관한 확실히 자리 잡은 합의, 다시 말해 제도적인 지식 때문에 코닥은 세상에서 가장 성공한 사진 공유 웹 서비스인 인스타그램에 버금

가는 서비스를 출시하는 데 실패했다. 코닥의 경영진은 오포토를 (코닥의 오랜 비즈니스 모델인) 필름 사진 등 물리적 상품을 더 많이 판매할 기회로만 보았다. (인터넷이 제공할 수 있는 기회였지만) 사진을 통해 서로 경험을 공유하여 사람들을 연결할 기회라고는 생각하지 않았다. 오포토를 코닥의 전통적인 필름-인화 비즈니스 모델과 연결하여 일을 망친 이유는 코닥이 20년 전에 디지털카메라와 관련해 그릇된 결정을 내린 것과 똑같다. 필름 카메라 시장은 90년대 후반에 정점을 찍었다. 당시 세계는 새로운 기술로부터 추진력을 얻어 움직였고, 변해갔다. 하지만 코닥은 아니었다. 코닥은 비즈니스 모델을 바꾸려 시도하지 않고 변화에 제대로 대응하지 못했다. 결국 코닥은 갑자기 휘청거렸고, 고전하다가 2012년에 파산했다. 코닥은 오포토를 파산 절차의 일부로 매각했다.[38]

심지어 코닥보다 더 기술적인 사고를 지닌 조직들도 기술로 인한 변화에 더디게 적응했다. 역사적으로 가장 역동적인 기업에 속하는 마이크로소프트도 변화의 속도에 적응하지 못했다. 1990년대 중반 마이크로소프트는 인터넷의 파괴적인 위력에 서서히 눈을 떴지만, 당시 마이크로소프트 CEO였던 빌 게이츠가 지금은 유명해진 메모를 남긴 것은 1995년 5월 26일이 되어서였다. "인터넷은 걷잡을 수 없는 해일이다. 그것은 규칙을 바꾼다. 엄청난 도전인 만큼 엄청난 기회다."[39]

하지만 때는 이미 너무 늦었다. 적어도 컴퓨터 소프트웨어 시장에서 누리는 지배적인 위치와 비교해 보면, 20여 년 동안 마이크로소프트는 인터넷 시장에서 그다지 큰 영향력을 행사하지 못했다. 그리고 전자상거래, 인터넷 검색, 전자 통신 등 인터넷 비즈니스의 핵심 영역을 다른 기업들에 넘겨주었다. 2007년 아이폰이 출시되자, 마이크로소프트는 다시 실수를 저질렀다. 당시 마이크로소프트 CEO였던 스티븐 발머 Steven Ballmer는 애플의 신제품을 "의미 있는 시장점유율을 확보할 가능성이 없는 제품"이라고 얕잡아 보았다.[40] 그러나 아이폰은 미국에서 가장 잘 팔리는 모바일 기기가 되었고, 마이크로소프트의 모바일 기기는 초라하게 역사의 뒤안길로 사라졌다. 마이크로소프트는 2000년에 휴대전화 전용 윈도 소프트웨어를 세계 최초로 출시했다. 하지만 그것은 모바일 시장이 애플의 iOS와 구글의 안드로이드 소프트웨어로 돌아서면서 15년 동안 무용지물 신세를 면치 못했다.

발머는 자신의 실수를 이전 산업 패러다임인 PC 산업에 관한 확고한 지식을 새로운 스마트폰 산업에 적용한 탓으로 돌렸다. 어떤 면에서 그는 기하급수적인 격차에 빠져들었다고 할 수 있다. 마이크로소프트가 애플의 아이폰에 관해 잘못 예측했다는 것이 분명해진 뒤, 그는 2014년에 마이크로소프트 CEO 자리에서 물러났다.[41] (하지만 마이크로소프트가 세 번째 기회를 놓치지는 않았다. 발머의 후임인 사티아 나델라 Satya Nadella는 2010년대의 또 다른 기술적 변화를 성공적으로 활용하여 비즈니스 모델을 완전히 전환했다. 이로써 마이크로소프트는 다시 세계에서 가장 가치 있고 혁신적인 기업 중 하나가 되었다.)

물론 빠른 변화를 마주하고 혼란스러워하는 것은 기업들만이 아니다. 법률 제도와 정치 제도도 고집스럽게 변화를 받아들이지 않을 수 있다. 사회학자 윌리엄 오그번 William Ogburn은 1922년 산업기계와 자동차 같은 새로운 기술이 물밀듯이 밀려올 때 나타나는 '문화 지체cultural lag' 현상에 관해 글을 썼다. 그는 내가 생각하는 제도와 비슷하게 문화를 이해했다. 그는 문화를 광범위한 습관과 규범을 아우르는 넓은 개념이라고 생각했다. 오그번은 여러 사례 연구를 진행하며 산업재해의 증가 속도를 조사하고, 미국의 여러 주정부가 피해 보상 규정을 도입하는 속도와 비교했다. 1910년 최초의 피해 보상 제도가 마련되었지만, 무려 12년 동안 국가적 차원에서 피해 보상 제도는 마련되지 않았다. 오그번은 고용주 책임 법이 처음 도입되고 40년이 지났지만, 산업재해는 분명히 문제라고 생각했다. "1870년은 노동자 보상 법이 마련되기에는 너무나 이른 시기였다. 미국에서 1870년부터 노동자 보상 법이 실행되었다면, 상당수의 산업재해가 노동자에게 큰 부담을 주지 않고 제대로 처리되었을 것이다."[42]

최근 새로운 기술의 부상으로 일상생활에 당연하다고 여겨지는 불명확한 문화적 관습에 이의가 제기되고 있다. 저녁 식사를 하면서 스마트폰을 사용하는 것이 합리적일까? 십 대 청소년들은 그렇다고 생각할지도 모른다. 하지만 그들의 부모는 생각이 다를 것이다. 스마트폰은 변혁적인 문화의 힘이다. 스마트폰은 문화 형성 단계를 지나서 완전히 새로운 행동양식과 가치를 만들어냈다. 많은 이가 스마트폰이 낳은 새로운 행동양식과 가치에 적응하는 데 애를 먹는다. 비디오게임도 마찬가지다. 게임, 특히 온라인 게임은 십 대 청소년들 사이에서 우정을 형성하고 인간관계를 맺는 데 갈수록 중요한 요소가 되고 있다.[43] 하지만 문화 규범은 이러한 변화를 따라잡는 데 애를 먹고 있다. 스마트폰이 등장한 지 15년이 지났고 플레이스테이션이 출시된 지 25년이 지났지만, 이 두 기술에 관한 문화적 규범은 여전히 명확하지 않다.

　모호한 사회 규범이든 일류 기업이든, 제도는 왜 서서히 변할까? 이와 관련해 많은 연구가 '경로 의존성path dependence'에 주목했다. 경로 의존성은 관행과 관습이 모든 프로세스에서 이른 시기부터 결정된다는 이론이다.[44] 사회학자들은 제도가 시작되는 경로는 우리의 행동양식에 장기간 영향을 미칠 수 있다고 지적한다. 다시 말해, 우리는 특정 행동 방침에 '갇히게' 된다. 저녁 식사를 하는 동안 스마트폰을 사용하는 것이 옳은가에 대해 다시 생각해보자. 미국에서 가족이 한자리에 모여 저녁 식사를 하는 문화는 18세기에 형성되었다. 특히 한가운데 식탁을 놓을 수 있는 별도의 공간을 마련할 돈이 있는 부유층이 이러한 문화를 만들어냈다.[45] 시간이 흐르면서 식사를 위해 마련된 분리된 공간의 문화적 중요성이 진화했고, 식사 시간이 정해졌고, 함께 저녁 식사를 하지 않는 가족 구성원을 두고 도덕 판단이 내려졌다. 함께 저녁 식사를 하는 문화의 18세기 기원과 가족 식사의 중요성에 대한 오늘날의 육아 지식 사이에 직접적인 경로를 그릴 수 있다. 초기부터 문화 경로가 마련된 것이다.

　이러한 현상은 사업체부터 정부와 사회 규범에 이르기까지 온갖 종류의 제도에 널리 영향을 미친다. 심지어 제도를 바꾸고자 할 때도 그 시도는 직간접적으로 앞선 시도에 뿌리를 두곤 한다.

　제도적 변화의 주요 이론가인 캐슬린 셸렌Kathleen Thelen은 제도가 실제로 변화에 적응하는 주된 방식을 여러 개 찾아냈다. (새로운 규범이 오랜 규범을 기반으로 마련되는) 겹치기, (환경 변화에도 불구하고 제도가 자신의 정책을 그대로 고수하는) 표류와 (제도가 과거의 방식을 채택하고 새로운 맥락에 재배치하는) 전환이다. 하지만 이 모든 것은 제도가 눈앞의 문제에 더는 쓸모가 없는 낡은 방식으로 대응하고 있다는 방증이다.[46]

영국의 국립보건서비스가 겹치기의 좋은 사례다. 국립보건서비스는 2020년까지 무선호출기를 사용해 서로 메시지를 주고받았다. 이곳에서는 저렴한 휴대전화가 등장하기 전인 1980년대부터 무선호출기를 사용했고, 많이 사용할수록 국립보건서비스의 시스템에 더 깊이 뿌리내리게 되었다. 그리고 더 깊이 뿌리내릴수록 더 많은 관행과 규범이 그 위에 만들어져서, 그것을 극복하는 데는 너무 오랜 시간이 걸렸다. 나는 영국 공영방송 BBC가 1990년대 후반에 최초의 웹사이트를 만드는 일을 도우면서 제도적 표류를 경험했다. 간략한 업무 보고를 받은 BBC 경영진은 텔레비전에서 아이디어를 얻었고, 웹사이트에 실시간 방송시간표를 공개하기로 했다. TV 쇼는 방송 일자가 정해져 있고 에피소드 단위(일주일에 한 번)로 방송되었는데, 그것을 실시간으로 웹에 올리는 것이다. 이 둘의 연결은 쉽지 않은 일이었고, 인터넷 사용자들의 기대와도 어울리지 않았다.

물론 제도적 변화가 더디게 이뤄지길 기대하는 경우도 있다. 가끔은 제도가 급속한 변화에 도움이 될 수도 있다. 전쟁과 혁명이 그렇다. 국제통화기금은 1944년 7월 브레턴우즈 콘퍼런스에서 설립하자는 의견이 나오고 1년이 채 되지 않아 실제로 설립되었다. 제2차 세계대전의 강한 충격과 국제적인 협력의 탄탄한 기반을 마련해야 한다는 필요성이 국제연합과 '관세와 무역에 관한 일반 협정' 같은 많은 제도를 수립하는 데 추진력이 되었다.

　제도적 이론의 언어로 표현하면, 이른바 '단속 평형punctuated equilibrium'의 순간들이다. 제도들은 충격적인 사건에 의해 급격하게 마련된 이후 거의 변하지 않았다. 위 사례는 제도가 빠르게 변하게 하려면 어느 정도의 충격적인 사건이 있어야 하는지를 보여준다. 재앙에 맞먹는 충격적인 사건이 일어나지 않으면, 국제연합과 같은 제도는 부랴부랴 만들어지지 않는다. 오히려 가톨릭교회처럼 오랜 시간이 지나서야 겨우 제도가 변할 뿐이다.

생존의 갈림길에서, 늦출 것인가 가속할 것인가

기하급수적인 시대의 예측의 내재적 어려움과 변화에 더디게 반응하는 제도의 내재적 특성이 결합되면, 기하급수적인 격차가 생길 조건이 갖춰진다. 기술이 빠르게 확산되어도 기업과 정부, 사회 규범은 거의 변함이 없다. 그래서 우리 사회는 기하급수적인 변화를 따라잡을 수 없는 것이다.

　21세기 초반에 이러한 기하급수적 격차는 상대적으로 사소한 문제였다. 코닥의 몰락이나 초기 인터넷의 잠재력을 이해하지 못한 마이크로소프트 등은 사회의 존립을 위협할 만한 문제가 아니었다. 초기에 컴퓨터 산업은 고립된 틈새 산업에 불과했다. 이 시기에 컴퓨터 업계가 새로운 트렌드에 적응하지 못해서 초래된 결과는 꽤 가벼웠다. 컴퓨터 기업들이 도산했고, 더 이상 생산되지 않는 제품을 사용하는 소비자와 예전 직원들에게는 즐거운(아니면 즐겁지 않은) 기억만이 남았다. 그렇다고 이 세상이 끝나지는 않았다.

그러나 기하급수적인 시대로 들어선 이후에는 기하급수적인 격차가 존재의 문제가 되었다. 2020년대 초반을 기준으로 기하급수적인 기술들이 점점 중요해졌다. 가장 부유한 나라든 가장 가난한 나라든, 우리가 접근하는 모든 서비스를 스마트폰으로 조정할 수 있다. 기업이나 정부와의 상호작용은 모두 머신러닝 알고리즘이 조정하는 소프트웨어가 처리한다(아니면, 곧 처리하게 될 것이다). 교육과 보건은 인공지능으로 움직이는 기술에 의해 제공된다. 가정용 편의 시설이든 주택이든, 거의 모든 제품이 3D프린터로 생산될 것이다. 기하급수적인 기술은 우리가 서로 소통하고, 국가와 경제 시스템과 상호작용하는 매개체가 되고 있다.

이러한 변화를 이해한 사람과 기업에게 기하급수적인 격차는 거대한 기회를 만들어낸다. 기하급수성의 힘을 이용하는 사람은 그렇지 않은 사람보다 기하급수적인 시대에 훨씬 더 잘 적응하고 성공할 것이다. 이것은 단순히 개인의 부와 관련된 것만은 아니다. 규칙과 규범은 그 시대의 기술에 의해 형성되고 정의된다. 본질적인 기술을 설계하는 사람들은 생활방식을 형성할 기회를 얻는다. 그러한 기회를 얻는 사람은 소수에 불과하다. 지금 새로운 기술의 힘을 이용하는 사람과 그렇지 않은 사람으로 구분되는 이중 사회가 등장하고 있는 것이다.

그렇다면 무엇을 해야 할 것인가? 기하급수적인 격차의 도표를 다시 살펴보자. 사회 제도가 기하급수적인 변화에 뒤처지지 않게 하는 두 가지 방법이 분명히 존재한다.

기하급수적인 기술의 등장 속도를 늦춰서 기하급수적인 격차를 줄일 수 있다. 하지만 이것은 그다지 바람직한 일이 아니다. 우선 기하급수적인 기술이 빠르게 확산되는 현상은 이미 경제구조에 자리를 잡았다. 기술이 개선되고 가속화하는 과정은 중앙에서 통제되지 않는다. 이러한 프로세스는 개별 기업의 필요에서 등장하고, 경제 시스템 전반의 행위자들의 연합에 의해 진행된다. 바이러스학자는 게놈 시퀀싱 기술 발전의 가속화에서 이득을 얻고, 방대한 게놈 데이터를 처리하기 위해 전기화학의 발전, 프로세서의 가속화, 그리고 저장 용량의 확장을 도모한다. 일반 가정은 좀 더 효율적인 태양광 전지판을 원하고, 농부는 농작물에 비료를 주는 좀 더 정밀한 기계 장비를 원한다. 그러므로 기하급수적인 시대는 인간의 욕망이 낳은 거의 불가피한 결과인 것이다.

설령 기하급수적인 변화의 속도를 늦출 수 있다고 하더라고, 그것이 바람직한지는 알 수 없다. 우리 시대의 가장 시급한 문제들 중에서 대다수가 기하급수적인 기술로만 해결될 수 있다. 예를 들어 기후변화를 막으려면 더욱 과격한 기술이 필요하다. 경제 시스템에서 탄소를 완전히 제거하려면 재생에너지원으로 빠르게 전환해야 한다. 그리고 식량으로 동물 단백질을 대체할 대안을 개발해야 하고, 탄소를 전혀 배출하지 않는 건축 자재를 확보해야 한다. 이에 더해서 이 지구상에서 가장 가난한 수백만 명의 사람들에게 양질의 보건과 교육, 위생, 전력을 제

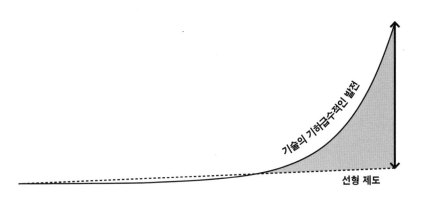

지수곡선으로 나타낸 기하급수적인 격차

기술의 기하급수적인 발전

선형 제도

공할 방법을 찾아야 한다는 또 다른 문제가 있다. 이러한 문제 역시 기술적인 혁신으로만 해소할 수 있다. 과거에 선진국들이 찾아낸 값비싼 (자원 집약적인) 방법은 환경 위기의 시대의 가난한 국가들에게 실용적이지 않다.

따라서 기술 발달에 제동을 거는 것은 정당화하기 어렵다. 이보다 더 좋은 방법은 빠르게 발달하는 기술의 시대에 더 잘 대비하는 것이다. 제도적인 변화의 속도를 높여서 기하급수적인 격차를 줄일 수 있다. 이것은 정부와 기업, 문화 규범 등 우리의 사회 제도가 기술 변화에 빠르게 적응할 수 있도록 준비해야 한다는 것을 의미한다. 그와 동시에 제도를 빠른 변화에 더 잘 대비시킬 수 있다. 이렇게 하면 기하급수적인 기술로 가는 길에 그 어떤 장애물을 만나도 제도는 실패하지 않을 것이다. 그리고 기하급수적인 기술의 혜택이 고르게 분배되는 사회구조를 새롭게 조직할 수 있다.

이러한 조치를 통해 우리 사회의 필요에 맞게 기하급수성의 힘과 기하급수성을 만들어낼 수 있는 규칙과 규범을 이용할 수 있다. 나는 이 책에서 앞으로 이 방식을 공개적으로 지지할 것이다.

이것은 시급한 일이다. 기하급수적인 시대에 오늘날의 경제 시스템을 관리하는 제도들은 존재의 목적에 적합하지 않게 될 것이다. 앞으로 다섯 개의 장에 걸쳐서 기하급수적인 격차가 비즈니스와 직장부터 교역과 지정학, 그리고 시민과 시장의 관계에 이르기까지 많은 영역에서 어떻게 발생하는지 살펴볼 것이다. 각 영역에서 새로운 기술이 기존의 기대감, 법칙, 시스템과 충돌할 것이다. 그러므로 각 영역에서 기하급수적인 격차가 사회 곳곳을 갉아먹지 않도록 우리는 급진적으로 사고해야 한다.

4장

한계의 한계를 넘다
| 기하급수 시대의 기업 |

EXPONENTIAL

EXPONENTIAL

•

　　　　　내 인생의 첫 30년 동안에는 사업은 이렇게
키워야 한다는 명확한 법칙이 존재했다. 많은 대기업이 경제 시스템을
장악했고, 각자 나름대로 전문성을 지니고 있었다. 엑손모빌과 영국국
영석유회사는 석유 굴착 장비에 투자했고, 땅에서 석유를 뽑아냈다. 그
리고 석유 굴착 비용보다 조금 높은 시장가격에 석유를 팔았다. 제너럴
모터스General Motors와 포드Ford는 원자재와 부품을 조립하고 팔아서 이윤을
남겼다. 성공적으로 시장에 자리를 잡은 기업들은 더 좋은 상품을 내놓
거나 기민한 가격 정책을 펼쳐서 몸집을 불려나갔다. 그들은 규모의 경
제의 혜택을 보았을지도 모른다. 그들의 몸집이 커지면서 생산 비용은
상대적으로 하락했다.

　하지만 그런 그들도 예기치 못한 장애물과 마주했다. 그들의 몸집이
커지면서, 조직이 관리할 수 없을 정도로 복잡해진 것이다. 그 결과 임

원진, 관리직과 직원 사이의 정보 흐름이 엉켰다. 본사는 일선 지점들이 무엇을 하는지 도대체 알 수가 없었고, 통제할 수도 없게 되었다. 대기업에서 일한 경험이 있는 사람은 관료주의가 어떻게 생기고, 그로 인해 모든 것의 속도가 어떻게 둔화하는지를 이해할 것이다. 경제학자 로널드 코스Ronald Coase는 이러한 어려움을 능숙하게 설명해냈다. 그의 설명에 따르면, 운영 비용은 기업이 비대해지면 증가하고 일종의 중력처럼 작용한다. 그리고 기업의 확장세를 둔화하고 규모의 경제의 효과를 약화한다.[1]

조직이 커지고 복잡해지면, 조직 관리는 마치 뒤엉킨 전선 더미를 하나씩 풀어내는 것과 같아진다. 모순점이 너무나 많이 생기고, 의사 결정은 점점 느려진다. 기업은 이 문제에서 벗어나기 위해 협소한 분야에서 전문성을 개발하고, 어느 한 가지에만 집중해 경쟁 우위를 다진다. 하지만 이로 말미암아 기업가 정신은 시들고, 인접 시장에서 새로운 비즈니스 기회를 잡아낼 능력은 약해진다. 그동안 갈고닦은 탄탄한 조직과 유연한 제도는 탐구력과 민첩성이 아닌 실행력과 효율성을 높이는 데만 쓰이게 된다. 복잡성과학자 제프리 웨스트Geoffrey West에 따르면, 기업은 커질수록 불쾌할 정도로 복잡한 조직이 된다. 그는 크고 오래된 기업은 "근시안적이고 보수적이며 일차원적인 조직"이 된다고 말했다.[2]

그 결과 직관에 반하는 현상이 일어났다. 어느 분야에서 확실히 자리 잡은 기업은 성장을 위해 더 많은 비용을 감수해야 한다. 큰 규모가 기업의 강점이자 약점으로 작동하는 동안, 경쟁자가 기업의 시장 우위를 조금씩 빼앗는다. 물론 20세기에는 한 기업으로부터 시장 지배력을 빼앗기가 어려웠다.

거의 모든 산업에서 규모의 경제가 작용했다. 하지만 규모의 경제는 한계 수확 체감의 법칙으로 이어졌다. 결국 어느 시점에 기업의 투자수익률이 점점 하락하게 된다. 시장점유율이 어느 수준에 도달하면, 기업의 성장은 거의 멈춘다. 한 기업이 확보할 수 있는 최대 시장점유율은 5분의 2였다. 제약 업계에서는 상위 업체들이 제약 시장의 40퍼센트를 차지한다.[3] 식료품 업계에서는 테스코(영국의 최대 식품 소매 업체)의 2019년 시장점유율이 25퍼센트였다. 전통적인 자동차 산업에서도 여러 기업이 시장을 나눠가졌다. 2020년의 영국에서는 그 어떤 기업도 20퍼센트가 넘는 시장점유율을 갖지 못했다.[4] 텔레비전 업계에서 삼성은 세계시장의 18퍼센트를 차지했다.[5] 심지어 미국에서 시장점유율이 40퍼센트가 넘는 코카콜라 같은 거대 기업은 경쟁 업체인 펩시코와 비교하면 조직 규모가 채 절반도 되지 않았다.

이러한 시장 경쟁 덕분에 기업들은 정직해졌다. 시장점유율이 높은 기업들이 가격을 인상하려고 하면, 경쟁 업체가 시장에 개입할 여지가 충분했기 때문이다. 단일 기업의 시장점유율이 지나치게 크면, 이를테면 50퍼센트나 60퍼센트 이상이 되면 모두가 그 시장에 뭔가 문제가 있다고 생각했다. 시장을 독점하다시피 하는 기업이 경쟁 업체를 몰아내기 위해 제 살 깎아 먹기 정책 같은 나쁜 전략을 쓰고 있는지도 몰랐다. 그들은 시장에서 위치를 확고히 다지고 난 뒤에는 예외 없이 가격을 인상한다.

이러한 시장 지배력은 국가의 화를 살 수도 있다. 그 대표적인 사례가 스탠더드 오일Standard Oil이다. 어느 시점에 존 록펠러John Rockefeller의 스탠더드 오일은 미국에서 석유 시장의 90퍼센트를 차지하게 되었다. 스탠더드 오일이 석유 시장을 거의 독식하자, 미국 대법원은 그것을 불법 독점으로 판결했다. 그 결과 스탠더드 오일은 1911년에 34개 회사로 분할되었다.[6]

다시 기하급수적인 시대의 거대 기업을 살펴보자. 뭔가 차이점이 눈에 들어올 것이다. 미국의 인터넷 검색 시장에서 구글의 시장점유율은 거의 80퍼센트이고, 영국에서는 85퍼센트, 브라질에서는 거의 95퍼센트에 이른다. 안드로이드는 전 세계에서 사용되는 스마트폰 5개 중에서 4개에 탑재되고, 애플의 iOS는 안드로이드가 설치되지 않은 스마트폰의 대부분에 설치된다. 이러한 시장 지배력은 특정 인구 통계와 연령 집단에서 훨씬 두드러진다. 미국에서 십 대 청소년의 85퍼센트 이상이 아이폰을 사용한다.[7] 메타와 구글이 세계 온라인 광고 시장의 90퍼센트 이상을 차지하고 있다.[8]

이런 패턴은 전통적인 시장에서도 나타난다. (지금은 '승차 공유'라는 화려한 이름을 얻은) 세계 택시 업계에서 우버는 2020년 미국 시장의 71퍼센트를 차지했다.[9] 역사적으로 경쟁이 치열한 소매 업계에서도 비슷한 상황이 펼쳐졌다. 소매 업계를 지배하는 월마트는 2017년 미국 오프라인 소매시장에서 25퍼센트를 살짝 웃도는 시장점유율을 기록했다. 그러나 온라인 소매시장에서 아마존의 시장점유율은 곧 40퍼센트를 넘어설 것으로 보이는데, 이는 월마트의 오프라인 소매시장 점유율보다

3분의 2 높은 수치다.

기하급수적인 기술은 초거대 기업의 성장을 가로막았던 중력을 거스를 수 있는 힘을 기업에게 준다. 경제학자들은 이러한 힘을 지닌 기업을 '슈퍼스타 기업'이라고 부른다. 슈퍼스타 기업은 빠르게 성장한다. 그것은 전통적인 기업의 발목을 잡던 힘의 영향을 받지 않는 것처럼 보인다. 그것은 더 생산적이고 공격적이고 혁신적이고, 더 빨리 성장할 수 있는 것처럼 보인다. 그것은 이미 존재하는 시장을 지배하고, 이전에는 존재하지 않았던 시장을 창출한다. 슈퍼스타 기업은 점점 더 커지고, 하나의 시장을 지배하고 이어서 다음 시장을 지배한다.[10] 애플, 구글, 우버, 메타 등 이름만 대면 알 만한 기업 중에 슈퍼스타 기업이 많다. 슈퍼스타 기업은 자기가 서식하는 시장을 변혁하여 자신에게는 비옥한 토양이지만 경쟁 업체에게는 메마른 사막으로 만든다.

기업의 슈퍼스타화는 전 세계적으로 흔한 현상이 되었다. 중국, 미국, 유럽 등 전 세계에서 슈퍼스타 기업이 등장하고 있다. 경영 컨설팅 업체 맥킨지는 2018년에 "모든 지역과 영역에서 슈퍼스타들이 몰려온다"라고 했다.[11] 2015년 기준 전 세계적으로 50개의 상위 기업이 상위 500개 기업이 낸 매출액의 거의 50퍼센트를 차지했다. 참고로, 1975년에는 42퍼센트에 지나지 않았다.[12] 전 세계 공개 기업의 약 10퍼센트가 모든 기업 매출의 5분의 4를 차지한다.[13] 디지털화가 많이 진행된 산업군에서, 다시 말해 무어의 법칙에 따라 움직이는 산업군에서 슈퍼스타 기업이 탄생할 가능성이 크다. 2015년에는 IT 업계에서 상위 25퍼센트 기업이 하위 25퍼센트 기업과 비교해 생산성이 4배 높았다. 하지만 그

격차는 신발과 시멘트 산업에서 1.5배에 지나지 않았다.[14]

슈퍼스타 기업들은 전통적인 시장에서 발달한 기업 문화를 부쉈다. 도요타Toyota, 월마트, 스탠더드 오일 같은 옛 대기업은 시장점유율을 조금이라도 더 올리기 위해 싸웠고, 관리직은 시장점유율이 조금 오른 것에 기뻐했다. 시장의 절반을 점유한 날은 그러한 성과를 낸 임원진에게는 그야말로 막대한 보너스를 받는 날이었다. 하지만 더는 아니다. 기하급수적인 경제에서는 승자가 모든 것을 독식한다. 타의 추종을 불허하는 기업은 항상 존재한다. 하지만 기하급수적인 시대에 최고의 기업과 최악의 기업의 격차는 어느 때보다 넓게 벌어진다.

이번 장에서는 오늘날의 대기업이 슈퍼스타로 변신하는 이유를 살펴볼 것이다. 근본적인 이유는 기술이다. 기하급수적인 시대의 기술들은 산업화 시대의 기술들과는 다르게 움직인다. 한 가지 이유는 기하급수적인 기술의 생산 비용이 빠르게 하락하고 있다는 것이다. 곧 알게되겠지만, 또 다른 이유는 시장 선도자를 일종의 영구기관으로 바꾸는 긍정적인 피드백 루프다. 그 결과로 기하급수적인 시대의 기업들은 모든 시장에서 활동하면서 쌓은 힘으로 시장 지배력을 얻는다. 기하급수적인 시대의 기업은 시장을 매점하고 가격을 올리는 식으로 옛 대기업의 독점 전략에 기댈 필요가 없다. 기하급수적인 시대의 기업에 거대한 규모는 자생적으로 따라온다.

기업의 슈퍼스타화는 주주들에게 이로운 동시에 경제나 사회에도 분명히 좋은 일이다. 우리 모두는 자본주의가 생산적인 경제 시스템이지만 인간성의 최악의 면면을 들춰낼 수 있다는 것을 오래전부터 알고 있었다. 그래서 기업 활동을 관리하고 기업을 관리하는 경영진의 의무를 정의하는 수많은 법인법이 마련되었다. 이것이 은행이 판매하는 대출과 신용카드, 또는 제약회사가 출시한 신약 같은 많은 상품이 철저하게 규제되는 이유다. 그리고 기업 활동의 지출 내역을 설명하도록 해 결국 합당한 세금을 내게 하는 법규가 존재하는 이유다.

하지만 슈퍼스타 기업이 존재하는 기하급수적인 시대에 이렇게 기업을 규제하고 관리하는 시스템이 망가진 지 오래다. 슈퍼스타 기업의 행동방식과 기업을 통제하는 규범과 관습, 법규 사이에 기하급수적인 격차가 존재한다. 슈퍼스타 기업의 부상으로 수많은 의문이 제기되고 있다. 이로 말미암아 사람들은 경쟁력 없는 시장에 대한 기업들의 대응 방식부터 거대한 규모의 세계적인 기업들에 세금을 부과하는 방법에 이르기까지 기존의 비즈니스 전략과 규범이 시대착오적이라고 생각하기 시작했다. 그리고 기하급수적인 격차가 기업을 장악하고, 이어서 경제 시스템을 장악해나가고 있다.

슈퍼스타 기업과 나머지 기업의 격차

슈퍼스타 기업과 나머지 기업 사이의 기하급수적인 격차는 왜 생기는 것일까? 기하급수적인 시대에 등장한 새로운 경제 지형에서는 작은 장점이 언제든지 더 크고 지속적인 장점으로 바뀔 수 있다. 반면에 작은 실수가 한순간에 기업을 시대에 의미 없는 존재로 전락시킬 수도 있다. 도대체 왜 이런 일들이 일어나는 것일까?

슈퍼스타 기업의 등장을 가능케 하는 힘을 세 가지로 구분할 수 있다. 각각의 힘은 나머지 두 가지 힘을 움직이고 보강한다. 첫 번째 힘은 2장에서 살펴본 기하급수성의 동인 중 하나인 새로운 네트워크의 등장과 관련 있다. 지금까지 살펴본 기하급수적인 기술들은 모두 대략 1970년 이후부터 세계경제에서 등장한 수많은 새로운 힘들에 힘입어서 탄생했다. 하지만 이러한 힘들의 혜택(이 경우에는 정보와 교역의 지구적 네트워크)은 고르게 분배되지 않았다. 그것들은 이른바 '네트워크 효과 network effect'를 통해 슈퍼스타 기업의 부상을 촉진해왔다.

1986년 여름방학을 보내던 어느 날, 부모님은 처음으로 팩스 한 대를 구입하셨다. 당시 부모님은 런던의 동쪽 끝에서 작은 회계사무소를 운영하셨다. 사무기기가 대부분 그렇듯, 팩스는 베이지색이었고 시끄러웠으며 비쌌다. 구입하고 첫 몇 달 동안 팩스는 거의 사용되지 않았다. 하지만 1987년부터 그 팩스가 소리를 내며 정기적으로 돌아가기 시작했다. 팩스는 매일 감열지를 빨아들이고 뱉어냈다. 부모님과 거래하는 대부분의 고객들도 팩스를 구입했고, 계좌 정보를 우편 대신에 팩스로 보내는 사람이 늘어났다. 새로운 고객들도 부모님과 계좌 정보를 팩스로 주고받았다. 그러면서 매달 팩스를 구입하는 고객이 하나둘씩 늘어났다. 그들은 부모님에게 계좌 정보를 보낼 때뿐 아니라 자신들의 거래처와 소비자에게 서류를 보낼 때도 팩스를 사용했다. 그들의 거래처와 소비자도 하나둘 팩스를 구입했다. 팩스를 사용하는 사람이 한 명씩 늘어나면서 부모님의 팩스는 갈수록 유용해졌다. 오직 한 사람만 팩스를 갖고 있을 때, 그것은 사실상 무용지물이다. 하지만 수천 명이 팩스를 갖게 되면, 그것은 갑자기 매우 요긴한 기기가 된다.

달리 표현하면, 부모님은 팩스를 보유한 수백 개의 기업을 건너건너 알게 되었던 1988년에 그로부터 2년 전 팩스기를 구입했을 때보다 팩스기로부터 훨씬 더 큰 혜택을 누렸다. 경제학자들은 이러한 추가적 혜택을 '외부 효과externality'라고 부른다. 외부 효과는 구매자와 판매자의 외부에 미치는 파급 효과로 거래에 직접적으로 참여하지 않은 집단에 미치는 영향이다.

19세기 후반에 경제학자 앨프리드 마셜Alfred Marshall과 그의 제자인 아서 세실 피구Arthur Cecil Pigou는 외부 효과에 관해 최초로 논문을 발표했다. 그들은 외부 효과가 긍정적일 수도 있고, 부정적일 수도 있다고 주장했다. 피구는 "자동차의 구매자와 판매자가 야기한 대기오염은 부정적인 외부 효과"라고 지적했다. 부모님은 팩스를 통해 '네트워크 외부성'이라는 긍정적인 외부 효과를 경험했다. 달리 말하면, 팩스의 혜택은 런던 동부에 있는 부모님의 회계사무소를 넘어서 저 멀리까지 퍼져 나갔고, 그 네트워크 안에 있는 모든 사람이 보유한 팩스의 유용성을 높였다.

이것이 네트워크 효과다. 네트워크 효과는 네트워크에 새로운 구성원이 추가될 때마다 모든 네트워크 구성원에게 네트워크의 가치가 올라가는 현상이다. 하지만 이러한 네트워크 효과는 새로운 현상이 아니다. 옛날 옛적부터 사람들은 네트워크 효과를 누리기 위해 직접 시장에 가서 상거래를 했다. 모든 판매자와 구매자가 모이는 시장에서는 누구나 혜택을 볼 수 있었다. 시장에 새로운 판매자가 나타날 때마다, 그 시장은 구매자에게 더 매력적인 장소가 되었다. 적어도 이론상으로는 그러했다.

이러한 네트워크 효과가 메타, 페이팔PayPal, 마이크로소프트, 구글, 이베이eBay 등 기하급수적인 시대의 많은 기업이 성장하고 성공한 이유다. 이러한 기업들은 기하급수적으로 증가하는 컴퓨터의 연산력을 바탕으로 설립되었고, 연산력 증가는 그들의 성공과 성장에 중요했다. 하지만 네트워크 효과는 그들에게 훨씬 더 큰 혜택을 선사했다. 소셜미디어 사용자 대부분은 페이스북을 사용한다. 왜냐하면 다른 모든 소셜미디어 사용자가 페이스북에서 활동하기 때문이다. 대부분의 사람이 비자나 마스터카드 플랫폼을 통해 상거래를 진행하기 때문에 많은 기업이 비자와 마스터카드를 결제 수단으로 활용하고 있다. 이처럼 긍정적인 피드백 루프는 자체적으로 규모가 커지면서, 피드백 루프에 참여하는 기업의 성장을 돕는다.

마이크로소프트의 성장을 살펴보자. 컴퓨터 산업 형성 초기부터 마이크로소프트는 PC 운영체제 시장을 지배해 왔다. 1990년대의 IBM과 노벨처럼 자금력 있는 경쟁 업체들이 기술적으로 더 우월할지도 모르는 경쟁 상품을 출시했지만, 마이크로소프트는 1980년대부터 더디지만 확실하게 시장점유율을 늘려 나갔다. 결국 2000년대 초반 PC 시장의 90퍼센트를 점유하게 된다. 마이크로소프트의 시장점유율은 꽤 최근까지도 75퍼센트 아래로 떨어지지 않고 높은 수준을 유지하고 있다.

마이크로소프트는 어떻게 이토록 성공할 수 있었을까? 바로 네트워크 효과 덕분이다. 컴퓨터의 유용성을 높이는 소프트웨어를 설계하는 사람들은 어떤 운영체제를 지원할지 결정해야 했다. 각각의 운영체제는 개별적으로 설계된 (비싼) 프로그램이 필요했다. 1990년대 동안 많은 운영체제가 마이크로소프트의 도스(오늘날의 윈도)에 도전했다. 하지만 소프트웨어 개발자들은 가장 큰 시장에 참여하길 원했다. 결과적으로 큰 시장점유율이라는 작은 장점이 중요했던 것이다. 어떤 운영체제든지 시장점유율이 조금이라도 높다면, 소프트웨어 개발자들은 그 운영체제를 우선적으로 선택했다. 마이크로소프트가 시장의 정점에 올라서자, 도스는 소프트웨어 개발자들이 너도나도 선택하는 운영체제가 되었다. 이것은 당시에 경쟁 운영체제보다 도스(지금의 윈도)에서 작동하는 소프트웨어가 많았다는 것을 의미한다. 이어서 마이크로소프트의 운영체제는 사용자들에게도 사용하기 좋은 시스템으로 자리 잡아갔다. 사람들은 도스에서 다양한 소프트웨어와 하드웨어를 사용할 수 있었다. 이 덕분에 마이크로소프트의 사용자 기반은 더욱 넓어졌고, 이리하여 소프트웨어 개발자에게 도스는 더 매력적인 운영체제가 되었다. 이렇게 긍정적인 피드백 루프가 형성되었던 것이다.

이러한 네트워크 효과 때문에 경쟁 업체의 시장 진출은 불가능하지는 않지만 더욱 힘들어진다. 1980년대와 90년대에 마이크로소프트는 운영체제 전쟁에서 승리했고, 생산성 소프트웨어 전쟁에서도 승기를 잡았다. 마이크로소프트는 업무용 소프트웨어를 개발하는 수많은 경쟁 업체와 경쟁하고 이겼다. 로터스 디벨롭먼트 코퍼레이션Lotus Development Corporation은 마이크로소프트보다 3년 일찍 최초의 스프레드시트 프로그램인 '비지캘크VisiCalc'를 개발한 미치 케이퍼Mitch Kapor가 1982년에 설립한 기업이다. 로터스 디벨롭먼트 코퍼레이션은 1980년대와 90년대 내내 업무용 소프트웨어 시장을 지배했던 1-2-3과 같은 스프레드시트 프로그램을 더 많이 만들어냈다. 그리고 '임프로브Improv'라고 불리는 이국적인 스프레트시트 프로그램부터 '아미 프로Ami Pro' 같은 워드프로세서도 개발했다. 참고로 임프로브는 내가 가장 좋아했던 스프레드시트 프로그램이고, 아미 프로는 쿠바 미사일을 주제로 학사 논문을 쓸 때 사용한 프로그램이다. 로터스 디벨롭먼트 코퍼레이션만이 아니었다. 워드퍼펙트WordPerfect와 워드스타WordStar 같은 기업들도 워드프로세서를 출시했다.

이들 중 일부는 꽤 근래까지 상당한 시장점유율을 유지했다. 워드퍼펙트는 1995년에 워드프로세서 시장을 선도했고, 시장점유율이 50퍼센트였다. 하지만 마이크로소프트가 운영체제 시장에서 독보적인 존재가 되자, 경쟁 업체들이 마이크로소프트를 이기기가 갈수록 어려워졌다. 강력한 네트워크 효과가 존재했기 때문이다. 모두가 윈도를 사용했고, 기존의 워드와 엑셀로 문서를 편집했다. 이런 상황에서 나머지 사람들도 그들과 같은 프로그램을 사용하는 편이 일을 하는 데 훨씬 편리했다. 이렇게 발휘된 네트워크 효과는 마이크로소프트의 성공을 견인했고, 마이크로소프트가 한 시장에서 다음 시장으로 진출하는 데 큰 힘이 되었다. 마이크로소프트는 네트워크 효과를 이용하여 운영체제에서 시작해서 워드프로세서와 스프레트시트 프로그램으로 사업을 확장해 나갔다.

네트워크 효과는 수익을 추구하는 기업만의 전유물이 아니다. 어떤 재단이 운영하는 무료 온라인 백과사전인 위키피디아Wikipedia도 네트워크 효과로 이득을 보고 있다. 누구든지 위키피디아의 경쟁 웹사이트를 만들 수 있다. 그리고 (오직 〈스타워즈Star Wars〉 세계관만을 다루는 무료 온라인 백과사전인 '우키피디아Wookieepedia'처럼) 틈새를 노리는 경쟁 웹사이트가 많이 존재한다. 하지만 위키피디아는 절대다수의 기고자들이 모여서 자신들의 지혜와 비판을 주고받는 곳이다. 그래서 이곳에 독자들이 몰려든다. 그리고 독자들이 모이는 곳이기 때문에 위키피디아는 기고자들이 글을 쓰고 싶은 공간이 된다. 이것은 긍정적인 외부 효과다. 기고자가 증가할수록 위키피디아의 독자도 증가한다. 그리고 증가한 독자 수가 다시 더 많은 기고자를 끌어들인다.

사실 월드와이드웹도 네트워크 효과의 득을 보았다. 팀 버너스 리가 1989년 월드와이드웹을 처음 개발했을 때, 이미 수많은 경쟁자가 고퍼와 웨이즈WAIS처럼 인터넷에서 정보를 저장할 수 있는 웹을 제공했다. 그리고 지니GEnie, 컴퓨서브CompuServe, 델파이Delphi 등 상업용 웹도 있었다. 1994년에 마이크로소프트는 자사 상품인 마이크로소프트 네트워크로 웹 시장을 공략했다. 하지만 팀 버너스 리가 개발한 월드와이드웹이 웹 시장을 장악했고, 인터넷에서 살아남은 유일한 정보 네트워크가 되었다. 이것은 네트워크 외부성 덕분이었다. 많은 사람이 월드와이드웹으로 몰려들자, 다른 모든 사람들도 월드와이드웹으로 모였다.

네트워크 효과가 있는 곳은 그곳이 어디든지 승자독식 시장이 될 가능성이 있다. 한 기업이 시장 선도 기업으로서 위치를 확립하면, 그 기업에 도전하는 것은 매우 어려워진다. 그리고 이러한 네트워크 효과는 소비자들에 의해 움직이고 강화된다. 왜냐하면 가장 큰 네트워크를 형성하는 것이 소비자들에게도 이득이기 때문이다. 어쨌든 가장 큰 네트워크에서 소비자들도 가장 큰 가치를 얻는다.

공급 없는 비즈니스, 플랫폼의 힘

기하급수적인 시대에 이러한 네트워크 효과가 더욱 두드러지는 이유가 명확하지 않을지도 모른다. 결국, 네트워크 효과는 기하급수적인 시대 이전 세계의 많은 부분을 설명해낸다. 벨 전화회사를 이끈 시어도어 베일Theodore Vail은 네트워크 효과를 잘 이해했다. 참고로, 벨 전화회사는 AT&T의 전신이다. 그는 1908년 다음과 같은 글을 남겼다. "전화의 가치는 다른 전화와의 연결에 달려 있고, 연결 횟수와 함께 증가한다."[15]

하지만 20세기의 디지털 기술들은 앞선 혁신들보다 네트워크 효과를 이용하기 유리하다. 왜일까? 앞선 기업들은 신규 고객에게 전화나 팩스나 여타 다른 기기를 공급해야 하는 성가신 과정을 감수해야 했다. 새로운 기술이 자리를 잡도록 기반을 형성하는 것도 그들의 책임이었다. 하지만 오늘날의 거대한 디지털 기업들은 이미 '인터넷'이라는 통신망에 접속한 고객들을 통해 성장할 수 있다. 네트워크 효과를 지원하는 연결성은 이미 존재한다. 2000년 2월 온라인 부동산 업체와 일할 때, 우리는 그 기업을 위해 인터넷 연결망을 확보해야 했다. 그리고 많은 경우에 개인용 컴퓨터까지 제공해야 했다. 하지만 요즘에는 부동산 업자, 온라인 중개 업체, 대부 업체 등 누구든지 대부분의 잠재 고객이 스마트폰으로 인터넷에 접속하는 것을 당연한 사실로 받아들인다.

네트워크 효과는 새로운 유형의 비즈니스가 등장할 공간을 창조해냈다. 기업들은 스스로를 상품의 공급자라기보다는 일종의 '플랫폼'이라고 생각하게 되었다. 다시 말해, 기업이 직접 생산 활동을 하지 않고 (혹은 소비 활동을 하지 않고) 생산자와 소비자를 연결할 수 있게 된 것이다.

포드 같은 산업화 시대의 기업을 보면 이런 변화의 규모를 알 수 있다. 포드는 내부 프로세스에 따라 조직과 체계를 구성했다. 원자재가 입고되면 최종 상품인 자동차가 나올 때까지 일련의 단계를 거쳐 처리되었다. 이렇게 나온 자동차는 마케팅과 영업 부서로 이전되고, 해당 부서는 광고, 잘 운영되는 자동차 전시장 등의 채널을 통해 소비자에게 상품을 선전하고 판매했다. 이러한 단계별 프로세스는 '선형적 가치 사슬linear value chain'이라고 불렸다.[16] 자재 입고부터 제조, 포장, 유통, 마케팅과 영업으로 이어지는 이러한 기업의 조직 구조는 일련의 단계들을 중심으로 설계된 내부적인 가치 사슬을 보여주었다.

이제 이베이 같은 기업과도 비교해보자. 이베이는 선형적 가치 사슬이라는 생산 라인에 뿌리를 두기보다는 그 자체가 플랫폼이다. 이베이 같은 기업은 새로운 고객을 확보하고 연결한다.[17] 고로 이베이는 상점이 아니다. 이베이는 자체적으로 무언가를 생산하여 판매하지 않는다. 판매자가 상품을 팔기 위해 구매자와 만날 수 있는 공간일 뿐이다. 페이스북도 이베이와 비슷한 비즈니스 모델을 갖고 있다. 페이스북이 소비자에게 실제로 제공하는 것은 무엇일까? 바로 다른 사람들과 관계를 맺을 기회다.

서로 다른 유형의 사람들이 어울릴 수 있도록 돕는 이와 같은 서비스가 우리에게 그렇게 생소하지는 않다. 어쨌든 이것이 시장의 역할이기 때문이다. 장터는 구매자와 판매자가 서로 거래할 수 있도록 모이는 장소다. 하지만 물리적인 장터는 물리적인 한계를 지닌다. 비대해지거나 사람들로 붐빌 수 있다. 미로 같은 튀르키예 이스탄불의 그랜드 바자르를 헤맸거나, 파키스탄 라호르의 아나칼리 골목길을 땀을 뻘뻘 흘리며 구경했거나, 오스트레일리아의 에어컨이 빵빵한 웨스트필드 대형 쇼핑몰을 아픈 다리를 두드리며 다녀본 사람들은 무슨 말이지 이해할 것이다.

이것이 디지털 기술이 새로운 거대 플랫폼의 등장으로 이어졌던 이유다. 디지털 플랫폼은 정도의 차이는 있을지언정, 이러한 장터와 같은 특성을 지닌다. 서로 다른 집단을 한데 모으고 이른바 마법과 같은 일이 일어나길 기다린다. 하지만 사실상 규모의 한계가 없다는 차이점이 있다. 기하급수적인 시대의 최초 범용 기술인 인터넷의 등장으로 견딜 수 없을 정도로 사람들로 붐비는 공간이나 넓은 공간을 돌아다니느라 다리가 피곤해지는 경험 없이 수많은 구매자와 판매자를 연결할 수 있었다. 이러한 플랫폼의 힘이 해방된 것이 슈퍼스타 기업의 등장을 견인한 두 번째 힘이다.

후텁지근하고 사람들로 붐비고 시끄러운 장터의 한계에서 벗어난 기업들은 놀라울 정도로 성장할 수 있었다. 이베이는 연간 1억 8500만 명의 판매자를 모은다.[18] 알리바바의 이용자 수는 무려 7억 7900만 명에 달한다.[19] 2020년 여름에 5000만 명의 미국인이 웃긴 영상을 찾고자 매일 비디오 플랫폼인 틱톡을 사용했다.[20] 이러한 디지털 플랫폼은 장터가 제공하는 것 이상으로 다양한 선택지를 사람들에게 제공한다. 스니커즈 운동화만 취급하는 고트GOAT가 좋은 사례다. 이 책을 쓰던 시점에 고트에 유명 브랜드의 사이즈 9 스니커즈 운동화 7434켤레가 올라왔다. 가장 비싼 상품은 무려 3만 달러의 3/8 레트로 팩 '코비 브라이언트' 에어조던이었다. 반대로 가장 저렴한 상품은 가장 비싼 스니커즈 운동화 값의 1000분의 1 정도에 팔리는 전통적인 반스 상품이었다. 구매자에게 고트는 매우 다양한 스니커즈 운동화를 볼 수 있는 곳이다. 그러니 나 역시 앞으로 고트에서 스니커즈 운동화를 구매할 가능성이 크다. 7000켤레의 중고 스니커즈 운동화를 팔려면 얼마나 크고 발 냄새 나는 장터가 필요할지 상상해보라.

또 다른 힘이 이러한 플랫폼 기업의 성장 잠재력에 터보차저 엔진을 단다. 플랫폼은 놀랍도록 자본 효율적이다. 플랫폼 기업은 돈을 거의 (또는 많이) 쓰지 않고도 거래를 촉진한다. 세계 최대 택시 기업인 우버는 택시를 한 대도 소유하지 않고, 택시 기사를 한 명도 채용하지 않는다. 호텔보다 에어비앤비Airbnb를 통해 하룻밤 묵을 장소를 찾는 사람이 많다. 알리바바는 재고품이 전혀 없지만, 세계 최대 온라인 상품 전시장이다.

디지털 장터는 기업의 실제 물류 프로세스의 대부분을 대행한다. 과거에는 팔 상품을 어디에서 찾을지, 재고품을 보관한 창고를 언제 확보할지, 정시 배송을 어떻게 보장할지 등을 걱정해야 했다. 하지만 현대의 디지털 장터는 더 영리해졌다. 자기 플랫폼을 사용하는 제3자를 통해 재고품, 창고와 물류 서비스를 제공한다. 이 프로세스에서 발생하는 모든 비용은 누가 지급할까? 이 질문의 답은 디지털 플랫폼에 유리하다. 소비자를 어디에서 확보할지, 배송 차량이 충분한지, 재고는 넉넉한지 등을 고민해야 하는 것은 디지털 플랫폼 운영사가 아니라 더 넓은 '생태계'다.[21]

이것은 플랫폼 비즈니스 모델이 갈수록 흔해지고 있다는 것을 의미한다. 기하급수적인 시대의 디지털 플랫폼 기업은 지리적 한계와 산업적 한계를 초월하여 어디든 진출할 수 있다. 이러한 비즈니스 모델은 인도네시아의 고젝Gojek과 인도의 지오Jio, 나이지리아의 주미아Jumia와 네덜란드의 볼닷컴Bol.com으로 강력해졌다. 하지만 플랫폼 비즈니스 모델을 배송이나 택시 탑승을 조율해주는 저가의 비즈니스 활동과 결부해서는 안 된다. 핑안 굿닥터Ping An Good Doctor는 2014년에 혜성처럼 등장했다. 중국의 대형 보험사인 핑안보험이 이 온라인 의료 상담 플랫폼을 설립했다. 핑안보험은 디지털 의료 플랫폼을 육성하기 위해 인공지능 알고리즘을 학습시키는 데 도움을 줄 의사를 1000명 채용했다. 인공지능 알고리즘이 개선되면서 디지털 의료 서비스의 규모가 커졌다. 매일 핑안 굿닥터를 통해 의료 상담 67만 건 중에서 75퍼센트가 처리된다. 5000명의 전문의가 복잡한 의료 상담을 디지털로 처리한다. 핑안보험은 이들 중 누구도 채용하지 않았다. 택시 기사가 고객을 찾으려고 우버를 사용하는 것처럼, 그들 역시 자발적으로 핑안 굿닥터에서 활동한다. 하지만 이것은 몇몇 사례에 불과하다. 기하급수적인 시대에 디지털 플랫폼 기업은 도처에 존재한다.

진짜 수익원은 눈에 보이지 않는다

네트워크 효과와 플랫폼 비즈니스 모델이 단단히 결합하면서 기하급수적인 기업이 그 윤곽을 드러낼 수 있게 된다. 이 두 힘의 상호작용은 빠르게 시장을 장악하는 조직의 등장을 촉진한다. 혹은 소규모의 전통적인 기업이 경쟁에서 뒤처지게 만든다. 하지만 세 번째 힘도 있다. 이것은 이러한 디지털 플랫폼에 기반한 네트워크 효과를 누리는 기업을 훨씬 더 난공불락의 존재로 만든다. 바로 '무형경제intangible economy'다.

　기계 시대의 경제는 발가락에 차이는 것들에 지배되었다. 다시 말해 수세기 동안 자동차, 세탁기, 전화기, 철도 등 중요한 상품은 물리적인 환경에서 생산되었다. 이러한 상품을 공급하는 기업은 그 시대의 공룡 기업이었다. 기업이 소유한 토지와 건물, 기계 설비, 재고 규모만으로 그 기업의 가치를 예상할 수 있었다. 이것들은 기업의 '유형자산tangible assets'이다.

　기하급수적인 시대에 가치는 다소 모호한 개념이다. 오늘날의 많은 기업은 유형자산을 통해 가치를 창출하지 않는다. 그렇다고 기하급수적인 시대에 기업이 물리적으로 무언가를 전혀 만들지 않는다는 말은 아니다. 구체적인 니즈에 맞춘 비싼 반도체 공장이 첨단 기술 기업들이 밀집한 지역에 모여든다. 안정적으로 강한 해풍이 부는 얕은 바다에 거대한 풍차가 빼곡히 들어선다. 하지만 이러한 기업들의 진짜 수익원은 무형에 가깝다. 구글의 검색엔진을 돌리는 소프트웨어, 페이스북의 친구 네트워크를 보여주는 데이터, 애플의 브랜드 정체성인 디자인, 넷플릭스에서 저녁에 볼 만한 영화를 추천하는 알고리즘 등이 그들의 가치를 창출하는 주체다. 경제학자들은 이것은 비물리적인 자산, 즉 '무형자산intangible assets'이라 부른다.[22]

무형자산으로 전환하는 속도가 놀랍다. 1975년 S&P 500 기업들의 시장가치의 대략 83퍼센트가 유형자산으로 구성되었다. 무형자산은 나머지 17퍼센트를 차지했다. 2015년에는 이 비율이 역전되었다. 유형자산은 겨우 16퍼센트를 차지했고, 무형자산이 나머지 84퍼센트를 차지했다.[23] 세계 최대 기업들의 자산 구조를 살펴보면 무형자산의 비율이 훨씬 더 높다. 그 주인공은 바로 기하급수적인 슈퍼스타 기업이다. 2019년에 애플과 구글, 마이크로소프트, 아마존, 텐센트는 장부가액 기준으로 세계에서 가장 큰 5대 기하급수적인 시대의 기업이었고, 그들의 장부가액은 무려 1720억 달러였다. 하지만 이 통계는 유형자산에 집중되어 있고, 그들의 무형자산은 대체로 무시되었다. 기업이 보유한 현금과 매출액, 유형자산의 합계에 채무액을 빼면 기업의 장부가액을 대략적으로 계산할 수 있다. 당시 주식시장은 이 5개 기업의 가치를 3조 5000억 달러로 추산했다. 달리 말하면, 유형자산은 이 기업들의 시장가치의 6퍼센트만을 차지했고, 무형자산이 나머지를 차지하고 있었다.[24]

일상에서 사용하는 상품들의 구성만 봐도 이러한 무형자산과 유형자산의 관계 변화를 확인할 수 있다. 요즘 상품의 가치는 대체로 상품의 초기 단계(연구와 설계)와 후기 단계(브랜딩과 서비스)에서 나온다. 실제 제조 프로세스는 갈수록 중요도가 하락하고 있다. 최첨단 상품에서 이러한 현상이 가장 명확하게 확인된다. 앱스토어가 없고 수백만 명의 소프트웨어 개발자들이 없다면, 아이폰이 무슨 소용일까? 하지만 이러한 무형자산으로의 전환은 아침에 마시는 한 잔의 커피에서도 나타난다. 실제 커피콩의 값은 커피 한 잔의 가치에 그렇게 큰 영향을 주지 않는다. 특히 캡슐 커피를 마시거나 유명 브랜드 커피숍에서 커피를 마신다면, 커피콩은 그렇게 중요하지 않다.[25]

이러한 전환의 원인은 무엇일까? 아마도 갈수록 상품이 복잡해지고 있기 때문일 것이다. 복잡한 상품은 조립 부품보다 노하우가 필요하다. 스마트폰은 가볍고 몇몇 실리콘(액정과 반도체), 약간의 리튬(배터리)과 알루미늄(케이스)으로 구성된다. 이 외에도 몇몇 요소들이 스마트폰을 만드는 데 사용된다. 물론 이러한 원자재 덕분에 스마트폰을 만들 수 있다. 하지만 스마트폰을 매우 가치 있게 만드는 것은 제조 프로세스에 투입되는 노하우다. 모래로 반도체를 만들고, 반도체를 정확하게 수천 개의 다른 부품들과 연결하는 노하우가 중요하다. 그리고 점점 커지는 세계시장 규모도 똑같이 중요하다. 무형의 지식은 초기 생산 비용이 높다. 상품 디자인이나 신간의 원고를 생각해보라. 하지만 복제 비용은 저렴하다. 이는 무형의 상품은 시장이 커질수록 상업적 가치가 올라간다는 것을 의미한다. 다시 말해, 구매자가 많으면 균형에 맞지 않을 정도로 높은 초기 비용을 상쇄할 수 있다.

하지만 원인이 무엇이든 새로운 무형경제는 승자가 모든 것을 갖거나 거의 모든 것을 갖는 시장의 등장을 좀 더 앞당겼다. 무형경제에서 기업은 전무후무한 속도와 크기로 성장할 수 있다. 우버 같은 택시 플랫폼 기업과 택시를 직접 소유하고 운영하는 택시 회사를 비교해보자. 우버의 핵심 무형자산인 알고리즘은 확장 가능성이 크지만, 전통적인 택시회사는 성장하려면 새로운 택시를 더 구입해야 한다.

소프트웨어 기업도 이와 같은 원칙을 따른다. 소프트웨어를 처음 개발할 때는 엄청난 비용이 소요된다. 하지만 그 후 소프트웨어를 복제하는 데 드는 비용은 줄어들고, 거의 공짜나 다름없어진다. 네트워크 효과와 플랫폼 비즈니스 모델이 기하급수적인 경제의 기반이라면, 무형자산은 그것을 구성하는 벽돌이다.

인공지능이 비즈니스 모델의 핵심인 경우에 무형자산은 기업의 성장에 지대한 기여를 한다. 인공지능은 궁극의 무형자산이다. 인공지능은 스스로 성장한다. 뭔가를 많이 하지 않아도 점점 더 많은 가치를 창출해 낸다. 그 사이클은 다음과 같다. 인공지능에 데이터를 입력하면 인공지능의 효율성은 커진다. 예를 들어 인공지능 알고리즘은 개인의 니즈에 맞춰 상품을 생산하거나, 읽고 싶은 기사나 듣고 싶은 노래를 추천한다. 이렇게 개선된 서비스는 더 바람직해지고, 더 많은 사람이 사용하게 된다. 대부분의 사람이 서비스를 사용하면서 취향과 선호에 관한 더 많은 데이터가 발생한다. 이 데이터는 다시 인공지능 알고리즘에 입력되고, 서비스의 질이 개선된다.[26] 이것은 다른 유형의 네트워크 효과, 즉 "머신러닝에 의해 움직이는 상품은 사용자로부터 더 많은 데이터를 확보하면 더 영리해진다"는 "데이터 네트워크 효과"다.[27]

구글을 살펴보자. 구글이 온라인 검색 시장을 지배할 수 있는 이유가 궁금할 것이다. 온라인 검색 시장에 첫 번째로 진출한 것은 구글이 아니라 1994년 설립된 검색엔진인 웹크롤러WebCrawler였다.[28] 하지만 구글은 데이터 네트워크 효과를 효과적으로 누린 첫 번째 검색엔진이었다.

구글은 이용자가 클릭한(그리고 클릭하지 않은) 링크에 관한 데이터를 수집하고 활용하여 검색 순위를 조정한다. 이용자가 어떤 사이트를 클릭하고 그곳에 장시간 머무르면, 구글의 인공지능은 그 링크가 이용자에게 유용하다고 학습한다. 반대로 이용자가 링크를 무시하거나 클릭하자마자 '뒤로 가기' 버튼을 누르면, 구글의 인공지능은 그 링크가 그렇게 쓸모 있지 않다고 학습한다. 이용자가 링크를 클릭하는 모든 순간에 이러한 학습이 일어난다.

구글의 행보를 날카롭게 살피는 팀 오릴리Tim O'Reilly는 2008년에 "구글은 네트워크 효과를 만들어내고 적극적으로 활용하는 궁극의 기계"라고 주장했다.[29] 하지만 데이터 네트워크 효과는 구글에만 나타나는 독특한 현상이 아니다. 그것은 기하급수적인 시대의 기업에서 흔한 현상이다. 넷플릭스는 시청 습관을 다른 사용자들과 비교하고 분석해서 개인에게 맞는 볼 만한 프로그램을 추천한다. 넷플릭스 가입자의 선택은 데이터가 되고, 그 데이터를 바탕으로 넷플릭스는 개인의 취향에 더 맞는 프로그램을 계속 추천한다.

데이터 네트워크 효과는 무형자산을 위한 영구기관이라고 할 수 있다. 데이터 네트워크 효과가 많이 발휘될수록, 무형자산은 더 많은 가치를 창출해낸다. 이러한 사이클을 완전히 이해한 기업은 무형자산을 이용해 시장에서 난공불락의 지위를 차지할 수 있다. 마이크로소프트가 빙을 출시하는 등 많은 컴퓨터 기업이 온라인 검색 시장에 진입하려고 시도했다. 그럼에도 2020년에도 구글이 온라인 검색 시장을 완전히 지배했다. 이것은 무형경제에서 기업이 어떻게 과거에는 상상할 수 없을 정도의 규모로 성장하는지를 보여주는 좋은 사례다. 무형자산을 거래하는 기업은 새로운 공장을 짓거나 공급망을 늘릴 걱정을 할 필요가 없다. 어떤 경우에는 더 많은 데이터를 확보해서 시스템을 학습시키기만 하면, 저절로 성장이 따라온다.

제한 없는 성장을 익힌 슈퍼스타 기업들

이제 기하급수적인 경제의 독특한 특징이 이해되기 시작할 것이다. 기하급수적인 경제는 네트워크 효과가 핵심이 되는 세계다. 일단 고객을 확보하면, 플랫폼 기업은 모든 경쟁 업체를 제치고 기하급수적으로 성장한다. 네트워크 효과에 힘입어 이례적으로 강력한 플랫폼 기업들이 연이어 등장하면서 이러한 역학관계가 급격하게 형성되었다. 그리고 경제 시스템의 축이 무형자산으로 기울면서 형성 속도가 가속되었다. 디지털 플랫폼 기업들은 네트워크 효과를 통해 옛 선조들보다 훨씬 더 쉽게 영역을 확장할 수 있다.

기하급수적인 시대에 이러한 슈퍼스타 기업들이 등장하면서, 세계 경제의 운영 논리가 근본적으로 다시 쓰였다. 이 장의 서두에서 보았듯이, 21세기의 기업들은 크고 성숙한 '우량 기업'이 되었지만, 결국에는 성장 한계와 맞닥뜨렸다. 연구자들이 2010년 거의 2만 9000개의 기업을 조사했을 때, 그들은 "성숙한 대기업들은 이미 성장을 멈췄다"는 사실을 발견했다.[30] 하지만 슈퍼스타 기업에서는 어느 수준에 이르면 성장세가 둔화되는 현상이 나타나지 않는다. 이는 마치 기업의 성장을 늦추는 브레이크가 고장 나버린 듯하다.

세계에서 가장 가치 있는 회사(애플, 구글, 마이크로소프트, 메타, 텐센트, 알리바바, 아마존)는 모두 기하급수적인 시대의 기업이다. 이 책을 쓸 무렵 세계 최대 기업 중에서 오직 하나만 '전통적인' 기업이었다. 바로 사우디아라비아의 국영 석유 기업인 아람코Aramco다. 기하급수적인 시대의 기업들은 거대한 규모에도 불구하고 놀라운 속도로 성장을 계속 이어나갔다. 그들의 성장세는 설립된 지 얼마 안 되는 신생 기업에서나 볼 법한 속도였다. 기하급수적인 시대의 기업들은 2018~2019년에 활동이 두드러졌다. 중국의 거대한 기술 기업인 텐센트의 매출은 이 시기에 18퍼센트 증가했다. 아마존의 매출은 20퍼센트, 메타의 매출은 27퍼센트 증가했다. 모두가 세계경제의 성장 속도보다 훨씬 더 빨리 성장했다. 이듬해 텐센트와 아마존, 메타의 매출은 각각 28퍼센트, 38퍼센트, 21퍼센트 증가했다.

기하급수적인 시대의 기업들은 수확체감의 법칙마저 뒤엎었다. 그들은 성장을 제한하는 중력의 힘을 떨쳐내고 계속 성장하는 방법을 익혔다. 투자 수익은 기업이 성장할수록 커진다. 우리는 사상 최초로 수확체증의 법칙이 작용하는 시대를 살고 있다.

수확체증의 법칙을 보여주는 주요 사례를 미국 기술 기업에서 찾아보자. 세일즈포스Salesforce는 영업사원들을 위한 소프트웨어를 개발한다. 카리스마 있는 소프트웨어 개발자인 마크 베니오프Marc Benioff가 닷컴 버블이 터지면서 찾아온 냉랭한 겨울과 같은 시기에 세일즈포스를 설립했다. 베니오프는 점점 강력해지는 인터넷의 힘을 이용해 영업 실적 추적 앱을 웹브라우저를 통해 고객에게 제공할 수 있을 거라고 생각했다. 선구매를 하는 대신에 고객들은 그가 제공하는 소프트웨어를 임대할 수 있었다.

지금의 우리에게는 매우 뻔한 비즈니스 모델이겠지만, 1999년에는 그야말로 사고의 급진적 전환이었다. 당시 기업들은 소프트웨어를 구입해 회사 중앙 서버에 설치했다. 그리고 나면 IT 직원들이 각 부서를 돌아다니면서 직원들의 컴퓨터에 일일이 프로그램을 설치해주었다. 그야말로 성가시기 짝이 없는 일이었다. 베니오프는 웹브라우저에 기반을 둔 '서비스로서의 소프트웨어Software as a Service, SaaS'라는 개념을 최초로 제안했다. 그 과정에서 그는 소프트웨어 업계를 완전히 바꿔 놓았다.

20년 만에 세일즈포스는 소수의 설립자들만 있는 작은 조직에서 거의 5만 명의 직원을 거느린 2000억 달러의 조직으로 성장했다. 세일즈포스는 이렇게 성장하면서 직원들의 생산성을 높이는 방법도 찾아냈다. 그리고 고객에게 서비스를 제공해 더 많은 수익을 얻는 방법도 찾아냈다. 2005년에 세일즈포스의 직원은 767명이었고, 매출은 23만 달러였다. 하지만 2020년에 직원은 4만 9000명으로 증가했고, 매출은 거의 171억 달러에 이르렀다. 고객들도 세일즈포스를 사랑하는 듯했다. 2010년에 평범한 고객이 1만 8000달러의 비용을 지급하고 세일즈포스의 서비스를 이용했다. 2020년에는 그 수치가 6배 증가했다. 고객들이 과거보다 6배 많은 비용을 세일즈포스에 지급했을 뿐 아니라, 그들의 만족도 또한 높아졌다. 2010년에 고객의 81퍼센트가 세일즈포스와 계약을 갱신했다면, 2020년에는 90퍼센트 이상의 고객이 계약을 갱신했다.[31]

이것이 바로 위에서 살펴본 힘의 눈에 보이는 수치다. 기하급수적인 시대에 네트워크 효과는 경영진이 중요한 목표에서 눈을 떼지 않는다면, 비즈니스 모델이 무엇이든 일단 시장에서 앞서 나가면 그 시장을 완전히 지배하게 된다는 것을 의미한다. 그리고 기하급수적인 시대에 무형자산은 확장이 쉽다. 즉 세일즈포스는 직원을 더 많이 채용하거나 통제하기 어려울 정도로 비대해지지 않아도 계속 성장할 수 있다.

넷플릭스도 세일즈포스와 유사한 패턴에 따라 성장했다. 2010년 넷플릭스는 매출 21억 달러에 직원은 2100명이었다. 직원 한 명이 100만 달러에 약간 못 미치는 매출을 올렸던 셈이다. 그로부터 10년 뒤에 넷플릭스는 10배 이상 성장했다. 매출은 250억 달러에 근접했고, 직원은 9400명에 이르렀다. 이것은 직원 한 명이 거의 270만 달러의 매출을 올린 것과 다름없다. 이러한 수확체증의 법칙은 넷플릭스의 오리지널 콘텐츠 제작에서도 확인되었다. 2011년에 열네 살이 된 넷플릭스는 오리지널 콘텐츠를 단 하나도 제작하지 않았다. 그러다가 2012년에 오리지널 콘텐츠 하나를 출시했다. 2019년에는 2016년 TV 업계가 제작한 프로그램보다 더 많은 오리지널 콘텐츠를 제작했다.[32] 2021년에는 넷플릭스 오리지널 콘텐츠가 오스카 시상식에서 37개 부문에 후보로 올랐다. 참고로, 이것은 1940년 한 영화 제작사의 작품들이 오스카 시상식에서 40개 부문에 후보로 올랐던 기록에 근접한 수치다. 여기서 수확체증의 법칙이 비즈니스 모델뿐 아니라 문화와 사회 전반까지 변혁적인 영향력을 행사했다는 사실을 분명히 확인할 수 있다.

승자독식에 예외는 없다

기하급수적인 시대의 기업들은 이러한 새로운 경제 시스템의 역학 구조를 너무나도 잘 알고 있다. 그들은 어느 한 기업이 시장을 지배하고, 나머지는 경쟁에서 뒤처지는 특이한 환경에서 성년을 맞이했다. 그 결과 그들은 승자독식 시장을 반영하는 승자독식의 사고방식을 키워 왔다.

슈퍼스타 기업들의 경영 구조를 한번 살펴보자. 경제학자 W. 브라이언 아서 W. Brian Arthur는 기업의 조직 구조가 변하고 있다는 것을 제일 처음 눈치챈 사람들 중 한 명이었다. 1996년에 그는 마이크로소프트와 그 운영체제 플랫폼의 성공에 관해 연구를 진행했고, 네트워크 효과에 기댄 기업은 전통적인 기업과 다르게 운영된다는 것을 깨달았다. 매년 성장률을 높이는 데 집중하기보다 그들은 큰 보상을 좇았다. 그는 이러한 기업들에게 "경영은 시장을 장악할 차세대 기술을 뜻하는 넥스트 빅 싱Next Big Thing, NBT을 찾아내는 일련의 프로세스로 다시 정의된다"고 말했다.[33] 그와 동시에 경영진은 성장에 집착하게 되었다. 그들은 성장을 멈춘다면 시대에 뒤처져서 무의미한 조직으로 몰락하게 된다는 것을 알았다. 기하급수적인 경제에서는 오직 하나의 기업만이 승자가 되어 시장을 독식한다는 것을 알고 있었다. 그리고 여기에 예외는 없다는 것도 그들은 알고 있었다.

성장에 대한 이러한 집착이 실리콘밸리에서 새로운 용어를 낳았다. 페이팔과 링크트인의 공동 창립자인 리드 호프먼Reid Hoffman은 이 새로운 용어에 능숙하다. 2016년 오후에 캘리포니아 서니베일에 있는 그의 사무실에서 광천수를 마시면서, 그는 내게 기술 스타트업이 빠르게 성장하는 방법을 새롭게 설명했다. 이때 그는 '블리츠스케일링blitzscaling(단기간에 기업의 규모를 급격하게 키우는 성장 전략—옮긴이)'이라는 용어를 사용했다. 그는 블리츠스케일링을 이해하는 기업가들은 산업을 지배했던 옛 거대 기업들과 다르게 조직을 운영한다고 말했다. 단숨에 거침없이 시장을 제패하는 기업들은 효율성보다 성장을 강조한다. 실제적으로 블리츠스케일링은 지출 최적화라는, 전통적인 기업을 이끄는 경영진이 보던 규정집을 내던지는 것이다. 블리츠스케일링을 추구하는 기업은 많은 지출이 따르더라도 성장을 추구한다. 호프먼과 함께 페이팔을 설립했던 피터 틸Peter Thiel도 성장에 집중하는 경영 이념을 갖고 있다. 틸은 "경쟁은 패배자들을 위한 것"이라고 생각한다.[34] 그는 경쟁하기보다는 기존 경쟁 업체보다 훨씬 더 잘해낼 수 있는 시장을 찾고 불과 수십 년 전에는 생각할 수 없었던 방식으로 시장을 장악해나가는 것이 기업가의 역할이라고 말한다.

피터 틸과 리드 호프먼은 기하급수적인 시대의 슈퍼스타 기업들은 그저 성장해서 시장을 지배하기를 열망하지 않는다고 말한다. 그들에게는 그저 선택의 여지가 없다. 기하급수적인 시대에는 1등이 아니면, 1등과 격차가 너무나 벌어진 2등밖에 남지 않는다.

실제로 기하급수적인 시대의 기업들의 끊임없는 성장에 대한 집착은 세 가지 방식으로 나타난다. 첫 번째는 '수평적 확장'이다. 수평적 확장은 기업이 하나의 시장에서 인접 시장으로 영역을 확장해나가는 것을 말한다. 예를 들어 중국 최대 전자상거래 업체인 알리바바는 새로운 영역으로 끝없이 사업을 확장하고 있다. 2004년부터 알리바바는 전자결제 서비스인 알리페이Alipay를 운영하고 있다. 2013년에 알리페이는 세계 최대 전자 결제 서비스가 되었고, 알리바바는 앤트 파이낸셜Ant Financial이라는 새로운 계열사를 설립했다. 이것은 수평적 확장의 첫 번째 행보였다. 이로써 알리바바는 이 새로운 금융 계열사에 자치권을 부여했다. 앤트 파이낸셜은 알리바바가 수집하는 방대한 거래 데이터를 활용했고, '앤트 브레인'이라 부르는 데이터 과학의 힘을 활용하여 디지털 금융시장을 지배하는 거대한 기업으로 성장했다. 앤트 파이낸셜은 네트워크 효과의 힘을 보여주는 전형적인 사례였다. 알리바바가 더 많은 데이터를 수집할수록, 앤트 파이낸셜은 더 강력하고 효과적으로 변했다. 앤트 파이낸셜의 서비스가 더 강력하고 효과적으로 변할수록, 점점 더 많은 고객이 모여들었다. 그리고 다시 더 많은 데이터가 수집되었다.

앤트 파이낸셜은 네트워크 효과와 수확체증의 법칙에 따라 점점 더 색다른 시장으로 진출했다. 예를 들어 앤트 브레인은 구매 데이터를 분석하여 몸에 꽉 끼는 스키니진을 구매한 여성들이 스마트폰을 수리할 가능성이 높다는 사실을 깨달았다. 앤트 파이낸셜의 경영진은 이것이 스키니진의 뒷주머니에서 스마트폰이 떨어져서 액정이 자주 파손되기 때문일 것이라고 추정했다. 그들은 재빨리 멋진 스키니진을 구매하는 젊은 여성들을 대상으로 스마트폰 액정 보험 상품을 출시했다.[35]

수평적 확장 덕분에 앤트 파이낸셜의 고객들은 개인의 경제생활 구석구석에서 다양한 서비스를 누리고 있다. 앤트 파이낸셜은 결제, 자산관리, 신용 점수, 대출과 보험이라는 다섯 가지 영역으로도 사업을 확대했다. 기존 고객의 50퍼센트가 앤트 파이낸셜이 출시한 이 다섯 가지 새로운 상품을 사용하고, 80퍼센트가 다섯 가지 상품 중에서 세 가지 이상을 사용하고 있다.

수평적 확장은 중국 기업만이 사용하는 비즈니스 전략이 아니다. 처음에 컴퓨터를 만들었던 애플은 지금은 스마트폰과 테블릿PC, 스마트워치를 생산한다. 그리고 미디어 구독 서비스와 앱스토어도 보유하고 있다. 애플의 상품들은 건강 정보를 제공한다. 아마존은 도서 상품을 판매하다가 거의 모든 종류의 소품을 판매하는 전자상거래 기업으로 성장했다. 아마존은 물류 기업을 계열사로 두고 있을 뿐 아니라 세계 최대 클라우드 컴퓨팅 기업과 애플처럼 미디어 기업도 갖고 있다.

그러나 기하급수적인 시대를 지배하는 논리가 새로운 시장으로의 수평적 확장만을 가능케 하는 것은 아니다. 수직적 확장을 통해서도 슈퍼스타 기업들은 성장한다. 기업은 자사의 공급망이 무엇으로 구성되고 어떤 활동이 일어나는지 분석하고, 그중에서 일부를 내부적으로 소화해 낸다. 수직적 통합은 물론 기하급수적인 시대에서만 나타나는 것은 아니다. 앤드루 카네기Andrew Carnegie는 철강 기업을 설립하고 철광산, 탄광, 철도와 제강공장을 인수하여 공급망의 모든 단계를 장악해나갔다. 이를 통해 그의 기업은 철강 업계에서 가장 효율적인 기업이 되었고, 그는 1880년대에 미국에서 두 번째로 부유한 사람이 되었다. 하지만 20세기 후반에 수직적 확장은 시대에 뒤처진 비즈니스 전략으로 간주되었다. 당시 대부분의 기업가는 '핵심 역량'에만 집중하여 조직을 운영해야 한다고 생각했다.[36]

하지만 더는 아니다. 기하급수적인 시대로 행군하면서, 수직적 확대의 정신이 되살아났다. 사실상 구글의 거의 모든 매출과 수익은 광고 사업에서 나온다. 구글의 광고 사업은 수직적으로 통합된 시스템을 기반으로 운영된다. 타기팅, 경매, 광고 게재 공간, 광고 게재, 참여율 추적 등 여러 다른 메커니즘이 온라인 광고를 가능하게 한다. 과거에는 전체 프로세스에서 여러 기업이 각자 하나의 단계를 맡아서 온라인 광고가 이뤄졌다. 2020년부터 전적으로 구글만을 통해 특정 사용자 집단을 대상으로 온라인 광고를 할 수 있게 되었다. 구글은 2006년에 유튜브를 인수했고, 이것은 광고 생태계에서 구글의 지배력을 상당히 높였다. 구글 맵스 출시도 마찬가지였다. 광고주들은 구글 맵스를 통해 자신들의 고객층이 어디에서 주로 활동하는지 파악할 수 있었다. 구글은 이러한 수직적 확장세를 늦출 생각이 없는 듯하다. 구글은 소셜 게임과 사진 편집, 컴퓨터 프로세서, 터치 타이핑, 음성인식, 여행과 음악 스트리밍 등에 특화된 기업들을 인수했다. 2010년에는 무려 40개 기업을 인수했다.

주로 무형의 디지털 영역에서 진행되던 수직적 통합이 이제 물리적인 하드웨어까지 창조하고 있다. 반도체 산업을 살펴보자. PC의 역사에서 대부분의 기간 동안 전문 기업이 반도체를 생산했고, 컴퓨터와 운영체제를 만들어내는 기업은 각각 따로 있었다. 하지만 지금은 컴퓨터 대기업들이 자신들이 사용할 반도체를 직접 생산한다. 2010년부터 애플은 아이폰에 들어갈 반도체를 직접 생산하기 시작했다. 그리고 2019년부터 애플 컴퓨터에 들어갈 반도체도 자체적으로 생산하고 있다. 2018년에 구글은 인공지능 운영 속도를 높이기 위해 특수 반도체를 직접 생산하기 시작했다. 2016년에 테슬라는 반도체를 외부에서 조달하는 대신 자사의 자동차에 꼭 맞는 반도체를 직접 생산하기 시작했다.

슈퍼스타 기업들은 수직적 통합을 통해 기존 시장에 진입하면서, 경제 시스템에서 완전히 새로운 영역을 창조할 수 있는 막대한 자금도 마련했다. 3장에서 보았듯이, 아마존은 연구개발에 엄청난 예산을 쏟아붓는다. 수확체증의 법칙 덕분에 기하급수적인 시대의 기업들은 연구개발에 막대한 투자를 할 수 있는 것이다. 실제로 기하급수적인 시대에 대기업들은 매출보다 연구개발비를 더 빨리 늘린다. 연구개발에 집중적으로 투자하는 목표는 완전히 새로운 시장을 만들어낼 수 있는 기술적 돌파구를 마련하는 것이다. 슈퍼스타 기업들은 새로운 시장을 창출한 혁신 기술로 새롭게 창출된 시장을 장악한다.

구글의 모기업인 알파벳은 검색엔진 광고를 통해 막대한 매출을 올린다. 하지만 알파벳의 연구개발 부서는 검색엔진과 전혀 관련 없는 영역에서도 활발히 활동한다. 알파벳에는 '저온 핵융합'을 연구하는 팀이 따로 있다. 저온 핵융합은 혜성 내에서 일어나는 핵융합 반응으로 고온이 아닌 상온에서 발생한다.[37] 그들이 저온 핵융합의 비밀을 풀어내면, 알파벳은 전 세계의 에너지 접근법을 완전히 바꿔놓을 수 있다. 단지 에너지만이 아니다. 구글의 연구개발 부서가 분사되어 설립된 엑스는 생명과학, 소비자 인터넷 접속, 자율주행 자동차, 사이버 보안, 머신러닝 등 수많은 분야에서 연구개발 활동을 진행하고 있다. 심지어 엑스는 다량의 소금을 용해점 이상으로 가열하여 깨끗하게 에너지를 저장하는 몰타Malta 프로젝트에도 착수했다.

슈퍼스타는 새로운 패러다임이다

이 모든 것은 슈퍼스타 기업이 잠시 나타났다가 사라질 트렌드가 아니라 완전히 새로운 경제 패러다임이라는 것은 보여준다. 미래의 대기업들은 앞으로 영역의 한계를 무시하고 점점 더 강력하게 시장을 지배하는 존재가 될 것이다. 하지만 이것이 반드시 문제일까? 최근의 추이를 언뜻 보고 답하자면, 그렇다. 20세기에 시장 지배적 위치는 독점으로 이어지곤 했다. 그리고 독점은 문제를 일으켰다. 경쟁자가 없는 상황에서 기업들은 소비자에게 해가 되는 행동을 할 수 있었다. 전통적인 독점 기업들은 가격을 자주 인상했고, 상품과 서비스를 개선하는 데 게을렀다. 심지어 정직하지 못한 방법을 써서 경쟁자가 시장에 진입하지 못하도록 막을 수도 있었다.

기하급수적인 시대에 시장 지배적인 기업들이 골칫거리가 될 가능성이 어느 때보다 높다. 그들이 일으키는 문제는 지금까지 기업들이 일으킨 문제와는 차원이 다르다. 그래서 반독점법에 관해 다시 생각해볼 필요가 있다. 로버트 보크Robert Bork는 1970년대 리처드 닉슨Richard Nixon 행정부와 제럴드 포드Gerald Ford 행정부의 법무부 차관이었다. 그는 미국 반독점법의 기틀을 마련한 사람이다. 보크에게는 '기업의 행동이 소비자에게 해가 될 것이냐'가 중요한 문제였다. 그는 기업의 규모나 시장 지위 자체가 문제가 아니라, 그것들이 소비자에게 미치는 영향이 중요하다고 생각했다.

이렇게 생각한 보크는 기하급수적인 시대의 슈퍼스타 기업들을 문제라고 보지 않았을 것이다. 참고로, 그의 아이디어는 미국과 유럽의 반독점법에 상당한 영향을 주었다. 기술과 인터넷 시장에서 소비자들이 손해를 보고 있는지는 명확하지 않다. 물론 구글과 아마존은 일부 영역을 독점하고 있다. 그렇다고 소비자들에게 바가지요금을 씌우지는 않는다. 적어도 언뜻 보았을 때는 그렇다. 기하급수적인 성장은 매년 고정비로 기술 상품이 개선된다는 뜻이다. 쉽게 말하면 이제 막 구입한 1000달러짜리 컴퓨터가 3년 전에 1200달러에 산 컴퓨터보다 더 좋다. 인터넷 검색은 공짜다. 그리고 인터넷 검색은 갈수록 빨라지고 효율적으로 변하고 있다. 스마트폰의 카메라와 사용하기 쉬운 앱이 사실상 공짜로 수십억 명에게 사진 촬영의 기쁨을 안겨주었다. 디지털 경제의 모든 영역에서 소비자 경험은 점점 저렴해지고 효율적으로 변해가는 듯하다. 이는 독점의 위험성도 마찬가지다.

하지만 숨겨진 문제가 있다. 독점에 관한 보크의 접근법으로는 독점적 기업이 야기하는 실제 문제를 설명할 수 없다. 적어도 기하급수적인 시대에는 그렇다. 이것은 기하급수적인 격차의 사례가 된다. 신독점 시대는 문제를 안고 있다. 하지만 그 문제들은 기존 규범과 법률로 이해하고 해결할 수 있는 형태로 나타나지 않는다.

첫 번째 문제는 현대의 독점적 기업들이 소비자 대신에 자신들보다 약한 영세 사업자들을 착취할 수 있다는 것이다. 많은 아이폰 사용자가 앱을 다운받는 앱스토어를 살펴보자. 아이폰을 만든 애플이 앱스토어도 운영한다. 애플은 앱스토어에서 소프트웨어를 파는 개발자들에게 요금을 부과한다. 연간 100만 달러 미만의 매출을 올리는 영세한 소프트웨어 개발 업체에게서 앱스토어를 통해 발생한 매출의 15퍼센트를 일종의 수수료로 가져간다. 이보다 큰 업체에게서는 앱스토어에서 발생한 매출의 30퍼센트를 가져간다. 2020년 기준으로 앱스토어에는 180만 개의 앱이 등록되어 있고, 총매출은 연간 500억 달러가 넘는다.[38] 하지만 앱스토어에서 얻은 판매 수익의 15퍼센트(또는 30퍼센트)를 애플이 가져가는 것이 정당할까? 그것은 그저 동네 불량배에게 잘 봐달라고 주머니에 꽂아주는 거금의 자릿세에 불과한 것일까?

애플은 소프트웨어 개발 업체들에 분명히 뭔가 도움을 주고 있다. 우선 영세한 소프트웨어 개발 업체들은 앱스토어를 통해 수십억 명의 아이폰 사용자에게 접근할 수 있다. 그리고 안전하고 신뢰할 수 있는 앱 구입 환경을 사람들에게 제공하여 앱 구매를 촉진한다. 또한 앱 구매 절차를 쉽게 만들고, 귀찮은 결제를 대신 처리하고, 심지어 구독 서비스까지 제공한다. 앱스토어가 등장하기 전에 모바일 앱 시장은 거의 빈사 상태였다. 앱을 찾는 것이 어려웠고, 결제 프로세스는 투박하고 오류가 많았다. 안전하지 못한 소프트웨어도 흔했다. 애플의 앱스토어 설립은 믿을 수 있는 시장을 창출한 것이다. 하지만 그렇다고 애플의 노력이 소프트웨어 개발 업체가 쏟은 노력의 30퍼센트의 가치가 있다고 할 수 있을까?

많은 개발 업체가 그렇게 생각하지 않는다. 청소년들이 사랑하지만 부모들은 증오하는 포트나이트Fortnite를 만든 에픽 게임스Epic Games도 그중 하나다.[39] 그들은 애플의 수수료 정책에 반기를 들고 앱스토어 매출의 30퍼센트를 어떻게든 내지 않으려고 했고, 그 때문에 앱스토어에서 쫓겨났다. (하지만 결국 애플도 한 발 물러났다. 몇 주 동안 앱 개발 업체들과 팽팽한 힘겨루기를 한 뒤에 애플은 앱스토어에서 에픽 게임스보다 훨씬 낮은 매출을 올리는 일부 개발 업체에 수수료를 절반으로 깎아주었다). 문제는 경쟁 시장이 없는 상황에서 적정 가격을 알 수가 없다는 것이다. 에픽 게임스가 집중적으로 공략하는 젊은이들의 80퍼센트가 애플 상품을 사용하는 상황에서, '진짜' 가치를 파악할 수 있는 시장을 찾는 것은 불가능하다. 어떤 분야에서는 애플 자체가 시장인 것이다.

에픽 게임스는 대기업이다. 그러니 앱스토어에서 포트나이트를 내려받지 못한다고 안타까운 마음에 눈물을 흘릴 필요는 없다. 그리고 앱스토어에는 포트나이트 말고도 내려받을 만한 게임이 많다. 하지만 기하급수적인 시대에 과점은 소비자가 아닌 판매자에게 피해를 준다. 이것은 특히 플랫폼 시장에서 두드러지는 현상이다. 하지만 과점의 모든 피해자가 에픽 게임스처럼 대단하지는 않다. 이 지점에서 구글이 광고 사업을 위해 진행하고 있는 수직적 통합을 살펴보자. 온라인 광고 시장에서 구글의 지배적 지위는 미심쩍은 사업 관행으로 이어졌다. 구글은 광고 하한가를 설정했지만, 그 하한가 때문에 광고주들은 불필요하게 많은 비용을 치르게 되었다. 게다가 구글은 광고주들에게 광고 비용을 투명하게 공개하지 않는다. 현재 구글은 이러한 사업 정책과 관행 때문에 비난을 받고 있다. 결국 유럽연합 집행위원회는 구글에 온라인 광고 시장에서 지배적인 지위를 남용하고 무엇보다 경쟁 업체들이 구글 검색 결과에 광고를 게재하지 못하도록 한 것에 대하여 14억 9000만 파운드(약 18억 달러)의 벌금을 부과했다.[40] 영국의 경쟁시장국도 온라인 광고 시장에서 수직적 통합 전략을 사용하는 구글의 행보에 우려를 표했다. 그들은 이해 충돌로 가득하고 유효 경쟁이 없다는 것을 고려하면 광고비 인상의 위험이 크다고 지적했다.[41] 하지만 여기서 손해를 보는 것은 일반적인 구글 사용자들이 아니다. 온라인 광고를 해야 하는 영세 업체들이다.

이것은 신독점 시대에 두 번째 문제로 이어진다. 대기업이 지배하는 경제 시스템은 서서히 역동성을 잃게 된다. 보크의 독점 이론도 여기서 흔들린다. 그의 이론으로 특정 영역 안에서 일어나는 가격 인상을 설명할 수는 있지만, 경제 전반의 역동성이 약해지는 이유는 설명할 수 없다. 하지만 이러한 역동성 상실이 기하급수적인 시대에 일어나고 있다는 징후가 있다.

언뜻 이것은 터무니없는 생각인 것 같다. 어쨌든 기하급수적인 시대의 많은 승자는 설립된 지 20년이 되지 않은 기업이다. 시장에서 경쟁이 갈수록 약해졌다면, 이 기업들이 그렇게 빨리 성장할 수 있었을까? 그리고 거대 디지털 기업들이 시장을 지배한다면, 어느 때보다 더 많은 스타트업이 설립되고 더 많은 투자금이 스타트업에 모여드는 것은 어떻게 설명할 수 있을까? 2020년에 전 세계적으로 2280억 달러가 넘는 벤처캐피털이 새롭게 등장한 스타트업에 투자되었다. 2001년에 190억 달러의 벤처캐피털이 스타트업에 투자된 이후로 연간 15.4퍼센트 증가했다고 할 수 있다.[42] 그리고 미국에서 스타트업이 집중적으로 설립되었지만, 이제 상황이 바뀌었다. 1995년에 사실상 모든 벤처캐피털이 미국 스타트업에 흘러 들어갔다면, 2020년에는 벤처캐피털의 절반이 미국이 아닌 다른 나라에서 설립된 스타트업에 투자되었다. 벤처 투자자들은 바보가 아니다. 승자독식의 사고방식이 보여주듯이 시장이 폐쇄적이고 경쟁이 불가하다면, 왜 그들이 새로운 기업의 설립을 지지하겠는가? 기하급수적인 시대의 경제 시스템은 역동적이고 생기가 넘치는 것처럼 보인다. 슈퍼스타 기업들은 이제 망했다.

하지만 좀 더 조심할 필요가 있다. 스타트업들이 여기저기서 등장하지만, 대기업들은 시장에서 자신들의 자리를 지키는 데 갈수록 능숙해지고 있다. 그들은 설립 초기의 경쟁 업체들을 인수한다. 구글은 동영상 시장에서 유튜브YouTube를, 광고 시장에서 더블클릭DoubleClick을, 그리고 휴대폰 시장에서 안드로이드Android를 인수했다. 메타는 디지털 메시지 시장에서 왓츠앱을, 소셜미디어 시장에서 인스타그램을, 그리고 가상현실 시장에서 오큘러스Oculus를 인수했다.

이런 행보는 혁신에 장기적인 영향을 미친다. 연구에 따르면, 혁신적인 기술은 개인 발명가나 작은 집단에서 나올 가능성이 더 크다. 박사 학위를 지닌 연구원들로 구성된 연구진이 1954년부터 2014년까지 생산된 6500만 건의 논문과 특허, 소프트웨어 상품을 분석했는데, "큰 집단이 과학의 진보와 발전을 이끌지만, 작은 집단이 현상을 파괴하는 혁신을 만드는 데 결정적인 역할을 한다"는 사실을 밝혀냈다.[43] 그리고 지금까지 보았듯이 몇몇 기업이 매우 대담하게 연구개발을 한다. 구글이 머리에 제일 먼저 떠오를 것이다. 데이터에 따르면, 대기업들의 연구개발 활동은 그들이 지배하는 분야만을 중심으로 협소하게 진행된다. 인공지능이라는 넓은 분야에서 나온 11만 건의 논문을 분석한 연구진은 기업의 연구개발 활동은 학계의 연구개발 활동보다 매우 협소한 분야에서 진행되는 경향이 있다는 결론을 내렸다. 이미 성공한 것으로 보이는 분야에서 상업적인 연구는 활발하게 이루어지지 않았고, 처음부터 연구 방향을 축소하고 시작하는 경향이 있었다.[44]

대기업들은 대담한 행보를 이어나갔다. 그들은 결국 과학자들의 관심을 대승적인 과학 연구에서 상업적인 과학 연구로 돌려놓기까지 했다. 2010년대에는 인공지능 전문가들에 대한 수요가 높았다. 기술 기업들은 인공지능과 관련하여 우수한 인재를 영입하기 위해 대학 교수들을 사냥하기 시작했다. 목표는 학계의 전문성에 대한 접근성을 확보하고, 젊은 인재들이 자신들의 스승을 따라 기업의 인공지능 실험실로 오도록 유도하는 것이었다. 2004년과 2018년 사이에 북미 지역에서 221명의 인공지능 교수가 학계를 떠났는데, 그 대다수가 컴퓨터 업계에서 경력을 쌓거나 자기 사업을 시작했다. 같은 기간에 160명의 인공지능 교수들이 다른 대학교로 이동했다.[45] 이러한 수치들이 그렇게 크지 않다고 느껴질지도 모른다. 하지만 인공지능 연구를 이끄는 스튜어트 러셀은 "인공지능 교수는 적고, 인공지능 전문가를 배출하는 데에도 오랜 시간이 걸린다"라고 했다.[46] 1997년과 2006년 사이에 생명과학자들에 비해 인공지능 전문가들이 학계에서 기업으로 이직할 확률이 100배 높았다.[47] 학계에서 민간 영역으로 두뇌가 유출되어 인공지능 연구가 협소하게 진행될 위험이 커지고 있다. 다시 말해, 대기업의 상업적 우선순위에 따라서 연구가 진행될 가능성이 커진 것이다.[48]

마지막 문제는 기하급수적인 경제가 독점으로 이어지는 경향이다. 리처드 보크는 많이 언급하지 않았지만, 기업들은 단지 소비자에게만 중요한 존재가 아니다. 그들은 사회의 주요한 구성원으로 사회가 제 기능을 하는 데 중요한 존재이기도 한다. 좀 더 명확히 말하자면, 그들은 세금을 낸다. 그런데 기하급수적인 시대의 1세대 슈퍼스타 기업들에게 지금의 세법은 관대하기 그지없다. 그들이 보유한 막대한 자산의 대부분이 무형자산인데, 그것은 국경을 오가기 쉽고 세무 당국의 눈을 피하기도 쉽다. 〈이코노미스트〉에 따르면, 2020년까지 미국의 대형 기술 기업들은 수익의 16퍼센트 정도만 세금으로 냈다. 미국 법인세율 35퍼센트와 비교하면 상당히 낮은 수준이다.[49]

대형 기술 기업들은 세금을 덜 내기 위해 기상천외한 방법을 동원했다. 그들은 '더블 아이리시Double Irish'라는 방법을 애용했는데, 이는 무형의 지적재산을 버뮤다와 같은 조세 피난처의 세법을 적용받는 아일랜드 법인에 옮겨서 세금을 회피하는 방식이다. 아일랜드는 해당 법인을 해외 기업으로 간주하지만, 미국은 아일랜드 기업으로 간주한다.[50] 그렇다면 수익은? 비과세다. 하지만 더블 아이리시가 시대에 뒤처지기 시작했다. 경제협력개발기구와 트럼프 행정부는 더블 아이리시를 엄격하게 단속했고, 2020년에 적어도 기술 기업 한 곳은 더블 아이리시로 세금을 줄이는 방법을 포기했다.[51]

일반적으로 각국 정부는 기하급수적인 시대 대기업들의 성장 속도에 허를 찔렸다. 아일랜드 같은 몇몇 국가가 이러한 변화를 눈치챘다. 아일랜드는 재빨리 매력적인 세율로 슈퍼스타 기업들을 유혹했다.[52] 하지만 다른 많은 국가는 두 손 놓고 아무것도 하지 않았다. 그저 자국 대기업들이 다른 국가로 법인을 옮기고 세금을 덜 내는 것을 옆에서 지켜보기만 했다.

독점을 어떻게 규제할 것인가

물론 어렵기는 하겠지만, 기하급수적인 시대에서 슈퍼스타 기업들의 상승세로 야기된 문제들을 해결할 수는 있다. 실제로 이 문제들의 해결책을 찾을 능력이 지금 우리에게 있다. 바로 사고방식만 바꾸면 된다. 그리고 무엇보다도 독점 현상을 새로운 관점에서 바라볼 필요가 있다. 기하급수적인 시대에 리처드 보크의 이론은 무용지물이다. 앞으로는 소비자에게 부정적인 영향을 미치는지를 기준으로 대기업을 관리할 수 없을 것이다. 하지만 다행스럽게도 대형 기술 기업의 시장 지배는 한물간 반독점 분야에 관한 논의를 되살리는 좋은 기회가 되었다. 그리고 그들을 관리할 수 있는 새롭고 흥미로운 아이디어들이 계속해서 이어지고 있다.

예를 들어 법학자 리나 칸_{Lina Khan}이 놀랍도록 흥미로운 논문을 발표했다. 그녀는 대안적인 반독점 체제를 제시했고, 아마존이 인프라와 물류를 지배하는 현상을 설명해냈다.[53] 아마존이 소비자에게 미치는 부정적인 영향에 집중하기보다는 거대한 규모와 인프라에서 나오는 힘에서 촉발된 이해 충돌을 살펴봐야 할 것이다. 에코비_{Ecobee}의 사례를 보자. 에코비는 가정용 난방 기기를 생산해 아마존 웹사이트에서 제품을 판매한다. 소비자들은 에코비 상품을 아마존의 음성인식 비서 알렉사에 연결할 수 있다. 〈월 스트리트 저널_{Wall Street Journal}〉에 아마존이 소비자 데이터를 공유하지 않는다면 아마존 웹사이트에서 상품을 판매하지 못하게 제재하겠다고 에코비를 협박했다는 기사가 실렸다. 칸에 따르면, 기업의 규모가 아니라 이러한 행동이 독점 현상의 주요 지표가 된다. 칸의 제안은 나온 지 얼마 되지 않았지만, 적절하다. 일단 대기업들을 관리할 새로운 법규가 마련되면, 슈퍼스타 기업들이 힘을 지나치게 휘두르지 못하도록 어느 정도 통제할 수 있을 것이다.

하지만 대기업들이 슬며시 독점 기업으로 변해갈 때는 어떻게 해야 할까? 우선, 반독점 기구는 좀 더 자신 있게 대기업이 소기업을 인수하는 것을 막아야 한다. 소기업을 인수하는 시장 지배적 기업이 언제 독점적인 지위를 갖게 될지 판단하는 것은 어렵다. 5년 뒤일지, 아니면 10년 뒤일지 알 수 없다. 구글은 2005년에 거의 헐값으로 안드로이드를 인수했다. 당시는 블랙베리BlackBerry와 노키아Nokia가 이동통신 시장을 두고 치열하게 경쟁하던 시기였다. 그러니 구글이 스타트업 하나를 인수한다고 잘못될 일이 뭐가 있었겠나? 메타는 직원이 불과 12명밖에 되지 않는 인스타그램을 거액에 인수했다. 당시 사람들은 메타가 지나치게 비싸게 인스타그램을 인수한다고 생각했다. 미국의 반독점 기구는 어느 경우에도 개입하지 않았다. 하지만 그로부터 10년이 지난 뒤에 구글과 메타는 거대 기업이 되었고, 시장 지배적인 지위를 갖게 되었다.

해결책은 아마도 규제 기관이 대기업, 심지어 중견 기업이 다른 기업을 인수하는 행위에 대한 허가권을 갖는 것일지도 모른다. 그리고 인수 행위로 문제가 발생하면 미래의 어느 시점에 인수 기업을 매각하도록 하는 것도 도움이 될 것이다.

이렇게 하면 기하급수적인 시대의 플랫폼 기업들이 다른 기업을 마구잡이로 인수하여 시장을 독점하게 되는 것을 막을 수 있을 것이다. 하지만 그들이 유기적으로 지나치게 비대해지는 것도 막아야 한다. 여기서 '상호 운용성interoperability'이 중요하다. 앞에서 이 개념을 살짝 살펴보았다. 쉽게 설명하면 서로 다른 이메일 계정이 서로 상호작용할 수 있도록 돕는 것이다. 상호 운용성이 인터넷의 초기 성장을 견인했다. 오늘날 플랫폼들 사이에 상호 운용성은 매우 희박하다. 기존의 우버 운전자가 우버의 경쟁 플랫폼으로 옮기려면 처음부터 다시 시작해야 한다. 우버 운전자로서 받은 평점이나 후기는 쓸모가 없어진다. 이것은 새로운 팩스를 구입하고 고객들에게 같은 팩스를 다시 구입하라고 설득하는 것과 같다.

상호 운용성은 특히 어느 수준의 규모를 지닌 기업들에게 거대한 성장 동력이 되는 네트워크 효과를 억제할 수 있다. 예를 들어 이베이에 등록한 상품을 다른 플랫폼에서도 구매할 수 있게 되는 것이다. 다시 말해, 링크트인 친구들이 인스타그램에 올린 짧은 운동 루틴 영상을 보고 칭찬 댓글을 달 수 있어야 한다. 이렇게 상호 운용성은 네트워크 효과의 긍정적인 효과를 보존한다. 디지털 플랫폼에 상호 운용성이 존재하면, 사용하던 소셜미디어를 탈퇴하고 다른 소셜미디어에 가입하더라도 이전 소셜미디어에서 만나던 사람들과 소통할 수 있다. 하지만 상호 운용성은 어느 한 디지털 플랫폼의 네트워크 효과를 제한한다. 다시 말해, 상호 운용성을 확보하면 단일 기업이 디지털 플랫폼의 네트워크 효과에 힘입어 독점 기업이 되는 것을 예방할 수 있다.

이런 맥락에서 서로 정보를 교환할 수 있는 정보통신 서비스를 개발하려는 노력이 계속되었다. 1990년대 초반에 이동통신사들은 사방이 꽉 막힌 각자의 사일로 속에 있었다. 같은 이동통신 서비스에 가입된 사람에게만 문자 메시지를 보낼 수 있었다. 예를 들어 영국의 보다폰 가입자는 오렌지 이동통신 가입자에게 문자 메시지를 보낼 수 없었다. 기술적 한계 때문에 이런 문제가 나타났던 것이 아니었다. 이동통신사들이 가입자를 경쟁 업체에 빼앗길까봐 서로 정보 공유를 꺼렸다. 이동통신 호환성이 널리 확산되기 전인 1999년에는 영국 이동통신 서비스를 사용하는 평범한 사람이 한 달에 보내는 문자 메시지는 대략 2통이었다. 이동통신 업계에서 상호 운용성이 아주 흔해지고 4년이 지난 2004년에는 영국 이동통신 서비스 가입자는 한 달에 33통의 문자 메시지를 사용했다. 하지만 2010년에 그 수치는 141통으로 증가했다.[54] 다른 이동통신 서비스 가입자들에게 자유롭게 문자 메시지를 전송할 수 있게 되고 요금까지 낮아지면서 이동통신 사용자의 수가 빠르게 증가했다. 그리고 상호 운용성에 관한 공포가 근거 없는 것이었음이 증명되었다. 이동통신사들은 더 강력해졌고, 고객 경험도 대폭 개선되었다.

지금은 상호 운용성을 확대하는 추세에 있다. 2012년 이후 영국의 금융 당국인 금융행위감독청은 소비자 금융기관에 소비자들이 거래 은행을 더 쉽게 변경할 수 있게 하라고 지시했다. 좀 더 근래에는 '오픈 뱅킹'으로 전환되는 추세가 강해지면서 은행들이 다른 은행의 앱과 고객 데이터를 (물론 고객의 동의를 받고) 공유하도록 압박을 받고 있다. 이 덕분에 영국인들은 덜 수고롭게 거래 은행을 옮길 수 있게 되었다.

20년 전에는 다른 누군가에게 이미 제공한 각종 서류를 들고 직접 은행을 찾아가야 거래 은행을 변경할 수 있었다. 유럽연합 집행위원회가 디지털 플랫폼에서 상호 운용성의 확대를 이끌고 있다. 2020년 12월에 제안된 디지털 시장법은 '게이트키퍼 플랫폼gatekeeper platform'에 새로운 의무를 부여한다. 게이트키퍼 플랫폼은 지금까지 살펴본 시장 지배적인 네트워크 플랫폼 기업이라고 생각하면 된다. 디지털 시장법은 의무적으로 디지털 플랫폼 사이에 상호 운용성을 확보하도록 한다.[55]

마지막으로, 기하급수적인 시대의 거대 기업들을 일반 기업이라기보다 유틸리티 기업으로 취급한다면 그들의 힘을 제한할 수 있을 것이다. 다시 말해 그들을 수도나 전력망, 하수관처럼 없어서는 안 되는 필수적인 서비스를 제공하는 존재로 보는 것이다. 디지털 기업들은 갈수록 유틸리티 기업으로 변해가고 있다. 그들은 우리의 일상생활에서 분리할 수 없는 필수적인 서비스를 제공한다. 구글, 애플, 아마존, 메타, 마이크로소프트, 넷플릭스 같은 기업이(또는 중국의 텐센트나 알리바바, 러시아의 얀텍스 같은 지역 기업이) 없었던 시절로 되돌아가보자. 그 시절로 되돌아가서 산다는 것은 상상조차 하지 못할 일이다. 스마트폰이 없으면, 그리고 앱스토어에 접근할 수 없으면 세계경제는 고사하고 지역 경제에 참여하는 것도 힘들다. 검색엔진을 활용하지 못하면 가정생활, 학교생활, 직장 생활 모두가 사실상 불가능하다. 소셜미디어를 사용하면 사회생활에 참여하기가 쉬워진다. 하지만 소셜미디어 서비스를 제공하는 기업들이 좋든 싫든 이렇게 막대한 힘에는 책임이 따르게 된다.

우리는 오랫동안 유틸리티 기업들에 엄격한 잣대를 제시했다. 그리고 규제 당국은 그들에게 더 높은 기준을 요구한다. 예를 들어 통신 업체들은 '보편적인 통신 서비스 의무'를 이행해야 한다. 그들은 한 국가에 거주하는 모든 사람에게 합리적인 수준의 통신 서비스를 제공해야 한다. 필수적인 시설로 간주되는 기업들은 반드시 공정하게 경쟁 업체와 자산 인프라를 공유해야 한다. 영국의 전화회사인 브리티시 텔레콤 British Telecom, BT이 좋은 사례다. BT의 전화망은 경쟁할 수 없는 자연적 독점이다. 고객의 가정에 서비스를 제공하려면 BT의 전화망에 접속할 수 있어야 한다. 수년간의 실랑이 끝에 영국의 규제 당국은 해결책을 내놓았다. BT의 전화망을 개별 법인으로 분사하고, 소유권은 BT가 갖지만 공정하게 운영하는 것이었다. 이렇게 설립된 기업이 오픈리치 Openreach다. 오픈리치는 전화망에 투자하고 같은 조건에서 BT와 다른 전화회사들이 전화망을 사용할 수 있도록 한다. 그 덕분에 일반 가정으로 들어가는 제2의 전국 전화망을 개설할 필요가 없어졌다(물론 모든 기업이 자신만의 전화망을 개설하지 않게 된 것은 아니었다).**56**

유럽연합 집행위원회는 대형 기술 기업들을 규제하는 데 앞장서고 있다. 제안된 디지털 시장법에 따라, 디지털 플랫폼이 과도하게 커지면 새로운 의무가 부과된다. 디지털 시장법은 사용자가 유럽인의 10퍼센트 이상에 달하면 디지털 플랫폼이 과도하게 커졌다고 정의한다. 이렇게 되면 보고와 감사와 관련하여 이행해야 하는 의무 사항이 많아진다. 그리고 데이터를 연구 단체 및 규제 당국과 공유해야 한다. 하지만 규모가 작은 디지털 플랫폼 기업에는 이처럼 과도한 의무가 부과되지 않는데, 디지털 플랫폼 시장 전반의 성장을 가로막지 않기를 바라기 때문이다.[57] 디지털 플랫폼 기업들을 유틸리티 기업으로 대하고, 시장의 목을 조르는 그들의 손아귀 힘을 끊어내려면 시장에 이런 식으로 개입할 필요가 있을지도 모르겠다.

이 모든 정책은 기하급수적인 격차를 없애는 것을 목표로 삼는다. 시장에는 상당한 경쟁이 존재하기 마련이다. 이것은 시장경제에서 거의 절대적인 진리나 다름없다. 하지만 기하급수적인 시대에 이것은 위험한 추정이다. 정치인이나 사업가, 규제 담당자는 승자가 모든 것을 갖는 시장이 존재하는 시대에 들어섰다는 사실을 아직 깨닫지 못하고 있다. 그들은 독점이 본색을 드러내면 소비자들에게 피해가 갈 거라고 생각한다. 하지만 더는 아니다. 시대가 변했다.

여기서 제도 변화의 속도가 더디다는 것을 다시 확인할 수 있다. 슈퍼스타 기업들은 이미 오랫동안 존재했다. 경제학과 W. 브라이언 아서는 1996년 기술 산업에서 나타나는 플랫폼의 시장 지배와 수확체증의 법칙에 관해 글을 썼다. 아서가 그 주제에 관해 처음 글을 쓸 무렵에는 틈새 산업에 관한 흥미로운 관찰 정도로 여겨졌다. 하지만 기술 산업은 세계에서 가장 중요하고 거대한 산업이 되었다. 각국 정부는 이 거대한 기술 산업을 규제하기 위해 기하급수적인 시대의 문제에 산업화 시대의 사고방식으로 접근했다.

하지만 이 20세기의 세계관은 극복될 수 있다. 각국 정부는 가장 빠르게 성장하는 기업들보다 더 느리게 움직일 것이다. 이는 타고나길 그렇게 타고났기 때문에 어쩔 수가 없다. 하지만 학계와 법조계, 싱크탱크와 기업 포럼에서 기하급수적인 격차를 메울 정책들이 쏟아지고 있다. 머지않아 쓸 만한 정책이 마련될 것이다. 사람들은 모든 영역에서 기존의 규범이 만들어진 시대가 저물었다는 것을 깨닫기 시작했다. 그러므로 규범 자체가 변해야 한다는 것도 알고 있다.

AI가 대체할 수 없는 일

| 기하급수 시대의 노동 |

EXPONENTIAL

EXPONENTIAL

•

2010년대 중반에 언론은 갑자기 직장의 자동화가 사회에 미칠 영향에 관해 매우 깊은 우려를 표했다. 〈가디언〉에는 '영국 노동자 수백만 명이 로봇에게 일자리를 잃을 위기에 처하다'라는 기사가 대서특필되었다.[1] 2017년, 〈뉴욕 타임스〉에는 '로봇이 우리 아이들에게서 일자리를 빼앗을까?'라는 제목의 기사가 실렸다.[2] 2015년 미래학자 마틴 포드Martin Ford가 발표한, 미래를 예언한 듯한 제목의 《로봇의 부상The Rise of the Robots》은 베스트셀러가 되었다. 그는 자동화가 미래 세대에게 "일자리 없는 미래"를 안겨줄 수 있다고 말한다.

로봇이 일자리를 빼앗을 거라는 공포는 오랫동안 존재했다. 산업혁명 이후부터 사업주들은 공장과 직원의 생산성을 조금이라도 더 올리는 방법으로 기술을 사용했다. 그러다 보니 고용자와 피고용자 사이에 긴장이 조성되었다. 기계 설비는 사업주에게 매력적이었다. 직원에게는 꼬박꼬박 임금을 줘야 하지만, 기계 설비는 한번 돈을 주고 사면 적은 비용으로 오랫동안 사용할 수 있었기 때문이다. 18세기가 저물고 19세기가 시작되면서 일자리를 빼앗아가는 기계에 대한 노동자의 분노가 커져갔다. 1810년대 영국에서 자신이 다니는 공장에 설치된 기계와의 전쟁을 선포한 신화적 인물인 네드 러드Ned Ludd의 이름을 딴 러다이트 운동이 일어났다. 직물공업 지대에서 일할 권리를 빼앗긴 노동자들로 이뤄진 조직이 자신들의 생계를 위협하는 기계를 파괴하기 시작했다. 그 후 2세기 동안 전 세계에서 이와 유사한 운동이 일어났다. 러다이트 운동이 일어나고 160년이 흐른 뒤 오하이오 로즈타운에서는 제너럴모터스 노동자들이 조립라인 통제실에 불을 질렀고, 공장 가동이 완전히 정지되었다. 그들은 해고와 작업환경의 비인간화를 촉진하는 공장의 자동화 확산에 반기를 들었다.[3]

말하자면, '로봇의 부상'은 예전부터 있었던 일이다. 로봇이 일자리를 빼앗을지도 모른다는 불안감은 기술 변화가 빠르게 진행되는 시기에 주로 나타난다. 그리고 그것은 노동자들만 느끼는 불안감이 아니다. 경제학자 존 메이너드 케인스John Maynard Keynes는 '기술적 실업technological unemployment'이라는 용어를 대중화했다. 1928년, 그는 "기술적 효율성의 증가가 고용 흡수력에 관한 문제를 해결할 새도 없이 빠르게 일어나고 있다"라고 했다. 고용 흡수력이란 노동자에게 일을 찾아주는 능력이다.[4]

지금은 기하급수적인 시대다. 새로운 기술이 다시 한번 노동자의 존재 이유에 이의를 제기하는 것 같다. 특히 인공지능은 노동 생활을 점점 침해하고 있다. 그리고 1장에서 보았듯이, 인공지능은 하루가 다르게 발전하고 있다. 사진에 찍힌 사람이 누구인지 알고 싶다면, 다른 직원에게 묻기보다 인공지능을 이용하는 편이 더 빠를 수 있다. 하나의 언어를 다른 언어로 빨리 번역해야 한다면, 이번에도 인공지능을 사용하는 것이 좋은 선택일 수 있다. 인공지능이면 단숨에 번역할 수 있다. 50명의 작업 일정을 짜야 한다면, 최적화 알고리즘을 활용하라. 사람이 작업 일정을 세우는 것보다 더 빨리 일을 처리할 수 있을 것이다. 게다가 인공지능 기술은 사람만 할 수 있다고 생각했던 작업에 해마다 점점 더 능숙해지고 있다.

도대체 이것이 노동자들에게 의미하는 것은 무엇일까? 집단의 상상 속에는 자동화의 위협이 크게 자리 잡고 있다. 새롭게 자동화된 일터의 부상은 대량 해고의 가능성을 높인다. 그리고 그것은 기술적 실업에 대한 케인스의 공포보다 훨씬 더 큰 존재의 위협으로 간주된다. 머지않아 자동화 시스템이 사람들 대부분을 실직 상태와 불완전고용 상태에 놓이게 만들지도 모른다. 제프리 힌턴은 앞서 만났던 인공지능 분야를 개척한 수많은 인물 중 한 사람이다. 그는 2016년 방사선 전문의의 전망에 대해 공개적으로 우려를 표했다. 힌턴은 엑스레이, 컴퓨터단층촬영과 자기공명 단층촬영을 담당하는 전문의다. 그는 소규모의 인공지능 연구자들과 관련 분야 창업자들에게 이렇게 말했다. "방사선 전문의들은 벼랑 끝을 이미 넘어선 코요테 같다. 하지만 그들은 아직 아래를 내려다보지 않아서 자신들의 발밑에 땅이 없다는 사실을 모른다. 이제 방사선 전문의를 더 이상 배출해서는 안 된다. 5년 안에 분명히 딥러닝이 방사선 전문의보다 더 능숙하게 업무를 처리할 것이다. (…) 10년이 걸릴 수도 있지만, 어쨌든 지금 방사선 전문의가 너무 많다."[5]

힌턴이 옳았을까? 어떤 면에서는 옳았다. 그가 방사선 전문의의 전
망에 대해 우려 섞인 발언을 하고 5년 뒤에 인공지능 기술이 또 발전했
다. 특히 방사선과 가장 관련 있는 하위 분야인 기계시각의 발전이 두
드러졌다. 내 어린 시절 친구인 라제시 제나Rajesh Jena는 케임브리지대학
교 암센터에서 신경종양 전문의로 일하고 있다. 그는 마이크로소프트
연구진과 함께 종양과 내부 장기를 정확하게 3D 시각화하는 시스템
을 개발했다. 이것은 신경모세포종을 찾아내는 시간을 몇 시간에서 단
4분으로 줄였다. 그 덕분에 전문의는 불안에 떠는 환자에게 진단 결과
를 설명하는 데 더 많은 시간을 할애할 수 있었다.[6]

그러나 힌턴의 예측은 완전히 빗나가기도 했다. 방사선 전문의의 수
가 어떻게 변했는지 살펴보자. 딥러닝 바람이 불기 전인 2010년 미국
에는 2만 7986명의 방사선 전문의가 있었다. 힌턴이 그들의 미래에 대
해 걱정스러운 발언을 하기 전인 2015년에 미국에는 2만 7522명의 방
사선 전문의가 있었고, 그로부터 3년 뒤인 2019년에는 2만 8025명으
로 증가했다.

인공지능 기술의 영향을 추적하기에 3년이란 시간은 너무 짧다고 말
할 수도 있다. 그러나 힌턴은 "방사선 전문의를 더 이상 배출해선 안 된
다"라고 단언했다. 현명하지 못한 발언이었다. 실직으로 내몰리기는커
녕 방사선 전문의에 대한 수요는 여전히 높고 공급은 부족하다. 그리고
방사선 의학은 미국에서 최첨단 의료 분야에 속한다. 많은 국가가 방사
선 전문의와 방사선 진단기의 부족에 시달리고 있다. 실제로 제나가 개

발한 시스템과 같은 종류의 인공지능 시스템은 방사선 전문의를 실직으로 몰아가기보다는 업무량을 줄이는 데 도움이 될 것으로 보인다.

이 사례를 보면, 노동의 미래가 더 복잡 미묘하게 펼쳐질 것이라고 예상할 수 있다. 자동화 시스템이 인간의 영역이라 여겨졌던 작업에 갈수록 능숙해지고 있다. 청소 로봇이 미국의 상점에서 서서히 확산되고 있다. 특히 코로나19 팬데믹 이후에 청소 로봇의 확산세가 두드러진다.[7] 중국에서는 기계시각 시스템이 파손된 자동차 사진을 스캔하고 수리비 견적을 뽑는다. 그래서 사람이 직접 파손된 자동차를 살펴볼 필요가 없다.[8] 이런 사례는 수도 없이 많다.

'로보포칼립스robopocalypse'가 타블로이드 신문의 헤드라인을 장식한다. 하지만 로봇이 일자리를 빼앗아 많은 사람이 실직하게 될 것이라는 일자리 없는 미래는 지나친 표현이다. 물론 매혹적이고 기삿거리가 될 만하지만, 혼란스럽다. 역사적으로 세계는 점점 자동화되었고, 고용 수준은 점점 증가했다. 어떻게 이런 일이 가능했을까? 자동화가 없애는 것보다 더 많은 일자리를 창출할 수 있기 때문이다. 물론 단기적으로 자동화로 일부 산업 영역이 쇠퇴하여 대규모 실직 사태가 발생할지도 모른다. 하지만 자동화는 소프트웨어를 개발하는 프로그래머부터 개발된 소프트웨어를 운영하고 관리할 엔지니어까지 사람만이 할 수 있는 기술이 필요한 새로운 일자리를 계속 창출한다. 시간이 흐르면서 자동화는 경제 시스템에서 지금은 상상만 하는 완전히 새로운 시장 영역을 창조할 것이다.

하지만 '로봇의 부상'이라는 이야기의 문제는 그것이 그저 틀린 소리만은 아니라는 것이다. 우리는 노동의 역사상 대전환기를 맞이하고 있다. 기술은 노동 방식과 노사 관계를 완전히 바꿀 것이다. 이러한 변화에 제대로 대응하지 못하면 노동 착취의 신시대가 도래할지도 모른다.

그러나 자동화 자체는 문제가 되지 않는다. 경제 시스템은 해야 할 새로운 일을 계속 만들어낼 것이다. 그래서 일자리는 여전히 차고 넘칠 것이다. 문제는 일자리의 질이다. 업무의 수준, 안정적인 소득수준, 역량을 개발할 기회, 노동자의 권리 등 일자리의 질이 급격히 낮아질 수 있다.

급속하게 발전하는 기술 때문에 가능해진 노동 조건과 노동 생활을 관리하는 오래된 규범, 규제와 기대에 뿌리를 둔 노동 조건 사이에서 기하급수적인 격차가 나타나고 있다. 이번 장에서 살펴보겠지만, 플랫폼 비즈니스 모델로 바뀌면서 기업들은 전통적인 고용계약보다 긱 노동을 바탕으로 한 새로운 형태의 고용계약을 선호한다. 고용자는 센서와 애널리틱스를 이용해 노동의 효율성과 생산성을 향상하는 자동화 관리 시스템을 개발해서 사용하고 있다. 문제는 이러한 트렌드가 노동자의 행복을 훼손할 가능성이 있다는 것이다. 그리고 노동의 효율성과 생산성의 향상으로 기업의 수익은 늘겠지만, 노동자에게 돌아가는 보상은 줄어들 수 있다.

로보포칼립스처럼 단순한 개념으로 이 세 가지 힘을 한꺼번에 설명할 수는 없다. 하지만 각각의 힘이 기하급수적인 시대의 힘을 이용하는 사람들과 뒤에 남겨지는 사람들의 사이를 갈라놓고 있다는 것은 분명하다.

대량 자동화가 실직으로 이어지지 않는다면?

대량 자동화와 실직은 저지대 샌프란시스코의 안개처럼 실리콘밸리를 무겁게 누르고 있다. 오래전부터 자동화가 대량 실직을 초래할 것이라는 주장은 있었다. 하지만 1장에서 살펴본 인공지능 기술이 발전하여 열매를 맺기 시작하면서 21세기 초에 다시 수면 위로 떠올랐다. 서점에는 《제2의 기계 시대The Second Machine Age》, 《인공지능 시대에 살아남기Surviving AI》 같은 제목이 붙은 책들이 넘쳐난다. 모든 책이 어떤 식으로든 인공지능이 게임의 법칙을 바꾸고 있다는 단순한 논리를 편다. 일반화된 기술들은 적응성이 있어서 상황에 맞게 변한다. 다시 말해, 기술은 여러 상황에 맞게 다양하게 활용될 수 있다. 그리고 기술은 적응력도 갖고 있다. 기술은 경험에서 새로운 정보를 습득한다. 그 결과 기술은 시간이 흐르면서 계속 발전할 것이고, 노동력의 상당한 부분을 불필요하게 만들 것이다.

어쨌든 인식, 소통, 기획, 조정 등 인간만의 영역으로 여겨졌던 영역이 인공지능 때문에 혁신적으로 변하고 있다. 게다가 개발자들은 지금까지 자동화가 불가능했던 작업을 그 작업과 관련하여 숙련된 기술을 지닌 사람보다 더 침착하게 처리하는 기계를 자랑하듯 선보인다. 이런 추세가 이어지면서 소프트웨어와 로봇이 사람을 대체했고, 자동화로 말미암은 일자리 상실이 현실이 되었다.

이 주제에 관한 가장 유명한 연구에서 옥스퍼드대학교 교수인 마이클 오즈본Michael Osborne과 칼 프레이Carl Frey는 머신러닝과 같은 첨단 시스템 때문에 미국 노동자의 47퍼센트가 일자리를 잃을 위기에 처했다고 예측했다.[9] 예측 전문가와 미래학자가 이 연구에 합세했는데, 그들과 유사한 결론을 내렸다. 오즈본과 프레이의 연구 결과는 7년 동안 7000회 이상 인용되었다.[10] 2017년 시장조사 기관 포레스터Forrester는 2500만 명의 미국 노동자가 2027년까지 자동화로 일자리를 잃을 것이고, 자동화가 1400만 개의 새로운 일자리를 창출할 것으로 내다보았다.[11] 영국 공영방송 BBC는 2030년까지 전 세계적으로 2000만 개의 직업이 사라질 것이라고 경고했다.[12]

이것은 시사하는 바가 크다. 2010년대에 많은 사람이 자동화로 일자리를 잃었다. 2017년에 도이체방크Deutsche Bank 은행장은 자동화 시스템을 도입하여 수천 명의 직원을 해고할 것이라고 말했다. 특히 "많은 시간을 주판을 두드리는 데 쓰는 직원들"이 해고될 것이라고 했다.[13] 은행권은 유난히 감성적이지 않은 업계이지만, 일반 사무를 자동화하려는 은행은 도이체방크만이 아니었다. 기업들이 줄줄이 사무직을 없애는 정책을 내놓았다. 사무 자동화에 대한 수요가 높아지면서 관련 업계에 붐이 일었다. 사무 자동화 소프트웨어를 개발하는 스타트업 가운데 유아이패스UiPath라는 루마니아 기업이 있다. 2015년에 유아이패스는 직원이 20명이 안 되는 작은 스타트업이었다. 하지만 5년 동안 전 세계의 대기업들이 사무 자동화를 위해 유아이패스의 문을 두드렸고, 이 회사는 3000명이 넘는 직원을 거느린 대기업으로 성장했다. 2020년 유아이패스의 시장가치는 350억 달러를 넘어섰다.[14]

자동화에 속도가 붙자, 노동시장에 미치는 영향이 고용 통계에 여실히 드러났다. 신기술로 생산성을 높일 수 있다면, 고용자는 직원 수를 줄이고 신기술을 도입할 것이다. 장기 데이터가 이를 뒷받침해주고 있다. 1979년 중반에 미국 제조업의 고용이 정점을 찍었다. 당시 1950만 명이 제조업에서 일했다.[15] 미국 노동자들은 세계에서 생산성이 가장 높았다. 그들의 노동 생산성은 영국 노동자 생산성의 1.5배, 독일 노동자 생산성의 5배에 달했다.[16] 그로부터 몇 십 년 동안 제조업의 생산성은 계속 향상되었지만, 고용은 줄어들었다. 다시 말해 (가치를 기준으로 계산했을 때) 미국 공장에서 더 많은 상품을 생산했지만, 필요한 노동력은 훨씬 줄어들었던 것이다. 브루킹스 연구소에 따르면, "1980년에 미국 제조업에서 100만 달러의 가치를 창출하려면 25명의 노동자가 필요했다." 2016년에 동일한 가치의 재화를 생산하는 데는 5명이면 충분했다.[17]

처음에 이런 추세는 오늘날의 기술 기업들에서 훨씬 더 두드러졌다. 미국의 대기업들이 한때 얼마나 많은 직원을 거느렸는지 살펴보자. 1980년에 제너럴 모터스는 직원이 무려 90만 명이었다. 연간 400만 대 이상의 자동차를 팔았고, 수익은 663억 달러에 달했다.[18] 직원 한 명당 대략 7만 4000달러의 수익을 올린 셈이었다. 이제 기하급수적인 시대의 거대 기업들을 살펴보자. 구글의 모기업인 알파벳은 2019년에 직원이 약 12만 명이었고, 수익은 1620억 달러였다. 직원 한 명당 대략 140만 달러의 수익을 올린 셈이었다.[19] 전반적으로 기업들은 더 적은 직원으로 더 많은 가치를 창출하고 있다.

하지만 여기에 함정이 있다. 대형 기술 기업들이 성장하는데도 고용 통계는 계속 낙관적이었다. 코로나19 팬데믹 시기에 세계경제는 얼어붙었지만, 많은 나라가 역대 최고의 고용률을 기록했다. (대체로) 선진국인 37개의 경제협력개발기구 가입국은 2019년에 역대 최고의 고용률을 기록했다. 2007~2009년 금융 위기 전의 최고치보다 높았다.[20] 전 세계적으로 상황은 비슷했다. 국제노동기구는 2020년이 되면서 전 세계 실업률이 2009년 이후 최저치를 기록했다고 추산했다.[21]

로보포칼립스의 도래가 늦춰진 듯했다.

컴퓨터가 습득할 수 없는 인간의 기술

우리는 난제에 직면했다. 한편으로 자동화는 노동력의 상당한 부분에 위협이 되는 것 같다. 다른 한편으로 기술이 더 좋아질수록, 직업이 더 많아지는 듯하다. 도대체 이게 무슨 일일까?

가능한 설명이 몇 가지 있다. 첫째, 자동화가 생각보다 훨씬 더 어려운지도 모른다. 로봇의 세상이 임박했다고들 하지만, 실제로 자동화는 아직 초기 단계에 있다. 기술이 개선되고 있지만, 초인적인 존재가 되려면 더 많은 시간이 걸릴 것으로 보인다. 기하급수적인 프로세스가 성숙해지는 데는 시간이 필요하다.

자동화가 더디게 진행되는 데는 이유가 있다. 생각보다 많은 업무가 자동화하기 쉽지 않다. 이러한 사실은 '모라벡의 역설'이 잘 보여주는데, 이는 1980년대에 카네기멜론대학교에서 로봇공학과 인공지능을 연구했던 한스 모라벡Hans Moravec이 제시한 개념이다. 그가 1988년에 썼듯이, "성인 수준의 지능 테스트를 하거나 오류를 확인하는 작업을 수행하는 컴퓨터를 만드는 데는 별 어려움이 없지만, 역설적이게도 컴퓨터가 지각이나 동작에서 한 살배기 아이의 기술을 습득하게 하는 것은 어렵거나 불가능하다."[22] 모라벡의 역설이 등장한 지 30년이 넘었지만, 그것은 여전히 유효하다. 우주의 원자 개수보다 훨씬 많은 수를 지닌 바둑을 둘 수 있는 컴퓨터를 개발할 수는 있다. 하지만 여전히 컴퓨터가 습득할 수 없는 인간의 기술이 훨씬 많다.

실제로 이것이 어떻게 나타나는지를 보려면, 경제의 두 가지 영역을 살펴볼 필요가 있다. 노골적으로 표현하면, '높은 수준의 기술'이 필요한 영역과 '낮은 수준의 기술'이 필요한 영역이다. 먼저, 월가의 트레이더들을 생각해보자. 지금은 조금 시대에 뒤처진 감이 있지만, 겹겹이 쌓여 있는 수많은 스크린에 둘러싸인 채 거래소에서 소리를 질러대는 정장 차림의 사내가 머리에 떠오를 것이다. 그의 목표는 고객을 대신해서 주식이나 금융 상품을 사고파는 것이다. 경매장을 가봤는가? 사람들은 조금이라도 유리한 값에 원자재를 거래하려고 짐승처럼 정신없이 소리를 질러댄다. 거래소도 마찬가지다.

그런데 역설적이게도 몇 세대에 걸쳐 금융학도들이 오매불망 갖고싶어 하는 이 직업은 쉽게 자동화될 수 있다. 요즘 거래소를 가보면, 고성을 주고받던 트레이더들은 거의 다 사라지고 컴퓨터가 그들의 역할을 대신한다. 알고리즘이 최적가를 찾아내고, 그 가격에 맞춰 주식을 사고판다. 여기에 사람은 단 한 명도 필요 없다. 2006년 내가 로이터에서 혁신팀을 이끌 때, 알고리즘 금융거래가 인기를 얻기 시작했다. 당시 모든 주식의 30퍼센트가 알고리즘에 의해 거래되었다. 10년 뒤에는 주식의 거의 70퍼센트가 알고리즘에 의해 자동적으로 거래되었다.[23] 주요 금융 상품을 사람들이 얼굴을 보면서 직접 거래하는 일은 갈수록 드물어지고 있다.

얼핏 보기에도 금융 서비스업에서 상대적으로 '인간의' 영역으로 보이는 펀드매니저조차 자동화로부터 안전하지는 않다. 수십 년 동안 펀드매니저들은 다른 사람의 돈을 가져다가 스스로 수익이 좋을 것으로 생각되는 투자 상품을 선택하고 투자했다. 이것은 세계경제 분석과 인맥 관리에 재주가 있는 부유한 학부생들이 꿈꾸던 일이었다. 요즘은 그렇지 않다. 펀드매니저들은 자동화 시스템으로 대체되고 있다. 2019년에 펀드매니저가 관리하는 '액티브 펀드'에서 자동화 시스템이 운용하는 '패시브 펀드'로 대전환이 일어났다. 당시 전 세계 모든 자산의 절반 이상이 펀드매니저가 투자 결정을 내리는 펀드 상품 대신에 단순한 규칙에 따라 자동적으로 관리되는 펀드로 흘러 들어갔다.[24]

이것은 고함, 멜빵, 활력 등으로 대변되는 트레이딩 문화가 그저 보여주기식 연극에 불과했기 때문에 가능했다. 주식은 주식이고, 매수는 매수이고, 매도는 매도일 뿐이다. 주식을 사고파는 행위는 매수 주문과 매도 주문을 일치시키는 단순한 일이다. 포트폴리오를 구성하는, 다양한 주식으로 구성된 자산을 관리하는 일은 사람이 아닌 컴퓨터 프로그

램이 처리하는 편이 더 효율적이라는 것이 확인되었다.[25]

하지만 대부분의 업무는 월가 트레이더들의 업무처럼 단순하지 않다. 주가 지수를 추적하거나 주식을 사고파는 일보다 훨씬 복잡한 경우가 많다. 과업 지시서에 굳이 기록하지 않아도 처리해야 하는 업무들이 있다. 사람은 문을 어떻게 여는지 또는 직장에서 다른 사람과 어떻게 관계를 맺는지 안다. 그리고 인간관계가 조직이 제대로 기능하게 하는 데에서 중요한 부분을 차지한다. 직장에서 일어나는 상호작용의 많은 부분이 우리가 동료들과 소통하는 과정에서 나타나는 명문화되지 않은 관례로 관리된다.

철학자 마이클 폴라니Michael Polanyi는 "사람은 말할 수 있는 것보다 더 많은 것을 알 수 있다"고 했다.[26] 이것은 기분이 좋아지는 인간적 발언이다. 다시 말해, 우리 주변은 말로 옮길 수 없는 지식으로 가득하다. 이런 지식은 동료, 상사, 고객 등과 상호작용을 통해 학습된다. 사람들은 주변 환경으로부터 어떻게 해야 하는지, 뭐가 정말 중요한지, 누가 중요한지, 무엇을 주고받아야 하는지, 가장 빠른 방법은 무엇인지 등에 관해 단서를 얻는다. 이런 지식은 어딘가에 거의 기록되지 않는다. 설령 문서화되더라도 글보다는 경험을 통해 더 잘 학습되는 지식이다. 이렇게 명문화되지 않는, 아마도 명문화될 수 없는 암묵적인 지식이 우리의 삶에 많이 존재한다.

이것은 월가 트레이더처럼 '높은 수준의 기술'이 요구되는 직업보다 '낮은 수준의 기술'이 요구되는 직업에 훨씬 더 해당되는 이야기다. 인류학자 데이비드 그레이버David Graeber는 가끔 반복적이고 과업 지향적이어서 자동화가 쉬울 것으로 여겨지는 직업이 사회복지사 같은 직업이라고 말했다. 하지만 이러한 직업들은 구체적인 과업이 주어지는 경우가 드물고, 사람과의 상호작용이 주된 업무이며 감정 노동인 경우가 많다. 런던 지하철 직원들을 생각해보자. 실제로 그들은 개찰구를 지키는 일보다 길을 헤매는 관광객에게 길을 안내하거나, 미아에게 부모를 찾아주거나, 지하철 운행 지연에 화가 난 탑승객들에게 상황을 설명하는 등 다른 사람들을 돕는 일을 주로 한다. 그레이버는 단순 반복적이라고 여겨지는 그들의 업무는 "벽돌공의 일보다는 간호사의 일과 공통점이 더 많다"라고 했다.[27]

이런 이유로 실제로 경제학자들이 '저숙련' 노동이라 여기는 직업의 자동화가 어려울 수 있다고 말한다. 저숙련 노동에서는 직장 생활 매뉴얼도 거의 도움이 되지 않는다. 업무를 성공적으로 수행하는 데 필요한 지식이나 노하우의 절반도 매뉴얼에 담겨 있지 않기 때문이다. 이렇게 암묵적으로 처리해야 하는 업무가 많은 직업에서는 사람을 대신할 인공지능을 만드는 것이 쉽지 않다. 인공지능 시스템은 분명하고 모호하지 않은 목표를 요구한다. 그리고 분명한 데이터를 바탕으로 학습을 한다. 업무를 수행하는 노하우가 대개 숨겨진 경우에 인공지능은 반쪽짜리 그림만을 학습하게 된다. 간단히 말해, 사람을 위해 조성된 업무 환경은 지금 당장 기계가 적응하기에 너무나 복잡하다. 가까운 미래에도 이런 환경에 기계는 적응하지 못할 것이다.

결과적으로 자동화는 서서히 그리고 단계적으로 진행된다. '업무'는 더 작고 관리하기 쉬운 단위로, 결국은 가장 단순한 단위까지로 쪼개질 것이다. 기초적인 로봇이나 소프트웨어가 가장 쉽고 단순한 업무를 처리하게 된다. 앞서 언급했던, 암울한 미래를 예측한 옥스퍼드대학교 논문의 공동 저자인 경제학자 칼 프레이는 "자동화 프로세스에서 업무의 단순화가 거의 함께 일어난다"라고 했다. 그는 또 다음과 같이 덧붙였다. "심지어 최첨단 로봇공학조차 중세 기능공의 행동과 작업을 그대로 복제할 수는 없다. 생산이 자동화될 수 있었던 것은 오직 그전까지 체계적으로 정리되지 않았던 작업이 세분화되고 단순화되었기 때문이다."[28]

이는 인공지능이 급격히 발전하고 있는 지금도 마찬가지다. 2020년 말까지 인공지능 시스템이나 로봇이 등장했다고 해서 고용 통계에 큰 변화가 나타나지는 않았다. 자동화는 상대적으로 단순하고, 보통 간소화된 일상 작업들에나 가능하다. 예를 들어 최초의 인공지능 기반 자율주행 자동차는 애리조나 피닉스의 통제된 환경에서 주행했다. 완벽한 날씨에 쭉 뻗은 넓은 도로 위를 달렸다. 하지만 비가 미친 듯이 퍼붓는 독일의 아우토반은 자율주행 자동차에게는 넘어야 할 큰 산으로 남을 것이다. 자율주행 트럭이 처음 출시된다면, 그것은 런던의 좁은 도로 대신 곧게 뻗은 고속도로만 주행할 것이다. 그러므로 완전 자동화는 아직 요원한 것 같다.

실업을 부르는 것은
자동화가 아닌 기업의 실패

하지만 그렇다고 자동화가 기하급수적인 시대의 비주류 세력이라고 결론 내려선 안 된다. 월가 트레이더들의 사례에서 확인했듯이, 경제 시스템 전반에서 자동화는 분명히 진행되고 있다. 지금은 그 영향이 특정 작업과 분야에 제한되어 있을 뿐이다. 그렇다고 자동화의 영향이 노동시장 전반으로 단숨에 확산되지 않으리라는 보장도 없다. 3장에서 말했듯이, 기하급수적인 시대를 정확하게 예측하려는 것은 바보들이나 하는 짓이다.

자동화가 노동시장에 영향을 준다고 하더라도, 언론 보도대로 진행될 가능성은 낮다. 자동화는 산업 전반에 대량 실업을 초래하기보다는 기업들이 경쟁력을 높이는 수단이 될 것 같다. 자동화를 잘 이용하는 기업들은 경쟁력 없는 기업들을 상대로 승승장구할 것이다.

지난 코로나19 팬데믹을 통해서도 자동화가 어떻게 전개될지 예측해 볼 수 있다. 팬데믹 초기에 디지털 사회로 전환이 가속될 것이라는 이야기가 많았다. 사람들은 커피숍 대신 줌으로 몰려들었다. 거리의 가게들이 문을 닫는 동안 온라인 쇼핑은 폭발적으로 증가했다. 이런 상황에서 당연히 승자는 대형 디지털 기업들이었다. 오프라인 세상은 갑자기 폐쇄되어 정지했고, 온라인 세상은 여전히 활발하게 돌아갔다. 이러한 온라인 세상에서 주로 활동하는 디지털 기업들이 코로나19 팬데믹 시대의 주인공으로 등극했다. 아마존이 그 무리를 이끌었다. 계산기, 운동 장비, 휴대전화 충전기, 인쇄용지 등의 온라인 판매가 급격히 증가했다. 이를 보여주기라도 하듯이, 아마존의 매출은 2020년 상반기에 40퍼센트 증가했다.

아마존은 공격적으로 자동화를 추진했고, 그 덕분에 세계 최첨단의 소매 업체가 되었다. 창립 초기부터 아마존 창립자 제프 베조스Jeff Bezos는 자동화의 힘에 주목했다. 그는 2002년에 직원들에게 충격적인 메시지를 안겼다. 그는 모든 시스템을 사람이 조정하는 것이 아니라 자동화 시스템에 의해 움직이도록 설계하라고 지시했다. "이 지시를 따르지 않는 사람은 회사를 나가야 할 것"이라고 쾌활한 어조로 메시지를 마무리했다.[29] 아마존 임직원들은 내부 시스템을 베조스의 주문대로 자동화하기 쉽도록 설계하기 시작했다.[30] 이리하여 아마존은 전사적으로 자동화로 대전환하는 기반을 마련할 수 있었다. 2018년에 아마존은 직원이 없는 무인 매장을 열었다. 무인 상점인 아마존 고Amazon Go에서 쇼핑객들은 매장을 돌아다니다가 원하는 물건을 갖고 매장을 나서기만 하면 된다. 귀찮게 계산대에서 순서를 기다릴 필요도 없다. 결제는 자동적으로 그들의 아마존 계정을 통해 진행된다.[31]

아마존은 지난 10년을 로봇공학의 일인자가 되는 데 썼다. 2012년 로봇 산업을 주도하는 로봇 기업인 키바 시스템스Kiva Systems를 거금 7억 7500만 달러에 인수했다. 2019년을 기준으로, 전 세계에서 20만 개의 로봇이 지치지 않고 일했다. 아마존은 주로 로봇으로 택배 상자를 분류한다.[32] 아마존은 세계에서 로봇화가 가장 많이 진행된 대기업에 해당

될 것이다. 말하자면, 아마존은 직원 네 명당 로봇 한 대를 고용한 셈이다. 아마존 프라임의 당일 배송 서비스를 이용하는 2억 명의 아마존 회원은 누구나 로봇이 배달하는 택배 상품을 받아본 경험이 한 번쯤은 있을 것이다.

아마존의 자동화로 수천 개의 일자리가 결국 사라졌을 거라고 생각할지도 모른다. 어쨌든 자동화는 대량 실업으로 이어지게 되어 있다. 하지만 2020년 코로나바이러스가 전 세계를 강타했을 때, 아마존은 오히려 미친 듯이 직원을 채용했다. 채용 규모가 작지도 않았다. 세계보건기구가 코로나19 팬데믹을 선언하고 6개월 동안 아마존은 연이어 직원들을 채용했고, 그 한 해 동안 전 세계적으로 무려 30만 8000명을 신규 채용했다.[33]

아마존의 사례는 개별 기업을 기준으로 보면 자동화가 없앤 일자리보다 더 많은 일자리를 창출할 수 있다는 것을 보여준다. 아마존만이 아니었다. 자동화와 인공지능에 막대한 투자를 했던 다른 기업들도 점점 더 많은 직원을 채용했다. 넷플릭스는 단연 인공지능 분야의 일인자다. 알고리즘이 넷플릭스 회원에게 '볼 만한 프로그램'을 추천하고 있다. 하지만 그럼에도 넷플릭스는 코로나19 팬데믹 내내 꾸준히 신규 직원을 채용했다.[34] 2020년에 넷플릭스의 직원 수는 거의 9.3퍼센트가 증가했다.[35]

고도의 자동화 수준에 이른 듯 보이는 기업들이 왜 계속해서 새로운 직원을 채용했던 것일까? 자동화는 야심 차고 빠르게 성장하며 잘 운영되는 기업에서 보통 일어난다. 기업이 빠르게 확장하면 조직을 운영하고 관리할 사람이 많이 필요한 법이다. 그리고 그것은 자동화에 얼마나 많이 투자하느냐와는 상관없다. 코로나19 팬데믹을 기준으로 좀 더 넓은 시각에서 현재 상황을 살펴보면, 자동화와 성장과 고용 증가가 함께 일어난다는 것을 알 수 있다. 영국의 오카도는 세계 최고의 최첨단 식료품 기업으로 알려져 있다. 오카도는 완전히 자동화된 거대한 공장을 갖고 있다. 직육면체 로봇이 공장을 돌아다니며 상추, 케첩, 샴푸 등의 물건을 정리하고 나른다. 오카도 공장에는 사람이 단 한 명도 없다. 하지만 2006년과 2020년 사이에 오카도의 직원 수는 대략 43퍼센트 증가했다. 중국 소매 업체인 제이디닷컴JD.com도 물류창고 자동화에 대거 투자했다. 2018년 제이디닷컴은 하루에 20만 건의 주문량을 소화할 수 있는 물류창고를 열었다. 직원은 겨우 네 명이었다.[36] 하지만 이듬해 제이디닷컴은 추가로 직원 4만 8000명을 고용했고, 고용 증가율은 무려 27퍼센트 이상이었다.

이 모든 것은 일자리 없는 미래의 양상이 우리가 상상했던 것과 조금 다르게 펼쳐지고 있다는 방증이다. 아마존과 넷플릭스 같은 슈퍼스타 기업들은 자동화를 거듭하며 성장한다. 그리고 성장할수록, 그들은 더 많은 사람을 고용한다. 여기에 기하급수적인 프로세스가 존재하지만, 그것이 고용 없는 기업을 낳지는 않는다.

물론 자동화 때문에 노동자들이 일자리를 잃는 경우도 있다. 그것은 소프트웨어가 그들을 대체하기 때문이 아니다. 그들이 몸담은 기업이 변화에 적응하는 데 실패했기 때문이다. 경영진이나 주주들이 새로운 기술에 따른 변화를 따라잡으려 하지 않았거나 따라잡을 수 없어서 기업이 실패한 것이다. 대체로 직원들이 최신 기술을 사용하는 데 필요한 훈련이나 교육에 제대로 투자하지 않아서 기업이 실패한다.

달리 말하면, 자동화는 캐나다 서부로 하이킹 여행을 떠난 두 친구가 들려주는 이야기 같다. 캐나다 서부로 하이킹 여행을 떠난 프레드와 인드렉이 있다. 그들은 잠시 쉬려고 걸음을 멈추고 발이 숨을 좀 쉴 수 있도록 신발을 벗는다. 쉬면서 그들은 자신들에게로 접근하는 회색 곰을 포착한다. 프레드는 조용히 신발을 신기 시작한다. "곰보다 빨리 달릴 수 없는데, 왜 굳이 신발을 신는 거야?"라고 인드렉이 묻는다. "곰보다 빨리 달릴 필요는 없어. 너보다 빨리 달리기만 하면 돼"라고 프레드가 말한다. 그 말이 끝나자마자 프레드는 냅다 달린다.

기업이 프레드와 같다면, 다시 말해 기업이 변하는 환경에 적응하기 위해 재빠르게 움직일 수 있다면, 그 기업은 더 많은 사람을 고용하면서 자동화 시대에 승승장구하고 성장할 것이다. 하지만 기업이나 조직이 변화가 타고난 본성인 기하급수성을 오해하면, 그 직원들은 곰에게 잡아먹히게 될 것이다.

비디오 임대 서비스 업체인 블록버스터Blockbuster는 넷플릭스의 부상으로 폐업의 길을 걸었다. 처음에 넷플릭스는 쇼핑몰을 통해 DVD를 대여하고 판매하기 위해 설립되었다. 2013년에 마지막 남은 300개의 블록버스터 매장이 문을 닫았고, 수천 명의 블록버스터 직원들이 실직했다. 넷플릭스는 비디오 대여 업계의 신흥 강자로 떠올랐다.[37] 블록버스터가 비디오 대여 시장을 지배하던 때 9000개의 매장을 갖고 있었다. 이때 블록버스터는 일부 매장에 최첨단 자동화 시스템을 도입했지만,

그렇다고 해고를 하거나 고용을 줄이지는 않았다. 반면 넷플릭스는 최초로 디지털 비즈니스 모델을 기반으로 사람들이 웹사이트에서 DVD를 구독하도록 했고, 나중에 TV 쇼와 영화도 제공했다. 사람들은 넷플릭스 서비스에 만족했고, 블록버스터는 이러한 변화에 더디게 적응하다가 결국 파산했다.

프랑스에서 587개의 제조 업체를 대상으로 실시된 조사에 따르면, 그들은 자동화로 경쟁력을 높인 업체가 진짜 경쟁자이고 위협이라고 말했다. 조사 기관은 "로봇을 도입한 기업의 수익성과 생산성이 증가했다"는 사실을 확인했다. 그들은 고용도 늘려 직원 수가 10.9퍼센트 증가했다. 생산직 인원은 기업의 매출 증가에 따라 증가했다. 대부분의 경우에 그들은 자동화로 생겨난 새로운 업무를 처리할 직원을 새롭게 채용했고, 그것이 고용 증가로 이어졌다. 하지만 변화에 발 빠르게 대응하는 기업보다 느릿느릿 대응하는 기업이 훨씬 더 많았다. 이것이 문제였다. 어느 기업의 로봇 도입률이 10퍼센트 증가하면, 그 기업의 경쟁 업체 직원 수는 2.5퍼센트 줄었다.[38] 자동화 자체가 일자리 상실로 이어진 것이 아니라, 자동화에 실패한 기업들이 마주한 어려움 때문에 일자리가 사라졌던 것이다.

일은 양이 아니라 질이다

물론 기업들이 자동화에 잘 대응한다고 해서 자동화를 걱정할 필요가
전혀 없다는 의미는 아니다. 경제 시스템 전반에 걸쳐 자동화는 일자리
상실로 이어질 수 있다. 설령 아마존과 넷플릭스 같은 기업들이 고용을
늘리더라도 말이다.

경제학자들은 자동화가 경제 시스템 전반에 어떤 영향을 미칠지에
대해 솔직한 답을 내놓지 못한다. 앞서 인용한 프랑스 조사는 자동화의
거시경제적 영향을 냉철하게 보여준다. 조사 기관은 자동화가 사회 전
반의 일자리 상실로 이어질 수 있다는 결론을 내렸다. 프랑스 조사를
함께 이끌었던 경제학자 대런 애시모글루Daron Acemoglu와 파스쿠알 레스트
레포Pascual Restrepo는 이 분야에서 생각할 거리를 던져주는 연구를 많이 진
행했다. 그들은 제조업, 주로 자동차 제조업에 대한 산업 로봇의 영향
을 연구했는데, 산업 로봇의 도입으로 1990년과 2007년 사이에 65만
개의 일자리가 사라졌다는 사실을 확인했다. 각각의 산업 로봇이 대략
5.6명의 노동자를 대체했고, 임금 수준을 1퍼센트 낮췄다. 그렇게 좋은
이야기는 아니다.[39]

하지만 모든 국가의 자동차 제조업에서 이 조사와 일관성 있는 결과
가 나올 것이라고 말할 수는 없다. 유럽에서 자동차 제조업을 중심으로
산업 로봇이 노동시장에 미치는 영향을 연구했는데, 노동자 1000명당
산업 로봇 한 대가 추가로 도입될 때마다 전체 고용이 1.3퍼센트 증가

했다는 결과가 나왔다.[40] 훨씬 더 고무적인 연구 결과다. 그리고 더 많은 연구에서 대체로 자동화가 일자리 창출로 이어진다는 결론이 나왔다. 2018년 세계경제포럼은 자동화가 향후 몇 년 동안 7500만 개의 일자리를 없애지만, 그와 동시에 1억 1300만 개의 새로운 일자리를 창출할 것으로 예측했다.[41] 런던경제대학 레슬리 윌록스Leslie Willocks의 말을 빌리면, "시간이 흐르면서 자동화 때문에 사라진 일자리 수는 무시할 만한 수준이 될 것이다."[42]

어떻게 그럴 수 있을까? 이것은 일자리 수는 한정되어 있는 상황에서 더 많은 여성이 노동시장에 진입하고, 이주 노동자가 증가하고, 로봇이 노동자를 대체하면 노동력의 균형이 무너져서 일할 기회가 줄어들 것이라는 경제적 통념과는 완전히 상반된다. 하지만 이러한 통념은 말이 안 되는 소리다. 이것은 경제 이론과 역사적 증거가 널리 확산한 제로섬 게임에 기반한 사고다. 경제학자들은 이것을 '노동 총량의 오류lump of labour fallacy'라고 부른다.

사실 새로운 기술의 개발이 새로운 니즈를 창출한다. 하나의 신기술이 하나의 기존 기술을 대체하면, 새로운 영역이 만들어진다. 이렇게 만들어진 새로운 영역은 새로운 니즈를 만들어내고, 그 니즈는 적합한 기술을 갖춘 노동자들이 충족시킨다. 실제로 이것이 어떻게 전개되는지 알려면, 시드 카루나라트네Sid Karunaratne를 만나보라. 2000년대에 데이터 분석과 예측 서비스를 제공하는 스타트업을 설립할 때, 우리는 시드를 채용했다. 그는 대학교를 졸업한 지 채 1년이 되지 않았다. 그는 포니테일을 하고 늦게 시작해서 늦게까지 일하는 전형적인 기술 전문가였다. 그는 암벽등반을 하러 나가지 않으면, 낮 근무 시간에 웹서버를 관리했다. 웹서버는 대규모 연산 작업을 처리하는 데 필요했다.

입사하고 첫 몇 달 동안 서버를 관리하는 것이 그의 주된 업무였다. 소프트웨어에 오류가 발생하면 서버가 마비될 수 있었다. 데이터의 불일치도 프로그램의 오류를 초래하여 서버를 마비시킬 수 있었다. 방대한 데이터 때문에 저장 공간이 가득 차도 웹서버는 마비된다. 이틀마다 개발자들은 서버가 안정적으로 돌아가도록 오류를 수정하고, 최적화하고, 몇 가지 새로운 기능을 추가하여 핵심 코드를 업데이트해야 했다. 시드는 이렇게 변경된 내용을 웹서버에 반영하는 역할을 했다. 다시 말해 핵심 코드에 소소하게 수백 건의 변경 사항이 발생하면, 시드는 그것들을 고객이 접속하는 핵심 서버에 '욱여넣어야' 한다는 의미였다. 이 프로세스에 온갖 보안 문제가 발생할 수도 있었다. 그리고 우리가 사용하던 데이터베이스나 운영체제의 백도어에서 새로운 취약점이 발견될 수도 있었다. 이 모든 틈새를 메워야 했다. 이것은 더 많은 코드를 서버에 업로드해야 한다는 뜻이었다. 시드는 아침부터 늦은 밤까지 눈코 뜰 새 없이 바빴다.

회사가 성장하고 프로그램이 개선되면서, 회사 서비스에 대한 수요가 기하급수적으로 증가했다. 시드가 입사할 무렵 마스터 데이터 저장소에 저장된 데이터는 수백만 건에 불과했지만, 2년 만에 수백억 건으로 증가했다. 수천 배나 많은 데이터를 처리해야 했을 뿐 아니라, 급격히 증가한 데이터 수요도 처리해야 했다. 일주일에 몇 차례 업데이트하던 데이터를 이제 하루에 수만 번 업데이트해야 했다. 보통 수천 분의

1초 단위로 새로운 정보가 유입되었다. 우리는 더 빨리, 더 많은 데이터를 처리했다. 당연히 서버의 수도 증가해, 몇 대 되지 않던 웹서버는 어느 순간 몇 천 개가 되었다.

하지만 시드는 이렇게 복잡해진 작업환경에 압도되지 않았다. 그 대신 그는 새로운 기술을 익혔고, 새로운 도구를 만들어냈다. 그는 핵심 작업을 처리하는 소프트웨어를 개발했다. 하루 종일 서버 옆에 앉아서 서버를 관리하던 그는 스스로 개발한 소프트웨어로 반나절 만에 그날의 업무를 모두 처리했다. 시드가 스스로 업무를 자동화한 것이었다. 하지만 그렇다고 그를 해고하지는 않았다. 오히려 그 반대였다. 회사는 성장하는 중이었고, 시드의 자동화 시스템이 회사의 성장에 큰 도움이 되었다. 자동화는 시드뿐 아니라 회사 전체에 더 많은 기회를 만들어냈다. 근무시간을 모두 쏟아부어서 처리했던 쉬운 작업들이 몇 가지 작업 코드로 자동적으로 처리되면서, 그는 더 복잡하고 중요한 작업을 맡을 수 있게 되었다. 대부분이 그전에는 시간이 없어서 처리할 수 없는 작업이었다. 쉬운 작업이 자동화되면서 시드가 더 중요하고 복잡한 작업을 처리하자, 오히려 더 많은 기회와 업무가 창출되었다.

물론 시드 이야기는 대서특필될 만한 이야기는 아니다. 하지만 그의 이야기는 기술이 어떤 프로세스를 거쳐서 자동화되는지를 개략적으로 보여준다. 이러한 자동화는 전 세계에서 일어나고 있다. 미래학자 폴 도허티Paul Daugherty는 인공지능에 투자하는 기업들이 조직 안에서뿐만 아니라 경제 전반에 걸쳐서 새로운 유형의 직업을 어떤 식으로 만들어내고 있는지 연구하고《휴먼+머신Human+Machine》이라는 책을 썼다. 예를 들어 자율주행 트럭을 생산하는 스타트업인 오로라Aurora는 자율주행 트럭 관리자부터 주행 중에 맞닥뜨리는 예기치 못한 문제를 해결하는 트럭 원격 오퍼레이터까지 완전히 새로운 범주의 직업을 만들어내고 있다. 이러한 새 직업군은 갈수록 흔해질 것으로 예상된다.[43] 결론적으로, 경제 시스템 전반에 걸쳐서 자동화는 일자리를 줄이기보다 늘리고 있다.

중요한 점은 이 역동적인 변화가 지루할 정도로 장기적으로 서서히 전개된다는 것이다. 이를 방증하는 분명한 역사 기록이 있다. 역사적으로 보면, 기술들로 인해 사라진 일자리보다 새롭게 생겨난 일자리가 더 많다. 하지만 도입 초기에 기술은 시장에 파괴적인 영향을 미칠 수 있다. 경제학자 칼 프레이는 다음과 같이 지적했다. "역사적으로 보통 사람들은 새로운 기술을 통해 장기적으로 막대한 혜택을 누리게 된다. 이것은 반박할 수 없는 사실이다. 하지만 새로운 기술은 단기적으로 사람들을 실직 상태에 빠트린다. 문제는 경제학자들이 말하는 단기간이 여러 해가 될 수 있다는 것이다."[44]

하지만 전반적으로 자동화가 지속적으로 미치는 영향이 일자리의 상실은 아닐 것이다. 기하급수적인 기술들의 장기적인 영향을 살펴보면, 우리가 걱정해야 할 문제는 사람이 할 일의 양이 줄어드는 것이 아니라 사람이 하는 일의 질이다.

긱 경제가 가져온 힘의 불균형

2018년이 저물 무렵 채 열 살도 되지 않은 우버는 세계적으로 9100만 명 이상이 택시를 부르거나 어딘가로 이동하기 위해 자신들의 서비스를 사용한다고 발표했다. 실로 놀라운 숫자였다. 두 번째 숫자 역시 놀랍기는 마찬가지다. 우버 서비스에 등록된 운전자 수가 390만 명이었다.[45] 이들 중 단 한 명도 우버에 소속된 운전자는 아니었다. 그들은 긱 노동자였다. 그들은 우버와 노동계약서를 작성하지 않았지만, 그들이 실어 나른 탑승객의 수나 처리한 '긱' 프로젝트를 기준으로 우버로부터 임금을 받았다.

우버 사례를 통해 기하급수적인 시대에 사람들이 직업을 어떻게 찾고 있는지를 완벽하게 이해할 수는 없다. 최근까지 자율주행 자동차에 대대적으로 투자했던 우버는 자동화를 통해 수백만 명의 운전자들에게 일거리를 제공하고 있다고 선전한다. 우버가 말하는 일거리에는 뭔가 이상한 구석이 있다. 우버는 계약 노동자 대신에 프리랜서 노동자를 고용하는 최대 기업이다. 여러모로 우버는 작은 기업이 아니다. 우버의 직원 수는 2만 명에 달하고, 그중 누구도 운전자는 아니다. 하지만 정직원 한 명당 거의 200명의 운전자가 우버를 통해 프리랜서 신분으로 일한다. 그들은 1주당 몇 시간부터 하루 10시간 이상까지 일한다. 우버의 사례는 디지털 플랫폼을 기반으로 대규모 긱 노동시장이 형성될 수 있음을 보여준다. 기하급수적인 시대에 디지털 플랫폼을 중심으로 형성된 이 새로운 노동환경이 자동화보다 훨씬 더 골치 아픈 문제일 수 있다.

우버는 디지털 플랫폼을 통해 많은 프리랜서를 고용하여 수익을 창출하는, 기하급수적인 시대의 대표적인 기업이다. 하지만 우버가 이러한 긱 노동시장을 개척한 장본인은 아니다. 긱 경제는 아마존 메커니컬 터크Mechanical Turk 플랫폼에서 기원했다. 긱 경제는 노동력이 필요한 사람이 디지털 플랫폼을 통해 자신이 필요한 기술을 보유한 사람을 찾고 그와 단기 계약을 맺어서 프로젝트를 진행하는 경제 시스템이다. 아마존 메커니컬 터크는 '긱 노동'이라는 용어가 등장하기 불과 몇 년 전인 2005년에 출시되었다. 18세기 후반의 유명한 체스 게임기에서 이름을 따왔다. 1770년대부터 나무 상자 위에 그려진 체스판에 붙은 마네킹인 '메커니컬 터크'는 체스 게임에서 왕족, 귀족 그리고 정치인을 연속으로 꺾으며 파장을 일으켰다. 사람들은 나무 상자 안에 설치된 기발한 기계 장치가 메커니컬 터크를 움직인다고 생각했다. 하지만 사실 메커니컬 터크는 사람이 움직이는 것이었다. 나무 상자 안에 웅크리고 앉은 체스 마스터가 손으로 체스 말을 움직였다.

원조 메커니컬 터크처럼 아마존 메커니컬 터크도 겉으로 보기에는 자동으로 일을 처리해주는 것 같았다. 하지만 실제로 원조 메커니컬 터크처럼 그것 역시 숨겨진 인간 노동력에 기대서 움직였다. 인터페이스는 동네 가게 뒤에 있는 알림판에 붙은, 허드렛일을 할 사람을 찾는 구인 광고와 비슷했다. 아마존 메커니컬 터크는 지금의 인공지능만큼은 아니지만 과업 범위가 잘 정의된 소규모 프로젝트를 진행하는 데 적합한 디지털 플랫폼이었다. 아마존 메커니컬 터크에 올라오는 프로젝트 는 '사람이 처리하는 과업Human Intelligence Task, HIT'이라고 하여, 주로 기업 웹사이 트를 분석해 지점 주소를 찾고 데이터베이스에 복사하는 일이었다. 누 구나 지원할 수 있는 일이었고, 완료한 업무의 양을 기준으로 소정의 임금이 제공되었다. 아마존 메커니컬 터크를 통해 일을 찾는 사람들을 '터커Turker'라고 불렀다. 출시된 지 2년 만에 10만 명이 넘는 터커가 이 디 지털 플랫폼에 등록했다.

초기에 아마존 메커니컬 터크에는 기술 프로젝트들이 주로 올라왔 다. 20개 중에서 19개 이상이 디지털 이미지에 관한 정보를 확보하거 나 다른 웹사이트에서 정보를 수집하는 것과 관련 있었는데, 한 건당 20~30센트를 받았다.[46] 아마존 메커니컬 터크에서 활동하는 사람들은 대량의 데이터를 처리하는 기업들에 든든한 우군이 되었다. 2010년 후 반에 등장한 머신러닝 시스템의 대다수가 지루함을 이겨내고 학습용 데이터를 일일이 수집해준 수천 명의 노동력 덕분에 세상에 나올 수 있 었다.

때마침 디지털 플랫폼에서 다수의 노동력을 확보하여 과업을 처리 하는 경제활동을 지칭하는 새로운 용어가 등장했다. 바로 '크라우드소 싱crowdsourcing'이다. 인터넷은 일을 할 시간과 기술이 있는 수천, 혹은 수백 만 명의 사람들과 그 일을 처리해야 하는 사람들을 연결해줄 수 있었 다. 이 용어를 만들어낸 저널리즘 교수인 제프 하우Jeff Howe에 따르면, 크 라우드소싱은 '대중의 잠재력'을 일깨웠다.[47] 초창기에 크라우드소싱이 란 개념은 이상적으로 다가왔다. 수백만 명이 아마도 자발적으로 협업해서 제2의 위키피디아 같은 놀라운 무언가를 만들어낼 수 있을 것만 같았다.

몇 년 지나지 않아 크라우드소싱 플랫폼은 크게 증가했다. 프로그래밍이나 카피라이팅 같은 복잡한 작업을 처리하는 이랜스Elance나 오데스크oDesk 같은 서비스가 속속 등장했다. 프로그래밍보다 덜 복잡하지만 아마존 HIT보다는 복잡한 작업을 위한 파이버Fiverr나 피플퍼아워PeoplePerHour 같은 플랫폼도 등장했다. 인터넷에서 이러한 트렌드가 시작되었다면, 날개를 달아준 것은 스마트폰이었다. 스마트폰은 어디에나 존재한다. 스마트폰에 탑재된 GPS가 일거리가 어디에 있고, 그 일을 할 사람이 어디에 있는지 찾아준다. 그 덕분에 크라우드소싱 플랫폼이 현지 니즈에 맞춰 매우 편리하게 서비스를 제공할 수 있다. 얼마 지나지 않아서 사람들은 거실 소파에 편안하게 앉아서 택시를 부르고, 배달 음식을 시키고, 마사지를 받을 수 있게 되었다. 이제는 가구 대기업 이케아가 소유한 태스크래빗TaskRabbit이 새로운 이케아 책장을 조립할 때 도움이 될 만한 사람을 찾아줄 것이다. 그리고 토크스페이스Talkspace가 치료사를 찾아주고, 와그가 강아지를 대신 산책시켜줄 사람을 찾아줄 것이다. 이 시기에 '크라우드소싱'은 비상업적인 무보수 프로젝트를 뜻하는 용어가 되었고, '긱 경제'라는 새로운 용어가 등장했다.

새롭게 등장한 기하급수적인 기술들이 이 새로운 노동시장을 뒷받침했다. 크라우드소싱은 디지털 플랫폼에 의지했다. 알다시피 디지털 플랫폼 기업들은 네트워크 효과의 영향을 많이 받고, 기하급수적으로 증가하는 연산력을 활용하여 대기업으로 성장했다. 데이터를 수집하고, 상품 아이디어를 처리하는 등의 작업은 예외 없이 무형자산의 발전으로부터 영향을 받았다. 기하급수적인 시대의 핵심적인 범용 기술인 인터넷과 스마트폰이 이러한 변화를 이끌었다.

10년이란 시간이 흘렀고, 긱 플랫폼들은 계속 기하급수적으로 성장하고 있다. 그것들은 한때 안정적이었던 노동시장을 완전히 뒤집어놓았다. 뉴욕에 진출하고 겨우 6년이 지난 2017년에 우버의 택시 운전자들은 뉴욕의 상징적인 노란색 택시보다 더 많은 승객을 실어 날랐다.[48] 미국에서 하루에 우버가 택시 운전자와 승객을 연결해주는 횟수는 100만 건 이상이다. 성공은 수익으로 나타났다. 2019년에 우버의 수익은 140억 달러였다. 우버의 성장은 긱 노동자의 증가를 의미했다. 같은 해 영국에서는 280만 명이 긱 노동자로 활동하고 있는 것으로 추산되었다. 이것은 영국 노동인구의 10퍼센트에 미치지 못하는 수치였다.[49] 디지털 플랫폼은 2025년에 전 세계적으로 7200만 개의 정규직을 창출할 것이다.[50] 아마존 메커니컬 터크가 출시되고 20년이 흐른 지금 긱 경제 덕분에 전 세계 노동인구는 무려 2퍼센트 성장했다.

이 모든 것은 로보포칼립스에 가려져서 사람들이 알지 못한 진실을 보여준다. 긱 경제가 대량 자동화보다 더 임박하고 변혁적인 힘이다. 하지만 긱 경제가 노동자들에게 의미하는 것은 무엇일까? 긱 경제의 전도사들은 대부분이 긱 경제에 기반한 디지털 플랫폼 기업을 설립한 사람들이다. 그들은 자신들의 비즈니스 모델이 핵심적으로 두 가지 방법으로 노동자들에게 도움이 된다고 말한다. 첫째, 긱 경제는 노동 기회를 더 많이 만들어내서 노동시장을 더 크고 효율적으로 만든다. 둘째, 긱 경제는 일의 질을 개선할 수 있다.

비효율적으로 운영되는 노동시장이 많다. 특정 유형의 노동에 대한 수요는 충족되지 않는데, 아마도 일할 사람을 찾기도 어렵고 일을 구하기도 힘들기 때문일 것이다. 아니면 고용자와 피고용자를 연결해주고 부당하게 많은 수수료를 받아가는 중개인 때문인지도 모른다. 긱 플랫폼에서는 노동력이 필요한 사람과 노동력을 제공할 수 있는 사람의 연결이 더 쉽다. 데이터베이스와 알고리즘이 일과 사람을 연결한다. 이것은 노동자들로서는 일할 기회가 늘어난다는 것을 의미한다. 선진국에서 우버는 많은 도시에서 택시보다 더 유용한 플랫폼으로, 시장점유율이 더 크다. 신흥국 노동시장은 선진국보다 투박하다. 화물 운송 업계의 우버라고 불리는 코보360 Kobo360은 나이지리아 트럭 기사들이 부패와 관료주의가 팽배한, 비효율로 악명 높은 화물 업계에서 일거리를 좀 더 수월하게 찾을 수 있도록 돕는다.[51]

긱 플랫폼은 노동자가 지구 반대편에 있더라도 자신의 기술 수준에 적합한 일을 찾고 그 일에 지원할 수 있도록 돕는다. 이런 방식으로 긱 플랫폼은 노동시장의 효율성을 높인다. 일할 사람을 찾기가 쉽지 않은 분야에서 긱 플랫폼이 큰 역할을 한다. 배달 기사나 마사지사는 자신들이 거주하는 지역에서만 활동한다. 반면에 디자이너와 프로그래머, 카피라이터는 인터넷에 연결되고 고객과 소통할 수 있으면 어디서든지 일할 수 있다. 업워크UpWork는 긱 경제가 어떻게 노동자들이 세계경제에 접근하기 쉽게 만드는지를 보여주는 좋은 사례. 업워크는 시간제 일자리를 주로 제공한다. 나는 개인적으로 업워크를 사용해서 이집트·불가리아·파키스탄·콜롬비아에서 개발자들을, 크로아티아에서 음향 편집자를, 인도에서 디자이너를 채용했다. 모두가 시간제 일자리였다. 2011년에 프리랜서들이 업워크 플랫폼에서 이러한 단기 프로젝트를 진행하고 벌어들인 돈이 대략 2억 달러였다. 2020년에는 시장 규모가 12배 이상 커졌다.[52]

긱 경제가 제공하는 것으로 추정되는 두 번째 혜택은 노동을 질적으로 개선하는 것이다. 선진국에서 긱 경제를 지지하는 노동자들은 그것의 유연성에 주목한다. 긱 노동자는 노동계약에 영원히 묶이는 대신 자신들이 원할 때 일할 수 있다. 리프트Lyft와 우버의 운전자들은 유연한 노동환경에 높은 수준의 만족감을 나타낸다. 코로나19 팬데믹 이전에는 81퍼센트였지만, 운전자의 71퍼센트가 독립 계약자로 남아 있기를 원한다. 운전자들에게 가장 중요한 것이 무엇이냐고 물었을 때, 그들은 임금과 유연한 업무 일정을 최우선 순위로 꼽았다.[53] 비슷한 맥락에서 2018년 영국 정부가 진행한 조사에 따르면, 긱 노동자의 절반 이상이 긱 경제의 독립성과 유연성에 만족했다.[54]

선진국에서 긱 노동이 일반적으로 더 유연하고 덜 경직되어 있다면, 후진국에서는 정반대다. 신흥국에서 긱 플랫폼은 자유노동이나 일용직보다 더 안정적인 노동환경을 제공하고, 더 많은 기회와 더 큰 자유를 노동자에게 제공한다. 예를 들어 인도에는 거대한 비공식적 노동시장이 존재한다. 이것은 정부가 헬스케어와 교육에 투자하는 데 큰 걸림돌이 된다. 하루 동안 일하고 현금으로 임금을 받는 자유노동자들은 소득세를 내지 않는다. 그들을 고용한 사람들도 급여세를 내지 않는다.

걷히는 세금이 적으면, 정부는 사회 프로그램에 충분한 투자를 할 수가 없다. 재정 여력이 없기 때문이다. 이렇게 자유노동이 발달한 시장에서 긱 경제는 노동자에게 더 큰 안전망을 제공하고, 정부에게 더 넉넉한 세수를 보장하는 크고 공식적인 시장으로 가는 통로가 될 수 있다.[55]

지금까지는 좋다. 하지만 긱 플랫폼에서 활동하는 노동자들에게 모든 것이 장밋빛인 것은 아니다. 특히 선진국에서 말이다. 대체로 임금수준은 전통적인 노동시장과 비교하면 형편없다. 그리고 노동 패턴이 불안정할 수 있다. 예를 들어 노동자가 몸이 아플 때 제공되는 보호 장치가 거의 없다. 디지털 플랫폼 자체가 일방적으로 변한다. 그래서 운영 방식과 임금 지급 체계가 갑자기 바뀔 수도 있다. 그리고 많은 기업이 자신들의 긱 플랫폼에 등록된 노동자들에 내부적으로 점수를 매긴다. 이것은 그들에게 제안되는 프로젝트의 양과 질에 영향을 줄 수 있다. 그리고 노동조합이나 그 밖의 집단 협의체가 긱 플랫폼의 독립 노동자들 사이에서는 흔하지 않다. 이것은 긱 노동자들이 자신의 이익을 대변하기 위해 집단적인 목소리를 낼 수 없다는 뜻이다. 이런 이유로 긱 플랫폼을 운영하는 기업과 긱 노동자들 사이에 거대한 협상력 불균형이 발생할 수 있다.

이러한 힘의 불균형은 낮은 임금수준으로 발현되기도 한다. 2018년 영국 정부의 조사에 따르면, 긱 노동자의 5분의 2가 한 시간당 8.44파운드가 채 안 되는 돈을 받은 것으로 나타났다. 이것은 영국의 최저임금에 훨씬 못 미치는 수준이다.[56] 긱 경제의 낮은 임금수준은 유럽연합에서도 흔하다. 독일의 긱 노동자들은 법정 최저임금보다 29퍼센트 낮은 임금을 받는다. 프랑스에서는 최저임금보다 54퍼센트 낮은 임금을 받는다.[57] 긱 노동자들은 수리비, 연료비, 유니폼 제작비 등도 자신이 직접 감당해야 하기 때문에 실소득은 더 줄어든다. 매사추세츠공과대학교의 연구에 따르면, 우버의 택시 운전자들은 평균적으로 한 시간당 3.37달러의 수익을 올리는 것으로 추산되었다. 연구진이 조사한 바에 따르면, 2019년 음식 배달 서비스인 도어대시DoorDash 배달원들은 미국에서 기타 비용을 제외하고 한 시간당 1.45달러 또는 연방정부가 정한 최저임금의 5분의 1에 상당하는 금액을 벌었다[58](긱 플랫폼에 기반한 배달 서비스를 이용한다면, 배달원에게 팁을 두둑이 줄 필요가 있다).

스마트폰을 중심으로 운영되는 긱 플랫폼 기업들이 2010년 중반에 속속 등장했고, 긱 경제의 노동환경이 갈수록 악화되었다. 새로운 긱 플랫폼들은 긱 노동자들을 직원으로 인정하지 않는다. 자신들은 직장까지 차를 태워 주거나 늦은 밤 집에 아이스크림을 배달해줄 사람을 연결해주는 것이 전부라고 주장한다. 긱 플랫폼은 마치 현대판 임시직 취업 알선소 같다.

긱 노동자를 정식 직원으로 인정하는지는 중요한 문제다. 많은 국가에서, 특히 선진국에서 어떤 조직에 소속된 정식 직원은 자영업자와 전혀 다른 대우를 받는다. 고용계약은 분명한 트레이드오프가 수반된다. 조직과 정식으로 근로계약을 체결한 정규 직원들은 연봉을 보장받을 권리, 병가 중에 급여를 받을 권리, 육아휴직, 공정 해고 등의 노동권뿐 아니라 고정급과 직업 안정성 같은 다양한 혜택을 누린다. 이러한 혜택을 누리는 대가로 정규 직원은 자신에게 주어진 업무를 완벽하게 처리하는 데 시간을 투자하고 최선을 다해야 한다. 그들은 조직에 복종하는 대가로 고용의 안정성을 보장받는다. 반면 자영업자는 노동시장의 처분을 겸허히 받아들여야 한다. 일은 불규칙적으로 들어올 수 있고, 아파서 하루 쉬면 돈을 벌 수 없다.

긱 노동을 이용하는 기업들은 대체로 택시 호출이나 음식 배달 서비스를 제공한다. 그들은 긱 노동자들을 보호하기를 꺼린다. 캘리포니아 주정부는 2019년에 고용 법안인 '어셈블리 빌 5'를 통과시켰다. 이 법안에 따르면, 기업은 프리랜서들을 정규 직원으로 분류하고 그들에게 필수적인 복지 혜택을 제공해야 한다. 우버와 리프트, 도어대시는 이 법안의 통과를 달가워하지 않았다. 그들은 캘리포니아 역사상 가장 많은 돈을 쏟아부어서 법안이 통과되지 않도록 로비 활동을 벌였고, 결국 주정부는 그들에게 예외를 허용하는 개정안인 프로포지션 22를 통과시켰다. 프로포지션 22에 따르면, 약간의 임금과 건강 보호 혜택이 제공되더라도 긱 플랫폼에 등록된 운전사들을 개인 사업자로 분류한다.[59]

유럽에서도 이와 비슷한 전투가 벌어졌다. 런던에서 우버의 택시 운전자인 제임스 파라James Farrar와 야신 아슬람Yaseen Aslam은 자신들은 자영업자가 아니라 영국 법이 정의하는 근로자라고 주장하며 영국 상소법원에 소송을 냈다(영국 법에서 '근로자worker'는 이상하게 분류된다. 근로자로 인정되더라도 정규 직원employee이 누리는 혜택을 모두 받지는 못하지만, 프리랜서보다는 더 많은 혜택을 누릴 수 있다). 하지만 이번에는 결과가 달랐다. 우버는 5년 동안 아슬람, 파라와 법정 다툼을 벌였고, 결국 영국 고등법원은 우버의 주장을 만장일치로 기각했다.[60] 판결을 내리면서 판사들은 우버의 택시 운전자들을 개인 사업자로 볼 수 없다는 결론을 내렸다. 우버가 운전 횟수, 서비스 요금, 심지어 탑승객과의 대화까지 그들의 활동을 일일이 통제했다. 대법원 판결문을 작성한 레가트 경은 판결문에 다음과 같이 썼다. "문제는 우버의 통제 시스템이 우버의 상업적인 이해관계를 대변하느냐가 아니라 그 시스템 때문에 택시 운전자가 우버에 종속되느냐다. 그 시스템 때문에 우버와 택시 운전자는 확실히 종속 관계에 놓이게 된다."[61]

이러한 초창기의 문제들은 어느 정도는 기하급수적인 기술로 등장한 새로운 노동 형태와 20세기에 수립된 노동법 사이의 기하급수적인 격차에서 생겨난 것이었다. 20세기 노동운동은 근로계약을 작성한 노동자들에게 인간적인 노동환경을 보장하는 데 목적이 있었다. 하루에 여덟 시간 일하고, 아프면 유급휴가를 받고, 연금을 받고, 교섭력을 갖기 위해 노동조합을 설립하는 등 이 모든 것이 회사가 정식으로 계약서를 쓰고 채용한 노동자에게 보장해주어야 하는 노동자의 당연한 권리였다. 하지만 기하급수적인 시대에 근로계약을 작성한 노동자가 상대적으로 줄어들고, 기하급수적인 시대의 기술들이 새로운 노동 형태를 만들어내고 있다. 스마트폰, 그리고 일과 사람을 연결하는 알고리즘 덕분에 기업은 재능 있는 프리랜서들을 마음껏 활용할 수 있게 되었다. 하지만 노동법은 이러한 변화를 아직까지 따라잡지 못하고 있다. 긱 노동자들이 분명한 규범 대신 법원의 판단에 기댈 수밖에 없는 상황을 생각하면, 기하급수적인 격차가 메워지려면 아직 갈 길이 한참 멀어 보인다.

이 모든 것은 긱 노동자와 근로계약을 작성한 노동자 간의 불평등 심화로 이어진다. 자영업자나 다름없는 긱 노동자는 항상 고객의 기분이 상하지 않도록 전전긍긍해야 한다. 기하급수적인 시대에 긱 노동자는 수억 명에 이를 수 있다. 결국에는 오직 작은 집단만이 지난 150년 동안 치열하게 싸워서 얻어낸 특권을 누리게 될 것이다.

테일러리즘에서 디지털 파놉티콘으로

윌러드 레그랜드 번디Willard Legrand Bundy는 옛날 발명가로, 그는 달력 시계, 계산기, 금전등록기 등 수많은 물건을 발명했다. 콧수염이 난 번디는 양복을 입고 발명품 옆에 자랑스럽게 선 자신의 모습을 그림으로 남기기도 했다. 그의 발명품 중에서도 사회 전반에 가장 크게 영향을 미친 것은 가장 단순한 것이었다. 그는 고용자가 노동자들의 출퇴근 시간을 기록할 수 있는 '시간기록계'를 발명했다. 그의 시간기록계는 20세기의 직장 생활을 정의하는 혁신적인 발명품이 되었다. 시간기록계는 1880년대에 처음 대중에게 모습을 드러낸 뒤, 새로운 세기가 시작될 무렵에는 9000개가 시중에서 사용되었다. 고용자들은 자신들이 채용한 노동자들이 얼마나 열심히 일하는지 자동으로 감시할 수 있는 도구를 손에 넣게 되었다.

번디의 시간기록계는 노동자 관리가 좀 더 과학적이고 통제적이고 경험적으로 변하기 시작한 순간을 나타냈다. 1907년 번디가 사망한 뒤에 노동시간을 기준으로 직원을 관리하는 방식은 급진적으로 고도화했다. 번디의 시간기록계를 사용하여 노동자를 관리하는 방식이 산업 전반에 체계적으로 적용되었다.

프레데릭 윈즐로 테일러Frederick Winslow Taylor의 과학적 관리법이 등장하면서, 노동자 관리 방식에 큰 변화가 일어났다. 몇 세기 뒤에 등장한 마크 저커버그처럼 테일러는 유명한 기숙학교인 필립스 엑시터 아카데미를 다녔다. 그 뒤에 그는 하버드대학교를 다니다가 자퇴하고 열아홉 살의 나이에 철강 산업의 어느 기계 공장에서 일했다. 작업 현장에서 그는 노동자들이 '타고난 게으름' 때문에 '느긋하고 태평스럽게' 일한다는 것을 알아차렸다. 테일러는 그들의 행동을 면밀히 관찰하면서 작업장에서 인간의 행동을 수량화했고, 자신이 관찰하고 분석한 내용을 바탕으로 생산량을 최적화하는 규칙을 만들어냈다. 이것은 훗날 '시간과 동작 연구'로 알려진다. 그는 생산성을 높이려면 관리자들이 노동자의 모든 것을 관리하고 평가하고, 그 결과를 임금과 보너스에 반영하고, 복잡한 업무를 더 단순한 업무로 분리해야 한다고 주장했다.[62]

테일러리즘은 20세기 기업의 생산성 향상에 지대한 영향을 미쳤지만, 그만큼 가혹하기도 했다. 관리자들은 노동자들의 일거수일투족을 감시했고, '실적이 저조한' 노동자는 매우 엄하게 벌했으며, 노동자를 기계처럼 취급했다. 테일러리즘은 눈에 띄지 않는 노동자는 비효율적인 노동자라고 간주한다.[63] 그리고 시간이 흐르면서 테일러리즘은 노동자의 삶을 점점 침해했다. 1930년대에 심리학자이자 엔지니어인 릴리언 길브레스Lillian Gilbreth는 인사 관리자('인적 자원'을 관리하는 것으로 알려진)

를 위해 성격 및 심리 검사법을 개발했다. 오래지 않아 그것은 대기업 인사 관리 방식의 표본이 되었다.[64] 이렇게 노동자들을 관리하는 새로운 방식이 지속적으로 만들어지는 것을 두고 다음과 같은 의견이 나왔다. "노동자들이 상사가 자신들을 항상 지켜보고 있다고 느끼도록 설계된 작업장은 없다. 하지만 인적 자원을 관리하는 새로운 방식이 계속 만들어진다는 것은 상사가 진정으로 직원들의 머릿속으로 들어가서 그들이 무슨 생각을 하고 있는지 알고 싶어 한다는 신호였다."[65] 이렇게 노동자들을 감시하려는 시도는 20세기의 전형적인 노사 관계에 기반을 두고 있었다. 노동자는 고용 안정과 높은 임금을 얻는 대신 자율권을 포기해야 한다는 것이었다.

하지만 새천년이 시작될 무렵, 일부 노동 규범이 변하기 시작했다. 무엇보다 기술 기업들은 테일러리즘을 서서히 폐기하고 직원들에게 더 큰 자유를 보장하기 시작했다. 처음에는 기하급수적인 기술의 등장으로 장기적으로 노동 문화가 덜 가혹하게 변해가는 듯했다. 닷컴 열풍이 불면서 기업들은 직원에게 인간적으로 관심을 갖기 시작했다. 업무 공간을 분리하던 답답한 회색 칸막이, 자판기와 형광등이 사라졌다. 빈백 의자, 공짜 점심과 수제 맥주가 직장에 등장했다. 기술 기업에서는 당구대, 수면 캡슐, 테이블 축구와 공짜 음식 등 재미있는 편의 시설을 제공하는 것이 당연시되었다. 2000년에 내가 이사로 있었던 한 인터넷 기업은 런던 북부의 창고로 사용되던 건물 2층에 본사를 치리고 진짜 잔디와 그네를 설치했다.

21세기의 두 번째 10년 동안 이런 트렌드가 빠르게 확산되면서 새로운 규범이 되었다. 유명한 팀 업무관리 앱을 만든 아사나Asana는 직원들에게 집에서 유기농 재료로 만든 식사와 인생 코칭, 요가 수업을 제공한다. 또 다른 소프트웨어 기업인 트윌리오Twilio의 직원들은 무제한으로 휴가를 쓸 수 있고, 한 달에 두 번 사무실에서 무료로 마사지를 받을 수도 있다. 2017년에 일부 기술 기업들은 직원 복지 프로그램으로 젊은 여성 직원들이 난자를 얼려서 나중에 자녀를 출산할 때 사용할 수 있도록 난자 동결 서비스를 제공했다. 기술 기업만 이런 직원 복지 프로그램을 제공하는 것은 아니다. 골드만삭스는 직원들의 난임 시술과 난자 동결에 들어가는 비용을 최대 2만 달러까지 지원해 준다.

가끔은 슈퍼스타 기업들이 더 커질수록 더 관대한 직원 복지 프로그램을 제공하는 것으로 보이기도 한다. 2009년부터 넷플릭스는 업무만 마무리했다면 직원들에게 원하는 만큼 휴가를 쓸 수 있게 한다. 구글은 이례적으로 두둑한 사망 보험금을 직원들에게 제공한다. 직원이 사망하면, 유가족에게 직원이 사망하고 10년 동안 임금의 50퍼센트를 지급한다. 이러한 복지 프로그램은 기하급수적인 시대의 기준으로도 매우 이례적인 것이다.

코로나19 팬데믹 이전에도 많은 기업이 원격 근무제를 활용했다. 직원이 자기에게 적합한 시간대에 사무실이 아닌 곳에서 근무할 수 있게 하는 것이다. 내가 1999년에 회사를 처음 설립했을 때, 와이파이는 흔하지 않았고 공용 와이파이는 존재하지도 않았다. 그래서 대부분 사무실에 나와서 내부망에 연결된 컴퓨터를 사용해 작업할 수밖에 없었다. 물론 집에서 노트북으로 간단한 서류 작업을 진행하기도 했다. 그로부터 10년 뒤에 내가 두 번째 스타트업을 세웠을 때, 디지털 도구가 훨씬 더 풍부해졌다. 업무 자동화를 선호하는 기술 전문가 시드 카루나라트네와 이미 알던 시기였다. 다양한 디지털 도구 덕분에 시드와 그의 팀원들은 집에서(또는 해변에서) 업무를 처리할 수 있었다. 그들은 그런 도구를 이용해 자신들이 원하는 곳이라면 어디에서든 업무를 처리할 수 있게 되었다. 이렇게 지근거리에서 통제받지 않고 업무를 처리하는 노동환경은 테일러리즘과는 완전히 달랐다. 그리고 코로나바이러스로 세계가 봉쇄되면서 이러한 근무 형태가 급속히 확산했다. 인터넷에 접속할 수 있는 외딴 곳에서 업무를 처리하는 근무 형태가 대부분의 사무 직원에게 일반적인 것이 되었다.

그러나 모든 직원이 자기가 원하는 곳에서, 원하는 방식으로 일할 자유를 제공하는 기업에서 일하는 것은 아니다. 그리고 해변이나 산, 호숫가 등에서 일하는 원격 근무를 가능케 하는 기술이 직원들에게 불리하게 사용될 수도 있다.

'파놉티콘panopticon'이라는 용어가 낯설지 않은 독자들이 많을 것이다. 19세기 초의 철학자 제러미 벤담Jeremy Bentham이 죄수를 효과적으로 감시할 목적으로 고안한 원형 감옥이다. 중앙 감시탑에서 교도관은 모든 죄수를 항상 볼 수 있다. 파놉티콘에서 언제든 감시를 당할 수 있기 때문에 오히려 죄수들은 자신들이 언제 감시의 대상이 될지 절대로 예측할 수 없다. 이 이론에 따르면, 그래서 죄수들은 교도관이 언제 자신들을 지켜볼지 알 수 없기에 바르게 행동할 수밖에 없다.

오늘날 사무용 디지털 기기들은 벗어날 수 없는 디지털 파놉티콘과 같다. 문자 메시지와 이메일, 문서를 실시간으로 주고받기 때문에 직원들은 상사가 언제 관리 감독을 할지 알 수가 없다. 그래서 항상 긴장 상태로 업무를 처리할 수밖에 없다.

이러한 감시 방식은 갈수록 흔해지고 있다. 오늘날 많은 기업이 안면 인식과 기분 감지 시스템을 사용하거나 직원들의 참여도와 만족도를 추산하는 소프트웨어를 개발하고 있다. 이러한 기기들은 이메일과 슬랙 메시지, 심지어 표정까지 스캔해서 직원의 기분을 파악한다. 일본의 대형 기술 기업인 히타치Hitachi는 센서가 부착된 이름표를 개발했다. 직원들이 누구와 얼마나 오랫동안 대화를 나누는지 파악하고, 그들의 움직임을 추적하고 평가하고, 그 데이터를 '조직 행복도' 지수에 입력하기 위해서였다.[66] 2020년 11월, 마이크로소프트는 세계에서 가장 많이 사용되는 사무용 프로그램인 오피스 소프트웨어를 업데이트해서 직원들이 워드 같은 일상적인 앱을 사용하는 빈도를 모니터링하는 '직장 생산성' 점수를 포함했다.[67]

기술이 좀 더 발전하면서 직원의 사생활을 점점 더 침해하기 시작했다. 중국의 일부 공장이 노동자들의 감정과 집중력을 읽고 피로도를 줄여 휴식 시간을 조정할 수 있는, 뇌파를 읽는 모자를 도입한 것으로 대서특필되었다.[68] 직원이 기업에서 일하기도 전에, 채용 프로세스에서도 자동 모니터링 시스템이 사용되고 있다. 유닐레버Unilever는 인공지능을 이용해 인터뷰 영상을 영상 분석 소프트웨어로 분석함으로써 "매년 인터뷰 시간을 10만 시간 단축하고, 채용 비용을 100만 달러 절약"했다.[69]

오늘날 이러한 기술은 일반적으로 기술 수준이 매우 높은 기업에서 주로 활용된다. 하지만 기하급수적인 시대에는 기술 활용에서 기술 기업들과 나머지 기업들 사이에 겨우 몇 년의 격차만이 존재할 뿐이다. 이런 변화는 우리가 생각하는 것보다 훨씬 더 많이 진행되었는지도 모른다. 2018년 가트너 보고서에 따르면, 239개의 대기업 중에서 절반이 직원들이 주고받는 이메일과 그들의 소셜미디어 계정의 내용을 모니터링하고 있었다.

코로나19 팬데믹 동안 원격 근무로 전환되었는데, 특히 주로 사무실에서 업무를 처리하던 사무 직종에서 이러한 전환이 가속되었다. 영국의 인력 개발 연구소인 CIPD가 발표한 보고서에 따르면, 직원의 45퍼센트가 직장에 직원 모니터링이 여전히 존재한다고 생각했다.[70]

문제는 감시만이 아니다. 다양한 형태의 자동 관리가 문제가 되고 있다. 긱 플랫폼에서 활동하는 노동자들은 자신들의 작업 방식에 대한 통제력을 잃어가고 있다. 우버 이츠에 등록된 수십 명의 긱 노동자는 2016년 런던 북부의 우버 사옥 앞에서 시위를 했다. 그들은 낮은 임금 수준에만 불만을 표하지 않고, 긱 경제를 이끄는 대형 기업들, 특히 차량 호출 플랫폼을 운영하는 기업들의 성공 비결에 대해 시위했다. 그것은 바로 알고리즘에 기반한 노동 관리였다. 그들은 "우리는 사람이지, 우버의 도구가 아니다"라고 외쳤다.

이 사람들을 포함해 수백만 명의 긱 노동자들은 컴퓨터에 의해 관리된다. 그들의 업무 성과는 연이은 정량적 실적 평가를 통해 면밀히 관리된다. 라이드셰어Rideshare 운전자들은 어디를 가는지, 또는 얼마를 받게 될지도 모른 채 차량 요청에 10~20초 만에 응답해야 한다. 연속적으로 차량 요청을 너무 많이 거부하면, 그들은 라이드셰어 플랫폼에서 쫓겨나게 된다.[71] 이는 차량 요청 플랫폼에만 국한되지 않는다. 택배 상품을 한곳에 보관하는 물류창고 노동자들은 스캐너의 지시를 받는데, 얼마 동안 각각의 배송 물품을 수집해야 하는지 배달원에게 알려준다.[72] 그 누구도 테일러가 말했던 태만한 노동자가 아니다. 하지만 딜리버루Deliveroo 운전자들은 현지 날씨나 교통 상황에 상관없이 알고리즘이 계산한 예상 도착 시간보다 늦게 택배를 배달하면 불이익을 당한다.

이러한 관리 시스템은 스테로이드제를 맞아서 기능이 향상될 대로 향상된 테일러리즘처럼 움직인다. 노동자를 인간이 아니라 철저히 관리해야 하는 비인간적 존재로 보고, 그 대가로 높은 임금이나 직업 안정성을 제공한다. 〈가디언〉에 아마존 직원의 인터뷰가 실렸다. 인터뷰에서 그는 경영진이 직원보다 로봇을 더 아낀다고 말했다. 이것은 과학적 관리법에 대한 가장 오래된 비판 중 하나를 압축하여 보여준다.[73] 하지만 이번에는 예외가 있다. 긱 노동자들은 과거와 달리 집단적인 교섭력이 없다. 직원을 철저하게 감시하고 관리해야 한다고 믿는 21세기의 기업들에서 힘의 균형은 경영진 쪽으로 지나치게 기울어 있다.

아마존은 매년 공장 노동자의 대략 10퍼센트를 자동으로 해고한다. 신속하게 시스템을 통해 택배를 이동시키지 못했다는 것이 해고 사유다.[74] 노동자들이 주문을 얼마나 빨리 처리해야 하는지를 평가하는 기준이 되는 아마존의 '전매특허 생산성 지표' 덕분에 프라임 서비스를 통해 주문한 고객은 그날 상품을 받아볼 수 있다. 하지만 이러한 시스템은 의사 결정 과정에서 노동자들을 제외하고 그들의 주체성마저 부정한다. 컨베이어 벨트에서 액체가 담긴 택배 상자가 터지면 노동자는 한 시간당 수백 개의 택배 주문을 처리하도록 알고리즘이 세운 주문 처리 시간을 지키지 못한다. 이렇게 되면 해당 직원은 감점을 받고, 최악의 경우에는 해고된다. 그런데 컨베이어 벨트에서 택배 상자가 망가지는 사고는 자주 일어난다.

이 모든 것이 모순으로 보인다. 직접 채용한 정규 직원들에게 탁구 테이블과 수제 맥주를 제공하고 난자 냉동을 지원하는 기업들이 대부분 집착적으로 알고리즘을 통해 긱 노동자들을 감시하고 통제한다. 이것은 기하급수적인 시대의 양면성을 보여준다. 교육을 잘 받고 운이 좋은 사람들은 승승장구할 수 있다. 그렇지 않은 사람들은 갈수록 가혹하고 비인간적인 노동환경에 갇혀 옴짝달싹 못하게 된다.

기하급수적인 시대의 극단적 노동 양극화

여기서 어떤 패턴이 발견된다. 노동의 미래는 노동의 부재로 정의되기보다는 벌어지는 격차로 정의되는 듯하다. 누군가는 양질의 노동을, 다른 누군가는 갈수로 저질의 불안정한 노동을 하게 된다. 우리를 기다리는 것은 일자리 없는 미래가 아니다. 조심하지 않는다면, 노동이 더 이상 사회의 이익에 기여하지 못하는 미래가 도래할지도 모른다.

긱 노동의 불안정한 상태와 기업들이 노동 관리 알고리즘으로 관리해야 하는 대체 가능한 자산으로 노동자를 대하는 모습에서 이런 문제들이 두드러진다. 무엇보다 보상이 주어지는 방식에서 이런 문제들이 가장 뚜렷하게 나타난다. 경제학자들은 국민소득이 주식 소득, 배당금, 기업 이익 등의 형태로 노동자들과 자본 소유자에게 각각 얼마나 돌아가는지 보면서 노동시장이 얼마나 공평한지를 연구했다. 지난 50년의 이야기는 실로 놀라웠다. 1980년과 2014년 사이에 34개의 선진국에서 국민소득에서 노동자들이 가져간 몫, 다시 말해 임금, 복지 혜택 등으로 지급된 GDP 비율이 평균적으로 6.5퍼센트 하락했다. 미국은 하락 폭이 가장 컸다. 1947년에 미국 노동자들은 국민소득의 65퍼센트를 가져갔다. 하지만 2018년에는 이 비율이 56.7퍼센트로 하락했다. 제2차 세계대전 이후 하락 폭의 4분의 3 이상이 새천년의 첫 20년 동안 나타났다. 수십 년 동안 노동자들이 가져가는 경제 파이의 조각이 조직적으로 줄어들고 있다.[75]

현실적으로 말하면, 평균임금 정체와 불평등 심화가 그 방증이다. 이번에도 미국에서 가장 눈에 띄는 사례를 찾아볼 수 있다. 1940년대와 1970년대 중반 사이에 경제 생산성과 임금수준은 함께 상승했다. 1948~1973년에 경제 생산성은 91퍼센트 상승했고, 노동자의 시급은 97퍼센트 상승했다. 나쁘지 않다. 하지만 그 뒤로 놀라운 일이 일어났다. 경제 생산성은 급격히 상승했지만, 임금 상승세가 둔화한 것이다. 2018년 미국의 경제 생산성은 1948년보다 무려 255퍼센트 상승했다. 하지만 임금수준은 겨우 125퍼센트 상승했다. 1973년과 비교하면 3분의 1 정도 상승했을 뿐이다. 달리 말하면, 미국 경제의 생산성은 계속

증가했지만 노동자가 가져가는 경제성장의 몫은 거의 변함이 없었다는 뜻이다.[76]

경제 파이에서 노동자의 몫이 줄어드는 원인은 다양하다. 무엇보다 기하급수적인 경제로 전환된 것과 밀접하게 관련이 있다. 그중에서도 네 가지 원인이 두드러진다. 첫째, 세계화다. 기업들이 인건비가 저렴한 나라로 생산 기지를 이전하면서 노동자의 임금수준이 떨어지고 있다. 둘째, 노동조합의 감소다. 이것은 지나치게 많은 경제적 보상이 자본의 소유자에게 돌아가지 않도록 막을 수 있는 노동자의 집단 교섭력이 약해지고 있다는 의미다(이 부분에 대해서는 뒤에서 더 자세히 살펴본다). 셋째, 무형경제의 부상이다. 무형경제가 일반 노동자의 상대적인 부가가치를 감소시켰다. 다시 말해, 노동력의 많은 부분을 차지하는 평범한 노동자들이 피와 땀을 흘려서 창출하는 가치보다 소수 전문직의 노하우와 소프트웨어, 데이터가 창출하는 가치가 더 많다. 넷째, 기업의 슈퍼스타화다. 시장이 소수의 슈퍼스타 기업을 중심으로 통합되었기 때문에 노동력 확보가 상대적으로 쉬워지면서 노동자들의 협상력이 약해졌다.[77] 이것들은 기하급수적인 기술의 부상에서 나타나는 대표적인 특징이다. 요약하자면, 기하급수적인 기술이 소수의 대기업이 지배하는 세계적인 최첨단 무형경제를 등장시켰다. 어느 조사에 따르면, 노동자에게 돌아가는 경제적 보상 감소분의 3분의 2 이상은 무형경제로 전환되고 슈퍼스타 기업이 성장한 까닭에 발생했다.[78]

물론 기하급수적인 기술로 탄생한 모든 직업이 임금 압박을 경험하는 것은 아니다. 우버 같은 기업을 살펴보자. 우버의 비즈니스 모델에서 최첨단 소프트웨어는 매우 중요하다. 택시 운전자를 배정하는 알고리즘부터 수요를 예측하고, 예상 경로를 파악하고, 교통 체증 구간을 예측하고, 요금 탄력제를 설계하는 데 도움이 되는 머신러닝까지 최첨단 기술이 우버의 성공에 지대한 영향을 미친다. 슈퍼스타 기업들은 몇 시간의 면접과 코딩 테스트, 난이도가 높은 문제 해결 능력 평가 등 엄격한 절차를 거쳐 직원을 채용한다는 특징을 갖고 있다. 이 험난한 채용 절차를 통과하고 나면, 그 모든 것이 가치를 갖는다. 2020년 우버의 일반적인 소프트웨어 엔지니어 연봉은 14만 7603달러였다. 5년 이상의 경력이 있는 수석 엔지니어들은 이보다 3배 많은 연봉을 받았다. 우버에는 택시 운전자들이 있다. 알다시피 긱 노동자인데, 그들은 상대적으로 임금수준이 낮다. 우버의 택시 운전자는 비용을 제외하기 전에 한 시간당 19.73달러를 받는다. 일주일에 40시간 운전했다고 가정하면, 연봉은 3만 390달러 정도가 된다.

페이스북도 비슷하다. 엔지니어부터 마케터, 회계사, 영업사원까지 페이스북 직원의 절반이 연간 24만 달러를 번다.[79] 페이스북과 직접 고용계약을 체결하기보다 취업 알선 업체를 통해 고용된 페이스북의 콘텐츠 관리자들은 평균적으로 연간 2만 8000달러를 받는다. 페이스북을 통해 연락을 주고받고, 콘텐츠를 생성하고, 의사소통을 하는 일반인들은 물론 단 한 푼도 받지 못한다.

그리고 이것은 디지털 플랫폼 기업에만 해당되는 것이 아니다. 생물학과 인공지능의 교차점에서 활동하는 혁신 기술 기업인 자이머젠 Zymergen의 직원 유형도 이렇게 양분된다. 박사 학위를 지닌 고소득 과학자들이 있는 반면에 저소득의 지원 팀들이 있다. 이 양극단 사이에서 중위 임금을 받는 직원은 거의 존재하지 않는다.[80]

이 모든 것이 기하급수적인 시대에 일자리 지형이 변하고 있음을 방증한다. 기하급수적인 시대에는 교육 수준이 높은 노동자들이 생산한 무형자산이 어느 때보다 중요하다. 교육 수준이 높은 노동자는 두둑한 보상을 받는다. 하지만 그들과 달리 보상을 적게 받고, 기술 수준이 낮은 노동자 집단도 있다. 그들은 심지어 직원으로 인정받지도 못한다. 종합적으로 보면, 직원들에게 돌아가는 경제적 보상은 계속 줄어들 것으로 예상된다. 그리고 한때 서구 경제의 성장 동력이었던 중간 수준의 임금을 받는 노동자들도 서서히 사라질 것이다.

"결국 우리 모두가 죽는다"

장기적으로 보면, 노동자들은 대체로 새로운 기술에 따른 변화에 잘 대응해왔다. 새로운 기술은 보통 노동 생활을 개선하는 혁신으로 이어졌다. 쟁기와 전기, 실내조명 덕분에 많은 노동의 위험성이 줄어들었다. 혼란스러운 산업혁명을 거치면서 노동자들의 생활수준이 지속적으로 개선되었고, 지금도 계속 개선되고 있다.

하지만 세계 노동시장은 복잡하다. 승자와 패자가 존재한다. 영국에서는 임금수준이 19세기 동안 급격히 상승했지만, 일부 직업군은 오히려 궁핍해졌다. 대표적인 사례가 직조공이다. 그들은 베틀 기계가 발명되면서 역사의 뒤안길로 사라졌다.[81] 임금수준이 올랐지만, 많은 노동자는 3장에서 보았던 열악한 환경에서 고생스럽게 일해야 했다. 1790년과 1840년 사이에 노동자의 임금수준은 소소하게 12퍼센트 정도 상승했지만, 같은 시기에 노동자 1인당 총생산은 50퍼센트 이상 증가했다. 1860년대가 되어서야 일반 노동자의 임금수준 상승이 기술 발전의 속도를 따라잡았다. 그리고 1900년이 되자 임금수준이 전반적으로 상향 조정되었다. 거의 1세기 동안 노동자들이 경제성장의 혜택에서 소외되었다. 이런 문제가 어느 정도 결국에는 해소되었지만, 1세기 동안 노동자들은 부당한 대우를 받아야만 했다.[82]

"결국에는 해소되었다"라는 말은 너무나 생각 없이 내뱉은 표현이다. 임금 상승 속도가 경제성장 속도를 따라잡는 데 거의 수십 년이 걸렸다. 임금수준이 상승하지 않았던 노동자들의 삶의 질은 임시방편으로 개선되었지만, 경제성장세와 비교하면 삶의 질은 오히려 떨어졌다. 케인스는 말했다. "결국 우리 모두가 죽는다."[83] 한편 노동시장에는 새로운 기술로 초래된 변화와 노동시장을 관리하는 규범 및 법 사이에 위태로운 간극이 생겼다.

지금부터라도 이렇게 벌어져만 가는 간극을 줄이기 위해 경제 시스템을 다시 설계해야 한다. 아직 늦지 않았다. 기하급수적인 시대에 파괴적인 기술들이 급격히 인기를 얻으면서 경제와 사회 시스템을 재편하는 것은 당연한 일이다. 변화에 적응하는 방법도 새롭게 고민해야 한다. 물론 아이디어가 현실이 되는 데 조금 시간이 필요할 것이다. 하지만 우리는 이미 더 공평한 노동환경을 조성하는 데 필요한 기하급수적인 시대의 네 가지 특징이 무엇인지 이해하고 있다.

먼저 노동자들에게 노동 존엄성이 보장되어야 한다. 이번 장에서 살펴본 많은 변화는 노동자들을 비인간적으로 대우하는 데 영향을 미쳤다. 기하급수적인 시대의 기술을 활용해 기업은 노동자를 관찰하고, 감시하고, 서열을 매긴다. 하지만 기하급수적인 시대의 기술을 이렇게 불순하게 사용할 필요가 없다. 예를 들어 BP 아메리카는 핏빗Fitbit 팔찌로 직원들의 건강 상태를 모니터링하고 운동하라고 격려한다. 많은 직원이 이러한 프로그램에 고마움을 느낀다. 여기서 핵심은 BP 아메리카의 건강 모니터링 프로그램이 직원들의 자발적 참여로 진행된다는 점이다. 새로운 기술, 심지어 모니터링 기술조차 노동력 착취를 위해 개발되지 않았다는 것을 이 사례가 보여준다. 노동자들이 이러한 기술을 어떻게 사용할지에 대해 발언할 기회를 갖게 된다면, 그리고 그런 기술의 사용을 거부할 기회를 갖게 된다면, 직장에서 도입하는 새로운 기술들이 노동자의 존엄성을 위협하지 않을 것이다. 오히려 직원 만족도를 높이는 데 사용될 수 있다.

하지만 노동자의 존엄성이 보장되는 직장을 만들려면, 인력 관리에 대한 접근 방식이 변해야 한다. 무엇보다 윗사람이 권력을 부당하게 사용하지 못하도록 필요한 조치를 취해야 한다. 그리고 직원들이 업무 처리 방식을 스스로 결정하고 선택할 수 있도록 더 큰 자율성을 보장해주어야 한다. 알고리즘에 의해 관리받는 노동자에게 이것은 알고리즘의 평가와 관리가 부당할 때 이를 바로잡도록 책임자와 직접 이야기할 기회가 제공되는 것이다. 그리고 노동자는 자신에 관해 기업이 보유한 데이터에 접근할 수 있어야 하고, 자동화된 의사 결정 시스템이 어떻게 움직이는지에 대해 명확한 설명을 들어야 한다. 그리고 기하급수적인 시대에 노동조합은 누구에게 업무가 할당되고, 누가 징계를 받고, 누가 모니터링의 대상이 되는지에 관한 '데이터 권리'를 되찾는 데 도움이 될 것이다.[84]

노동의 유연성도 중요하다. 기하급수적인 시대의 노동은 불안하다. 현재 우리는 급격한 전환의 시대를 살고 있다. 기업들은 실패할 것이다. 낡은 산업들은 공동화될 것이다. 화석연료 같은 기술들이 완전히 쓸모없어질 것이다. 그와 동시에 새로운 기술이 계속 등장하고 태양광, 양자 컴퓨팅, 장기 에너지 저장 장치, 정밀 생물학 등과 관련된 기술 비용이 낮아질 것이다. 새로운 기술은 지금까지 존재하지 않았던 기술을 보유한 노동자를 위한 새롭고 역동적인 시장을 만들어낼 것이다. 이러한 지속적 변화가 이번 장에서 확인한 많은 문제의 원인이라고 할 수 있다. 무구한 역사를 지닌 기업들은 파산하고, 직원들은 새로운 기술들이 만들어낸 새로운 업무를 처리할 능력을 갖추지 못해 낙오된다.

이 새로운 시대에 적응하기 위해 노동자들에게 새로운 기술을 습득할 기회가 지속적으로 제공되어야 한다. 과거에는 열여덟 살부터 예순 살까지 한 직장에서 계속 일하는 것이 당연한 일로 여겨졌다. 하지만 요즘은 오랫동안 변함없이 유지되는 산업군은 거의 존재하지 않는 듯하다. 만약 그런 산업군이 있다면, 기술 역량을 강화하기 위한 끊임없는 노력의 결과일 것이다. 세계경제포럼은 직업을 구할 때 반드시 갖춰야 할 핵심 기술의 42퍼센트가 2020년과 2030년 사이에 변할 것으로 예측한다. 그렇다면 어떻게 끊임없이 새로운 기술을 익힐 수 있을까?

디지털 기술이 도움이 될 수 있다. 새로운 기술을 배우는 데 틱톡이 도움이 된다고 말하면 어리석다고 생각할지도 모른다. 하지만 틱톡 같은 앱은 교육의 미래가 될지도 모른다. 틱톡은 DIY 영상으로 가득하다. 특히 집수리, 요리, 피부 미용 등 라이프 스타일과 관련된 콘텐츠가 많다. 하지만 전문적인 내용에 흥미를 지닌 사람들도 전문 기술을 배울 수 있는 커뮤니티를 틱톡에서 찾을 수 있다. 예를 들어 교사, 학자, 영양사 등이 틱톡에서 큰 커뮤니티를 형성하고 있다. 그리고 많은 사람이 자신들의 팔로어를 통해 정보를 널리 퍼트리거나 만연한 오해를 바로잡는다. 2020년 6월, 틱톡은 새로운 트렌드인 마이크로 러닝의 일환으로 교육 콘텐츠를 제작하는 전문가와 단체에 수수료를 지급하겠다고 선언했다. 물론 사람들이 새로운 기술을 습득하는 데 유용한 디지털 기술이 틱톡만 있는 것은 아니다. 하지만 디지털 기술을 활용한 학습이 이제 막 등장한 디지털 러닝의 한 형태임은 분명하고, 이것이 지닌 잠재력은 이제 막 탐구되기 시작했을 뿐이다. 그러니 이러한 디지털 플랫폼을 통해 끊임없이 새로운 무언가를 배워보는 것은 어떤가?

노동자들에게는 노동의 안전성도 보장되어야 한다. 빠르게 변화하는 시대에 사람들이 직장을 잃고 생계에 어려움을 겪지 않도록 하기 위해 노동 안정망을 보장하는 것은 매우 중요한 일이다. 모험적이고 변동성이 큰 경제일수록, 노동 안전망은 더 중요해진다. 프랑스 경제학자 토마 피케티Thomas Piketty부터 월드와이드웹의 팀 버너스 리까지 많은 학자와 기술자가 노동 안전망 확보를 위해 보편적 기본소득을 옹호한다. 보편적 기본소득 제도에 따르면, 정부는 아무 조건 없이 모든 시민에게 소정의 현금을 정기적으로 지급해야 한다. 그래서 보편적 기본소득은 비용이 많이 들어가는 제도로 들릴지도 모른다. 하지만 이것은 노동 안전망이 없으면 잔인한 노동시장에 휘둘려 고통받게 되는 많은 사람에게 경제적 안전을 빠르게 제공하는 방법이다. 미국의 스톡턴과 핀란드의 헬싱키에서 보편적 기본소득 제도와 관련해 소규모 실험이 진행되었다. 이 실험에 따르면, 보편적 기본소득을 받는 사람들의 행복 수준이 향상되고 식량난이 해소되었다. 그리고 직업을 잃더라도 보편적 기본소득 수령자들은 1년 안에 다시 취업할 가능성이 전통적인 사회보장 제도의 지원을 받는 사람들보다 3분의 1 컸다.[85]

하지만 현재로서는 보편적 기본소득 제도가 많은 국가에 어엿한 정책으로 자리 잡기에는 갈 길이 멀어 보인다. 보편적 기본소득 제도를 둘러싸고 많은 우려가 존재하는 것은 사실이다. 직업의식을 약화하고 의존적인 문화를 낳을 수 있다고 우려하는 사람이 많다. 초기 연구를 살펴보면 그렇지 않다는 제안이 많지만, 많은 국가에서 보편적 기본소득은 지금 당장 실행 가능한 정책으로 도입하기에는 논란이 너무 많다. 보편적 기본소득 제도보다 더 저렴하고 정치인들의 입맛에 더 잘 맞는 대안이 이미 덴마크에 도입되었는데, '유연안정성flexicurity'으로 알려져 있다. 유연안정성 모델은 양면을 지닌다. 고용자들은 자유롭게 직원을 채용하고, 해고하고, 근로계약을 수정할 수 있다. 하지만 직원은 실직하게 되면 방대한 보호와 혜택을 보장받는다. 예를 들어 실직한 덴마크인은 바로 전 직장에서 받던 월급의 최대 80퍼센트까지 생활비로 받을 수 있다. 만약 자녀가 있거나 취업하기 위해 노력하고 있다는 것을 증명할 수 있다면, 더 많이 받을 수도 있다.

유연안정성이 기하급수적인 시대의 최대 난제 중 하나를 해결할 수 있을지도 모른다. 기업은 유연하게 직원을 채용하고 해고할 수 있다면 얼마나 빨리 성장할지, 새로운 기회가 얼마나 빨리 등장할지, 어떤 장애물이 나타날지 등을 굳이 알고 있을 필요가 없다. 채용과 해고의 유연성은 기업에 중요하다. 하지만 변화에 민첩하게 대응하는 조직이 노동자의 집세를 내주지는 않는다. 덴마크의 보편적 기본소득 모델은 기업에는 적응력을, 노동자에게는 안정성을 동시에 제공한다.

마지막으로, 노동자에게는 노동 공정성이 보장되어야 한다. 수십 년 동안 국민소득에서 노동자에게 돌아가는 몫이 줄어들었다. 게다가 새로운 기술들 때문에 그 감소세가 가속되고 있다. 기술과 세계화, 무형경제는 노동자에게서 빼앗은 힘을 자본에 넘겨준다. 기하급수적인 시대에 많은 것이 빠르게 변하고 있다. 이러한 시기에 다음의 질문에 대해 고민해보아야 한다. 기업가와 자본 소유자와 노동자에게 돌아가는 경제적 보상은 각각 얼마가 공정할까? 이제 노동자에게 더 큰 경제적 보상이 돌아가야 할 시기가 아닐까?

후자에 대해서 '그렇다'라고 답한다면, 우리가 지금 당장 바꿔야 할 것이 몇 가지 있다. 우선 고용자는 자신이 고용한 사람들의 역량 개발에 훨씬 더 많이 투자해야 한다. 기술의 발전에 따라 그들이 좀 더 숙련되고 교육을 더 잘 받은 노동자가 될 수 있도록 도와야 한다. 하지만 그러다 보면 기술 수준이 낮은 노동자와 기술 수준이 높은 노동자 사이의 임금 격차가 심화될지도 모른다. 현재 우버 프로그래머는 우버의 택시 운전자보다 최소한 4배 더 많은 돈을 번다. 영국에서 진행된 조사에 따르면, 최첨단 분야에 새로운 직종이 10개 생길 때마다 저임금 서비스 직종은 일곱 개가 생긴다.[86]

그리고 기하급수적인 시대에 최저임금 협상은 어느 때보다 중요하다. 정책 입안자들은 현실 생활비가 반영되도록 최저임금을 설정해야 한다. 그와 동시에 정부는 고소득 노동자와 저소득 노동자 사이의 벌어지는 임금 격차를 완화하는 방안도 고민해야 한다. 아마도 임금 투명성을 높이면 가능할 수 있다. 많은 기업은 이미 최고 경영진의 임금수준을 공개하고, 성별 임금 격차에 관한 데이터를 공유한다. 급여 제도에 관해 더 많은 정보를 공유하도록 기업들을 격려하면, 소득 불균형 문제를 부각해 해소하는 데 도움이 될 것이다.

기하급수적인 시대의 노동환경이 그렇게 이상적으로 다가오지는 않을 것이다. 실제로도 이상적인 노동환경은 아니다. 노동시장에서 나타나는 기하급수적인 격차를 줄이는 데는 엄청난 노력이 필요하다. 노력하면 기하급수적인 격차를 줄일 수 있다. 실제로 많은 조직이 이미 이 격차를 줄이기 위해 노력하고 있다. 그들의 노력을 통해 법과 경제가 어떻게 변해야 하는지에 대해 실마리를 얻을 수 있을 것이다.

정책 입안자들이 빠르게 변하는 노동환경에 맞춰 재빠르게 움직이지 않자, 기업들이 직접적으로 노동자를 지원할 방도를 마련하기 시작했다. 긱 노동자들은 신용 대출과 담보 대출을 받기가 어렵다. 대출 기관은 주로 신용 점수가 높은 사람들에게 대출을 해준다. 신용 점수를 부여하는 신용기관은 표준 근로계약을 체결하고 일을 하는 사람들에게 좋은 점수를 준다. 포티파이Portify는 프리랜서들이 매달 신용 점수를 쌓을 수 있도록 돕는 스타트업으로, 런던에 본사를 두고 있다. 포티파이는 회원들에게 소액 대출을 지원하고 매달 5파운드를 상환하게 한다. 신용기관은 대출을 갖고 있는 소비자를 좋아하고, 제때 대출금을 상환하는 소비자를 사랑한다. 단 한번도 연체된 적이 없는 대출금 상환 내역이 신용 점수의 3분의 1 이상을 차지한다. 포티파이는 긱 노동자들이 이러한 기록을 가질 수 있도록 돕는다.

하지만 기업가 정신만으로 노동시장에서 나타나는 기하급수적인 격차를 해소할 수는 없다. 역사적으로 자비로운 고용자가 노동자들의 삶을 의미 있게 개선했던 사례는 거의 없다. 노동자의 압박이 의미 있는 변화를 만들어냈다. 19세기와 20세기 초반의 역사적 문헌을 보면, 노동자들은 단체를 설립하기 위해 많은 고난을 겪었다. 이론의 소지가 있지만, 영국의 근대적인 노동운동은 1880년대에 '새로운 노동조합주의'의 등장과 함께 시작되었다. 노동조합이 주로 도시의 미숙련 노동 계층을 중심으로 형성되기 시작했다. 미국에서는 1937년에 '고가도로 전투'가 벌어졌다. 그것은 노동운동의 결정적 순간이었다. 헨리 포드의 경비원에게 동료가 두들겨 맞자 분노한 포드 노동자들이 노동조합을 설립했다. 그 이후에 포드는 자동차노동조합연합과 계약을 체결하고 노동자들의 임금을 인상했다. 대체로 선진국의 사회민주당은 노동자 투쟁의 유산이다.

하지만 영어권 국가에서 노동조합은 쇠퇴하고 있다. 정치적 집단이 50년 동안 노동조합을 탄압했고, 그 결과 영국과 미국, 프랑스의 노동조합 가입률은 관련 통계를 수집한 이후로 역대 최저치다.[87] 1장에서 보았던 자유시장 체제는 노동조합에 관심이 없었다. 자유시장 체제에서 노동조합은 불법적으로 시장에 개입하는 '노동 카르텔'에 불과했다. 영국에서 대처 행정부는 노동조합을 내부의 최대 위협으로 간주했고, 그들의 힘을 약화하기 위해 다양한 조치를 단행했다. 경제난과 제조업 취업률 하락과 함께 정부 정책 때문에 1979년과 1988년 사이에 노동조합 가입률이 20퍼센트 하락했다. 미국에서도 노동조합은 이와 유사한 길을 걸었다. 1981년 대통령으로 새롭게 선출된 레이건은 파업에 참여한 1만 1000명의 항공 관제사를 해고하고 노동조합에 가입하지 않은 항공 관제사로 대체했다. 이것은 미국 노동조합 역사의 터닝 포인트가 되었다.

이런 이유로 초기 기술 산업에는 노동조합이 거의 없었다. 기하급수적인 시대에도 여전했다. 슈퍼스타 기업에서 일하는 노동자들은 노동조합을 만들지 않았다. 기술 산업은 처음부터 노동조합에 반대했다. 인텔의 공동 창립자인 로버트 노이스는 "대부분의 디지털 기업에서 살아남으려면 끝까지 비노조원으로 남아 있어야 한다"라고 선언했다.[88] 오늘날의 대기업들도 이 기치를 그대로 따르고 있다. 미국 상원의원 엘리자베스 워런Elizabeth Warren과 버니 샌더스Bernie Sanders는 오랫동안 노동조합 결성을 시도하는 노동자들을 가혹하게 공격하는 아마존을 비난했다.[89] 지난 10년 동안 노동조합을 설립하려고 시도하는 기술 기업의 노동자들은 많은 장애물에 부딪혔다. 때로는 전폭적인 지지를 받지 못했고, 고용자들이 노동조합을 만들지 못하도록 적극적으로 개입하기도 했다. 2021년 1월이 되어서야 구글의 모회사인 알파벳의 직원 200명 남짓이 노동조합을 설립했다. 하지만 알파벳의 직원 수는 13만 5000명이었다.

아마도 '노동조합'은 기하급수적인 시대에 너무나 많은 짐을 짊어지고 있는 단어인 듯하다. 이 단어는 파업한 딜리버루 운전자들보다 파업한 광산 노동자들과 철강 노동자들을 떠올리게 한다. 하지만 여전히 집단행동이 공정한 직장을 만드는 데 최고의 방법이다. 노동 존엄성이 보장되고 유연하고 안전하며 공정한 노동환경을 만들려면, 노동조합을 만들어야 할 것이다. 오직 노동조합만이 노동자들을 대신해 그들의 이익을 위해 집단적인 교섭력을 발휘할 수 있다. 그리고 노동조합은 빠르게 변하는 경제에서 나타나는 복잡한 기술적 문제들을 이해하는 데 필요한 전문성을 개발하는 데에도 개인보다 유리하다.

하지만 노동조합의 세계에서도 디지털 기술은 문제이자 해결책이다. 새로운 정보망의 형성은 노동자들에게 자신들의 공유된 경험을 확인하고, 변화에 어떻게 대응할지를 논의하고, 어떻게 조직을 구성할지를 협의할 기회를 제공한다. 생각이 같은 사람들을 찾아서 그들과 힘을 합치는 일이 노동조합을 형성하는 데 항상 걸림돌이 되었다. 하지만 이 문제는 기하급수적인 시대에는 그렇게 두드러지지 않는다. 기하급수적인 시대에는 스마트폰이 있으면 누구나 동료로 만들 수 있다. 오늘날에는 왓츠앱 그룹과 온라인 포럼의 비공식적인 모임이 노동조합의 시작이다. 산업마다 노동자들이 원하고 요구하는 것은 다르다. 하지만 그들은 하나같이 기술을 활용해 단체를 형성한다.[90] 웨스트버지니아는 노동조합 가입률이 대략 10.5퍼센트를 웃돈다.[91] 이 지역에서 노동조합을 결성하려는 교사들은 초대받은 사람만 입장할 수 있는 페이스북 그룹을 개설한다. 웨스트버지니아의 교사 3만 5000명 중에서 70퍼센트가 이 페이스북 그룹에 가입했고, 그것은 주 차원의 파업을 논의하고 조율하는 허브가 되었다.[92]

온라인에서 형성된 노동자 단체는 20세기 초의 국제주의를 표방했던 노동조합원들이 꿈꿨던 세계적인 조직이 될 수 있다. 2020년 1월에 긱 플랫폼을 기반으로 활동하는 전 세계 운전자들이 앱 기반 운수 노동자들의 국제 동맹의 첫 번째 모임을 위해 옥스퍼드에 모였다. 앱 기반 운수 노동자들의 국제 동맹은 앱을 중심으로 활동하는 전 세계 운수 노동자들에게 더 좋은 노동환경을 제공하기 위해 형성된 노동조합이다.

이렇게 디지털 기술을 기반으로 형성된 노동조합들은 노동시장에서 나타난 기하급수적인 격차를 줄일 수 있다. 그들이 경제 변화에 맞게 노동법과 노사 관계가 변할 수 있도록 유도할 수 있을 것이다. 집단 교섭력과 노동조합은 오랫동안 고용자들이 자신들이 고용한 노동자들의 니즈를 파악하고 기억하게 하는 최고의 방법이었다. 그리고 법이 그 뒤를 따른다. 노동조합이 없다면, 노동자들은 기하급수적인 변화의 속도를 따라잡을 수 없을지도 모른다.

기하급수적인 시대에 노동자들이 직면한 최대 위험은 로봇에서 나오지 않는다. 빠르게 변하는 경제에서 나온다. 지금 긱 노동의 등장과 알고리즘에 기반한 노동 관리의 확산으로 노동환경이 근본적으로 변하고 있다. 노동자에게 이것은 오랜 문제로 이어진다. 바로 고용자와 피고용자 사이의 힘의 불균형이다. 그것은 기하급수적인 시대의 결과이지만, 불가피한 것은 아니다.

5장

세계화의 종말과
도시의 부상

| 기하급수 시대의 세계 |

EXPONENTIAL

EXPONENTIAL

●

앤절로 유_{Angelo Yu}에게는 문제가 있었다. 2019년 후반, 미국 도널드 트럼프 대통령은 지난 2년 동안 중국 정부에 적대적인 메시지를 X에 연일 올렸다. 그와 동시에 백악관은 중국 수입품에 대한 관세를 급격하게 인상해왔다. 그것은 앤절로 유의 스타트업인 픽스 무빙 Pix Moving에는 나쁜 소식이었다.

선전 북서부에서 1000킬로미터 떨어진 곳에 있는 구이양에 위치한 픽스 무빙은 신차의 차대를 제작한다. 하지만 관세가 인상되면서 생산 비용이 인상되었다.

이런 상황에 작은 기업을 이끄는 기업가가 할 수 있는 첫 번째 선택은 고객들에게 납품할 물품 가격을 인상하는 것이다. 하지만 앤절로 유는 아니었다. 그에게는 해결책이 있었다. 픽스 무빙은 현대적인 제조방식을 도입했다. 바로 '적층제조'였다. 자동차를 수출하는 대신 앤절로 유는 "자동차를 생산하는 데 필요한 제조 기법을 수출"한다고 설명했다.[1] 이렇게 하면 자동차를 화물 컨테이너에 실어서 최종 시장으로 보내는 수고를 덜 수 있다. 픽스 무빙은 설계 도면을 미국의 협력사에 보낸다. 그들은 적층제조법으로 현지에서 부품을 프린트한다. 이렇게 만든 부품으로 최종 제품이 제작된다. 이러한 방식은 세관원을(그리고 관세를) 피할 수 있다. 적층제조법 덕분에 앤절로 유는 고객이 어디에 있든 저렴하게 제품을 공급할 수 있다. 심지어 무역마찰을 빚는 지역에도 제품을 공급할 수 있다.

픽스 무빙은 기하급수적인 시대로 접어들면서 제조업이 어떻게 변해야 하는지를 보여준다. 기하급수적인 시대에 제조업이 변하면서 세계화에 대한 기존 가정들이 뒤집히고 있다. 픽스 무빙의 사례에서 경제의 세계화가 상당한 수준에 이르렀음을 알 수 있다. 이제는 손쉽게 구이양에서 제품을 설계하고, 캘리포니아에서 제품 설계도에 따라 부품을 생산하고 완제품을 조립할 수 있다. 하지만 픽스 무빙의 사례는 세계화의 역전도 보여준다. 세계가 다시 현지로 되돌아가고 있다. 수십 년 동안 공급망은 길고 복잡해졌다. 전 세계에 걸쳐 생산 프로세스가 진행된다. 이제 다양한 자동차 부품은 여러 국가에서 생산되고, 하나 이상의 국가에서 조립된다. 하지만 미래에는 소비자와 가까운 곳에서 제조 활동이 일어나게 될 것이다. 경이로운 3D프린팅 기술이 각종 부품의 현지 생산을 가능케 할 것이다. 다른 국가에서 제품이 설계되더라도, 최종 제품은 현지 고객 근처에 있는 작업장에서 제작되어 고객에게 곧장 인도될 수도 있다.

처음부터 재현지화를 의도해서 3D프린팅 기술이 개발된 것은 아니었다. 토머스 프리드먼Thomas Friedman의 2005년 베스트셀러《세계는 평평하다The World is Flat》는 자칭 21세기 역사서다. 그는 세계가 세계화의 3단계에 접어들고 있다고 주장한다. 세계화의 1단계는 유럽의 아메리카 대륙 탐험으로 시작되었고, 식민화와 교역의 세계화가 특징이다. 세계화의 2단계는 20세기에 진행되었고, 초점이 전후 시대의 거대 산업체를 형성하며 절정에 이른 초국가 기업들의 활동으로 옮겨졌다. 프리드먼이 주장하는 3단계에서 세계화는 새로운 수준에 도달할 것이다. 세계화의 3단계에서 교역과 노동, 정보의 흐름이 어느 때보다 더 국제적으로 변한다. 프리드먼은 작업 흐름 소프트웨어와 아웃소싱부터 고도의 공급망 개발과 확장까지 10가지 '평탄화 요인'을 소개한다. 그는 각각의 요인이 세계화를 심화할 거라고 주장한다.

토머스 프리드먼은 세계화의 위대한 선지자로 여겨졌지만, 세계화를 처음으로 예견한 인물은 아니었다. 20세기 하반기에 세계화되어 가는 경제 질서를 지탱하기 위해 세계무역기구, 경제협력개발기구, 국제통화기금, 세계은행 등 다수의 국제기구가 등장했다. 동시에 유럽연합과 같은 다면 기구들도 세계화를 견인했다. 유럽연합은 회원국 사이의 자유무역에 합의한 다국적 정치 시스템이었다. 민간 영역도 세계화의 기반이 되었다. 매년 다보스의 세계경제포럼에 정재계 유력 인사들이 모여서 갈수록 평평해지는 세계의 여러 가지 이슈에 대해 논의하고 중지를 모은다.

세계화는 변화를 만들어내는 힘이 있다. 1970년에 무역은 세계

GDP의 약 25퍼센트를 차지했다. 하지만 2019년에는 더 커진 세계 GDP의 거의 60퍼센트가 무역에서 나왔다. 그 과정에서 많은 혜택이 수반되었다. 국제무역이 성장하면서 해외여행부터 해외 유학까지 국제 교역의 형태가 다양해졌고, 갈수록 간단하고 매력적으로 변해갔다. 특히 세계화는 전 세계 부의 급증과 동시에 일어났다. 시장이 확대되었고, 많은 국가가 무역 개방화의 과실을 거둬들였다. 세계화 전도사들에 따르면, 세계화는 전 세계적으로 생활수준을 개선하고 빈곤율을 낮추는 데 도움이 되었다.[2] 2장에서 주장했듯이, 세계화의 심화는 기하급수적인 기술들의 발전과, 그러한 기술을 이용하는 새로운 유형의 비즈니스 모델의 성장을 촉진하며 거대한 시장들을 새롭게 만들어냈다.

하지만 2007~2009년 세계 금융위기 이후로 세계화가 빛을 잃기 시작했다. 세계화는 국가 경제와 세계경제의 금융화와 나란히 성장했다. 무역이 증가하면서 대출과 융자의 불균형이 복잡한 금융 상품을 통해 갈수록 심화되었다. 금융위기가 닥쳤을 때, 투자자들만 고통받지는 않았다. 금융위기는 '실물' 경제로까지 확산되었다. 선진국에서 많은 사람이 세계화 때문에 저임금 블루칼라 자리가 인건비가 낮은 개발도상국으로 이전되었다는 것을 느꼈다. 2010년 이후 많은 국가가 민족주의로 돌아섰다. 영국에서 유럽연합 탈퇴를 결정하는 국민투표가 진행되었고, 미국에서는 트럼프가 대통령으로 선출되었다. 세계화는 여전히 세계경제의 성장을 견인하는 주요한 힘이었지만, 갈수록 시대에 뒤처진 트렌드가 되어갔다.

세계화의 몰락은 많은 사람에게 익숙한 이야기일 것이다. 소득 불균형의 심화, 이주 노동자의 급증, 선진국의 탈산업화를 거론하며 매력을 잃은 세계화에 관한 책이 쏟아졌다. 세계화의 혜택이라 여겼던 것들이 부정적인 결과를 낳기 시작했다. 그리고 얼핏 기하급수적인 기술들이 국경을 높이 쌓을 논리와 도구를 많은 국가에 제공했다.

보통 사람들은 최첨단 기술이 많이 도입될수록 전 세계의 국경은 낮아질 것이라고 생각한다. 실제로 상황은 최근까지 이러한 추세로 흘러갔다. 하지만 더는 아니다. 많은 기하급수적인 기술이 현지 시장에 주목하기 시작했고, 사람들은 기하급수적인 기술들에 힘입어 멀리 떨어진 곳보다 가까이 있는 곳에 눈을 돌리고 있다. 앤절로 유 같은 기업가들이 의지하는 3D프린터만이 아니다. 최근까지 엄두도 내지 못할 만큼 비용이 많이 들어서 생각도 하지 못했지만, 기하급수적인 기술 덕분에 에너지와 식량의 현지 생산도 가능해지고 있다. 새로운 기술들과 그것들을 기반으로 세워진 비즈니스 모델은 아주 근거리에서 서로 상호작용하는 사람이 많이 필요하다. 이런 기업 환경은 오직 도시만이 제공할 수 있다.

21세기가 전개될수록 기술의 현지화는 갈수록 심화된다. 2020년에 시작된 코로나19 팬데믹은 세계 공급망이 얼마나 끊어지기 쉬운지를 보여주었다. 2020년에는 바이러스였지만, 미래에는 전쟁이나 인위적인 기후변화로 심각해진 이상기후가 그 원인이 될 수도 있다. 그렇게 되면 지리적 위치가 다시 한번 중요해지는 시대가 등장하게 될 것이다. 이런 시대에 경제활동은 현지 시장을 중심으로 이루어질 것이다.

아이러니하게도 기하급수적인 시대, 즉 세계화를 가져온 경제 패러다임이 현지 시장으로의 회귀를 견인하는 기술들을 만들어내고 있다. 하지만 현재의 정치 시스템과 경제 시스템은 새로운 지역주의 시대에 맞게 설계되지 않았다. 그래서 격차가 벌어진다. 현재의 정치 제도가 옹호하는 경제 정책들과 반세계화된 경제 사이에서 격차가 생긴다. 새로운 배타성의 시대에 적응할 수 있는 국가들과 그럴 수 없는 사람들 사이에도 격차가 생긴다. 그리고 삐걱대는 민족국가와 새로운 기술 덕분에 영향력이 급격히 강해지고 있는 새롭게 부상하는 도시 사이에도 격차가 생긴다.

세계는 평평하지 않다. 매우 뾰족하다.[3]

세계화에서 재지역화로

세계화의 전통적인 논리는 경제학자 애덤 스미스Adam Smith와 데이비드 리카도David Ricardo의 주장에서 근거를 찾는다. 두 사람 모두 자유무역을 옹호하는 이론을 발표했다. 스미스의 주장에 따르면, 노동 특화가 경제적 이익을 창출한다. 모든 것을 직접 하는 것보다 잘하는 한 가지에 집중하면 생산성이 향상된다. 여분의 생산성은 다른 전문가와의 거래에 사용될 수 있다. 내가 밀을 갈고, 당신이 빵을 굽는다. 그러면 우리 모두 빵 한 덩이를 가질 수 있다. 간략하게 말해, 거래는 일반적으로 자급자족보다 더 생산적인 활동이다.

리카도는 19세기 초반에 글을 쓰면서 스미스의 이론을 발전시켜 '비교 우위comparative advantage'를 강조했다. 리카도의 주장에 따르면, 국가는 생산에서 상대적 우위를 갖는 분야의 제품을 생산해서 수출해야 한다. 예를 들어 석탄 매장량이 많은 국가는 석탄 채굴과 수출에 집중해야 한다. 그리고 작물이 풍부한 국가는 식량 생산과 수출에 집중해야 한다. 그의 비교 우위론에 하나를 더 보태면, 사회마다 존재하는 경제적 기회는 다르다. 빈국은 단순 조립과 같은 기술 수준이 낮은 작업에 우수하고, 부국은 설계와 혁신 같은 기술 수준이 높은 작업에 뛰어날 수 있다. 이 두 가지를 적절하게 잘 결합하면, 다시 말해 각 국가가 각자 잘하는 분야의 생산물을 교환하면 모든 국가가 더 부유해질 것이다.

20세기에 태어난 사람들은 스미스와 리카도가 꿈꿨던 세계무역이 활발한 세상에서 살고 있다. 이러한 세계의 공급망은 우리 삶의 구석구석에 영향을 미친다. 전화는 칠레의 리튬과 중국의 알루미늄, 남아프리카의 팔라듐을 활용해 만들어진다. 비행기 날개 한 개를 만들려면, 각각의 부품을 전문적으로 제작하는 공장에서 생산하고 조립하기 위해 국경을 여섯 번 넘나들어야 한다.

이번에는 식탁 위에 올라오는 식재료를 생각해보자. 수년 동안 채소와 과일, 생선, 육류, 유제품은 냉동 컨테이너에 실려 전 세계를 종횡무진 이동해서 우리의 식탁 위에 올랐다. 주말까지 배송받기 위해 동네 슈퍼마켓에 토마토를 온라인으로 주문했다고 치자. '장바구니에 추가하기' 버튼을 클릭해서 토마토를 장바구니에 담는 순간에도 토마토는 어느 국가의 땅속에 있을지도 모른다.⁴ 내 경우에는 스페인이었다.

스페인의 기후 특성 때문이다. 영국에서도 토마토를 재배할 수 있지만, 일조량이 풍부한 스페인 날씨가 힘을 덜 들이고 더 많은 토마토를 재배하기에 좋다. 그리고 세계무역의 기적 덕분에 물류 기업은 스페인의 창고에서 토마토를 가져와서 동네 슈퍼마켓의 배송 센터로 배송할 것이다. 영국에서 유통 허브는 황금 삼각지로 불린다. 황금 삼각지는 영국의 중심지에 위치한다. 그래서 황금 삼각지를 떠난 배송 트럭은 4시간안에 영국 인구의 90퍼센트에게 제품을 배송할 수 있다. 유통 센터에도착한 주문 상품을 정리해서 배송지로 배송한다. 보통 주문부터 배송까지 대략 3일 정도 걸린다.[5]

기하급수적인 시대에 세계무역의 역전 현상이 갈수록 심해지고 있다. 모든 것을 현지에서 조달할 수 있다면, 교역은 필요가 없을 것이다. 토마토, 바나나, 파인애플 등 식재료를 비가 많이 내리는 영국에서도 손쉽게 재배할 수 있다면, 굳이 먼 곳에서 식재료를 공수해오는 수고를 감수할 필요는 없다. 기하급수적인 시대의 새로운 기술들이 이것을 가능하게 만들고 있다.

최첨단 기업을 이끄는 기업가들이 식재료를 소비하는 곳 가까이에서 농업이 가능하게 하고 있다. 도심의 수직농장이 대표적인 사례다. 수직농장은 매우 효율적인 농법으로, 특히 일본에서 인기가 있고 다른 지역으로 서서히 확산되고 있다. 우리가 흔히 생각하는 논이나 밭을 작게 잘라서 차곡차곡 쌓아 올린 것이라고 생각하면 이해하기 쉽다. 현대의 수직농장은 12층이나 13층으로 이루어진다. 각 층의 바닥 면적은 십여 제곱미터다. 수직농법은 '농지' 1제곱미터의 생산성을 높인다. 수직농장에서는 40제곱미터의 재배 면적을 아코디언처럼 접어서 전체 재배 면적을 거의 10배로 늘릴 수도 있다. 인공지능으로 조명과 물과 온도를 조절하면 효율성이 훨씬 높아진다. 컴퓨터로 관리하는 집약적인 농장에서는 살충제를 비롯한 화학물질을 사용할 필요도 없다.[6] 어떤 경우에는 전통적인 농장보다 물이 80배나 덜 사용된다. 토양을 없애고 수경 재배(뿌리를 물에 담가서 작물을 재배하는 방식)나 수기경 재배(배양액을 작물의 뿌리에 살포하여 재배하는 방식)가 가능하다. 스펙트럼이 넓은 일반적인 온실 조명을 사용하는 대신 일부 수직농장에서는 식물이 반응하는 파장의 빛을 쏘는 조명이 사용된다. 이렇게 하면 작물을 재배하는 데 한 줄기의 빛도 낭비되지 않는다.[7] 재생에너지(지붕에 설치한 태양광 전지판이 공급하는 전기)를 사용해서 에너지 비용을 절감하고 탄소 배출량까지 줄인다. 그리고 기술에 투자할 자원이 있는 곳이라면, 이러한 수직농장을 스페인, 영국 등 어디든지 만들 수 있다.

역사적으로 식재료는 시골의 농장에서 재배하고 수확해서 도시의 센터로 배송했다. 하지만 도시에서 작물 재배를 가능케 하는 새로운 기술이 등장하면서 이제는 그럴 필요가 없어졌다. 농장이 식재료를 소비하는 소비자들에게 바짝 다가왔다. 심지어 도시 속으로 들어왔다. 몬트리올에는 16만 제곱미터의 루파 농장이 있다. 세계에서 가장 큰 온실인 루파 농장은 유통창고 바로 위에 조성되었다.[8] 참고로 테니스 코트는 3000제곱미터가 조금 안 된다. 루파 농장은 테니스 코트 50개를 만들고도 남을 면적을 갖고 있는 셈이다. 루파 농장이 소비자와 가까운 곳에 있어서 영양이 풍부한 좀 더 신선한 식재료를 소비자에게 바로 공급할 수 있다. 많은 도시형 농장이 루파 농장의 모델을 따르고 있다. 소매업자와 가까운 곳에 도시형 농장이 설치된다. 줄기에서 툭 떨어진 토마토가 떼굴떼굴 굴러서 소비자의 쇼핑백으로 들어가는 셈이다.

2020년을 기준으로 수직농장은 식재료 시장에서 아주 작은 부분을 차지했다. 하지만 집약적인 수직농장에서 재배된 식재료 시장의 연간 성장률은 20퍼센트를 웃돈다. 수직농장의 수요가 지수곡선을 따라서 증가하고 있는 셈이다.[9] 이러한 변화의 효과는 실로 엄청나다. 20세기에는 근처에서 얻을 수 있는 것들만 먹을 수 있었다. 하지만 이 한계는 세계화된 물류 시스템으로 극복되었다. 21세기에는 이 한계를 극복한 완전히 새로운 해결책이 제시되었다. 오늘날에는 기하급수적인 기술로 근처에서 재배되는 식재료 자체를 완전히 바꿀 수 있다.

하지만 이보다 훨씬 더 급진적인 해결책이 있다. 새로운 기술들이 등장하면서 특정 원자재에 대한 의존도가 급격히 낮아지고 있다. 케일에서 석탄으로 시선을 옮겨보자. 100년 동안 인류는 에너지 니즈를 충족시키기 위해 엄청난 양의 화석연료를 여기저기로 이동시켰다. 석탄이 가득 실린 화물선, 원유가 가득 담긴 유조선, 그리고 마지막으로 천연가스를 가득 채운 초대형 유조선이 선사시대의 에너지원을 원산지에서 멀리 떨어진 대형 발전소로 운반한다. 에너지를 자급자족할 수 있는 소수의 국가를 제외하고, 많은 국가의 교역량에서 화석연료가 상당한 부분을 차지한다. 화석연료는 없어서는 안 될 원자재였다. 그래서 미국은 원유 공급에 차질이 생기지 않도록 페르시아만에 군대를 주둔시킨다.

그러나 재생에너지 덕분에 거의 모든 국가가 에너지 독립의 길로 나아가고 있다. 풍력 터빈이 설치되거나 태양광발전소가 들어서면, 화석연료는 필요가 없어진다. 2장에서 살펴보았듯이, 재생에너지 발전설비를 이제 어디서든 쉽게 볼 수 있다. 재생에너지로 전환하면서 화석연료의 교역량은 급격히 줄어들고 있다. 1998년에 영국은 6300만 톤의 석탄을 소비했다. 4분의 3이 발전에 사용되었고, 나머지 4분의 1이 수입되었다. 그로부터 겨우 21년 뒤에 발전을 위한 석탄 수요가 94퍼센트 감소했고, 수입량은 70퍼센트 감소했다. 게다가 전력 소비량 대비 생산성 증가와 맞물려서, 석탄 수요는 급감했다. 1999년과 2019년 사이에 영국의 GDP는 75퍼센트 증가했지만, 연간 전기 소비량은 15퍼센트 감소했다. 말 그대로 소비전력 1킬로와트시당 생산성이 2배 증가했던 것이다. 이것은 하나의 사례에 불과하다. 독일부터 우즈베키스탄, 우크라이나와 미국까지 수십여 개의 국가에서 이와 유사한 일이 벌어졌다.

주요 에너지원이 화석연료에서 재생에너지로 변하면서 화석연료가 많이 매장된 국가에 대한 세계의 의존도 완화되었다. 감사하게도 태양에너지는 화석연료보다 훨씬 더 공평하게 배분된다. 모든 국가에 화석연료가 풍부하지는 않지만, 태양에너지는 거의 어디에서나 확보할 수 있다. 세계에서 일조량이 가장 풍부한 아제르바이잔은 일조량이 가장 적은 노르웨이보다 1제곱미터당 일조량이 4배 많을 뿐이다. 그래도 상당한 차이라고 느껴질 수 있다. 하지만 이것은 화석연료와 비교하면 새발의 피다. 산유국과 비산유국의 1제곱미터당 원유 매장량 차이는 무려 100만 배다.[10]

이러한 변화는 새로운 원료로 전기를 만들어낼 뿐 아니라 새로운 방식으로 에너지를 저장하면서 가속되었다. 오늘날 청정에너지 시대에 에너지 저장 시스템은 더 중요해졌다. 날이 저물고 나면 태양광발전소는 쓸모가 없어진다. 그래서 방대한 전기를 저장할 방도를 찾아야 한다. 부분적으로 그 방도를 찾는 것은, 앞서 보았던 거대한 곤충을 닮은 에너지 저장 시스템을 만든 에너지볼트 같은 혁신 기업들의 책임이다. 그리고 그들의 노력 덕분에 다양한 에너지 저장 시스템이 등장했고, 집 근처에서 전기를 만들어 사용할 수 있게 되었다. 예를 들어 전기자동차는 이른바 V2GVehicle-to-Grid 시스템을 통해서 집과 사무실에 공급하기에 충분한 전기를 비축할 수 있다. 일반적으로 전기자동차는 시간당 50킬로와트의 전기를 저장한다. 이것은 영국이나 미국의 평범한 가정에서 5일 동안 쓸 수 있는 전기량이다. 해가 저물면 전기자동차가 주행하고 남은 전기를 가정에 공급하는 일이 앞으로 흔해질 것이다. 2030년이 되면 영국에만 무려 1100만 대의 전기자동차가 도로를 달릴 것으로 예상된다. 이때 전기자동차 소유자가 도로를 주행하고 남은 전기를 이웃과 조금이라도 나눠 쓴다면, 영국의 에너지 수요를 모두 충족시킬 수 있을지도 모른다.[11]

발명가 사이먼 대니얼Simon Daniel은 전기자동차를 활용한 에너지 저장 시스템의 잠재력을 빨리 알아차렸다. 그의 첫 번째 성공작은 1990년대에 설계한 접는 키보드였다. 주머니 크기의 첫 태블릿 PC인 팜파일럿이 인기를 얻기 시작하던 시기였다. 그는 최근 수천 개의 배터리를 하나로 연결해서 거대한 수직 발전소를 만들었다. 그는 이렇게 만든 배터리를 판매하기 위해 회사를 설립했는데, 그것이 바로 모익사Moixa다. 모익사는 수천만 달러에 달하는 자금이 필요했다. 투자자들로부터 자금을 조달받는 대신 그는 전기자동차 소유자들에게 자신의 전력망에 참여해달라고 설득했다. 놀고 있는 전기자동차의 배터리가 모여서 거대한 수직 발전소가 되는 것이다. 그가 만든 플랫폼이 배터리를 관리하고, 고도의 알고리즘을 이용해 전체 네트워크의 전기 사용량을 균형 있게 조절한다. 마침내 그는 일본의 여러 도시에서 전기자동차 배터리 2만 개를 스스로 개발한 시스템에 연결할 수 있었다.[12] 이로써 하루 동안 일본의 2만 5000 가구에 공급하기에 충분한 전기를 확보할 수 있게 되었다. 이것은 마치 연금술 같았다. 하늘 높이 솟은 굴뚝이 달린 거대한 발전소를 도로에 주차된 전기자동차들로 구성된 네트워크로 대체해 사람들이 자는 동안 필요한 전기를 집에 공급하는 것이다.

물론 에너지를 만들기 위해서만 원유가 사용되는 것은 아니다. 원유의 파생물은 일상생활에 필수적인 의약품과 플라스틱을 만드는 데에도 사용된다. 하지만 여기서도 이제 막 변화가 시작되었다. 조시 호프먼Josh Hoffman은 생물공학 스타트업인 자이머젠의 CEO다. 자이머젠은 첨단 머신러닝과 유전학을 재치 있게 결합하여 산업 자재를 효율적으로 생산한다. 자이머젠의 첫 번째 상품인 하이어라인은 스마트폰 스크린에 사용된다. 호프먼은 미생물을 사용한다. 미생물은 자연적인 과정을 통해 액정 필름을 만들어낸다. 이때 원유에서 플라스틱을 만들 때보다 에너지가 훨씬 덜 사용된다. 그리고 보철물을 만들 때 탄화수소를 효과적으로 제거하는 방법이기도 하다.

물론 여기서 주의할 것이 있다. 화석연료 의존도는 약해지고 있지만, 21세기가 끝날 때가 되어야 청정에너지로 완전히 전환될 것이다. 그와 동시에 새로운 원자재에 대한 의존도가 커질 것이다. 예를 들어 배터리에 들어가는 리튬과 정밀 전자기기를 만들 때 필요한 희토류가 있다. 하지만 무언가를 덜 소비하는 경제 시스템이 등장하고 있다. 원자재를 다시 현지에서 생산하고, 더 나아가 일부 원자재에 대한 의존도가 감소하는 현재의 추세는 경제 시스템에서 급격한 변화가 진행되고 있다는 방증이다. 머지않아 세계무역에 크게 기대지 않고도 필요한 원자재를 현지에서 충분히 확보하는 날이 올 것이다.

3D프린팅의 명과 암

완전히 새로운 시각에서 원자재를 바라보고 생산하는 것보다 훨씬 더 혁명적인 변화가 제조 업계에서 일어나고 있다. 어느 국가에서 만든 운동화, 전화기, 자동차 부품이나 보철물을 20피트 컨테이너에 실어서 다른 국가로 보내는 교역 활동은 제조업에서 중요한 축이었다. 하지만 기하급수적인 시대에 들어서면서 이것이 변하고 있다. 앞서 만났던 앤절로 유가 보여준 제조 방식이 자리를 잡아가고 있다. 아이디어가 전 세계로 수송되고, 최종 소비자 가까이에서 프린터나 기계를 사용해 그 아이디어를 제품으로 바꾼다. 이런 이유로 전 세계에 위치한 생산 시설과

물류망, 해외 법인이 쓸모없는 것들이 되어가고 있다. 그것들은 오히려 골칫거리가 되어가고 있다.[13]

　갈수록 제조 활동이 소비자들이 있는 현지 시장에서 이루어지고 있다. 그리고 기하급수적인 경제의 새로운 규범이 이러한 현상을 견인한다. 우선, 2장에서 보았듯이 무형자산이 급격히 중요해지고 있다. 컴퓨터부터 고급 의약품까지, 전화기부터 자동차 부품까지 많은 복잡한 제품이 컨테이너에 실려서 전 세계로 수송되는 것이 아니라, 아이디어 자체가 전 세계로 수송되고 있다. 1000달러짜리 아이폰에는 400달러가 되지 않는 부품이 들어간다. 나머지는 무형자산인 디자인과 조립, 브랜드 값이다.[14] 새로운 제조 방식이 무르익으면서, 제품의 가격에서 무형자산의 가치가 차지하는 비중이 커지고 있다. 인공지능과 같은 기하급수적인 기술들의 부상은 이러한 가치 변화를 강조한다. 최첨단 제조업은 옛 제조업보다 노동자가 훨씬 덜 필요하다. 그것은 수십 년 만에 처음으로 인건비가 높은 지역에서 제조 활동을 하는 것이 경제적으로 합리적인 시대가 왔다는 뜻이다.

　러닝화를 생각해보자. 오랫동안 브랜드 스니커즈는 제조업의 세계화를 전형적으로 보여주었다. 미국 포틀랜드나 독일 베를린의 스튜디오에서 디자인해서, 세계적인 스포츠 스타들이 소셜미디어에서 홍보하고, 베트남이나 방글라데시, 태국의 공장에서 제작된다. 하지만 이러한 제조 과정에 변화가 나타나기 시작했다. 2016년, 독일 스니커즈 브랜드인 아디다스는 독일 현지에 작은 공장을 처음으로 설립했다. 아디다스는 바이에른주 안스바흐의 5만 제곱미터 대지 위에 스피드팩토리를 설립했다. 스피드팩토리는 값싼 노동력이 아니라 로봇과 자동화, 3D프린팅을 이용해 연간 50만 켤레의 스니커즈를 생산할 수 있다. 이렇게 해서 훨씬 더 수준 높은 운동화를 생산할 수 있을지도 모른다. 스피드팩토리 같은 공장은 소비자의 니즈에 꼭 맞춘 더 복잡한 디자인의 운동화를 생산할 수 있다.[15]

그러나 우리는 아직 온전한 기하급수적 미래에서 살고 있는 것은 아니다. 아디다스가 시대를 많이 앞서 나갔던 면이 없잖아 있다. 아디다스는 스피드팩토리를 설립하고 채 3년이 되지 않아 독일 현지 공장을 철수하고 아시아 공장으로 기술을 이전했다. 기계 설비만으로 오래된 공급업자들을 완전히 대체할 수는 없었던 것이다.[16] 3D프린팅을 활용한 적층제조법은 전통적인 제조 방식과 비교하면 여전히 비싸다. 적층제조법이 어디서든 가능하려면 3D프린터나 로봇의 가격이 아직도 많이 하락해야 한다.[17]

하지만 최첨단 기술들이 결합된 이러한 제조 방식이 기하급수적으로 확산되고 있는 것은 분명하다. 우리는 여러 차례 기하급수적인 기술들이 어떻게 확산되는지를 보았다. 지금 3D프린팅이 비싼 이유는 기술에 대한 수요가 적기 때문이다. 하지만 3D프린팅은 라이트의 법칙 (2장 참고)의 곡선에 따라 확산될 것이다. 갈수록 가격은 빠르게 하락하고, 이어서 3D프린터를 통제하기 위해 필요한 소프트웨어와 같은 보완재의 가격도 하락할 것이다. 핵심 3D프린팅 기술은 이미 연간 30퍼센트의 성장률을 보여주고 있다.

3D프린팅 기술의 진가가 코로나19 팬데믹 시대에 발휘되었다. 코

로나바이러스가 전 세계로 확산되자, 영국처럼 제대로 준비되지 않은 국가들은 의료진이 사용할 마스크와 얼굴 가리개조차 부족했다. 코로나바이러스의 확산으로 중국과 튀르키예의 마스크 생산 시설이 전면 폐쇄되었다. 3D프린터로 부족한 의료 물품을 만드는 움직임이 자발적으로 일어났다. 이러한 움직임을 주로 학교와 대학교가 주도했고, 시민들이 자발적으로 키트를 생산하기 시작했다.[18] 내 아이들이 다니는 학교도 3D프린터로 수백 장의 마스크를 만들어, 걸어서 20분 거리에 있는 근처 병원에 전달했다.

하지만 3D프린팅은 매우 초기 단계의 기술이다. 세계 3D프린팅 시장은 아주 작다. 2019년의 시장 규모는 100억 달러였다. 하지만 3D프린팅 시장은 빠르게 성장하고 있다. 그리고 까다로운 소비자들을 만족시키는 데 3D프린팅이 사용되기 시작했다. 예를 들어 3D프린팅으로 자동차와 비행기에 들어갈 부품을 만든다. 어느 분석가는 3D프린터로 비행기에 들어갈 작은 부품을 만들면 5년 동안 7억 달러의 연료비를 절약할 수 있다고 추산했다. 3D프린터로 부품을 만들면 전통적인 제조 방식보다 원료가 덜 소비되고, 제품도 더 가볍고, 재료 낭비도 적다.[19] i8은 BMW의 최고급 전기 스포츠카다. 3D프린터로 만든 부품이 i8 지붕을 여닫는다. i8 지붕이 지그재그로 열리도록 하는 핵심 부품은 3D프린터로 만든 버팀대다. BMW는 3D프린터로 수만 개의 부품을 생산하겠다고 선언했다.

여기서 세계무역의 행태가 바뀌고 있다는 것을 확인할 수 있다. 빈국에서 상품을 만들고 부국으로 가져와서 팔던 시대는 저물었다. 그 대신 부국에서 상품을 만들고 현지 시장에 바로 내다 파는 추세가 확산될 것이다.

하지만 기하급수적인 시대에 새로운 기술의 보상은 고르게 분배되지 않는다. 빈국의 원자재에 대한 부국의 의존도가 약해지면, 기본적으로 개발도상국의 경제가 불안정해질 수 있다. 그리고 최첨단 기술을 활용한 현지 생산이 유럽과 미국의 표준이 되어가면서, 빈국은 제조 활동을 통해 소득을 얻을 기회를 박탈당하고 결국 훨씬 더 황폐해질 수 있다. 그리하여 기하급수적인 기술을 사용해서 자급자족하는 선진국과 자본뿐 아니라 기하급수적인 시대의 변화를 따라잡을 기술 수준이 높은 노동력도 없는 후진국 사이에 격차가 벌어질 것이다.

먼저 원자재부터 살펴보자. 리카도가 예상했듯이, 대부분의 개발도상국은 자신들의 장점을 십분 발휘하며 성장했다. 그들은 주로 다른 국가에서 더 복잡한 상품을 생산하는 데 사용될 원자재를 해외로 수출했다. 최근 원자재 세계무역 데이터에 따르면, "대부분의 아프리카 국가들이 주로 원자재만을 수출"하여 경제를 지탱하고 있었다.[20] 아프리카 국가들의 경제는 원자재 가격에 따라 성장하고 위축되길 반복했다. 1980년대와 90년대 사이에 원자재 가격이 하락하자 사하라사막 이남의 아프리카 국가들이 경제적으로 큰 피해를 입었다. 2000년대 내내 아프리카 국가들이 높은 경제성장률을 기록했는데, 대체로 중국의 대량 수요에 힘입어 치솟은 원자재 가격 덕분이었다. 그리하여 2001년과 2011년 사이에 사하라사막 이남 아프리카 국가들의 경제는 4배 성장했다.[21]

이 모든 것은 문제를 야기한다. 현대 세계경제의 주요 동력은 생산의 재현지화다. 이런 시대에 개발도상국이 어떻게 살아갈 수 있을까? 대다수의 개발도상국 경제는 선진국의 높은 원자재 수입량에 의존한다. 만약 선진국의 원자재 수입량이 폭락하면, 개발도상국의 경제는 위태로워질 것이다.

2020년 코로나19 팬데믹이 불러온 경제 침체에 따른 유가 폭락이 세계경제에 어떤 영향을 미쳤는지 살펴보자. 비행기 운항이 결항되었고, 전 세계 인구가 오직 집에서만 생활했기 때문에 석유 수요가 폭락했다. 이런 이유로 유가가 곤두박질쳤고, 그에 따라 세계 질서가 불안정해졌다. 맥매스터대학교의 아티프 쿠부르시|Atif Kubursi 경제학 교수의 말을 빌리면, "사우디아라비아가 예산 균형을 맞추고 다양한 경제 정책을 실행하고 보조금에 의존해 돌아가는 경제 시스템을 지탱하려면, 유가는 1배럴당 80달러에 형성되어야 한다. 여기에 사우디아라비아의 정치 시스템과 현 정권의 안정이 달려 있다."[22] 이렇듯 세계무역의 미래에 대한 우려의 목소리가 커지고 있다. 원자재에 대한 의존도가 줄어들면 세계경제의 큰 부분을 차지하는 개발도상국들이 궁핍해질 것이고, 유례없는 정치 불안정을 초래할 수 있다.

선진국과 개발도상국 사이의 격차는 현지 제조로 전환되면 더욱 급속히 벌어질 것이다. 그리고 3D프린팅 기술은 세계무역의 가치를 떨어뜨릴 것이다. 네덜란드 은행 ING 소속 애널리스트들은 2040년이 되면 세계 수입품의 40퍼센트가 사라질 것으로 내다보았다.[23] 이것은 어마어마한 수치다. 달러로 환산하면 약 22조 달러에 달한다. 재화와 서비스의 10년치 성장률이 한순간에 사라진다는 의미다. 또한 현지 제조가 자리를 잡으면 세계 공급망의 양상이 완전히 바뀔 것이다. 굴지의 세계 물류 기업인 UPS는 이미 전 세계에서 상품을 배송하는 대신 소비자들이 원하는 부품을 순식간에 프린트할 수 있는 기술에 투자하기 시작했다.[24]

이러한 기하급수적인 기술들의 복리 효과 덕분에 완제품을 멕시코나 방글라데시에서 들여올 필요가 없어진다. 즉 최종 소비자들과 가까이에 위치한 생산 설비로 찍어낼 수 있게 된다. 그 결과 값싼 노동력의 세계 수요에 기대어 경제성장을 해온 많은 개발도상국이 경제적으로 상당한 타격을 입게 될지도 모른다. 선진국을 위한 상품 제조는 개발도상국에 일자리만 창출하는 것이 아니다. 저렴한 운동화에 대한 선진국의 지속적인 수요는 개발도상국의 문화와 경제, 사회에도 지대한 영향을 미친다.

그리고 현지 제조, 식재료와 에너지의 현지 생산이 세계무역 질서를 유지하려는 국가와 다국적 기구의 권위를 떨어뜨릴 수 있다. 미국은 세계 안보와 안정을 유지하기 위해 지난 수십 년 동안 수조 달러를 투자했다. 이것은 미국이 계속 전시 상황에 있는 것과 다름없다는 뜻이다.[25] 2019년 이후로 미국은 기반암에서 천연가스를 추출하는 기술에 투자하여 에너지 자족을 달성하면서 전 세계에서 벌어지는 혼란한 상황을 두 손 놓고 지켜보는 경우가 많아졌다. 킹스 칼리지 런던의 닉 버틀러Nick Butler의 말을 빌리면, 미국이 에너지 안보를 확보하면서 중동 같은 지역의 혼란한 상황에 개입할 명분 하나가 사라졌고, 다른 국가의

전쟁에 군대를 파병해서 미국이 얻을 것이 아무것도 없다는 인식이 강화되었다.[26]

기하급수적인 기술의 영향은 훨씬 더 변혁적일 것이다. 세계화된 국제 제도들은 국가들이 서로 소통하고, 교역하고, 협업할 것을 요구한다. 선진국이 후진국의 행복에 관심을 갖지 않으면, 세계경제 발전의 길이 불확실해진다. 기하급수적인 시대에도 과거와 유사한 경제성장 패턴이 나타난다. 최첨단 기술로 무장한 선진국은 번성하고, 나머지 국가들은 뒤처진다.

"국가는 말하고, 도시는 행동한다"

2007년 후반의 어느 시점에 누군가가 미래에 발을 들여놓았다. 그 또는 그녀는 다른 사람들과 어깨를 부대끼며 복잡한 버스를 타고 도시로 왔다. 그가 버스에서 내리는 순간 새로운 시대가 시작되었다. 인구의 50퍼센트 이상이 대도시에서 거주하게 된 것이었다.[27]

옛날에는 대부분이 도시보다 농촌에서 살았다. 하지만 2007년의 이 역사적인 순간 이후 세계 인구의 절반 이상이 도시에 거주하고 있다. 이런 순간이 오기까지 오랜 시간이 걸렸다. 2000년 전 로마에는 100만 명이 넘는 인구가 살았다. 알렉산드리아도 마찬가지였다. 하지만 알렉산드리아와 맞먹는 규모의 인구가 거주하는 도시는 오랫동안 등장하지 않았다. 19세기가 되어서야 런던 인구가 100만 명에 도달했다. 1930년대에 뉴욕은 전기, 대중교통, 위생 시설, 철골 고층 건물, 안전 엘리베이터 등 다양한 기술의 발달에 힘입어 인구 1000만의 첫 '메가시티'가 되었다. 그리고 이 정도 규모의 인구를 지탱하기 위해 필요한 식량과 상품을 새로운 공급망을 통해 확보했다.[28]

하지만 도시들은 계속 과소평가되었고, 정치적으로 중요성과 영향력을 제대로 인정받지 못했다. 이런 상황은 정치적인 용어에 그대로 반영되었다. 권력은 국가에 속했다. 도시들은 국민총생산, 국가 인구, 국어, 국가國歌 등 우리가 세계를 이해할 때 사용하는 지표와 제도에서 무시되었다.

사람들은 국가 단위만을 중시하고, 도시들이 부의 창출과 과학적 발견, 무역과 문화를 견인하는 엔진 역할을 오랫동안 해왔다는 사실을 무시했다. 기하급수적인 시대에 이런 추세는 지속될 뿐 아니라 가속될 것이다. 언뜻 보면 기하급수적인 기술들은 도시의 중요성을 약화하는 듯이 보일지도 모른다. 기하급수적인 기술들 덕분에 새로운 형태의 원격 근무가 가능해질 것이다. 이론적으로 이러한 원격 근무 덕분에 도시에서 멀리 떨어진 곳에 거주하는 사람들은 온라인에서 더 큰 발언권을 얻을 수 있다. 하지만 이것은 반쪽짜리 이야기에 불과하다. 기하급수적인 시대가 진행될수록, 도시들은 여러모로 중요해질 것이다.

다시 한번 말하자면, 주된 요인은 무형경제의 부상과 노동시장에 대한 영향력이다. 무형경제에서 가치는 굉장히 복잡한 제품을 통해 창출된다. 어느 때보다 고도의 기술과 지식을 갖춘 인재에 대한 수요가 높다. 하지만 이러한 자질을 갖춘 인재들은 한 국가에 고르게 분포되어 있지 않다. 그들은 물리적인 제도, 즉 대학교를 중심으로 모여 있다. 대학교가 제공하는 연구실과 자원이 그들에게 중요한 영향을 미친다. 그리고 이러한 대학교를 중심으로 가장 우수한 인재를 채용하는 기업들이 성장한다.

일단 소프트웨어 설계나 구조공학, 현대미술 등 어떤 전문성이 응집된 허브가 형성되면, 그 분야에 관심 있는 인재들이 그곳으로 모여든다. 생명공학부터 인공지능과 반도체 설계까지 복잡한 기술을 개발하려면 단 한 명의 전문가가 아니라 함께 협업할 여러 명의 전문가가 필요하다.[29] 그리고 오직 도시만이 이러한 전문가들을 한곳에 모을 수 있는 인프라를 갖추고 있다.

기하급수적인 시대에 최첨단 도심 지역이 분야를 막론하고 인재들이 도시로 몰려들고 있다는 것을 보여주는 살아 있는 증거다. 이것은 '집적'으로 알려진 현상이다. 매년 수천 명의 기술자들이 전 세계에서 샌프란시스코로 몰려든다. 그 결과 기술 기업들은 막대한 비용을 감수하고 (런던이나 파리 또는) 샌프란시스코에 둥지를 튼다. 왜냐하면 그곳에서 뛰어난 인력을 확보할 수 있기 때문이다. 우수한 인재를 확보할 수 없다면, 그들은 상대적으로 생활비가 저렴한 소도시나 시골로 갔을 것이다.

샌프란시스코는 하나의 예시에 불과하다. 오늘날 무형자산이 풍부한 도시의 전문성이 어느 때보다 강력해지고 있다. 인도 뭄바이는 볼리우드라고 불리는 영화 산업이 발달했고, 이스라엘 텔아비브는 사이버 보안에 특화되었다. 대만의 중소도시인 신주는 반도체 생산의 세계 중심지로 부상하고 있다. 신주 공업단지의 면적은 14제곱킬로미터인데, 이는 미국 맨해튼의 약 4분의 1이고 런던의 1000분의 1에 조금 못 미친다. 2020년, 이곳에서 400억 달러 이상의 가치가 창출되었다. [30]

인재의 도시 집중 현상은 기존 기업과 산업에만 좋은 일은 아닐 것이다. 도시로 인재가 모이면, 완전히 새로운 아이디어가 빠르게 형성된다. 수천 명이 모인 곳에서 혁신이 나오는 법이다. 낯선 이들이 얽히고 설킨 곳에서 새로운 아이디어가 싹튼다. 도시는 우연한 발견이 끊임없이 일어나는 곳이다. 스마트폰과 아마존이 등장하기 전에 대부분의 사람은 읽을거리를 찾으러 도서관이나 서점으로 갔다. 보고 싶은 책을 찾으려고 수백 개의 주제를 다룬 수천 권의 책을 살폈다. 그러다가 아무이유 없이 어떤 책 제목에 시선이 꽂히고, 결국에는 그 책을 집어 들었다. 도시의 삶은 이와 유사하다. 사람들은 매일 출퇴근한다. 그러면서 수백만 개의 다양한 변수와 마주친다. 이는 마치 자신의 관심을 끄는 책을 찾으려고 수백만 권의 책을 훑어보는 것과 같다. 낯선 이들은 여기서 중요한 역할을 한다. 미국의 저명한 도시계획 전문가인 제인 제이컵스Jane Jacobs는 말했다. "[도시는] 기본적으로 소도시 및 교외와 여러 면에서 다른데, 그 차이점 중 하나가 도시는 낯선 이들로 가득하다는 것이다." [31] 세계의 수많은 반도체 전문가가 모여 있는 신주 같은 도시에 다양한 배경을 지닌 사람들이 모인다면 과연 어떤 일이 벌어질지 상상해 보라.

여기서 기하급수적인 효과가 작동한다. 예를 들어 인공지능 연구에 도움을 얻으려면 반드시 가야 하는 곳이 있다고 치자. 그렇다면 그곳으로 세계 최고의 인공지능 전문가들이 모여들 것이다. 그곳에서 더 많은 아이디어가 창출되고, 혁신이 일어나고, 기업이 성장할 것이다. 이렇게 되면 도시는 더욱더 강력해진다. 이런 식으로 도시는 일종의 영구기관을 얻게 된다. 도시가 커질수록 전문성은 강화된다. 전문성의 수준이 높을수록 도시는 커진다. 4장에서 소개한 복잡성 과학자인 제프리 웨스트는 도시를 거대한 긍정적 피드백 루프라고 정의한다. 도시가 성장하면 전문성을 발휘할 기회가 많아진다. 그리하여 생활수준이 개선되고, 도시는 더 매력적인 곳이 된다. 이어서 전문성과 높은 생활수준 때문에 도시로 모여들었던 사람들이 다시 도시에 투자한다. 제프리 웨스트는 이렇게 말한다. "도시가 커질수록 소득수준이 높아지고, 창조 활동이 촉진되고, 혁신과 상호작용이 활발해진다. 하지만 도시가 커지면 범죄율이 올라가고, 병에 걸릴 가능성도 커지고, 오락거리와 기회도 많아진다. 도시로 모든 것이 모여들면서, 인프라와 에너지 낭비를 막을 수 있다." 그는 또 "그것이 도시의 천재성"이라고 했다.[32]

하지만 실질적으로 이것이 도시의 미래에 관하여 의미하는 바는 무엇일까? 간략하게 말하면, 도시는 앞으로 계속 성장할 것이다. 특히 선진국보다 도시화율이 낮은 개발도상국에서 도시가 지속적으로 성장할 것이다. 21세기가 깊어지면, 인구 1000만 이상의 메가시티가 점점 많아질 것이다. 특히 아시아와 남미, 사하라사막 이남의 아프리카에서 메가시티의 성장이 두드러질 것이다. 그리고 2030년이 되면, 세계 인구의 거의 9퍼센트가 겨우 41개의 도시에 거주하게 될 것이다.[33]

중국 선전, 홍콩, 광저우 등 메가시티를 하나로 묶은 인구 7000만 이상의 웨강아오 대만구를 살펴보자. 새롭게 부상하는 최첨단 분야가 이 지역의 경제 발전에 갈수록 지대한 영향을 미칠 것이다. 그리고 대규모 집적화는 경제개발의 새로운 동력이 될 것이다. 아프리카의 여러 지역에서도 이런 논리가 작동한다. 2100년이 되면, 나이지리아 라고스의 인구는 8800만 명을 초과할 것이고, 탄자니아 다르에스살람의 인구는 7000만 명이 넘고, 수단 하르툼의 인구는 거의 6000만 명에 이를 것이다.[34] 코로나19 팬데믹도 도시화를 막을 수 없는 듯했다. 팬데믹 초기에 도시 탈출 현상이 나타났다. 〈이코노미스트〉의 보도에 따르면, 2020년 3월 파리가 봉쇄되었을 때 인구의 17퍼센트가 파리를 떠났다.[35] 하지만 도시들은 놀랍도록 빨리 되살아났다. 와튼경영대학원 연구진은 팬데믹 초기에 대부분의 도시에서 나타난 도시 탈주는 일시적인 현상이었다는 것을 확인했다. 하지만 미국 맨해튼처럼 물가가 유독 비싼 곳에서는 이러한 탈주 현상이 조금 더 지속될 것으로 내다보았다. 그렇더라도 도시의 인구는 쉽게 줄어들지 않을 것이다.[36]

도시의 규모와 경제력이 성장하면서 도시 시민과 다른 지역 거주자의 격차가 벌어졌다. 도시 거주자들은 중간 지역의 거주자들과 비교하면, 상대적으로 교육 수준과 임금수준이 높다. 예를 들어 인도 도시 거주자들의 연평균 소득은 시골 거주자들의 연평균 소득의 거의 2배에 달한다.[37] 2018년에 24개의 유럽 국가를 대상으로 소득수준을 조사했다. 그 결과 도시와 시골의 소득 격차는 45퍼센트로 나타났다.[38] 이 모든 것이 기하급수적인 기술 발달의 기여자이자 수혜자인 도시 시민과 다른 지역 거주자의 큰 격차로 이어졌다.

두 지역 사이의 긴장은 중앙정부와 지자체 간의 갈등으로 이어진다. 각 정부는 도시 운영에 대한 결정권이 서로 자신에게 있다고 주장한다. 수년 동안 런던은 우버의 5대 시장 중 하나였다. 하지만 우버가 런던의 교통법규를 전혀 준수하지 않고 안전 규정에 미달하자, 런던은 우버의 운영권을 정지했다. 테리사 메이Theresa May 영국 총리는 지자체의 결정을 지지하기보다 오히려 비난했다. 그러나 그녀에게는 런던의 결정을 기각할 권한이 없었다.[39] 그것은 부유하고 자유로운 최첨단 도시와 그에 비해 보수적이고 가난하고 기술 수준이 현저히 떨어지는 중앙정부 간 긴장 관계의 축소판이다. 예를 들어 〈파이낸셜 타임스Financial Times〉는 최근 중앙정부와 지자체가 이민을 두고 서로 충돌하고 있다는 기사를 보도했다. 중앙정부는 대체로 이민에 반대했고, 노동력이 필요한 지자체는 이민에 상대적으로 개방적인 태도를 취했다. 그래서 도시는 국가보다 이민자들을 더 환영한다. 국제구조위원회의 사머 살리바Samer Saliba 자문관은 말했다. "국가는 말하고, 도시는 행동한다."[40]

물론 도시와 국가의 초기 긴장 관계에 많은 의미를 부여하는 것은 어리석은 짓이다. 하지만 도시와 국가가 끊임없이 충돌하는 기하급수적인 시대의 사회 윤곽을 그릴 수는 있다. 기하급수적인 기술들 덕분에 도시의 자주권이 강화되고 전기와 무역, 식량 자급률이 상승했다. 기하급수적인 경제는 고도의 기술을 요구하는 복잡한 활동을 선호한다. 대체로 다양한 사람으로 구성된 거대한 도시 인구가 이러한 활동을 한다. 19세기와 20세기의 산업화 시대는 국민국가를 중요하게 여겼다. 하지만 기하급수적인 시대에는 거대 도시가 중요해지고 있다. 그리하여 인류의 절반 이상이 거주하고 활동하는 도시의 일상생활에 대한 결정권을 누가 갖느냐를 두고 도시와 국가 사이에 긴장 관계가 형성된다.

디지털 소다자주의와 도시 거버넌스

존 페리 발로John Perry Barlow는 록그룹 '그레이트풀 데드'의 작사가 출신이다. 그는 일렉트로닉 프론티어 재단의 인터넷 인권운동가로도 활동했다. 1996년 스위스 다보스에서 열린 세계경제포럼에서 그는 '사이버공간의 독립선언문'을 발표했다.

> 살과 철로 이루어진 피곤에 찌든 거인인 산업 세계의 정부에게 고하니, 나는 정신의 새로운 고향인 사이버공간에서 왔다. 미래를 대신해서 나는 과거의 그대에게 우리를 내버려둘 것을 요구하는 바다. 그대는 우리에게 환영받지 못할지니. 그대는 우리가 모인 이곳에 대하여 행사할 통치권이 없다.
>
> 우리에게는 선출된 정부가 없고, 이곳에서 정부를 선출할 생각도 없다. 나는 자유의 목소리에 실린 권위만큼 권위 있게 그대에게 요구한다. 나는 우리가 만들고 있는 이 세계적인 사회 공간은 본래부터 그대의 압제와는 전혀 상관없는 곳이라고 선언한다. 그대에게는 우리를 통치할 윤리적인 권리가 없다. 그리고 우리가 진정 두려워해야 할 집행 권한도 그대에게는 없다.[41]

오직 그만 이처럼 인터넷이 국경을 초월한다고 생각했던 것은 아니었다. 인터넷은 세계화를 나타내는 가장 중요한 상징 중 하나다. 인터넷은 세계화라는 산소를 실어 나르는 폐 기관계처럼 국경을 넘나든다. 상품 무역을 수월하게 만들 뿐 아니라 아이디어 확산도 촉진한다. 인터넷은 국경수비대, 출입국관리소 직원과 세관 직원의 세속적인 걱정에는 관심이 없다. 인터넷은 냉담한 곳이다.

발로의 시대에 인터넷은 실제로 국민국가의 논리를 뒤엎는 것 같았다. 인터넷은 지정학적 질서를 지탱하는 가장 기본적인 토대를 약화했다. 그것은 바로 국가가 국경 안에 존재하는 영토를 통치하는 권리인 영토 주권이었다. 철의 장막 뒤에서, 그리고 종교적인 독재 국가에서 초기 인터넷은 언론을 통해 표현할 수 없는 아이디어를 탐구하고 전달하는 공간이었다. 라디오나 TV 방송국은 정부가 통제하는 중개인에 불과했다. 그들이 없는 인터넷에서 시위자들은 자신의 생각을 자유롭게 표현할 수 있었다. 소비에트연합의 해체로 이어진 1991년 8월의 실패한 쿠데타가 좋은 사례다. 반군이 CNN 등 대중매체를 장악했지만, 시위대는 움트기 시작한 인터넷을 통해 쿠데타가 진행되고 있다는 신호를 전 세계에 전달할 수 있었다.[42] 좀 더 포괄적으로 말하면, 인터넷에서는 데이터가 끊임없이 종횡무진한다. 영국 에든버러에서 프랑스 에비앙, 인도 뭄바이와 미국 맨해튼까지 데이터는 자유롭게 이동한다. 그 덕분에 온라인 세상에서 독특한 국제 문화가 형성되었다.

그렇다고 인터넷에 국가의 힘이 전혀 미치지 않는다는 소리는 아니다. 초기 인터넷의 규범은 미국적 특색이 강했다. 인터넷에 관한 주요 프로토콜, 표준 절차와 통치 제도가 대체로 미국 정부가 후원하는 미국인들의 손에서 나왔다. 따라서 인터넷에 학리적이고 갈수록 자유민주적인 사고가 자리를 잡았고, 인터넷은 중앙 권력에 회의적인 곳이 되어갔다. 하지만 일반적으로 인터넷은 전 세계적으로 국경 없는 미래가 도래할 것이라고 약속했다.

그러나 발로의 선언문이 발표되고 25년이 흐른 뒤에 이러한 인터넷의 이상은 산산조각 났다. 인터넷은 지역과 국가로 쪼개지면서 '스플린터넷splinternet(파편splinter과 인터넷internet의 합성어—옮긴이)'이 되었다. 2010년대에 정부는 인터넷을 국민국가의 권한 안에 귀속하기 위해 애쓰기 시작했다. 많은 정부가 데이터가 국경을 자유롭게 넘나들도록 내버려 두면 그것이 자국민이나 국가의 이익에 반하게 사용될까봐 두려워했다. 독재 정권이 제일 먼저 이 위험성을 인지했다. 중국은 인터넷을 철저히 검열하고, 온라인 활동을 제한한다. '만리장성'으로 불리는 중국의 인터넷 통제 시스템 때문에 중국에 거주하는 사람들은 인터넷에 마음대로 접속할 수 없다. 이란, 시리아, 튀르키예, 이집트, 필리핀 등 많은 국가가 국민의 인터넷 접속을 감시하거나 막는다.[43]

최근 들어서 자유민주주의 국가까지 인터넷을 통제하기 시작했다. 그들은 인터넷을 통제하기 위해 그럴듯한 논리를 내세우고 있다. 유럽의 데이터 보호법인 '개인 정보 보호 규정'이 가장 좋은 예다. 유럽은 기업의 데이터 수집과 활용을 제한한다. 유럽의 개인 정보 보호 규정은 데이터가 국경을 넘어 세계로 이동하지 못하도록 엄격히 규제한다. 이것은 유럽 사람들의 디지털 권리를 보호하려는 시도다. 어디서든지 정

6장

부의 행동은 권위주의적 색채를 띤다. 예를 들어 인도의 전자상거래 정책에 따르면, "한 국가의 데이터는 국가의 자산이기 때문에 정부가 보관하고 관리"한다. 발로가 이 말을 들었다면 경악을 금치 못했을 것이다. 인도 정부는 데이터가 국가 밖으로 이동하는 것을 엄격히 제한하려는 것 같다. 이러한 데이터 정책 때문에 많은 기술 기업이 '대용량 데이터 저장소'를 인도에 설치해야 한다.[44] 인도에서 인터넷의 데이터 흐름을 통제하려는 움직임은 앞으로도 지속될 것으로 보인다. 2020년부터 틱톡 등 외국 기업이 개발한 앱은 인도에서 사용할 수 없다.

결론적으로, 인터넷은 갈수록 현지화되고 있다. 발로 시대의 '세계적인 사회 공간'과는 점점 멀어지고 있는 듯하다. 데이터 보호법은 복잡하고 국가마다 달라서 일관성이 없다. 그리고 어느 국가에나 데이터 보호법이 존재한다. 그래서 런던의 어느 로펌은 앙골라부터 짐바브웨까지 전 세계 데이터 보호법을 요약해 무려 820쪽에 달하는 편람을 제작했다.[45] 2016년까지 10년 동안 데이터에 대하여 영토 주권을 행사하는 국가가 3배 증가했고, 그 수가 84개국에 달했다.[46]

인터넷의 반현지화와 재현지화는 기하급수적인 시대의 궤적을 간략하게 정리해서 보여주는 좋은 사례다. 기하급수적인 시대의 디지털 기술에는 국경을 초월할 잠재력이 있다. 하지만 지금까지 살펴보았듯이, 디지털 기술이 역으로 국경을 강화할 수도 있다. 많은 정부가 민족주의적 정책을 다시 도입하기 시작한 바로 이 시점에 디지털 기술이 국경을 강화하는 데 활용될 가능성이 어느 때보다 크다.

이것은 정책 입안자들에게 한 가지 문제를 안겨준다. 지금 세계 정책과 안보의 길잡이가 되는 제도들은 현지주의는 쓸모없고 전혀 중요하지 않은 사고방식이라고 여겨지던 시기에 등장했다. 지정학부터 세계경제까지, 국제통화기금이나 세계무역기구 같은 제도들은 오랫동안 세계화의 선교사 역할을 해왔고, 많은 이가 세계경제에 참여할 수 있도록 기틀을 마련했다. 하지만 그것은 에너지와 원자재를 자급자족하고, 제조업이 현지화되고, 도시의 존재감이 커지고 있는 시기에 적합하지 않아 보인다.

새롭게 등장한 세계는 분단된 세계다. 우리는 세계의 분단화에 창의적으로 대응해야 한다. 최첨단 기술을 보유한 부유하고 독립적인 국가들과 기술 수준이 낮은 빈국의 격차가 점점 벌어지고 있다. 그리고 기하급수적인 시대의 기술에 힘입어 성장하는 자유주의적 도시와 상대적으로 보수적이고 덜 세계적인 국가 정책 사이에서도 격차가 나타나고 있다.

선진국과 개발도상국 모두에 국제 공조가 계속 중요하다고 인정한다면, 첫 번째 격차는 줄일 수 있다. 인위적인 기후 조작으로 인한 기후변화, 미래의 팬데믹, 그리고 다음 장에서 살펴볼 사이버 보안 등 세계적 차원에서 힘을 합쳐야 해결할 수 있는 문제들이 있다. 국제 공조의 토대가 무역이 아니라면, 무엇이 국가들이 협업하게 할 수 있을까?

우선 새롭게 생겨나고 있는 세계 문제를 해결하는 데 적합한 제도를 새롭게 마련해야 한다. 낡은 지구적 무역 기구를 보완해서 국가 간 협업을 강화할 새로운 조직을 만들 수도 있다. 그중 하나가 정치학자 이언 브레머Ian Bremmer가 제안한 '세계데이터기구World Data Organization'다. 이러한 조직은 기하급수적인 시대에 새롭게 생겨난 문제들에 국제통화기금와 같은 옛날 옛적의 세계 기구와는 다르게 접근할 것이다. 세계데이터기구는 인공지능과 자국민 데이터, 지적재산과 같은 디지털 자산과 관련된 문제에 각 국가들이 일관성 있게 대응할 수 있도록 의견을 조율하는 역할을 할 수 있을 것이다. 디지털 장벽이 날로 높아지더라도[47] 헬스케어, 산업, 기후변화, 연구개발 등에 관한 데이터가 국가 간에 자유롭게 흐를 수 있도록 조정할 수도 있을 것이다. 처음에는 공급망의 재현지화 같은 현상이 나타나는 이 시대에 세계적으로 합의된 방식으로 세계 문제에 대응하자는 것이 부적절해 보일 수 있다. 하지만 새로운 기술이나 소프트웨어 패치 등으로 데이터가 국경을 계속 넘나들 수 있도록 하면 세계경제의 사일로화를 막는 데 도움이 될 것이다. 생산 활동이 현지화되고 있지만, 그렇다고 생산 활동의 토대가 되는 아이디어마저 현지화되어야 한다는 의미는 아니다.

'디지털 소다자주의digital minilateralism'를 통해 이와 유사한 목표, 즉 결국 국가 간 새로운 장벽을 세우게 될 세계경제의 재현지화를 막는다는 목표를 달성할 수 있을지도 모른다. 디지털 소다자주의는 몇몇 국가로 구성된 작은 집단이 협업해서 디지털 세상을 통치하는 규범과 관련된 문제를 해결해 나가는 것이다. 2014년, 여러 국가가 모여서 '디지털 네이션스Digital Nations'를 설립했다. 회원국은 에스토니아·한국·이스라엘·뉴질랜드·영국으로, 서로 국경을 접하고 있지 않다. 디지털 네이션스는 인공지능 활용 원칙을 수립하는 등 공동으로 디지털 프로젝트를 진행한다. 이러한 소다자주의적 접근은 유럽연합 같은 범국가적인 조직의 경직된 관료주의에 영향을 받지 않는다는 장점이 있다. 케임브리지대학교 연구진은 소수의 국가로 구성된 소다자주의적 조직이 기존의 국제기구보다 더 민첩하고 세계 문제를 해소하는 데 의미 있는 진전을 이뤄낼 가능성이 더 크다고 말했다.[48] 개발도상국이 소다자주의적 접근 방식을 통해 국제문제를 해결하려는 노력에 더 많이 참여한다면, 부국과 빈국의 기하급수적인 격차를 줄일 수 있다. 여기서 세계경제의 재현지화가 굳이 고립주의적이고 비협조적인 국민국가의 등장으로 이어지는 것은 아니라는 사실을 확인할 수 있다.

국민국가와 도시의 분열도 빈국과 부국의 격차를 해소하는 것처럼 야심 찬 해결책이 필요하다. 각국 정부는 먼저 도시의 커져가는 경제적·문화적·인구통계학적 위상을 인정해야 한다. 도시는 기하급수적인 기술로 야기된 각종 문제를 해결하려는 노력을 선봉에서 이끌고 있다. 우버 같은 긱 플랫폼의 갑작스러운 부상으로 야기된 문제들을 제일 먼저 경험하고 해결하고자 노력했던 것은 런던과 같은 도시였다. 바르셀로나는 에어비앤비와 같은 디지털 숙박 시장의 폭발적인 증가와 그것이 경제에 미칠 영향을 예상하고 인정했던 최초의 도시 중 하나였다. 지금까지 보았듯이, 도시는 기하급수적인 시대의 경제성장을 견인하는 엔진이 될 것이다.

국가와 도시의 격차를 해소하는 방법은 연방주의적 국가 정책을 더 많이 개발하는 것일지도 모른다. 이러한 정책을 통해 도시 등 지자체에 자신들의 일을 직접 관리할 권한을 더 많이 부여하는 것이다. 도시는 에너지와 자원, 기후 정책 등 도시 거주자들에게 직접적인 영향을 주는 문제들을 직접 관리하고 해결해서 더 많은 사람을 끌어들이고, 생활수준을 관리하고 개선할 수 있어야 한다. 이렇게 커다란 자치권이 도시에 주어지면, 시골과 도시의 격차가 더 벌어질 수 있다고 우려하는 사람도 분명히 있을 것이다. 하지만 도시에 더 큰 자치권을 보장하면 시골과 도시의 격차를 해소할 수 있다. 사회에서 불균형이나 불평등 문제가 심화되면, 지나치게 중앙집권화된 단일 정부는 완전히 다른 경제적 이해와 정치적 전망을 지닌 도시와 국가를 하나로 묶어서 일괄로 통치하려고 든다. 그러므로 연방주의적 국가 정책을 통해 도시에 더 큰 자치권을 성공적으로 부여한 사례를 찾기란 쉽지 않다. 하지만 지금 많은 도시가 더 큰 자치권을 요구하고 있다. 최근 많은 지자체가 서로 힘을 합쳐서 공동의 정책을 찾고 도입하기 시작했다. 'C40 이니셔티브C40 initiative'는 각국의 도시를 이끄는 수장들을 한데 모아서 기후변화를 해소하고자 한다. '보장소득을 위한 시장들의 모임Mayors for a Guaranteed Income'은 보편적 기본소득을 지지하는 미국 도시들의 연합이다.

이렇게 도시 거버넌스가 되살아나고 있다. 이것은 마치 기하급수적인 기술로 평면지도를 계곡과 산봉우리가 시각적으로 입체감 있게 표현된 팝업 지도로 표현하는 것과 같다. 울룩불룩한 지형은 변하는 세계무역 패러다임부터 새롭게 등장한 현지 거버넌스까지 현재의 제도로는 해결할 수 없는 기하급수적인 시대의 새로운 문제들을 의미한다. 이 문제들을 해결하려면 우선 모든 것을 현지로 되돌려보내는 기하급수적인 기술들의 힘을 인정하고 받아들여야 한다. 그리고 기하급수적인 기술로 촉발된 재현지화가 세계 정치와 경제 시스템을 무질서 상태로 몰아가지 않도록 상황을 통제하고 관리해야 한다.

그러나 이러한 노력에도 불구하고 세계가 무질서 상태로 빠진다면, 전 세계의 갈등 양상은 어떻게 바뀔까? 국가의 경제적 독립성이 강화되고 도시와 시골의 긴장도가 올라가면, 국가 간 그리고 국가 내 전쟁은 더욱 빈번하게 일어날 것이다. 좋든 싫든 간에 세계 정치와 경제 지형이 변하고, 그로 말미암아 촉발된 문제를 해결하는 방식이 바뀌고 있다. 이에 따라 국제분쟁을 바라보고 대응하는 방식도 큰 혼란에 휩싸일 것이다.

7장

통제할 수 없는
공격에 대처하라

| 기하급수 시대의 분쟁 |

EXPONENTIAL

EXPONENTIAL

●

에스토니아 대통령 토마스 헨드리크 일베스 Toomas Hendrik Ilves가 모스크바에서 막 돌아왔을 때, 에스토니아에 문제가 발생했다. 그는 러시아 초대 대통령 보리스 옐친Boris Yeltsin의 장례식에 참석하기 위해 러시아를 방문하고 이제 막 에스토니아로 돌아온 참이었다. 며칠 동안의 여행과 공식 일정을 끝마치고 집에 돌아와서 조금 쉬고 싶은 마음이 굴뚝같았다. 하지만 탈린의 관저에 도착하자마자 에스토니아가 갑자기 위기에 처했다.

때는 2007년 4월이었다. 그해 동안 에스토니아의 러시아 소수집단과 에스토니아 당국 사이에 긴장감이 고조되고 있었다. 일베스 대통령이 집권한 지 얼마 되지 않은 시기였고, 그의 신정부는 소비에트 시대를 상징하는 조각상을 수도 탈린 중심지에서 다른 곳으로 옮길 계획이었다. 60년 동안 소비에트 통치를 받은 뒤 1991년에 독립한 신생 국가인 에스토니아는 문화 자주권을 수립하고자 했다. 하지만 에스토니아에 남아 있는 러시아인들은 조각상 이전 결정을 자신들의 유산에 대한 공격으로 받아들였다. 결국 수도 탈린에서 폭동이 일어났다. 경호원들은 대통령의 안전이 염려되어 그를 탈린 근교의 농장으로 대피시켰다.

이것은 위기의 시작일 뿐이었다. 다음 날 아침 도시에서 멀리 떨어진 시골로 몸을 피한 일베스는 정부 시스템에 접속할 수 없다는 사실을 알게 되었다. 지역 신문 웹사이트에도 접속할 수 없었다. 온라인 계좌도 예외가 아니었다. 일베스는 미국의 CNN과 〈뉴욕 타임스〉에도 시험삼아 인터넷 접속을 시도했지만, 로딩만 될 뿐 웹사이트 접속은 되지 않았다. 그 순간 그는 지금 자신의 나라에서 무슨 일이 일어나고 있는지 깨달았다.

에스토니아는 사이버 공격을 당하고 있었다. 사이버 공격은 에스토니아의 인터넷망을 완전히 마비시켰고, 역사상 가장 성공한 사이버 공격으로 기록되었다. 갑작스러운 사이버 공격은 에스토니아의 전체 인프라를 공략했다. 폭도들이 거리를 장악하자마자, 봇넷과 도스 공격이 에스토니아의 언론과 은행, 정부 웹사이트를 맹렬히 공격했고 모두 접속할 수 없는 상태로 만들었다. 에스토니아 사람들은 ATM에서 현금을 인출할 수도 없었다. 이메일 서버는 다운되었고, 방송 시스템은 완전히 먹통이 되었다. 사람들이 신뢰하던 지역 언론도 침묵했다. 조직적으로 조작된 오보가 합세하면서 사이버 공격이 더욱 강력해졌다. 러시아에 우호적인 해커들이 뉴스 웹사이트에 가짜 뉴스를 퍼다 날랐다. 에스토니아 사람들의 불안감이 하늘 높이 치솟았다. 세계에서 디지털화 수준이 가장 높은 에스토니아 정부는 어쩔 수 없이 사이버 공격을 끝내기 위해 세계 인터넷 망과의 연결을 끊어야 했다.

오늘날까지 에스토니아 사이버 공격의 배후가 누구인지는 명확히 밝혀지지 않았다. 많은 정부 관계자가 러시아 정부를 배후로 지목하며 비난했다. 사이버 공격의 IP 주소가 러시아였고, 사이버 공격을 지시했던 명령어들이 러시아에서 나왔기 때문이었다. 하지만 기하급수적인 시대에 단 한 명의 사이버 공격 범인을 잡아내기란 쉽지 않다. 증거가 복잡하게 얽히고설켜 있기 때문이다. 에스토니아 정부 관계자는 BBC에 사이버 공격을 "러시아 정부가 조직했고, 악의적인 패거리들이 그것을 기회 삼아 사이버 공격에 가담해 에스토니아를 공격했다"라고 말했다.[1]

에스토니아는 나토 회원국이다. 탱크와 항공기가 에스토니아를 공격했다면, 나토 조약의 제5항이 발동되어 동맹국들이 에스토니아를 돕기 위해 달려왔을 것이다. 하지만 사이버 공격과 같은 현대 전쟁의 대응법은 나토 조약에 명확하게 정해져 있지 않았다. 에스토니아 정부는 나토 조약을 발동시킬 생각도 했지만, 사이버 공격이 러시아 정부의 소행임을 보여주는 절대적인 증거가 턱없이 부족했다. 그리고 당시에는 사이버 공격까지 나토 차원에서 대응할 것인지도 명확하지 않았다.

하지만 누구의 소행이었든지 간에 에스토니아의 사이버 공격으로 세계가 변했다. 이 사건은 전 세계 정부에 사이버 공격의 위력을 여실히 보여주었다. 또한 미래의 갈등 양상이 어떻게 흘러갈지를 보여주는 기회였다.

기하급수적인 기술들이 등장하면서, 두 가지 변화가 함께 일어나고 있다. 연산 비용이 1970년대 이후로 거의 폭락하다시피 했다. 그 덕분에 어떤 무기를 제작하는 비용도 급격히 하락하고 있다. 컴퓨터 바이러스와 그 밖의 악성 코드는 간단한 소프트웨어다. 우리가 더 좋은 노트북과 스마트폰을 저렴하게 사용할 수 있게 되면서, 이러한 소프트웨어를 제작하는 데 소요되는 비용도 하락했다. 그리하여 뭐라고 명확히 규정할 수 없는 형태의 공격도 가능해졌다. 20세기에는 오보를 조직적으로 퍼트리려면 신문사와 라디오, TV 스튜디오, 방송국을 침입해야 했다. 오늘날에는 악의적인 글을 웹사이트와 소셜미디어에 게시하기만 하면, 악의적인 글이 들불처럼 거침없이 퍼져나간다. 심지어 물리적인 세상에서도 전쟁 비용이 줄어들고 있다. 군사용 드론의 가격이 십여 년 동안 1000배 하락했다. 모든 형태의 공격에 소요되는 비용이 20세기와 비교하면 더 저렴해졌다. 그리고 21세기 전쟁에서는 공격 주체가 최전방에 나서는 일이 없다.

공격자들은 대체로 저렴한 새로운 공격 무기를 많이 확보했지만, 방어자들은 공격에 갈수록 취약해지고 있다. 소수만이 컴퓨터를 보유했을 때는 컴퓨터를 보유한 소수만이 인터넷 계략이나 사이버 공격의 대상이 될 수 있었다. 하지만 디지털 기기가 널리 확산되면서, 많은 사람이 이러한 공격에 취약해졌다. 모든 스마트 기기는 잠재적인 안보 구멍이다. 와이파이에 연결해 사용하는, 색깔을 바꿀 수 있는 조명은 재미있는 기기이지만, 사이버 공격자에게는 군침이 도는 먹잇감일 뿐이다. 의료나 에너지 같은 필수적인 사회 인프라를 포함해 모든 산업군이 인터넷에 연결되어 있어서 악당들이 쉽게 접근할 수 있다. 설상가상으로 오보에 취약한 소셜미디어를 통해 많은 사람이 온라인에서 활동하고 있다. 그러므로 많은 사람이 사이버 공격의 피해자가 될 수 있다.

안보 관점에서 사이버 공격에 취약한 것들을 총괄하여 '공격 표면attack surface'이라고 부른다. 공격 표면은 적대적인 행위자가 자행하는 공격에 취약한 부분을 의미한다. 중세의 왕은 도개교가 하나이고 성 밖을 예의 주시하는 궁사와 검술사, 원시적인 포탄이 지키는 성에 살았다. 적의 공격력을 생각해보면 그에게 공격 표면은 매우 제한적이었다.

하지만 시간이 지나면서 공격 표면이 증가했다. 적들이 사용할 수 있는 공격 무기가 많아졌기 때문이다. 투석기와 대포 앞에서 두꺼운 성벽은 한낱 종잇장에 불과했고, 항공기의 발명으로 성곽의 높이는 무의미해졌다. 성을 세워 현대적 공격을 막겠다고 생각하는 사람은 아무도 없을 것이다. 간략하게 말하면, 이것은 기하급수적인 시대의 기술들이 기업은 말할 것도 없고 국가에 어떤 영향을 미치는지를 보여준다. 새로운 군사기술과 맞서야 하는 국가의 안보 시스템은 갈수록 약해지고, 공격 표면은 어느 때보다 넓어졌다.

이 모든 것이 전형적인 기하급수적인 격차로 이어진다. 기술 변화의 속도는 악의적인 세력에게 새로운 기회를 만들어주었다. 갈등을 누그러뜨리기 위해 사용하는 기술이나 공격의 강도를 줄이기 위해 활용할 수 있는 자원이 기술 변화의 속도를 따라가지 못하고 있다. 공격의 방법과 위치는 빠르게 증가하지만, 국가 안보를 지키는 인프라는 몇 세기에 걸쳐 서서히 형성되고 있다. 아무리 강력하더라도 더딘 속도로 움직이는 군대는 점점 복잡해지는 안보 환경에 적응하는 데 애를 먹는다.

단지 새로운 전쟁 양상과 기존의 방어 태세에서만 격차가 나타나고 있는 것은 아니다. 교전 지역을 통제하는 규범과 법도 격차가 벌어지고 있다. 몇 세기에 걸쳐서 교전규칙이 수립되었고, 국가들은 제네바조약부터 핵무기 비확산 조약까지 다양한 협약을 체결했다. 디지털 전쟁에도 이와 유사한 프로토콜이 필요할 것이다. 무슨 법으로 악의적인 해커 군단을 통제할 것인가? 무고한 민간인들이 해를 입지 않도록 드론을 어떻게 규제할 것인가? 각국은 물리적인 전쟁터가 아닌 사이버공간에서 자행되는 사이버 공격에 폭격으로 대응할 수 있을까? 적이 퍼뜨리는 가짜 뉴스에 미사일로 대응하는 것이 합당한가?

국가 간, 그리고 국가 내에서 정치적 불안정이 심화되면 이러한 불확실성이 생겨난다. 바로 앞 장에서 살펴보았듯이, 세계는 갈수록 뾰족해지고 있다. 새로운 기술들로 말미암아 생산의 현지화가 촉진되고, 세계무역의 기반이 약해지고 있다. 국가 간 교역이 줄어들면 국가 간 갈등이 증가할 가능성이 커진다. 1848년, 영국의 자유주의 철학자 존 스튜어트 밀John Stuart Mill은 "국제무역의 확산과 증가"를 "세계 평화를 보장하는 주요 요인"이라고 보았다.[2] 그의 주장은 오랫동안 논란거리가 되었다. 그가 이와 같은 발언을 하고 난 다음 세기에 국제무역이 전례 없는 수준에 이르렀고, 인류 역사상 최대 전쟁이 발발하면서 국제무역은 점점 막을 내렸다. 하지만 일반적으로 그의 주장은 유효하다. 국가들이 교역하면, 그들은 경제적으로 서로에게 의지하게 된다. 그렇게 되면 다른 국가와 갈등을 일으키는 것이 불편해진다. 왜냐하면 타국과의 갈등이 경제 발전에 방해가 될 것이기 때문이다.

아시아개발은행 연구진은 현기증이 날 정도로 대규모 연구를 실시했다. 1950년과 2000년 사이에 발생한 수만 건의 국가 분쟁 사례를 분석한 그들은 "양자 교역 의존성과 세계무역 개방성이 심화되면, 국가 간 군사 충돌 가능성은 상당히 낮아진다"라고 결론을 내렸다.[3] 하지만 반세계화가 확산되면서, 국가 간 갈등이 증가했다. 미국 중앙정보국에서 30년간 근무한 베테랑 요원이 발표한 2010년의 추정에 따르면, 반세계화로 말미암아 향후 25년 안에 어떤 국가에서 전쟁이 일어날 위험이 6배 이상 증가했다.[4]

그와 동시에 한 국가 안에서도 갈등이 발생할 위험성이 커졌다. 이러한 역학관계는 기하급수적인 시대에 접어들기 전인 2010년대부터 나타났다. 사학자 메리 칼도Mary Kaldor는 1990년대 저서에서 소비에트연방이 붕괴된 뒤에 나타난 갈등 양상을 '새로운 전쟁new wars'이라는 용어로 설명했다. 20세기 후반에 전쟁은 이념 때문에 발생했고, 이념을 대변하는 대리인, 즉 국가들 사이에서 벌어졌다. 다시 말해, 공산주의와 자본주의의 전쟁이었다. 전쟁의 목적은 적국의 국민이 아닌 적국 자체를 무너뜨리는 것이었다. 하지만 1990년대 이후 전쟁의 본질이 더욱 해체되었다. 새로운 전쟁은 비국가 행위자들이 이끈다. 그들은 이념만큼이나 종교적 신념과 문화적 신념에 따라 움직인다. 그들에게 민간인은 좋은 공격 대상일 뿐이다. 그리고 새로운 전쟁은 국가 간보다 국가 안에서 일어날 가능성이 더 크다. 1990년대 유고슬라비아 내전이나 ISIS 같은 이슬람 근본주의 세력의 등장을 생각해보라.[5]

기하급수적인 시대가 깊어지면서 새로운 형태의 전쟁이 훨씬 더 흔해지고 있다. 웁살라 갈등 데이터 프로그램에 따르면, 2018년에 비국가 행위자들 사이에서 일어난 충돌 사태는 70건을 초과했다. 10년 전보다 2배 증가한 수치다.[6] 기하급수적인 기술들이 이러한 변화를 일으켰다고 말하는 것은 지나칠지도 모른다. 하지만 기하급수적인 시대에 나타난 트렌드들이 기여한 것만은 분명하다. 도시와 시골의 분단이 깊어지고, 정부 간 기구의 위상이 약해지고, 군사기술의 비용이 하락하고 있다. 이 모든 것이 비국가 행위자들을 분쟁으로 몰아가고 있다.

그리하여 앞으로 몇 십 년 동안 갈등이 끊이지 않는 시대가 올 수 있다. 하지만 경제 질서와 정치 질서가 더욱 불안정해지면, 국가의 방어력은 갈수록 약해질 것이다. 리처드 배런스Richard Barrons 경은 영국 합동사령부의 사령관이었고, 북아일랜드·코소보·이라크·아프가니스탄에서 복무했다. 그는 이것이 얼마나 심각한 문제인지 설명했다. "분쟁 지역에서 우리가 대단히 중시했던 많은 것들이 그야말로 기술이 전쟁의 방식을 바꾸면서 완전히 날아가 버렸다."[7]

새로운 취약점과 발전하는 공격법

1981년, 이스라엘 공군의 제브 라즈Ze'ev Raz 대령은 F-16 전투기 여덟 대로 구성된 편대를 이끌고 이라크에서 비밀 작전을 진행했다. 6월 7일, 그가 이끄는 전투기 편대는 시나이반도의 에치온 공군기지를 떠났다.

그것들은 공중전에 특화되어 방향 조정이 쉬운 전투기였지만, 이번 작전에서는 베트남 시대의 중력 폭탄을 가득 싣고 이라크로 향했다.[8] 3시간 동안 전투기의 운행 범위를 훨씬 넘어 200킬로미터의 거리를 세 번 왕복했다.

적진의 상공을 날면서 그들은 방공 무기를 피하기 위해 요르단과 사우디아라비아의 전투기인 척해야 했다.[9] 과연 그들의 공격 대상은 무엇이었을까? 그들의 목표는 사담 후세인의 핵무기 개발 프로그램과 관련 있는 오시라크 핵발전소였다. 그들은 항공병으로서 모든 위험을 무릅쓰고 중동의 핵 확산 가능성을 저지해야 했고, 파일럿으로서 고국의 존립을 위협하는 위험 요인을 제거해야 했다.

이 '오페라 작전Operation Opera'은 돈이 많이 드는 데다 위험하기도 했다. 호위기와 급유기의 지원을 받으며 전투기들은 이라크에 침투했다. 전투기 한 대가 1시간 동안 비행하는 데는 수만 달러의 비용이 들어갔다. 그리고 전투기 한 대의 가격은 수백만 달러에 달했다. 작전이 완전히 잘못될 수도 있었다. 전투기 여덟 대가 대열에서 조금이라도 벗어나면, 항공병은 이라크 영토에 추락해 발이 꽁꽁 묶여 오도가도 못하는 신세가 될 수 있었다.[10]

작전은 완전히 성공했다고 할 수는 없지만, 그렇다고 실패하지도 않았다. 제브 라즈 대령과 그의 부대는 90초 동안 원자로를 보호하고 있는 단단한 콘크리트 외벽에 16톤의 폭발물을 투하했다. 원자로는 먼지처럼 사라졌고, 핵무기를 개발해 보유하겠다는 사담 후세인의 야망도 한 줌의 재로 사라졌다.

40년이 훌쩍 지난 뒤에도 이스라엘은 여전히 인접 국가들의 핵 확산을 걱정하고 있다. 하지만 그들의 목표는 더 이상 이라크가 아니다. 새 천년이 시작되면서 이란이 핵무기를 개발하겠다는 야심을 품었다. 기하급수적인 시대에 걸맞게 이스라엘은 과거와는 다르게 이란의 야심에 대응했다.

테헤란에서 남쪽으로 수백 마일 떨어진 산업단지에 있는 나탄즈 핵 시설에서 우라늄이 농축된다. 2010년 초부터 여기서 당혹스러운 크고 작은 사고들이 끊이지 않았다. 핵 시설의 10분의 1에 해당하는 대략 1000개의 원심분리기가 파괴되었다. 하지만 이 사고의 범인은 두려움에 떠는 이스라엘의 탑건과 20톤의 항공기가 아니라 악성 코드인 스턱스넷Stuxnet이었다. 바이러스는 나탄즈 핵 시설에 침입하기 전에 며칠 동안 이스라엘 기업들의 네트워크에 숨어 있었다. 독일 기업인 지멘스가 만든 전자기기를 운영하는 소프트웨어만을 공격하도록 프로그램된 스턱스넷은 인터넷을 통해 한 달 동안 이란의 컴퓨터들을 서서히 잠식했다. 목표는 군사용 우라늄을 농축하는 데 사용되는 섬세한 원심분리기를 손상시키는 것이었다.[11]

스턱스넷은 디지털 세상뿐 아니라 이란의 핵 보유력에도 큰 피해를 입혔다. 그리고 이 모든 일은 '물리적' 공격 없이 일어났다. 다시 말해 이스라엘은 적진에 폭탄을 던져 넣지 않고도 이란의 핵 시설을 성공적으로 무력화했다. 스턱스넷이 자기 소행이라고 공식적으로 주장하는 세력은 없었다. 하지만 이스라엘과 미국 정부의 합작품이라는 주장이 공공연히 흘러나왔다.[12]

모든 국가가 이란의 나탄즈 핵 시설과 유사한 취약점을 갖고 있다. 오늘날에는 모든 것에 인터넷에 연결된 디지털 인터페이스가 존재하거나 존재하게 될 것이다. 이러한 변화는 한 국가 안에서의 공격 표면 확대로 이어질 것이다. 새로운 공격 표면은 원자로이거나 군사 데이터베이스일 수 있다. 하지만 시민도 변화의 영향을 받게 된다. 수백만 명의 민간인을 표적으로 삼은 사이버 공격이 날마다 일어나고 있다. 영국 기업의 96퍼센트가 2019년 치명적인 사이버 공격의 피해를 입었다.[13] 데이터 유출은 사이버 공격으로 일어나는 가장 흔한 피해 사례다. 유출된 개인 정보와 고객 정보는 암시장에서 거래되거나 더 많은 컴퓨터 시스템을 훼손하는 데 쓰일 수 있다. 2020년, 전 세계적으로 370억 건 이상의 자료가 유출되었다. 이는 5년 전보다 46배 증가한 수치였다. 전 세계적인 데이터 유출 사고 다섯 건 중에서 세 건이 미국에서 일어난다. 하루에 대략 여섯 건의 데이터 유출 사고가 미국 안에서 일어나고 있다.[14] 사람들은 이러한 변화에 준비가 전혀 되어 있지 않다. 대부분이 여전히 문단속에만 신경 쓴다. 그리고 사이버 공격으로부터 자신을 보호하기 위해 아주 기본적인 조치라도 취할 능력이 있는 사람은 거의 없다.

새로운 공격 표면에는 새로운 공격 방법이 존재한다. 사이버 보안 업체인 다크트레이스Darktrace의 CEO 니콜 이건Nicole Eagan은 자신의 고급 전기자동차에 탑재된 컴퓨터가 불순한 의도를 가진 세력에게 정보를 전송하는 데 이용되고 있었다는 사실을 전혀 알지 못했다. 그는 회사 주차장에서 전기자동차를 충전했다. 충전되는 동안 그의 전기자동차는 회사 와이파이에 접속했고, 차주의 운전습관에 관한 데이터를 제조사에 전송했다. 이 인터넷 연결만으로도 전기자동차에 저장된 데이터를 해킹하기에 충분했다. 며칠 뒤에 다른 도시의 다른 전기자동차를 대상으로 사이버 공격이 반복적으로 일어났다.[15] 해커들은 GPS를 '도용'하여 사이버 공격을 감행하기도 했다. 그들은 선박의 GPS를 조작해 실제 위치에서 멀리 떨어져 있다고 착각하게 만들었다. 이것은 세계무역의 흐름을 방해할 때 자주 사용된다.[16]

민간 네트워크에 자행되는 사이버 공격은 상대적으로 가벼운 피해를 남긴다. 하지만 사이버 공격이 재앙에 맞먹는 피해를 낳은 예도 있다. 2017년, 러시아 해커 집단인 샌드웜Sandworm이 우크라이나의 은행 시스템을 공격했다. 그들은 우크라이나 소프트웨어 회사 린코스 그룹Linkos Group에 악성 소프트웨어 '멀웨어malware'를 심었다. 린코스 그룹은 주기적으로 프로그램을 업데이트하고 우크라이나 전역에 있는 기업들에 인터넷으로 해당 데이터를 전송했다. 그러므로 멀웨어를 심기에 린코스 그룹의 네트워크는 최적의 장소였고, 이곳에 악성코드를 심으면 한 번에 우크라이나의 컴퓨터 인프라 전체를 공격할 수 있었다.

샌드웜의 사이버 공격은 성공적이었다. 그러나 불행하게도 인터넷의 세계 연결성으로 말미암아 전 세계가 그 피해를 입었다. 불과 몇 시간 만에 멀웨어 '낫페트야NotPetya'는 미국의 병원과 오스트레일리아 태즈메이니아의 공장을 초토화했다. 종국에 65개국에서 사람들이 사용하는 컴퓨터들이 낫페트야에 감염되었다.[17] 일부 세계적인 기업들도 큰 피해를 입었다. 덴마크 최대 선박회사인 머스크Maersk, 세계에서 11번째로 큰 식품 기업 몬덜리즈Mondelez와 생활용품 대기업 RB도 낫페트야의 피해를 입었다. 낫페트야는 수십억 달러에 이르는 피해를 초래했다. 혹자는 낫페트야에서 비롯한 피해 규모가 100억 달러에 이른다고 추산했다.

디지털 공격 대상과 공격 방법의 확장은 현대 전쟁의 양상을 근본적으로 바꿔놓고 있다. 예상하지 못한 새로운 행위자들이 국제적인 군사 충돌에 가담한다. 북한을 예로 들어보자. 김정은 체제는 세계를 위협하기 위해 온갖 엄포를 놓고 있고, 북한의 정치체제는 국제분쟁에서 줄곧 편협하게 행동했다. 북한 정부는 군대 열병식을 좋아하지만, 국제분쟁에는 제한적으로 가담한다. 아마도 국경 너머의 국제분쟁에 물리적으로 가담하기에는 그 비용을 감당할 능력이 없기 때문일 것이다.

이런 상황은 빠르게 변하고 있다. 북한의 사이버 군대는 2016년에 5000~7000명의 병력을 보유했다. 김정은이 사이버 군대를 직접 지휘했다.[18] 사이버 군대는 남한의 인프라를 파괴하는 데 동원될 뿐 아니라 불법적인 국가 활동에도 가담한다. 그래서 사이버 군대는 북한에 중요하다. 북한의 사이버 군대는 온라인 은행과 암호화폐 거래소를 대상으로 각종 온라인 사기와 공격을 퍼부어서 자금을 빼온다.[19] 국제 조직 범죄와 사이버 전쟁이 2015년 이후 북한의 GDP 성장을 견인하고 있는 것으로 간주된다.[20] 유엔 보고서에 따르면, 북한의 사이버 전문가는 불법적으로 무기 개발 프로그램에 20억 달러의 자금을 '조달한' 것으로 추정된다. 이것은 지구 반대편에 군대를 보내는 등의 전통적인 전쟁 방식보다 훨씬 더 저렴한 치외법권 활동이다. 북한은 컴퓨터와 유능한 해커만 있으면 적대적인 세력에 막대한 피해를 입힐 수 있다.

이러한 역학관계의 변화는 상대적으로 빈곤한 국가들이 그들의 국제적인 위상과 어울리지 않게 강력한 외교력을 가질 수 있다는 것을 의미한다. 2012년에 멀웨어 '샤문Shamoon'이 카타르와 아랍에미리트, 특히 사우디아라비아의 원유와 가스 시설에 막대한 손해를 입혔다. 3만 대 이상의 컴퓨터에 탑재된 하드디스크가 작동 불능 상태에 빠졌다.[21] 샤문은 세계 최대 원유회사 아람코의 석유 시추와 생산 데이터를 한순간에 없애버렸고, 유럽·미국·아시아에 설립된 아람코 해외 법인에도 타격을 주었다. 아람코가 손상된 네트워크를 복구하는 데는 거의 2주가 걸렸다.

안보 전문가들은 바이러스의 출처가 APT33이라는, 이란 정부와 밀접하게 연관된 해커 집단이라는 것을 밝혀냈다. 이란 정부의 사이버 공격에는 특징이 있다. 이란 정부는 오랫동안 비용 효율적이고 부인할 수 없는 외교 정책을 남용해왔다.[22] 이란의 국방비는 주요 경쟁국인 이스라엘과 튀르키예, 사우디아라비아보다 적다. 하지만 사이버공간이 이란에게 그 격차를 줄일 기회를 준다. 해커들은 이란 정부에 경쟁 우위를 제공하고, 이란 정부는 사이버 공격을 외교 정책의 수단으로 열정적으로 활용한다.

이 모든 것은 세계가 이전과는 전혀 다른 분쟁 양상을 경험하고 있다는 것을 의미한다. 과격할 정도로 새로운 공격 대상과 공격 방식, 적대적인 행위자들이 등장했다. 하지만 전쟁과 방어 수단을 이해하고 개념화하는 대부분의 방식은 의심할 여지 없이 20세기에 머물러 있다.

기하급수적인 시대에 등장한 새로운 공격 방법들은 몇 세기에 걸쳐 정립된 자주권, 전쟁, 평화에 관한 전통적인 개념들과 깔끔하게 연결되지 않는다. 1648년의 베스트팔렌조약은 세계는 국경으로 분명히 구분된 주권국가들로 나뉘어 있다는 신념을 낳았다. 1929년과 1949년의 제네바조약은 군사 충돌에서 공격 대상인 것과 공격 대상이 아닌 것을 구분하는 데 도움이 되었다. 하지만 그 어떤 조약도 공식적인 선전포고 없이 디지털 계략으로 혼란을 일으키는 수천 명의 악의적인 행위자들이 판치는 세상을 통제할 준비는 되어 있지 않다.

예를 들어 샌드웜이 GRU로 더 잘 알려진 러시아 정보관리총국의 산하 조직이라는 설이 있지만, 그들의 정체는 정확히 알 수 없다.[23] 샌드웜은 낫페트야 사이버 공격의 배후 조직이었다. 그리고 러시아의 미국 대선 개입과 승객 300명이 사망했던 암스테르담발 쿠알라룸푸르행 말레이시아 항공기 격추 사건의 배후일 가능성도 있다.[24] 또 2018년 영국에서 발생한 신경가스 암살 미수 사건의 배후로 지목되기도 한다. 그들은 때때로 분명한 전략적 목표를 갖고 움직인다. 하지만 그들의 유일한 목적은 혼란을 일으키는 것인 듯하다. 샌드웜 전문가로 불리는 저널리스트 앤디 그린버그Andy Greenberg의 말을 빌리면, 그들은 "극악무도한 용병처럼 [행동하는] 난폭하고 냉담한 국가기관"에 속한다.[25] 샌드웜은 덴마크 선박회사 머스크나 낫페트야가 공격했던 많은 러시아 기업 그 어떤 곳에도 관심이 없었다. 샌드웜은 그저 우크라이나를 혼란에 빠뜨리려고 했을 뿐이었다. 그리고 이를 위해 전 세계 어디에서나 찾을 수 있는, 미국의 마이크로소프트가 설계한 운영체제의 허점을 적절히 이용했다. 그렇다면 그들의 공격 대상은 덴마크인가, 아니면 미국인가? 콕 집어서 말하기가 쉽지 않다.

규칙에 기반한 질서의 약점은 기존 국방의 약점으로 심화된다. 덴마크의 자랑인 머스크는 샌드웜의 사이버 공격으로 만신창이가 되었다. 머스크가 소유한 컴퓨터 4만 9000대가 샌드웜의 사이버 공격으로 초토화되었고, 1000개의 비즈니스 앱이 훼손되었다. 불과 7분 만에 샌드웜의 낫페트야가 머스크 내부로 침입하여 번식했다.[26] 하지만 덴마크 정부에는 머스크를 도울 방도가 없었다. 결국 샌드웜의 사이버 공격을 막아낸 것은 덴마크의 군대나 경찰이 아닌 머스크의 IT 직원이었다. 이처럼 2017년 바이러스 '워너크라이WannaCry'가 전 세계로 퍼져 나갔을 때, 세계를 혼란에서 구한 이들 역시 민간 보안 전문가 두 명이었다. 그들은 미국 기업 클라우드플레어Cloudflare와 손잡고 워너크라이의 공격을 막아냈다.[27]

여기에 예외란 없다. 대부분의 국가가 사이버 공격에 대응하는 방법은 여전히 무력하다. 미국 국방부는 2010년 사이버 부대를 만들었다. 국방부의 기밀 정보가 유출된 지 2년이 지나고 에스토니아에 대한 러시아의 사이버 공습이 있은 지 3년이 지난 시점이었다. 2018년이 되어서야 미국 정부는 '선제 방어'주의를 받아들였다. 이로써 사이버 군대가 국가 안보를 위해 공격을 시작할 수 있게 되었다. 영국 정부는 2020년에 군인, 첩보 요원, 암호 해독자와 방위 전문가로 구성된 국가 사이버 군대를 만들었다.[28] 하지만 지금까지 이러한 방어 체계가 사이버 공격을 막아내는 데 한계를 갖고 있다는 것이 증명되었다. 2020년, 미국 정부는 정부 부처 사이에서 유명한 기술 기업인 솔라윈즈SolarWinds가 몇 달 동안 아무도 발견하지 못한 사이버 공격을 받고 있었다는 사실을 알아차렸다. 외국 해커들은 민간 기업과 미국 재무부, 국토안보부 같은 정부 부처를 염탐해왔다. 그들은 누구에게도 들키지 않고 몇 달 동안 수만 개의 시스템에 접속할 수 있었다.[29]

국가가 자국의 이익을 보호하는 데 이토록 무력했던 적은 없었다. 그리고 단독으로 또는 어떤 국가를 대신해서 움직이는 범법자들이 이렇게 강력했던 적도 없었다.

―

가짜 뉴스 유비쿼터스

북마케도니아의 벨레스는 특별할 것 없는 곳처럼 보인다. 5만 명이 채 안 되는 사람들이 거주하는 이곳은 수도 스코페에서 남동쪽으로 대략 60킬로미터 떨어져 있다. 벨레스는 아름다운 성당과 이색적인 관광지가 있지만, 오랫동안 세계인들의 주목을 거의 받지 못했다.

2016년에 이 모든 것이 변했다. 언론은 벨레스에서 급속히 발전하는 새로운 산업에 주목하고 관련 기사를 쏟아내기 시작했다. 그것은 바로 가짜 뉴스 공장들이었다. 2016년 미국 대선을 앞두고 퇴락하고 있는 이 작은 마을에 미국 정치를 다루는 웹사이트가 140개나 생겨났다. 대부분이 과격하다 싶을 정도로 대선 후보였던 도널드 트럼프를 지지했다. 현지 십 대 청소년들이 동원되어 우익 뉴스 기사를 날조하거나 다시 작성했고, 이렇게 생산된 뉴스는 소셜미디어에 게재되었다. 뉴스 기사가 급격히 유명해지면서 페이스북의 해당 게시글에 수십만 개의 '좋아요'가 달렸다. 이러한 뉴스 기사는 돈도 벌어다 주었다. 한 웹사이트 소유자는 온라인 광고로 하루에 2000달러 이상의 수익을 얻었다고 전해졌다.[30]

벨레스 사람들은 미국 정치에 대해 아는 것이 거의 없었다. 대부분이 자신들이 무슨 글을 쓰는지도 모른 채 기사를 작성했다. 그들은 미국 정책에 대해 보고서를 작성할 뿐 아니라 수백만 명에게 정책 분석까지 제공했다.

가짜 뉴스가 인터넷을 통해 널리 확산되는 현상은 기하급수적인 시대에 공격 표면이 확대되고 있다는 방증이다. 가끔 국가 활동 세력이 의도적으로 인터넷을 통해 가짜 뉴스를 퍼트리기도 한다. 물론 정보 작전을 펼쳐서 아군의 사기를 높이거나 적군의 사기를 꺾는 것은 오래된 전술이다. 이라크 외교관 무함마드 사이드 알사하프Muhammad Saeed al-Sahhaf는 2003년 TV 생중계에 출연해서 사담 후세인의 승리를 외쳤다가 '익살맞은 알리'라는 별명을 얻었다. 그가 후세인의 승리를 주장하자마자, 바그다드는 미국 군대에 함락되었다. 하지만 기하급수적인 시대에는 가짜 뉴스 생산이 훨씬 더 쉬워졌다. 그리고 가짜 뉴스가 목표한 바를 달성하는 데 숙련된 해커나 복잡한 코드는 전혀 필요 없다. 그저 그 가짜 뉴스를 사실이라고 믿는 사람들만 있으면 된다.

2016년 미국 대선이 열리기 10년 전만 해도 국가 정책에 영향을 미칠 수 있는 선전 활동을 컴퓨터를 이용해서 한다는 것은 상상 속에서나 가능한 일로 여겨졌다. 중국 정부처럼 국내 정보의 흐름을 통제하려는 정부들은 엄청난 노력으로 자국 안에서 정보의 흐름을 통제할 수 있었다. 내가 설립한 피어인덱스는 2009년을 기준으로 수년 동안 X와 페이스북에 게시되는 콘텐츠를 분석했고, 2014년 매출도 살폈다. 초기에는 조직적으로 생산된 가짜 뉴스가 그렇게 많지 않았다. 소셜미디어 자동 계정(일명 '봇')이 흔한 골칫거리였다. 봇은 비타민이나 발기부전 치료제에 관한 허위 광고에 주로 사용되었지만, 국가 안보에 실질적인 위협을 가하지는 않았다. 우리는 봇이 생성한 가짜 뉴스를 선별하는 간단한 시스템을 구축했다.

하지만 내가 회사를 매각할 때쯤 상황이 변하기 시작했다. 2014년에는 인터넷을 통한 가짜 뉴스 유포가 사소하지만 실질적인 문제가 되었다. 그 시점을 기준으로 문제가 급격하게 커졌다. 매사추세츠공과대학교에서 실시한 조사에 따르면, X에서 가짜 뉴스를 유포하는 영어로 작성된 게시글은 2012년에 거의 무시할 수준이었지만, 2016년에는 상당한 위협으로 변모했다. 이 시기에 가짜 뉴스의 수는 30배 증가했다. 가짜 뉴스가 인터넷에서 확산되는 속도는 진실이 확산되는 속도의 6배였다.[31]

기하급수적인 시대의 기술들 때문에 가짜 뉴스 확산이 더욱 쉬워졌다. 누구나 웹사이트를 만들고 콘텐츠를 게재할 수 있다. 그리고 메시지를 널리 퍼트리기 위해 소셜미디어 자동계정을 개설하는 것은 놀랍도록 저렴하다. 소셜미디어는 가짜 뉴스를 뿌리기에 그야말로 비옥한 토양이다. 콘텐츠는 편집자나 사실 확인팀의 엄격한 관리를 받지 않고 자유롭게 흐른다. 심지어 디지털 플랫폼은 역겹거나 충격적이거나 즐거운 콘텐츠 생산자에게 보상을 제공한다. 콘텐츠 추천 알고리즘을 사용하는 온라인 플랫폼은 사람들이 이미 진실이라고 믿는 이야기를 증폭한다(이에 대해서는 다음 장에서 자세히 살펴볼 것이다). 간략하게 말하면 새로운 정보망, 바이럴 네트워크 효과와 인공지능 등 기하급수적인 기술들이 불건전하게 결합하면서 거짓의 확산을 돕는다.

이 말인즉, 가짜 뉴스는 어디에든 존재한다. 2019년 25개국 민간인들을 대상으로 실시한 조사에서 응답자 다섯 명 중 네 명은 가짜 뉴스에 노출되었다고 생각했다. 10명 중에서 거의 아홉 명이 처음에는 가짜 뉴스가 진실이라고 생각했다(이 책의 저자인 나 역시 그랬다).[32] 튀르키예 사람들의 거의 절반, 한국 사람들, 브라질 사람들과 멕시코 사람들의 30퍼센트 이상이 매주 가짜 뉴스에 노출되고 있다고 응답했다.[33] 2020년 미국 대선 기간 동안 소셜미디어는 백신이나 코로나바이러스의 기원에 관한 온갖 음모를 만들어내는 불순한 행위자들의 피 튀기는 전쟁터가 되었다. 당시 미국 대통령이었던 도널드 트럼프가 기이한 메시지를 X에 자주 올리면서 상황은 점점 극단으로 치달았다.

이러한 가짜 뉴스 중에서 일부는 순전히 금전적 이득을 위해 생산되기도 한다. 앞서 소개했던, 가짜 뉴스로 하루에 2000달러를 벌었던 웹사이트 주인을 떠올려보라. 하지만 대부분 우위를 선점하기 위한 국가들이 공격의 한 형태로 가짜 뉴스를 만들어낸다. 이런 특징 때문에 일부 가짜 뉴스는 단순한 골칫거리가 아니라 적대적인 군사행동으로 간주되기도 한다. 이러한 유형에 속하는 가짜 뉴스가 갈수록 흔해지고 있다. 2017년, 옥스퍼드대학교 연구진은 28개국이 온라인 허위 정보 작전을 펼쳤다는 증거를 확인했다. 2019년에 그 숫자는 70개국으로 증가했다.[34] 러시아가 단연 1위를 차지했다. 2013년과 2019년 사이에 발생한 해외 허위 정보 작전의 72퍼센트가 러시아 소행이었다.[35] 하지만 중국 정부가 러시아 정부를 본받아서 아시아 태평양 지역에서 대규모 허위 정보 작전을 펼치고 있다. 2020년, 페이스북은 필리핀에서 중국의 허위 정보 공작을 찾아냈다고 발표했다. 그것은 친중국 성향의 정치인들을 홍보하기 위한 공작이었던 것으로 생각되었다.[36] 태국과 이란, 사우디아라비아, 쿠바 같은 국가들도 가짜 뉴스 네트워크를 형성한 것으로 비난받고 있다.[37] 이렇게 되면 거짓 정보는 허위 정보가 된다. 그저 잘못된 정보가 아니라 악의적으로 조작하여 유포하는 정보가 되는 것이다.

이러한 허위 정보 공작은 실제 세계에서 문제를 일으킬 수 있다. 2016년, 러시아의 인터넷 트롤들이 미국 텍사스 휴스턴에서 시위와 반대 시위를 조직했고, 수천 마일 떨어진 곳에서 컴퓨터 앞에 앉아 있는 선동자를 제외하고 60명 이상이 모였다.[38] 그 결과는 소규모 시위였지만, 매우 위험할 수도 있었다. 세계보건기구는 이란이 코로나19 팬데믹과 함께 '인포데믹'에 빠졌다고 선언했다. 코로나바이러스를 없애는 물질을 섭취해야 한다고 부추기는 온라인 루머를 믿고 메탄올을 마셔 700명이 사망했다.[39] 영국에서는 휴대전화 네트워크를 업그레이드하는 수십여 명의 전기통신 엔지니어들이 5G통신망이 코로나바이러스를 퍼트린다는 터무니없는 주장 때문에 살해 협박을 받았다.[40] 그리고 미국에서는 반국가 세력, 특히 러시아 사람들이 미국의 코로나 팬데믹 대응력을 약화하려고 함께 공작을 펼쳤다. 전술은 미국에 이미 존재하는 분열을 '무기화'하는 데 집중되었다.[41] 목표는 무엇이었을까? 코로나 바이러스의 확산을 막고 백신을 개발하려는 미국의 노력에서 정당성을 빼앗는 것이었다.[42]

기하급수적인 기술들은 가짜 뉴스를 급증시킨 촉매제였다. 하지만 이러한 사이버 공격에 제대로 대응하지 못하는 국가의 무능력도 한몫 했다. 정부는 가짜 뉴스에 놀라울 정도로 늦게 대응한다. 2018년에 영국 정부는 허위 정보에 대응하기 위해 국가 안보 조직을 설립했다. 그렇지만 영국 정부는 그러한 조직을 설립하기까지 너무 오래 걸렸다는 비난을 면치 못했다.[43] 반면 미국 정부는 2020년 말까지도 정부 조직이 조직적으로 운영하는 허위 정보 대응 전략이 없었다.[44]

분쟁의 게임 체인저로 떠오르는 드론

미래의 분쟁이 온라인에서만 일어날 거라고 생각한다면, 완전 오산이다. 허위 정보는 사람들에게 의심의 씨앗을 심어 적을 무력화할 수 있다. 사이버 공격으로 일상적인 경제활동이 침체될 수 있다. 허위 정보 공작으로 목적을 달성하지 못한다고 해도, 군인들을 죽일 수는 있을지도 모른다. 분쟁에서 가장 빠르게 나타나는 기하급수적인 변화는 물리적인 전쟁터와도 관련이 있다.

최고의 사례가 드론 기술일 것이다. 멀리 떨어진 곳에서 군인들이 무인 항공기를 조종한다. 드론의 부상이 처음에는 사이버 공격과 허위 정보 공작의 증가와는 상관없는 일이라고 생각할 수 있다. 하지만 좀 더 넓게 바라보면 드론을 이용한 전쟁이 다른 형태의 공격과 어떻게 결합되고 그것을 강화하는지 알 수 있을 것이다.

전쟁은 오랫동안 여러 전선에서 동시다발적으로 진행되었다. 오늘날에는 허위 정보 공작과 사이버 공격이 적들을 무력화하고, 드론 공격으로 그들을 몰살시킨다. 이 모든 예에서, 무기 가격의 급락이 국제분쟁을 부추긴다. 공격 무기가 급격히 저렴해지면서 더 많은 행위자들이 디지털 전쟁터나 물리적인 전쟁터로 뛰어들고 있다. 그 결과 전쟁의 양상이 어느 때보다 다면적으로 변했다. 민간 영역과 공공 영역, 길거리에서 동시에 전쟁이 벌어진다. 새로운 전쟁이 활개를 치는 시대다.

이 이야기는 2000년대 초반에 시작되었다. 9·11 테러가 일어나기 전까지 드론이 군사작전에서 수행하는 역할은 제한적이었다. 하지만 대테러 전쟁이 시작되자 미국 중앙정보국은 아프가니스탄과 파키스탄, 예멘에서 알카에다 지도자들을 잡는 데 드론을 사용하기 시작했다. 그로부터 몇 년 동안 드론 사용이 급증했다. 미국 군대의 프레데터 드론은 중동 전역에서 흔히 목격되며 논란거리가 되었다. 버락 오바마 Barack Obama 대통령은 드론을 광범위하게 사용했다. 2009년 집권하고 사흘째 되는 날, 그는 첫 번째 드론을 하늘에 띄웠다. 그의 임기가 끝날 무렵 미국은 무려 542건의 드론 공격을 퍼부었다. 오바마 대통령이 집권하던 시기에 8일마다 한 번씩 드론 공격을 진행했던 셈이다. 드론 공격으로 3797명의 사망자가 발생했는데, 그중 10분의 1이 민간인이었다.[45]

하지만 드론 기술은 더 이상 미국 군대의 전유물이 아니다. 기초 기술이 빠르게 발전하면서 드론이 점점 저렴해지고 있다. 상업용 드론 시장이 반도체와 배터리, 로봇공학, 인공지능이 기하급수적으로 발전하면서 빠르게 성장했다(해변을 조용히 거니는 기쁨을 없애버린 '쿼드콥터'가 상업용 드론 시장의 성장을 견인했다). 2000년대 초반부터 무선 조종 항공기는 조작하기 쉬워지고, 성능도 좋아지고, 소음도 줄어들기 시작했다. 리튬 폴리머 배터리와 브러시리스 전기모터의 발전 덕분이었다. 이어서 반도체가 내장된 드론이 등장했다. 이 덕분에 취미로 드론을 날리는 사람들이 자동 유도 시스템을 사용할 수 있게 되었다. 뒤이어 물체의 속도 변화를 테스트하는 가속도계가 등장했다. 가속도계의 가격이 하락하자 드론에도 탑재되기 시작했다. 이 모든 것은 스마트폰의 발전과 연결되었다. 가속도계는 스마트폰 기울기 센서로 사용되면서 재빨리 발전했다. 초소형 와이파이 반도체와 카메라 센서가 더욱 저렴해지면서, 스마트폰에도 사용되기 시작했다.[46]

그 결과 드론 기술의 가격이 급락했다. 2020년대에 들어서면서 드론은 대규모 행사에서 폭죽 대신 사용될 정도로 저렴해졌다. 알록달록한 램프가 달린 수백 개의 작은 드론이 프로그래머가 설계한 안무에 따라 하늘에서 춤을 춘다. 많은 부국들은 이러한 기술 발전을 이용해 어느 때보다 정교하고 훨씬 더 복잡한 드론을 만들어냈다. MQ-1 프레데터 전투 드론은 1990년대에 항공 감시에 주로 사용되었다. 가격은 본체 한 개당 2000만 달러에 달했다(2019년 기준으로 대략 3400만 달러에 해당한다).[47] 반면 2019년 이란군이 격추한 무인정찰기 글로벌 호크는 1억 3000만 달러였다.[48] 하지만 다른 국가들은 기하급수적으로 발전하는 핵심 기술을 이용해 저렴하게 드론을 제작했다. 2014년에 등장한 튀르키예의 바이락타르 TB2 무인기는 시장에서 약 500만 달러에 거래되고 있다.[49]

그 과정에서 드론은 더욱 저렴해졌고, 그 결과 완전히 새로운 행위자들이 무력 충돌에 관여하기 시작했다. 많은 테러 단체와 작은 국가가 전쟁에 참여할 수 있을 정도로 전쟁 비용이 낮아졌다. 군사용 드론은 탄도미사일, 핵무기, 항공모함, 스텔스 전투기 등 전통적인 주력 군사 기술과는 정반대의 기술이다. 이러한 군사기술은 여전히 방위산업이 발달한 소수의 부국만이 사용할 수 있는 특권으로 남아 있다. 하지만 이제 누구나 드론 군대를 만들 수 있다. 2018년 공격에서 쿠르드 노동자당은 누구나 아마존에서 살 수 있는 300달러 미만의 드론에 폭약을 싣고 튀르키예 정부가 소유한 부지를 공격했다.[50] 2019년, 예멘의 후티 반군은 세계 최대 사우디아라비아 유전에 드론 공격을 퍼부었다. 이 공격으로 그날 사우디아라비아의 원유 생산량이 거의 반토막이 났다.[51] 군사 이론에 따르면, 드론 기술이 발전하면서 입지가 탄탄한 강력한 국민국가와 자원이 부족한 신흥 전투 세력 사이의 '비대칭' 분쟁이 급격히 증가했다.

국민국가 사이에서 발생하는 분쟁도 드론 전쟁으로 악화되고 있다.

아르메니아와 아제르바이잔 사이에 있는 나고르노카라바흐 지역에서 2020년 후반 분쟁이 일어났을 때, 양측은 드론을 공격 무기로 사용했다. 나고르노카라바흐 분쟁은 러시아, 튀르키예, 이스라엘, 걸프 지역의 일부 국가들이 개입한 일종의 대리전이었고, 최신 드론 기술의 전시장이 되었다. 튀르키예, 이스라엘과 긴밀한 관계를 맺고 있던 아제르바이잔은 분쟁 지역에서 첨단 드론을 이용해 적진에 공격을 퍼부었고, 전쟁에서 우위를 선점했다. 드론 공격 덕분에 아제르바이잔 군대는 아르메니아 영토 깊숙이 침투할 수 있었고, 그 지역의 보급로를 끊었다.[52] 185대의 아르메니아 탱크와 수백 대의 군사용 중장비가 파괴되었다. 이것은 분쟁이 막 시작되었을 때 아르메니아 군수 물자의 절반 이상에 해당하는 양이었다. 사상자도 발생했다. 아제르바이잔은 가미카제 드론으로 아르메니아 군인들을 공격했다. 미국의 군사 분석가에 따르면, 이 공격으로 "막대한 인명 피해"가 발생했다.[53] 나고르노카라바흐 분쟁은 일종의 전환점이었다. 군인과 군수물자가 축이 되는 20세기 군사 전술은 저비용의 기하급수적인 기술에 맥을 못 쓴다는 사실에 많은 국가가 충격을 받았다. 몇 주가 지나지 않아 영국 국방부는 더 저렴한 군사용 드론을 구입하기 시작했다.[54]

하지만 단지 가격이 저렴하다고 해서 분쟁에서 드론 사용을 확대한 것은 아니었다. 드론은 분쟁 지역에서 흔히 사용되는 많은 유형의 무기보다 더 민첩하게 움직인다. 드론은 사람들의 눈에 띄지 않는 곳에서도 조종할 수 있고, 접근이 어려운 지역에 쉽게 침투할 수 있다. 중국 군대는 경량 전술 차량과 헬리콥터로 군집 드론을 적진에 투하하는 전술을 시험했다.[55] 민첩한 정찰기 역할을 하는 드론의 정확도가 개선되면, 낭비되는 탄두가 줄어들 것이다. 군집드론이 미끼가 되어 적진의 레이더 망을 교란시켜 군사력을 먼 곳으로 보내버릴 수도 있다.[56] 분쟁에 개입한 국가가 국제법을 어길 마음을 먹는다면, 이러한 무기들 때문에 전쟁이 불법적인 양상을 띨 수도 있다. 화학전을 살펴보자. 대용량의 화학 물질이나 생물학제를 적진에 한꺼번에 살포하는 대신 드론을 이용해 수송대의 선두 차량이나 목표물의 집과 정원 등 취약한 지점에 정확하게 살포할 수 있다.[57] 이론적으로는 오직 불량 국가만이 드론을 이렇게 사용할 생각을 한다. 하지만 화학전의 효과와 정밀도가 증가하면서 일부 국가에는 이런 전술이 좀 더 매력적으로 여겨질 것이다.

가장 우려스러운 점은 드론 기술이 여전히 기하급수적으로 발전하고 있다는 것이다. 즉 드론 기술의 종착지가 어디가 될지는 누구도 예측할 수 없다. 인간이 통제하는 드론은 '자율 시스템'으로의 첫걸음일 뿐이다. 군대와 불법 무장 단체는 인간의 개입 없이 적군과 교전할 수 있는 무기에 관심을 갖기 시작했다. 자율성은 이진법이 아닌 연속체다. 30년 이상 운용해온 미국의 토마호크 미사일은 GPS 없이 스스로 항로를 조정하고 불과 1미터 미만의 오차로 정확하게 목표물을 타격한다.[58] 토마호크 미사일은 약간의 자율성을 갖고 있다. 하지만 완전 자율 미사일은 아니다. 사람이 여전히 토마호크 미사일에 어디를 언제 공격하라고 '지시하는' 중요한 역할을 한다. 하지만 머지않아 완전 자율 드론이 등장하게 될 것이다. 이스라엘이 개발한 하피Harpy와 하롭Harop은 실제로 사용되는 자율 무기로 자주 거론되는 드론이다. 하피는 전자기 센서를 사용해 사전에 입력된 목표물을 추적한다. 목표물의 위치가 확보되면 하롭이 적외선 센서로 목표물을 공격한다.

안면 인식과 컴퓨터 시각의 발달은 전쟁터에서 드론 기술의 위상을 더욱 강화할 것이다. 심지어 군사 목적으로 개발되지 않은 상업용 드론인 스카이디오 R1은 최첨단 컴퓨터 시각 시스템을 이용해 자율적으로 주인을 인식하고 추적한다. 드론에 탑재된 13개의 카메라가 실시간으로 경로를 찾고 장애물을 피한다.[59] 이러한 기술이 탑재된 스카이디오 R1의 가격은 2500달러가 채 안 된다. 이렇게 자율 수준이 높은 드론이 갈수록 흔해지고 있다. 2017년에 스톡홀름 국제평화연구소는 자율 타격 기능이 탑재된 154개의 무기 시스템을 분석했다. 그리고 이 중 3분의 1 이상이 인간의 개입 없이 목표물을 선택하고 공격할 수 있었다고 결론 내렸다.[60]

가까운 미래에 자율 시스템이 인간보다 더 빨리, 더 민첩하게 수천 가지에 이르는 복잡하고 조직적인 움직임을 이행하는 든든한 지원군이 될 것이다. 드론은 인간이 있는 지휘본부와 끊임없이 교신하며 움직인다. 그러므로 통신 지연이 드론 작전에 치명적일 수 있다. 하지만 이것도 지나간 과거가 될 것이다. 센서가 달린 드론들이 동시에 움직이고 컴퓨터 시스템까지 탑재되면서, 통신 지연은 더 이상 감수해야 할 위험이 아니게 될 것이다.[61] 극단으로 가면 완전 자율 무기 시스템으로까지 이어질 수 있다. 완전 자율 무기 시스템은 누구를 언제 어떻게 공격할지, 또는 공격할지 말지를 스스로 결정할 수 있게 될지도 모른다. 인간은 전쟁터, 표적, 적과 교전규칙을 대략적으로 드론에 입력하기만 하면

될 것이다. 눈앞의 존재가 적인지 아닌지, 폭격을 가할지 말지, 상대를 죽일지 아니면 심각한 장애만 남길지를 결정하고 방아쇠를 당기는 것은 드론이 될 것이다.

공상과학소설을 많이 읽지 않았더라도 이런 세상은 디스토피아처럼 다가온다. 현재 전쟁에 관한 모든 규범과 규칙이 인간이 전쟁을 절대적으로 통제한다는 가정에 뿌리를 두고 있다. 국제형사재판소는 정치인이나 군 지도자 같은 개인을 대상으로 전쟁범죄 혐의를 조사하기 위해 설립된 기구다.[62] 뉘른베르크 재판소는 인간의 책임감이 중요하고, 잘못을 저지른 사람은 그에 상응하는 책임을 져야 한다고 단언했다. 법률 전문가들은 자율 무기나 반자율 무기를 사용해서 일어난 전쟁범죄를 재판하는 데 명확한 기준이 없다고 주장한다. 최근 이와 관련한 연구가 진행되었는데, 이러한 상황을 '책임 공백responsibility gap'이라고 정의했다.[63] 궁극적으로 전쟁에 대해 책임을 져야 할 존재는 인간이다.' 하지만 누가 책임을 져야 할까? 엔지니어일까, 아니면 프로그래머일까? 장군일까, 아니면 정치인일까? 그리고 일반적인 명령은 받았지만 구체적인 임무가 부여되지 않은 자율 무기는 책임이 없을까? 자율 무기를 활용한 전쟁의 시대에 대비한 제네바조약과 같은 국제조약이 없는 지금, 이 질문에 분명한 답을 하기는 어렵다.

국가는 국민을 보호할 수 있는가

기하급수적인 기술로 가득한 이 세상은 무질서하다. 과거보다 더 많은 행위자들이, 더 다양해진 수단으로, 더 넓어진 공격 표면을 타격할 수 있다. 이런 맥락에서 기하급수적인 시대의 전쟁은 금전적인 측면과 인간적인 측면에서 저렴하다. 제브 라즈 대령과 그가 이끈 F-16 전투기 부대가 이라크로 향하던 때와 비교하면 세상은 많이 변했다. 적국의 민간인을 괴롭히는 악의적인 소셜미디어 전술은 단 한 명의 군인도 위험에 빠뜨리지 않는다. 기하급수적인 기술을 활용하면 골치 아픈 오보부터 악의적으로 계획된 허위 정보 공작까지, 발전소와 수자원 시설 등 인프라에 대한 사이버 공격부터 드론을 이용한 폭탄 투하 작전까지 다양한 공격 무기를 손에 넣을 수 있다. 이러한 무기를 휘두른 결과는 다양하고 혼란스럽다. 하지만 이 모든 것이 머지않아 기하급수적인 기술들만 활용한 전면전이 펼쳐질 수도 있다는 방증인지도 모른다.

그와 동시에 정치 질서도 불안정해지고 있다. 세계적인 재현지화가 전쟁 양상에 어떤 영향을 미칠지 예측하기는 어렵다. 하지만 분명히 그 영향과 결과는 평화롭지만은 않을 것이다. 새로운 기술과 결합되어 재현지화라는 세계 트렌드가 기하급수적인 시대를 끊임없는 분쟁의 시대로 몰아갈지도 모른다. 작은 다툼이 전 세계에 재앙에 맞먹는 결과를 초래할 대규모 전쟁으로 비화될 수 있다. 짓궂은 소규모 사이버 공격, 파괴적이고 장기적인 허위 정보 공작, 흉포한 행위, 조직적인 사이버 전쟁 등 이 모든 것은 모두 같은 맥락에서 나온 부정적인 결과물이다. 정치인과 군대뿐 아니라 민간인과 민간 기업도 전쟁의 최전선에 나서게 될지도 모른다.

최첨단 기술을 활용한 단편적인 국제분쟁에서 벗어나려면 어떻게 해야 할까? 토머스 홉스Thomas Hobbes가 1651년 《리바이어던Leviathan》을 발표한 이후에 학자들은 국가의 첫 번째 임무는 자국민을 폭력으로부터 보호하는 것이라고 주장해왔다. 자국민이 기하급수적인 시대의 무기들의 공격 대상이 되지 않도록 그들을 보호할 수 없다면, 국가는 가장 기본이 되는 의무를 저버리는 것이다. 기하급수적인 시대의 격화하는 갈등을 해소할 책임 역시 국가에 있다.

국가가 자국민 보호라는 기본적인 의무를 지킬 수 있는 세 가지 방법이 있다. 첫째는 훈련이 부족한 군대, 보안이 취약한 사무용 컴퓨터, 순진하게 잘 속아 넘어가는 민간인 등 모든 공격 표면에 대해 방어력을 강화하는 것이다. 둘째는 소통과 확전에 대해 새로운 규범을 수립하는 것이다. 셋째는 공격 표면과 공격 무기의 확산을 막는 것이다.

지금부터 순서대로 하나씩 살펴보자. 서양 국가들도 최첨단 기술을 활용한 공격에 대응할 준비가 제대로 되어 있지 않다. 그들 역시 이러한 공격에 속수무책으로 당하고 있다. 그들은 마치 해자 없는 중세 성과 같다. 높은 성벽을 단숨에 넘을 수 있는 공격용 헬리콥터에 중세 성은 무용지물이다. 하지만 제대로 투자하면 서양 국가들은 공격을 막아낼 해자를(또는 방공포를) 만들어낼 능력이 있다. 우선 군대의 우선순위를 재조정해야 한다. 운영비가 거의 2조 달러에 달하는 미국의 록히드

F-35 전투기를 활용하는 비싼 전술은 사이버 공격에 무용지물이다. 사이버 공격이 실제로 국가 안보에 위협이 된다는 사실을 잊어서는 안 된다. 그러므로 사이버 공격에 대응할 수 있는 국방 프로젝트에 우선적으로 투자해야 한다.

많은 국가가 서서히 이러한 현실을 깨달아가고 있다. 2020년 3월, 미국 국방부는 앞서 언급한 '선제 방어' 정책을 의회에 보고했다.[64] 미국 국방부 산하 사이버사령부의 역할을 강화하여 사이버공간에서 미국의 국익을 좀 더 적극적으로 보호하겠다는 전략이 여기에 포함되어 있었다.[65]

하지만 국방 강화에 안보 인프라의 방어만 포함되는 것은 아닐 것이다. 21세기 디지털 인프라는 대체로 민간 기업이 소유한다. 그것은 공격 대상이 민간 영역이 된다는 것을 의미한다. 사이버 공격의 감지와 대응, 피해 복구가 민간 기업의 책임이 되는 일이 빈번히 발생할 것이라는 의미이기도 하다. 알카에다 첩보원들이 2001년 9월에 미국 뉴욕과 워싱턴을 공격했을 때, 테러에 대응하는 것은 미국 군대의 책임이었다. 하지만 9·11 테러로부터 20여 년이 지난 뒤 머스크 그룹과 몬덜리즈가 사이버 공격을 받았을 때, 첫 번째로 공격에 방어하는 책임은 기업들에 있었다.

공공 책임을 강화하여 한 국가와 맞먹는 규모를 자랑하는 민간 기업의 안보를 강화할 수 있을지도 모른다. 사이버 공격에 대응하는 방법에 관한 논의와 의사 결정에 참여할 기회는 대기업들에 주어지지 않는다. 그리고 그들의 디지털 플랫폼에서 일어나는 불법적인 일들에 대해 그들에게 책임을 물을 분명한 규범도 없다. 그럼에도 불구하고 많은 대기업이 자신들의 안보 의무에 진지하게 임하고 있다. 예를 들어 마이크로소프트는 '디지털 제네바조약'을 통해 악의적인 사이버 공격을 막고자 한다. 디지털 제네바조약은 사이버 공격으로부터 민간인을 보호하기 위해 마련된 것이다. 민간인과 전쟁 포로, 분쟁 시기의 자연환경을 보호하는 제네바조약과 유사하게 디지털 제네바조약은 민간 안보의 수호자로 정부와 민간 기업이 함께 나설 것을 주장한다. 정부는 디지털 인프라를 운영하는 민간 기업의 의무를 개략적으로 정의하여 디지털 제네바조약과 유사하지만 좀 더 포괄적인 디지털 방어 시스템을 마련할 수 있을지도 모른다.

그리고 무엇보다도 큰 공격 표면이 있다. 우리 개개인이다. 누구나 피싱의 피해자가 되거나, 의도치 않게 우리의 집이 봇넷이 되거나, 과학적 증거를 의심하고 백신 접종을 거부할 수 있다. 퇴역한 리처드 배런스 대령은 내게 서구 세계의 많은 사람이 "전략적 눈송이"라고 말했다. 그리고 "일상이 대단히 위태롭다"라고 덧붙였다.[66] 이에 대한 해결책은 '디지털 문해력digital literacy'의 강화다. 디지털 문해력은 민간인이 디지털 세상에서 안전하게 활동하는 데 필요한 기술을 습득하는 것이다. 디지털 문해력의 주요한 특징 중 하나가 디지털 위생이다. 암호를 '주기적으로 변경'하고, 오래된 계정을 정리하고, 다원 인증 시스템을 활용하고 피싱임을 알아차리는 법을 배우는 것이다. 그와 동시에 민간인은 디지털 미디어 세상에서 어떻게 활동해야 하는지 배워야 한다. 이것은 보통 '미디어 문해력media literacy'과 관련이 있는데, 이는 민간인이 인터넷이나 출판물에 상관없이 디지털 세상에서 마주하는 밈과 메시지에 대해 비판적으로 사고하는 것이다.

이러한 노력의 선봉에 핀란드가 있다. 에스토니아에서 페리를 잠깐 타고 바렌츠해를 건너면 도착할 수 있는 핀란드는 러시아와 국경을 접하고 있다. 이러한 지정학적 위치 덕분에 핀란드는 허위 정보 공작의 위험성을 어느 국가보다도 확실히 이해하고 있을 것이다. 그리고 핀란드의 공공 분야와 민간 분야의 파트너십은 특히 러시아가 출처인 허위 정보 공작에 일관되게 대응하는 데 도움이 된다. 이런 맥락에서 사울리 니니스퇴Sauli Niinisto 대통령은 2015년에 한 가지 프로그램을 가동했다.[67] 그는 고등학교 교과과정에 비판적 사고력 육성 프로그램을 추가했을 뿐 아니라 성인 교육으로까지 확대했다.[68] 심지어 어린아이들에게 가짜 뉴스를 식별해내는 방법도 가르친다. 핀란드의 뒤를 이어 대만도 사이버 공격에 대한 방어력을 강화하기 시작했다. 대만도 적대적인 이웃 국가들에 둘러싸여 있다. 많은 대만 정책은 중국의 위협에 대응하도록 설계되었는데, 가짜 뉴스 대응 전략도 예외가 아니다. 대만의 탕펑唐鳳 디지털 장관은 내게 이렇게 말했다. 대만 정부는 "민간인의 디지털 역량을 강화하여 모두가 데이터와 저널리즘의 단순한 구독자나 시청자가 아니라 데이터와 서사의 생산자가 되도록 한다."[69] 서양 국가들도 대만의 사례에서 교훈을 얻어야 한다.

사이버 공격에 대한 방어력이 강화되면, 해외 사이버 공격의 효과는 감소하고 비용은 증가한다. 그러나 이것만으로는 부족하다. 방어는 기본적으로 어떤 자극에 대한 반응이라고 할 수 있다. 일어나고 있는 공격을 적어도 직접적으로 막을 수는 없다. 그래서 비확전 능력을 강화해야 한다. 어떻게 해야 각국은 국가 안보와 관련하여 처음부터 서로를 공격할 가능성을 낮추는 방향으로 대화를 이끌어나갈 수 있을까? 그리고 일단 공격이 시작되면, 국가 지도자가 통제 불능의 상태로 확산되지 않도록 하기 위해 무엇을 해야 할까?

우리는 냉전의 경험으로부터 교훈을 얻을 수 있다. 물론 냉전 시기에 위태로운 순간들도 있었다. 하지만 다행스럽게도 20세기는 핵전쟁으로 소멸되지 않았다. 이것은 워싱턴과 모스크바의 일부 합리적인 관계자들이 받아들인 소통과 전쟁 위험 완화 전술 덕분이기도 했다. 우선 두 열강은 서로 효과적으로 소통해야 한다는 것을 배웠다. 1962년 쿠바 미사일 사태 이후에 미국과 소련은 그 유명한 '빨간 전화기'인 핫라인을 개설했고, 두 열강의 지도자들이 직접 서로 소통할 수 있게 되었다. 이것은 작은 소통 오류가 끔찍한 상황으로 이어질 수 있는 위태로운 시기에 두 열강 사이에 신뢰를 구축하는 중요한 조치였다. 정책 입안자들은 냉전 시대의 핫라인과 유사하고 디지털 시대에 적합한 소통 네트워크를 개설할 수 있을 것이다. 낫페트야 사태가 보여주듯이, 사이버 공격은 난잡하다. 사이버 공격은 단지 목표물에서 그치지 않고 세계 정보망을 통해 빠르게 확산되어 그 주변에까지 영향을 미친다. 사이버 공격의 여파가 도처에서 느껴지면 무엇이 진짜 목표물이었는지 알 수 없는 혼란한 상황이 펼쳐질 수 있다. 그러면 사이버 공격이 전쟁으로 확전될 가능성이 올라간다. 좀 더 효과적인 소통 네트워크가 이러한 위기를 완화할 것이다.

기하급수적인 시대에 맞는 새로운 교전규칙과 새로운 확전과 비확전 방법이 절실히 필요하다. 사이버 분쟁은 역사가 그리 길지 않다. 관련된 규범들이 다양한 적대적 세력들로 말미암아 서로 다른 속도로 마련되고 있다.[70] 미국처럼 점점 많은 국가가 사이버 공격을 '선제적으로 방어'하게 되면, 오해나 세계대전이 발생할 가능성이 커진다. 다시 한번 말하자면, 냉전 시대의 상대적으로 온건한 정책 입안자들이 지금 우리가 나아갈 방향에 대한 실마리를 제공할 것이다. 냉전이 끝날 무렵 분명한 규범과 독트린이 마련되었다. 모두 의도치 않게 국가 갈등이 대규모 전쟁으로 비화되는 것을 막기 위해 설계되었다. 이로써 분명하고 모호하지 않은 선이 그어졌다. 예를 들어 나토 조약의 제2항은 분쟁 중에 국가가 방아쇠를 당기기 힘들게 만들었다. 나토 회원국에 대한 공격은 모든 회원국에 대한 공격으로 간주되었다. 하지만 기하급수적인 시대에는 이러한 경계가 흐려졌다. 2019년이 되어서야 나토 회원국들은 공식적으로 심각한 사이버 공격에 대해서도 제5항에 따른 집단방위 체계를 발동할지 고민하기 시작했다.[71]

그리고 비확산 조치도 나왔다. 공식·비공식 수단을 통해 각국은 어떤 유형의 공격을 용인할 수 없는 것으로 만들 수 있다. 그 수단은 법일 수도 있고, 조약일 수도 있다. 세계는 이 어려운 일을 이미 해낸 바 있다. 1925년 국제적으로 사용이 금지된 생화학무기는 여전히 사용되지 않는다. 심지어 정해진 규칙에 따라 수립된 국제 질서를 무시하는 국가조차 금지된 생화학무기를 사용할 생각을 하지 않는다. 1997년에 체결된 조약 덕분에 지뢰 사용이 점점 줄어들었다. 2008년에 체결된 조약은 집속탄의 사용을 금지했다. 대부분 이러한 조약들은 효과가 있다. 무기 제조 업체 등의 민간 기업이 특정 무기류를 생산하지 못하게 하기 때문이며, 따라서 이러한 위험한 공격 무기들이 한 국가의 군대뿐 아니라 불순한 비국가 행위자의 손에도 넘어가지 않을 수 있다.

그렇다면 디지털 시대에 적합한 비확산 조약은 과연 무엇일까? 해킹 공격을 중심으로 살펴보자. 2021년 사이버평화연구소는 '서비스형 침입intrusion as a service'[72]이라는 기억에 남을 용어를 전면에 내세워서 상용화된 해킹 소프트웨어에 대한 방어적인 대응을 촉구했다. 여기서도 주된 목적은 민간 기업이 악의적인 소프트웨어를 개발하지 못하도록 막는 것이었다. 이제, 불순한 의도를 지닌 행위자들이 스파이웨어로 사용할 수 있는 소프트웨어를 개발하는 민간 기업인 NSO 그룹을 함께 살펴보자.[73] NSO 그룹의 최대 히트작인 페가수스는 개인 휴대폰에 침투하여 휴대폰 운영체제를 장악하는 소프트웨어다. 지금까지 수십여 명의 저널리스트들과 운동가들이 페가수스가 자신들을 염탐하는 데 사용되었다고 주장했다.[74]

미래를 생각하면, 우리는 자율 무기를 통제하는 법적 틀을 마련해야 한다. 오늘날 극소수의 국가가 자율 무기의 전면 사용 금지를 옹호하지만, 시스템 자율성은 제한할 수 없다는 공감 여론이 더 크게 형성되어 있다. 하지만 자율 시스템에 대한 '인간의 통제'가 무기 설계와 운용, 통제에서 중요한 부분으로 다뤄져야 한다고 생각하는 사람이 많다.[75] 이런 상황에서 공격 무기에 사용되는 기술들의 기하급수적인 발전 속도에 맞춰 새로운 규칙을 빨리 수립해야 한다.

이 책을 쓰던 시기에는 이런 정책들이 손에 잡히지 않았다. 기하급수적인 기술을 동원한 전술에 끌리는 것은 불량 국가와 테러 단체만이 아니다. 미군도 오바마 대통령이 집권하는 동안 드론 공습에 의존하게 되었다. 또한 스턱스넷 사태가 보여주듯이, 사이버 공격은 부국에게 유용한 공격 무기가 될 수 있다. 자신이 사용하고 있는 특정 전술에 대해 모라토리움을 선언하는 것은 쉽지 않은 일이다.

그렇더라도 아무것도 하지 않는 것은 선택지가 아니다. 기하급수적인 기술은 한편으로는 국제 질서를 좀먹고, 또 다른 한편으로는 전쟁의 실현 가능성을 높여 더 많은 국제분쟁을 야기할 것이다. 오늘날에는 모든 것이 잠재적인 공격 표면이기 때문에 모든 사람이 스스로를 방어하는 법을 알아야 한다. 악의적인 행위자들은 물리적인 세계에서 피비린내 나는 전쟁을 일으킬 새로운 도구를 손에 넣었다. 새로운 방어와 비확전 시스템이 없는 지금의 세계는 통제 불능의 어수선한 전쟁터가 될 위험을 안고 있다.

국방에 관해 논의하다 보면, 우리 삶에 의구심을 품지 않을 수 없다. 주권국가의 기본적인 목표는 폭력적인 위협으로부터 자국민을 보호하는 것이다. 그래서 그들이 안전하고 충만한 삶을 살 수 있도록 한다. 하지만 분쟁은 이러한 성취감에 대한 수많은 위험 중 하나다. 소비자와 시장의 관계, 시민과 사회의 관계 등 우리 삶의 다른 영역들도 기하급수적인 기술로 인해 불안정해지고 있다. 이것은 다음 장의 주제다. 우리가 살고 있는 이 사회가 지켜낼 가치가 있는 곳이라는 점을 분명히 하기 위해 우리는 더욱더 분발해야 한다.

8장

혁신의 방향은
인간이 결정한다

| 기하급수 시대의 시민 |

EXPONENTIAL

EXPONENTIAL

●

　　　　　　　1972년 6월 8일, 북베트남 공군이 사이공에서 북서쪽으로 대략 35킬로미터 떨어진 짱방 Trang Bang 이라는 작은 마을에 네이팜탄을 투하했다. 판 티 킴푹 Phan Thi Kim Phuc 이라는 아홉 살 소녀가 이 공격으로 상처를 입었다. 그녀는 휘발유와 알루미늄을 섞어서 만든 네이팜탄 공습으로 몸의 30퍼센트에 3도 화상을 입었다.

　공습을 피해 나체로 뛰어다니는 그녀를 찍은 사진은 세계적으로 유명하다. 이 사진은 반전운동의 기폭제가 되었다. 베트남전쟁 당시 종군기자로 활동한 닉 우트 Nick Ut 는 이 사진으로 1973년에 퓰리처상을 받았다. 그의 사진은 전쟁의 잔인함과 공포를 강력하게 보여주는 상징적인 사진으로 남아 있다.

　하지만 페이스북의 생각은 달랐던 것 같다. 베트남전쟁이 발발하고 44년이 흐른 뒤에 노르웨이 최대 일간지 〈아프텐포스텐 Aftenposten〉은 전쟁

사진의 역사를 주제로 특집 기사를 실었다. 〈아프텐포스텐〉 기자는 페이스북에 네이팜탄 소녀 사진과 함께 이 기사를 홍보했다. 몇 시간 뒤에 페이스북은 네이팜탄 소녀 사진이 아동 음란물 정책에 위배된다는 이유로 삭제 조치했다. 이러한 조치에 이의가 제기되자, 페이스북은 사진을 올린 기자의 계정을 정지하고 입장문을 발표했다.[1] "자사도 이 사진이 지닌 상징성을 인정하지만, 어떤 경우에는 아동 나체 사진을 허용하고 어떤 경우에는 금지할 것인지를 구분하는 것은 어렵다."[2] 페이스북의 사진 삭제 논란이 커지자, 에르나 솔베르그Erna Solberg 노르웨이 총리도 네이팜탄 소녀 사진을 자신의 페이스북 계정에 올리면서 항의에 동참했다. 하지만 페이스북은 그녀의 계정에서도 해당 사진을 삭제했다. 대중의 분노가 커지고 전 세계 언론의 관심이 집중되자 페이스북은 해당 조치를 철회하고, 노르웨이 최대 일간지와 노르웨이 총리의 사진을 검열하고 내린 조치를 무효화했다.[3]

2016년 9월 페이스북이 네이팜탄 소녀 사진을 아동 음란물로 간주하고 삭제 조치를 내린 것은 세계적으로 큰 논란이 되었다. 페이스북 본사가 있는 미국 팰로앨토에서 몇몇 경영진이 이런 중대한 결정을 내렸다는 것은 실로 충격적인 일이다. 하지만 이 사건이 있고 몇 달 뒤에 페이스북이 공적 영역에서 커다란 존재감과 영향력을 행사한 사건이 또 일어났다. 러시아가 페이스북을 통해 미국 대선에 관여했다는 정황이 드러나면서 심각한 논란이 일었다. 대중의 분노는 극에 달했다. 그 뒤로 온라인 세상에서 누가 무엇을 검열할 것인지가 계속 논란이 되고 있다. 네이팜탄 소녀 사진 삭제 논란과 러시아의 미국 대선 개입 논란

이후 4년 동안 페이스북에 무엇을 검열하고 검열하지 않을 것인지를 두고 수많은 질문이 쏟아졌다.

페이스북은 세계 최대 미디어 플랫폼이다. 중국을 제외하고 대부분의 국가에서 페이스북은 최대 미디어 플랫폼으로서 존재감을 발휘한다. 마크 저커버그에게 페이스북은 돈을 벌어다주는 한낱 장난감에 불과할지도 모른다. 이는 메타의 자회사들도 마찬가지다. 저커버그의 하버드대학교 룸메이트이자 그와 함께 페이스북을 설립한 크리스 휴스Chris Hughes는 이렇게 말했다. "조직 내에서 마크의 영향력은 어마어마하다. 민간 영역이나 공공 영역에서 그와 맞먹을 정도의 영향력을 지닌 사람은 아마 없을 것이다."

저커버그는 페이스북을 통해 막대한 수익을 얻는다. 그뿐 아니라 그는 페이스북에 거의 절대적인 통제력을 발휘한다. 휴스는 또 이렇게 말했다. "메타 이사회는 감시자라기보다 자문위원회에 가깝다. 왜냐하면 마크가 의결권의 대략 60퍼센트를 소유하고 있기 때문이다. 페이스북은 알고리즘을 통해 뉴스피드, 프라이버시 설정과 메시지 환경 설정을 관리한다. 마크는 이러한 알고리즘의 환경 설정을 단독으로 수정하고 결정할 수 있다. 이것은 페이스북 사용자들이 어떤 기사를 읽을지부터 누구와 메시지를 주고받을지까지 모든 것이 그의 결정으로 정해진다는 의미다. 그가 폭력적이고 선동적인 발언을 구분하는 규칙을 정한다. 그리고 그는 누군가의 계정을 인수하거나 차단하거나 복사해서 자신과 뜻이 다른 경쟁자의 입을 막을 수도 있다."[4]

휴스가 털어놓은 메타의 실상은 기하급수적인 시대의 삶에 대해 많은 것을 말해준다. 이 책에서 기하급수적인 기술들이 오래된 기업과 새로운 기업의 관계, 고용자와 피고용자의 관계, 세계와 지역의 관계, 국방과 최첨단 공격자의 관계를 교란하고 있다는 것을 확인했다. 하지만 아직까지 무엇보다도 중요한 관계인 시민과 사회의 관계, 특히 시민과 시장의 관계에 기하급수적인 기술들이 어떤 영향을 미치고 있는지에 대해서는 살펴보지 않았다.

몇 세기 동안 어떤 분야는 민간 기업들만의 사적 영역으로 여겨졌다. 그들이 아닌 다른 누군가는 그 영역에 침범할 수 없었다. 사고파는 행위는 전 세계에 커피나 책 또는 전자기기를 공급하는 효과적인 방법이었다. 하지만 세상에는 사고팔 수 없는 것들이 있다. 여기서 문제는 사고파는 행위 자체가 아니라 그 행위가 윤리적으로 정당하냐는 것이다. 우리는 인간의 사적 자아는 시장에서 거래되어서는 안 된다고 생각한다. 우리는 다른 사람을 살 수 없다. 다른 사람의 간을 살 수 없다. 그리고 돈을 주고 친구를 살 수 없다. 이런 것들을 살 수 있다고 생각하는 사람들에게는 도덕적 비난이 쏟아진다. 그리고 공적 영역이 있다. 공적 영역에서 살고 싶은 사회는 어떤 모습인가에 대해 열띤 논의가 진행되고 있다. 의회나 국회 같은 민주적 제도, 또는 많은 국가에서 공영방송은 시장으로 대변되는 사적 영역이 아니다. 하지만 사적 영역과 공적 영역의 경계는 모호하다. 예를 들어 내가 신문사를 인수하면 '공적 영역'의 일부가 내 것이 되는 걸까? 하지만 사람들은 일반적으로 공적 영역과 사적 영역이 구분된다고 생각한다. 하버드대학교의 철학 교수 마이클 샌델Michael Sandel의 말을 빌리면, 시장에는 "도덕적 한계"가 존재한다.[5]

하지만 기하급수적인 시대에 민간 기업들이 공적 영역을 침범하고 있다. 공적 영역은 시장의 영향력이 미치지 않는 곳으로 간주되었다. 민간 기업들이 공적 영역을 침범할 수 있는 이유는 수확체증의 법칙 때문이다. 기하급수적인 기업들은 계속 성장한다. 그들 중에서 일부는 독점기업이 되기도 한다. 기하급수적인 기업들은 급격히 수평적으로 사업을 확장한다. 그 결과 사회의 여러 영역에 영향을 미치게 된다. 문제는 변화에 대한 적응이 더딘 제도들에 뿌리를 둔 민주적인 규칙들로는 공적 영역을 침범한 민간 기업들의 영향력을 적절히 규제할 수 없다는 것이다.

여기서 세 가지 주요한 특징이 나타난다. 첫 번째 특징은 새로운 사적 규칙 제정자들의 등장이다. 그들의 영향력은 '공적 영역'을 민영화하는 수준으로까지 성장한다. 앞에서 소개한 페이스북의 네이팜탄 소녀 사진 삭제 논란과 러시아의 미국 대선 개입 논란이 첫 번째 특징을 보여주는 최고의 사례다. 독일 철학자 위르겐 하버마스Jurgen Habermas는 개인들이 모여서 사회의 니즈와 사회를 통제할 법규를 논하는 영역을 '공적 영역'이라고 했다. 이름이 보여주듯이, 공적인 활동이 일어나는 영역이 공적 영역인 것이다. 우리는 오랫동안 책임감 있는 선출직 공무원들이 법규를 만들어야 한다고 생각했다. 그래서 그들은 투명하고 철저하게 면밀히 검증되어야 한다고 생각했다. 하지만 오늘날 소수의 민간조직들이 공적 영역을 지배하는 사례가 증가하고 있다. 선출된 국회의원들 대신 그들이 일부 공적 영역에서 일상생활을 통치하는 법규를 만들어낸다. 그리고 공공 논의는 신문, 방송, 싱크탱크와 커피숍 대신 소수의 사적 플랫폼에서 이루어진다.

두 번째 특징은 시장의 사생활 침범이다. 사적 영역과 사생활은 한때 완전히 다른 것이었다. 사람들은 주택과 식량, 노동력을 샀다. 하지만 시장에서 사고파는 대상이 아닌 것들도 있었다. 예를 들면 사랑하는 연인이나 가족과의 대화가 있다. 개인 건강에 관한 핵심적이고 사적인 정보나 인간관계나 성생활도 그중 하나였다. 하지만 민간 기업들이 이런 부분들까지 감시하고, 심지어 소유권을 주장하는 사례가 증가하고 있다. 대화의 장이 온라인 세상으로 옮겨가면서, 사람들은 디지털 도플갱어, 즉 우리가 자신에 대해 쓸 수 있는 것보다 더 우리 자신인 사적인 계정을 만들기에 이르렀다. 이러한 정보는 데이터로 둔갑한다. 개인 정보가 담긴 데이터가 소셜미디어와 휴대전화의 발달로 폭발적으로 증가했다. 분석기관 IDC에 따르면, 세계경제에서 실시간으로 생성되는 데이터의 양은 2010년과 2020년 사이에 19배 증가했다. 2년마다 거의 2배 증가한 셈이다. 2020년에는 1분당 4200만 개가 넘는 왓츠앱 메시지가 생성되었고, 페이스북에서는 거의 15만 개의 사진을 내려받았다.[6] 이렇게 모인 데이터는 얽히고설킨 사회문제를 해결하는 데 사용될 수 있다. 하지만 오늘날에는 데이터를 영리 목적으로 사고판다. 우리로부터 수익을 얻고, 우리를 착취하고, 우리의 돈을 빼앗는 셈이다.

세 번째 특징은 상호작용의 민영화다. 민간 기업들이 지배하게 된 것은 단지 공적 영역과의 관계, 그리고 자신과의 관계만이 아니다. 사회적 유대, 교우 관계, 공동체 등 우리의 사적인 관계도 민간 플랫폼에 의해 재편되고 있다. 최근까지 공동체는 어떤 사적 조직의 통제도 받지 않고 진화했다. 기업은 우리의 동료의식을 고취할 수도 있다. 커피 체인점에서 친구와 수다를 떨어본 적이 있는 사람이라면 이에 동의할 것이다. 하지만 어떤 기업도 사회적 유대감을 어떻게 형성할 것인지를 결정하지는 않았다. 하지만 오늘날 공동체는 주로 페이스북, X, 틱톡 같은 소수의 과점 기업들이 소유한 디지털 플랫폼을 통해 온라인 세상에서 형성된다. 그들은 우리가 누구를 만나고, 어떤 생각을 하는지에 지대한 영향을 미친다. 그리고 이것은 사회 분열을 조장할 수도 있다. 심지어 사회는 이러한 디지털 플랫폼 때문에 좀처럼 소통하지 않는 수천 개의 집단으로 파편화될 수도 있다.

문제는 힘이 사적 규칙 제정자의 등장, 시장의 사생활 침범, 그리고 상호작용의 민영화를 통해 우리의 손에서 기술 기업을 이끄는 소수에게로 넘어가고 있다는 것이다. 그들은 분명 자신들의 기업과 자신들에게 이로운 결정만을 내릴 것이다. 물론 가끔 사회의 니즈를 전반적으로 고려하여 결정을 내리는 것처럼 보이기도 한다. 하지만 그것은 그저 우연의 일치에 불과하다. 그들이 결정을 내리면, 열에 아홉은 사회에 해로운 결정이다.

시간이 흐르면서 시장의 위치와 역할에 대한 사람들의 생각이 갈렸다. 그리고 생각의 차이는 크게 벌어졌다. 애석하게도 생각의 차이는 계속 벌어질 것이다. 기하급수적인 시대에 민간 기업들은 계속 성장하면서 공적 영역을 계속 침범할 것이다. 그러므로 시민과 사회의 관계를 근본적으로 다시 정의할 필요가 있다.

코드가 곧 법이다

인터넷이 등장하고 얼마 되지 않았을 때, 누구도 온라인 세상이 디지털 기술 사용자의 합의와 니즈에 따라 통치되는 것이 아니라 디지털 기술 발명자에 의해 통치될 것이라고 생각하지 않았다. 이렇게 인터넷 등장 초기에는 인터넷을 중심으로 사회주의적 사고가 지배적이었다. 그런데 이러한 사고가 자신의 목적에 맞게 코드를 설정하고 웹사이트를 활용할 능력이 있는 소수의 사람들에게 힘을 부여했다. 물론 이것은 의도하지 않았던 일이었다.

하버드대학교의 법학 교수 로런스 레시그Lawrence Lessig는 인터넷에서 사람들의 행동에 대한 프로그래머들의 영향력이 커지는 것을 최초로 연구했다. 일반적으로 말하면, 코드는 소프트웨어의 구성 요소로 인터넷망에서 사용되는 명령어다. 그는 코드가 우리의 행동을 좌지우지할 거라고 주장했다. 다시 말해, 입법기관이 헌법에 따라 만들어낸 공식적인 법규처럼, 소프트웨어를 통제하는 코드가 인터넷에서 사람들의 행동을 통치하게 될 것이다.

새천년이 시작될 무렵 발표된 레시그의 논문 〈코드가 곧 법이다Code is Law〉는 선견지명이 돋보이는 글이다. 그는 이 글에서 "코드가 통제"한다고 말한다. 그리고 또 다음과 같이 덧붙였다. "코드는 가치를 구현하거나 구현하지 않는다. 코드는 자유를 보장하거나 훼손한다. 코드는 사생활을 보호하거나 사생활 감시를 조장한다." 이것은 코드를 작성하는 프로그래머들에게 엄청난 힘이 주어졌다는 의미가 된다. 그는 "그 사람들이 코드가 이런 일들을 하도록 명령하고 통제"한다고 주장한다. "그 사람들은 그저 코드를 작성한다. 그러니 그들은 사이버공간이 어떻게 통치되어야 하는지를 직접 결정하지 않는다. 그 사람들, 다시 말해 프로그래머들은 코드를 결정할 뿐이다. 여기서 인터넷 사용자들은 프로그래머들이 코드를 짤 때 스스로 어떤 역할을 맡을지 결정할 수 있다. 다시 말해, 프로그래머가 짠 코드에 녹아 있는 가치를 규제하는 방법을 결정하는 데 어떤 역할을 맡을지를 우리는 결정할 수 있다. 우리는 프로그래머가 자신의 이익을 위해 코드를 짜도록 내버려 둘지 말지도 결정할 수 있다." 레시그가 보기에는, 우리가 인터넷을 통치할 법규를 만드는 주인공인 프로그래머들의 이해관계를 면밀히 조사하지 않았다. 실제로 그랬다.[7]

대표적인 사적 영역인 시장이 공적 영역을 서서히 침범하고 있다. 한때 시장에서 사고팔 수 없었던 것들이 상품처럼 거래된다. 사람들이 이런 변화를 알아차리는 데는 상당한 시간이 걸렸다. 레시그는 정부가 합당한 조치를 취하지 않으면 기술 엘리트들이 직접 디지털 세상의 규칙을 만들 것이라고 예견했다. 그의 예견은 크게 빗나가지 않았다. 그런데 문제는 레시그가 생각했던 것보다 그들이 훨씬 더 무책임하다는 것이다. 디지털 세상의 규칙을 만드는 주체는 프로그래머 개개인이 아니라 무자비하게 이익을 추구하는 대기업이다. 레시그가 살던 시대에 마이크로소프트나 야후 같은 최고의 기술 기업은 대체로 프로그래머들이 이끌었다. 그리고 그들의 엔지니어 문화가 의사 결정에 지대한 영향을 미쳤다. 하지만 그 후로 많은 기술 기업이 변모했다. 상품 관리자와 정책팀이 코드를 만들 때 지대한 영향력을 행사한다. 그리고 기술 기업을 이끄는 현대의 경영진은 1990년대에 기술 기업을 이끌던 다양한 배경의 프로그래머 집단과 달리 상업적 이익을 극대화하는 데만 관심이 있다. 어찌 되었든, 디지털 시장의 크기가 과거보다 훨씬 커졌다.

프로그래머와 기술 기업 경영진의 힘은 공적 영역에 지대한 영향을 미친다. 특히 공적 영역에서 서로 밀접하게 관련된 부분이 이 힘의 영향을 크게 받는다. 우선 법을 만드는 주체의 정의가 변했다. 이것은 레시그가 경고했던 일이다. 그들이 공적 논의의 주제를 결정하는 주체가 되었다. 기술 기업이 공적 논의의 검열자가 된 것이다. 페이스북은 규칙을 만들고, 페이스북이 만든 규칙의 잘잘못을 따질 수 있는 곳은 예상했듯이 페이스북이다.

지금부터 차례대로 하나씩 살펴보자. 민간 행위자들이 규칙을 만들고, 사람들이 할 수 있는 것과 할 수 없는 것을 결정하는 데 점점 큰 영향력을 행사하고 있다. 2000년대 초반의 하버드대학교로 돌아가 보자. 페이스북의 전신인 페이스매시FaceMash는 십 대 대학생의 작은 실수의 결과물이었다. 마크 저커버그와 그의 친구들은 여학생들의 외모를 평가하는 웹사이트를 만들었고, 그 웹사이트가 페이스북으로 변신했다. 페이스북은 데이트 상대와 바로 성관계를 맺는 대학생들의 연애 문화에 힘입어 등장한 초기 소셜미디어였다. 그들은 웹사이트를 개발할 때, 가입 단계에서 만나는 사람이 있는지 없는지, 결혼을 했는지 안 했는지 등 개인의 연애 상태를 확인하는 것이 중요하다고 생각했다. 그리고 여기서 '복잡 미묘한 상태'라는 선택지가 추가로 주어졌다. 지금 보면 대수롭지 않은 결정이었지만, 페이스북의 초창기에는 중요한 결정이었다.

페이스북은 대성공을 거뒀고, 십 대 대학생들이 기숙사에 모여서 고민하고 결정했던 것들이 하루아침에 세계 표준이 되어 버렸다. 사람들이 페이스북에 가입해서 다양한 서비스를 이용하려면, 페이스북이 제시한 기준과 규칙을 따라야 했다. 연인이 있는지, 결혼을 했는지 등의 질문을 하는 것 자체가 문화적으로 부적절하고 의미 없는 곳이 있다. 페이스북은 현지의 사회문화적 가치에 상관없이 자신들의 가치를 전 세계로 '수출'한 셈이었다. 나의 어머니는 무슬림계 칠십 대 노인이다. 어머니 같은 사람들은 페이스북에 가입할 때 '복잡 미묘한 상태'를 선택했다. 어머니 입장에서, 그리고 수천만 명의 다른 사람들 입장에서 연인이 있는지, 또는 결혼을 했는지 묻는 것은 그야말로 무의미한 질문이었다. 심지어 불쾌한 질문일 수도 있었다. 하지만 코드가 법이 되었다.

그게 뭐 대수냐고 말할 수 있다. 그런 사람들을 위해 사례를 하나 더 소개한다. 바로 코로나19 팬데믹이다. 코로나바이러스는 전파력이 강하고 잠복기가 길다. 또 공기를 매개로 전파될 수 있는 바이러스다. 이런 바이러스의 확산을 막기가 쉽지 않았다. 코로나바이러스의 확산 속도를 감안하면, 사람의 힘으로 확산세를 꺾는 것은 힘들었다. 이런 상황에서 대다수가 사용자의 위치를 확인할 수 있는 스마트폰을 사용한다는 것은 다행스러운 일이었다. 스마트폰은 '역학조사'에 사용될 수 있었다. 잠재적인 바이러스 전파자를 찾고, 그가 누구를 언제 만났는지 스마트폰을 이용해 확인할 수 있었다. 문제는 사실상 전 세계의 모든 스마트폰이 애플이나 구글이 만든 운영체제로 움직인다는 것이었다. 정부의 명령 없이, 구글과 애플은 자발적으로 코로나바이러스와의 싸움에 뛰어들기로 결정했다. 그들은 운영체제를 업데이트해 역학조사를 위한 위치 추적 앱이 쉽게 작동할 수 있도록 몇몇 기본 코드를 활성화했다. 애플에 따르면, 구글과 애플은 "사생활과 투명성, 이용자 동의를 최우선으로 하여" 코드를 설계하고, 그와 관련한 의사 결정을 내린다.[8] 그러나 구글과 애플은 각국 정부가 좀 더 효과적으로 위치 추적 앱을 만들 수 있도록 돕기 위해 운영체제를 업데이트하기로 결정했다. 여기서 구글과 애플의 결정에 의문을 제기할 수 있는 사람은 아무도 없을 것이다. 두 기업의 결정은 코로나바이러스의 확산세를 잡는 데 분명히 도움이 됐다. 하지만 여기서 정부와 과학자가 무엇을 할 수 있고, 무엇을 할 수 없는지를 결정한 주체는 다름 아닌 애플과 구글이었다. 우리는 바로 이 부분에 집중해야 한다. 이번에도 코드가 법이 되었다.

이것을 두고 그저 중요한 결정이라고 부르는 것은 이런 결정의 영향력을 제대로 담아내지 못한 절제된 표현이다. 애플과 구글은 역학조사에 도움이 되는 도구를 확보하는 데 도움을 주었다. 하지만 문제는 자신들이 생각한 대로, 그리고 자신들이 원하는 대로 도움의 손길을 내밀었다는 점이다. 그들은 여전히 정부 감시보다 사용자의 사생활을 우선시한다. 그럼에도 역학조사에 도움을 주기 위해 사용자 사생활 보호를 우선시하는 규칙을 어기고 운영체제를 업데이트하기로 한 것은 잘한 결정이다. 하지만 이러한 결정이 민간 영역에서 내려져야 했을까? 보통 법은 선출직 공무원, 즉 국회의원들이 만든다. 지금 책임 소재가 명확하지 않은 엄청난 재량권이 기하급수적인 기업들에게 주어졌다. 인터넷 운동가 리베카 매키넌Rebecca MacKinnon의 말을 빌리면, "인터넷에서 긴밀히 연결된 사람들의 합의", 다시 말해 우리 개개인의 힘이 약해졌다.

그리고 검열 문제가 있다. 새로운 규칙 제정자의 등장으로 이것은 피할 수 없는 문제임이 거의 틀림없다. 기하급수적인 시대에 소수의 기술 기업 임원들이 공적 영역이냐 아니냐를 결정하는 일이 빈번하게 일어나고 있다.

어떤 면에서 인터넷은 민주화 세력이다. 인터넷 연결은 사람들에게 소통 능력을 제공한다. 인터넷이 널리 확산되기 전에 언론은 소수의 TV 방송국과 라디오 스튜디오, 신문사가 통제했다. 그들이 말하고, 사람들은 들었다. 공공 논의에 참여한다는 것은 퇴근 후에 친구들과 가볍게 술 한잔하면서 수다를 떤다거나, 편집자에게 편지를 보내고 그것이 신문에 게재되기를 바라는 것과 같았다. 반면 오늘날에는 이메일과 블로그, 무엇보다 인스턴트 메시지와 소셜미디어 덕분에 일반 대중이 공개적으로 자신을 표현할 수 있다. 그리고 이렇게 공개적으로 자기 생각을 당당히 표현하는 사람들이 늘어나고 있다. 인터넷으로 공적 영역의 개방성이 강화된 덕분이다.

하지만 역설적이게도 인터넷이 문을 활짝 열어준 공적 영역이 소수의 사람들에 의해 통제되는 일이 빈번히 일어나고 있다. 페이스북과 X가 대표적이다. 사람들은 주로 페이스북과 X에서 정치를 논하고, 소문을 퍼트리고, 뉴스에 대해 쉴 새 없이 이야기를 주고받는다. 일반적으로 인터넷, 특히나 소셜미디어는 오늘날 많은 사람이 서로 대화를 주고

받을 수 있는 유일한 장소다. 왜냐하면 이곳에 사람들이 모여 있기 때문이다. 다시 한번 말하지만, 네트워크 효과 덕분이다. 많은 사람이 디지털 플랫폼에 모여들수록, 디지털 플랫폼은 공공 논의가 일어날 수 있는 유일한 장소가 될 것이다. 이렇게 디지털 플랫폼의 규모가 커지면, 그것은 사람들이 그곳에서 생각을 주고받는 대상을 검열할 수 있다(반대로 사람들이 어떤 것에 대해 공개적으로 논의하도록 만들 수도 있다).

그래서 디지털 플랫폼의 검열이 문제가 되는 경우가 있다. 페이스북이 네이팜탄 소녀 사진을 삭제하여 큰 논란이 발생했던 사례를 생각해보라. 그리고 검열 부족이 문제가 된 예도 있다. 2018년 왓츠앱에서 퍼진 메시지에 분노한 폭도들의 손에 다수의 인도인이 목숨을 잃는 사건이 있었다.[9] 왓츠앱의 모기업인 메타는 폭력 사태로 비화하는 동안 두 손 놓고 가만히 있었다. 두 사례 모두에서 디지털 플랫폼 기업들의 무책임함이 근본적인 문제였다. 그들이 자신들의 플랫폼에서 할 수 있는 이야기와 할 수 없는 이야기를 결정한다. 인도에서 분노한 폭도들의 손에 사람들이 목숨을 잃는 사태가 발생한 이후에 메타는 메시지가 전송되는 시간을 제한하기 시작했다. 메타는 처음에는 인도에서만 이러한 조치를 취했지만,[10] 전 세계로 해당 조치를 확대했다.[11] 2년 동안 왓츠앱에서 허용되는 행위가 서서히 변했다. 그리고 왓츠앱에서 허용되는 대화의 주제도 바뀌었다. 결과적으로 공적 영역으로 새로운 아이디어가 유입되는 기본적인 메커니즘이 완전히 변했다.

여기서는 메타가 옳은 결정을 내렸다고 할 수 있다. 하지만 메타가 문제의 소지가 있는 결정을 내리는 예도 있다. 2018년, 몇 달 동안 미얀마 군부가 미얀마 소수민족인 로힝야를 상대로 폭력을 조장했다. 이때 그들이 주로 사용한 도구가 페이스북이었다. 메타는 로힝야 소수민족을 대상으로 인종 청소를 단행하기 위해 "혐오를 퍼트리고 해를 입히려는 자들의 도구"였다는 사실을 인정했다[12] (하지만 메타는 유엔 국제사법재판소에서 미얀마 군부에 로힝야 대학살에 대한 책임을 묻기 위해 관련 데이터를 공유하는 것을 거부했다[13]). 그리고 메타는 사용자들의 수십 건의 신고에도 불구하고 메시지를 통제하지 않아서 미국 국민들을 위험에 노출하기도 했다. 카일 리튼하우스Kyle Rittenhouse가 위스콘신주 커노샤에서 무기를 소지하지 않은 시위대에게 총을 난사하여 죽이기 전 날, 그는 자신의 페이스북 계정에 사람들에게 무기를 들 것을 촉구하는 메시지를 올렸다. 페이스북 사용자들은 455회 이상 이 사실을 신고했지만, 메타는 어떤 조치도 취하지 않았다.[14]

많은 디지털 플랫폼에서 주고받을 수 있는 메시지와 주고받을 수 없는 메시지가 자의적인 기준으로 구분된다. 2021년 페이스북뿐 아니라 X, 유튜브, 트위치 등의 도널드 트럼프 소셜미디어 계정 차단 조치가 디지털 플랫폼의 무작위 검열을 보여주는 대표적인 사례다. 트럼프가 자신의 지지자들을 상대로 국회의사당을 습격하라고 선동하는 메시지를 소셜미디어에 올렸다. 이것은 선을 한참 넘은 행동이었다. 하지만 이것을 그가 소셜미디어에 올린 기이한 메시지보다 더 용서할 수 없는 메시지라고 할 수 있었을까? 지난 10년 동안 트럼프는 소셜미디어를 사용해 버락 오바마의 출생증명서에 대한 인종차별적 음모론을 퍼트렸고, 극우와 백인우월주의 소셜미디어 계정에 올라온 X 메시지를 실어 날랐고, 패배한 대선에서 투표 조작이 있었다는 거짓 주장을 퍼트렸다. 이것들은 그의 소셜미디어 만행의 극히 일부에 불과하다. 디지털 플랫폼 기업들은 트럼프의 콘텐츠와 일반적인 모욕적 콘텐츠를 다루는 데 자의적인 잣대를 적용했다. 트럼프의 대선 패배와 조 바이든Joe Biden의 대통력 취임식 사이 36시간 동안 트럼프의 소셜미디어 계정이 차단되었다. 이러한 결정을 보면서 몇 가지 중요한 문제를 던질 수 있다. 왜 지금? 왜 그렇게?

왜 그러한 결정을 내렸는지 분명히 설명할 수는 없었다. 트럼프가 국회의사당 습격을 선동한 X 메시지를 보내자 그의 계정을 중단시켰지만, 10년 동안 그가 퍼트린 가짜 뉴스에 대해서는 아무런 조치도 취하지 않았다. 그리고 네이팜탄 소녀 사진은 삭제 조치했지만, 로힝야 소수민족에 관한 혐오 글은 그대로 내버려 두었다. 이것은 기하급수적인 시대의 디지털 플랫폼이 지니는 힘을 여실히 보여준다. 이제 공적 논의는 그들이 통제하는 시스템 안에서 이루어진다. 그들이 자신들의 기준에 따라 상업적인 이윤 추구를 목적으로 통제하고 관리하는 시스템이 공적 논의의 장이 되었다.

여기서 문제는 디지털 플랫폼이 옳은 결정을 내리느냐가 아니다. 그보다 애당초 공적 논의의 장소를 민간 기업이 통제하도록 내버려 둘 것이냐가 문제다. 일부 기업은 이와 관련해 대담한 실험을 진행하고 있다. 2000년 5월 메타는 언론과 인권, 법, 정치의 전문가들로 구성된 '감시위원회'를 만들었다. 그들에게 콘텐츠 검열에 대한 메타의 결정을 면밀히 조사하고 뒤집을 권한을 부여했다. 출발은 나쁘지 않았다. 하지만 메타 감시위원회는 페이스북이 선을 넘지 않도록 감시하기 위해 도입한 '쐐기'에 불과했다. 적법한 정책 입안자들이 지침을 분명히 내리지 않았기 때문에 기하급수적인 시대의 디지털 기업들이 독자적으로 규칙을 만들어 왔다.

영국 부총리를 역임한 메타의 고위 홍보 책임자 닉 클레그Nick Clegg는 그는 이와 관련하여 다음과 같이 썼다. "민주적으로 책임감 있는 입법자들이 합의한 체계에 따라 이러한 결정들이 내려졌다면 분명히 더 좋았을 것이다. 하지만 그러한 법체계가 부재한 상황에서 결정은 실시간으로 내려져야 했다."[15]

개인의 사생활이 거래되고 있다

기하급수적인 시대에 사람들은 서로 살을 부대끼며 물리적인 세계에서만 살지 않는다. 사람들은 디지털 플랫폼에서 숫자로 표현되고, 인터넷을 돌아다니면서 여기저기 디지털 흔적을 남긴다. 또한 사이버공간에서 활동하면서 데이터를 만들어 낸다. 이렇게 생성된 데이터는 사람들이 직접 자신에 대해 이야기하는 것보다 그들이 좋아하는 것과 싫어하는 것, 그리고 바라는 것과 두려워하는 것에 대해 더 자세한 정보를 제공한다. 그리고 이러한 데이터는 민영화되었다.

시장은 이렇게 다시 한번 더 사람들의 일상으로 침범해 들어왔다.

광고를 팔기 위해 데이터를 사용하는 기업들은 사람들이 남긴 디지털 흔적에 중독되었다. 이와 함께 그들은 우리의 일상을 사적 영역으로 끌어들였다.

옥스퍼드대학교 철학 교수 카리사 벨리즈Carissa Veliz는 그것은 기본적으로 힘의 문제라고 주장한다. 그녀는 사생활은 힘이라고 말한다. 누군가를 개인적으로 속속들이 알게 되면, 그 사람에게 힘을 행사할 수 있다. 이렇게 얻은 힘은 경제력, 정치력 등 여러 형태의 힘으로 변형될 수 있다. 그녀는 "타인의 사생활에 대해 얻게 된 힘이 곧 디지털 시대의 궁극적인 힘"이라고 말한다.[16]

개인 정보는 여러 가지 목적으로 사용될 수 있다. 개인 정보를 사용해 사람들의 행동을 조종하고, 수익을 얻고, 특정 메시지를 전달하여 사고방식을 조종할 수도 있다. 이러한 맥락에서 유럽연합이 개인 데이터를 보호하기 위해 제정한 개인 정보 보호 규정은 효과적이다. 개인 정보 보호 규정은 개개인을 '데이터 주체'로 생각한다. 다시 말해, 다른 누군가의 데이터를 보유하고 있는 누군가로 개개인을 바라본다. 하지만 이 용어에는 또 다른 의미가 있다. 바로 우리 모두가 데이터의 대상이 된다는 뜻이다. 데이터는 사람들로부터 수익을 얻기 위해 사용된다. 사람들을 추적하고 통제하는 데에도 데이터가 사용될 것이다.

기업들이 사람들의 행동을 추적하고 데이터를 생성하는 방법이 나날이 복잡해지고 있다. 1990년대 중반에 인터넷이 학계의 연구 수단이 아니라 소비자들이 소비 활동을 하는 장소가 되었을 때는 사용자를 추적하는 곳과 그렇게 얻은 데이터를 사용하는 곳은 매우 제한적이었다.

1996년 영국 일간지 〈가디언〉의 웹사이트를 처음 만들었을 때, 사람들이 웹사이트에 어떻게 접속하는지를 파악하기 위해 원초적인 추적 시스템을 사용했다. 그 시스템은 아주 기본적인 수준이었다. 조회 수를 확인하고, 웹사이트 방문자가 어디에서 접속했는지 IP 주소를 확인했다. 이것들은 모든 웹서버에 저장되는 기본적인 '로그 파일'이었다. 서버 운영자는 시스템에서 바이러스를 제거하거나 업데이트할 때 이러한 정보를 사용했다. 하지만 그렇게 얻은 데이터는 사용자의 행동을 예측하거나 광고를 위해 웹사이트 방문자들을 그룹으로 나눌 때는 사용되지 않았다. 이 데이터로는 위와 같은 일을 할 수도 없었다.

그러나 이토록 단순한 추적 시스템조차도 당시 기준으로는 최첨단 기술이었다. 그래서 우리의 서버에 큰 부담이 되었다. 시스템의 처리 속도는 점점 느려졌다. 성능을 높일 때까지 트래픽이 최고조에 달하는 시간대에는 기록을 중단해야 했다. 시스템을 지속적으로 운영하는 것이 불가능했다. 중간에 기록을 중단한다고 상업적인 피해는 없었다. 서버 운영자인 내게 그것은 사소한 골칫거리였을 뿐이다.

이 모든 것이 구글로 말미암아 변하기 시작했다. 구글은 2000년에 애드워즈 광고 시스템을 도입했다. 이로써 더 많은 데이터를 수집하기 위한 골드러시가 시작되었다. 애드워즈는 기업이 특정 검색어를 대상으로 광고를 하도록 돕는 단순한 시스템이었다. 하지만 이 시스템으로 구글의 운명이 크게 바뀌었다. 애드워즈가 등장하기 전에 22만 달러였던 구글의 매출이 애드워즈가 도입되고 1년 뒤에는 8600만 달러로 급증했다. 이 덕분에 구글은 설립되고 3년 만에 성공적으로 기업공개를 할 수 있었다.[17] 애드워즈를 도입하기 전에 구글은 사람들이 무엇을 검색하는지와 어떤 웹사이트를 방문하는지를 파악하기 위해 많은 데이터를 수집하고 있었다. 광고 시장에서 막대한 수익을 얻을 수 있다는 사실을 알아차린 구글은 개인의 행동에 관한 데이터를 수집하는 활동을 통해서도 엄청난 수익을 얻을 수 있다는 사실을 깨달았다. 적어도 이론적으로 이러한 정보 하나하나가 구글에게는 더 많은 돈을 벌 기회가 되었다.

구글이 이끌고, 수천 개의 기업이 그 뒤를 따랐다. 그들은 데이터에 가치가 있다는 사실을 깨달았다. 그리고 이런 이유로 기업들은 사람들에게서 혁신적이고 주로 비도덕적인 방법으로 데이터를 수집하기 시작했다. 이것은 〈가디언〉을 위해 웹사이트를 만들고 운영하던 내 경험과는 큰 차이가 있었다. 불과 20년 만에 수백 개의 조직이 몇몇 웹사이트를 방문한 사용자를 추적하여 그에 관한 데이터를 수집하기 시작했다.[18] 각각의 추적자는 위치, IP 주소, 마우스 움직임, 검색 대상, 사용한 브라우저, 컴퓨터 화면 해상도, 수십여 개의 다른 데이터 포인트 등 최대한 많은 정보를 수집한다.

페이스북이 쉽게 볼 수 있는 좋은 예다. 〈뉴욕 타임스〉기자 브라이언 첸Brian Chen은 페이스북이 보유하고 있는 자신에 관한 모든 데이터를 내려받았다. 그는 한 번도 들어본 적이 없는, 또는 무엇을 판매하는 기업인지조차 알 수 없는 기업을 포함해 최소한 500개의 광고주가 연락처와 주소 등을 포함한 자신의 개인 정보를 보유하고 있다는 사실을 확인했다.[19] 그 데이터 가운데 일부는 광고주에게 유용하지 않을 것 같은 것도 있었다. 아마도 쓸모없는 데이터였는지도 모른다. 데이터 저장 비용이 낮아지면서 필요한지 고민하지도 않고 정보를 마구잡이로 저장하는 것이 쉬워졌다. 실제로 어느 쪽이었든, 페이스북에서 생성되는 모든 데이터는 페이스북의 목적을 위해 사용될 수 있다. 페이스북은 삼성, 애플, 마이크로소프트 등 최소한 60개의 전자기기 제조 업체와 협약을 체결했다. 그리고 페이스북 협력사의 일부는 당사자의 동의 없이, 또는 당사자가 알지도 못한 채 페이스북 가입자의 친구들에 관한 데이터에도 접근할 수 있다.[20]

우리는 데이터가 넘쳐나는 세상에서 산다. 데이터 양은 대략 1분당 1800만 기가바이트씩 증가한다. 이것은 숨이 턱 막힐 정도로 큰 숫자다. 너무나 엄청난 양이라서 조금 쉽게 풀어서 설명한다고 해서 이해할 수 있는 수준이 아니다. 디지털 기술이 하루에 1분마다 개인당 대략 2.4메가바이트의 데이터를 생성한다고 말하면 이해하기가 더 쉬울까? 이렇게 표현한다고 해도 크게 달라지지는 않을 것이다.

기계와 센서가 생성하는 데이터도 있지만, 우리가 직접 생성하는 데이터가 대부분이다. 그리고 새로운 기하급수적인 기술들이 등장하면서, 그것들이 우리에 대해 예전보다 더 많은 데이터를 만들어낸다. 유전자, 질병, 라이프사이클 등 건강 데이터는 숫자로 전환된다. 뇌 컴퓨터 인터페이스와 같은 완전히 새로운 기술들이 생각으로 전환되기도 전에 우리의 뇌에서 신경 활동에 관한 데이터를 뽑아낼 수 있다. 집과 같은 주변 환경에서 센서가 널리 사용되면서, 우리가 어떻게 살고 있는지에 대해 더 많은 정보가 수집된다. 또한 데이터 처리 능력이 갈수록 향상되면서 기업들이 우리에 관해 많은 정보를 담고 있는 데이터 도플갱어를 창조해 내는 능력이 확대된다.

그렇다고 데이터 수집이 본래부터 나쁘다고 단정해서는 안 된다. 데이터 수집에는 많은 이점이 있다. 더 많은 데이터를 가질수록, 세계를 이해하기 위해 설계한 모델은 더 정확해진다. 인구가 질병 위험에 처해 있는지, 또는 경제가 건강한지, 또는 기업이 성공을 향해 잘 나아가고 있는지 등을 예측하는 데 데이터가 사용될 수 있다. 무수한 사례 중에서 하나를 꼽자면, 소비자 신용지수가 있다. 소비자 신용지수는 소비자의 재정 건전성을 파악하는 주요한 수단이다. 소비자 신용지수는 은행, 신용카드사, 유틸리티 기업으로부터 데이터를 수집해 개인의 재정 상태를 파악하고 점수를 매긴다. 그것이 바로 신용 점수다. 이러한 데이터는 주택 담보 대출이나 자동차 담보 대출을 받을 때 유용한 지표가 된다. 신용 점수가 없으면 금융기관은 대출을 꺼린다. 신용조사 기관이 없는 국가들은 신용조사 기관이 있는 국가들과 비교했을 때 소비자 금융 서비스가 훨씬 덜 발달했다. 이처럼 데이터는 금융 서비스에 대한 접근성을 확장하는 데 도움이 될 수 있다.

하지만 여기에 맹점이 있다. 이렇게 수집된 데이터는 소비자를 위한 것일까, 아니면 데이터 수집 업체를 위한 것일까? 신용 데이터에 관해서는, 미국 양당 국회의원들은 이 질문에 분명한 답을 내리지 못한다. 신용조사 기관은 대체로 불완전한 데이터를 보유하고 있다. 그래서 그들이 산출한 신용 점수는 정확하거나 공정하지 않다. 그리고 기업들도 상당한 데이터 침해의 피해를 입는다. 데이터 유출 사고로 개인 정보가 암시장으로 흘러 들어간다.[21] 이러한 허점이 데이터라는 양날의 검의 한쪽 칼날이다. 우리에 관해 수집된 정보가 우리에게 불리하게 사용되는 것이다.

이러한 위험은 웹 서핑과 신용 데이터에만 존재하는 것이 아니다. 23앤드미23andMe를 살펴보자. 나는 2006년에 설립된 23앤드미를 관심 있게 지켜봐 왔다. 인간 세포의 23쌍의 염색체로부터 영감을 얻어 23앤드미라는 기업명이 만들어졌다. 23앤드미는 저가의 유전자 시퀀싱 서비스를 제공한다. '나를 나답게' 만드는 유전자 정보를 해독해서 소비자에게 제공하는 것이다. 이것은 한 개인에 관해 이미 알고 있는 것들과 알지 못했던 것들에 관해 알려준다. 나의 유전자 시퀀싱 결과는 내게 축축한 귀지가 있고, 아침 7시 51분에 잠에서 깰 가능성이 있다고 나왔다(사실 나는 이 시간보다 훨씬 일찍 일어난다). 그리고 나의 선조 중에 바이킹이 있을 수 있다는 결과도 나왔다. 내게 알츠하이머에 걸리고 노화로 시력이 감퇴할 가능성이 있다는 것도 알게 되었다.

15년 동안 23앤드미는 방대한 유전자 데이터를 축적했다. 이러한 데이터 세트는 놀라울 정도로 가치가 있다. 유전병을 예측하는 데 도움이 될 것이다. 수백만 명이 23앤드미의 유전자 시퀀싱 서비스를 이용했고, 자신들의 유전자 정보를 공유했다. 그리고 80퍼센트 이상이 자신들의 유전자 데이터를 연구에 사용하는 데 동의하고 있다. 하지만 23앤드미는 수집한 유전자 데이터를 자신들만 사용하지 않는다. 그것을 다른 기업에 팔 수도 있다. 2018년에 23앤드미는 데이터 사용에 동의한 고객들의 유전자 데이터를 최대 제약회사인 글락소스미스클라인

GlaxoSmithKline에 3억 달러에 팔았다. 이렇게 데이터가 공유되면, 그것은 더 이상 23앤드미의 소유물이 아니었다. 글락소스미스클라인은 이렇게 사들인 데이터를 자신들이 사용하거나 다른 기업에 넘길 수도 있다. 이렇게 유전자 데이터는 계속 공유된다. 23앤드미는 게놈 데이터가 당사자들의 동의 없이 사용될 수 있다고 정책을 변경할 수도 있다. 미국에서는 많은 보건 데이터가 HIPAA라는 1996년에 제정된 법의 보호를 받는다. HIPAA는 보건 데이터를 취급하는 기업들에 엄격한 조건을 충족시킬 것을 요구한다. 하지만 23앤드미 같은 기업이 실시하는 유전자 검사는 HIPAA와 같은 법의 적용을 받지 않는다. 그 대신 각 기업이 수립한 정책에 따라 유전자 검사가 진행된다. 나름대로 기준을 세워서 데이터를 관리하는 것은 좋은 시도이지만, 의미가 그렇게 크지는 않다. 자발적으로 수립한 지침은 법처럼 강력한 강제성이 없다.[22]

이번에는 가장 극단적인 사례를 살펴보자. 개인적인 데이터가 사람들을 낙인찍고 인구통계학적으로 분류하는 데 사용될 수 있다. 중국에는 이른바 사회 신용 체계라는 것이 있다. 사회 신용 체계는 도입된 지 얼마 되지 않은 제도다. 경제학자들은 중국 경제가 '신용의 위기'로 고통받고 있다는 이야기를 자주 한다.[23] 중국에는 오랫동안 이어지는 일관성 있는 사업 관행이 없다. 순화해서 말하자면, 기업 활동은 1949년의 혁명 사태, 1960년대와 70년대의 문화혁명, 1980년대의 경제 자유화로 크게 흔들렸다. 이로 인해 중국 기업들은 금융 대출을 꺼렸고, 그 결과 중국에는 독자적인 신용조사 기관이 존재하지 않는다. 이러한 맥락에서 사회 신용 점수는 상당히 일리가 있다. 사회 신용 점수는 법을 준수하고 신용할 수 있는 좋은 시민인지를 판단하여 사람들에게 부여되는 점수다. 그것은 대량의 데이터 덕분에 가능하다. 그리고 중국이 신용의 위기를 극복하는 데 도움이 될 거라고 연구진은 생각한다.[24] 하지만 디지털 기술들이 생성한 데이터를 기준으로 국민을 분류하는 것은 디스토피아적인 생각이다. 참고로, 사회 신용 체계에서 시험 부정행위는 사회 신용 점수를 떨어뜨릴 수 있는 금기 활동 중 하나다.

이 책을 쓰던 시기에 민주주의 국가들은 사회 신용 체계로부터 자유로웠다. 지금도 마찬가지다. 하지만 기업들은 데이터를 사용해서 사람들을 프로파일링한다. 그 방법이 윤리적인 문제로부터 완전히 자유롭지는 않다. 대출을 받을 때마다 또는 보험 상품에 가입할 때마다, 조건은 비슷한 소비자들의 데이터를 기준으로 정해질 것이다. 그리고 개인에 관해 수준 높은 데이터가 많이 수집될수록 보험회사와 은행은 이러한 데이터에 크게 의존해서 대출을 결정하거나 보험 상품을 판매할 것이다. 이것은 문제로 이어질 수 있다. 사람들은 자신의 행동뿐 아니라 인구통계학적 기준을 바탕으로 규정된다. 그리고 인구통계학적인 규정은 불가피하게 편견으로 이어진다. 특히 인종에 관한 편견이 데이터에 근거한 의사 결정에 영향을 주곤 한다. 하나의 사례를 들자면, 미국에서 진행된 어느 조사에서 병원에 환자를 이송하는 알고리즘은 백인 환자만큼 아픈 흑인 환자에게 병상을 배정할 가능성이 낮다는 사실이 확인되었다.[25] 알고리즘이 학습한 데이터가 인종적 편견에 노출되었기 때문이다. 그래서 알고리즘이 인종차별주의자처럼 행동하게 되었다.

시장이 사적 영역을 침범해 들어오고, 기업들이 개인의 내밀한 데이터를 수집하고 영리 목적으로 거래하면서, 이러한 문제는 갈수록 심각해질 것이다. 개인 정보는 사람들에게 되팔리고, 사람들을 규정하고 조종하는 데 사용된다. 기하급수적인 시대에 측정 대상은 관리 대상이기도 하다. 데이터 경제에서는 우리 모두가 측정 대상이자 관리 대상이다.

동종 선호, 치명적인 양극화 그리고 과격화 경로

우리는 반대되는 것에 끌린다는 말을 자주 한다. 하지만 사회학적 관점에서 이것은 틀렸다. 보통 사람들은 자신들과 비슷한 사람들과 어울린다. 사회경제적 지위가 비슷하거나 응원하는 스포츠 팀이 같거나 어떤 주제에 대해 같은 의견을 갖고 있으면, 사람들은 금방 친해진다. 이처럼 우리는 차이점보다 유사점을 많이 갖고 있는 사람들과 집단을 형성하고 어울려서 행동한다.

그것은 '동종 선호' 때문이다. 홈구장에서 원정 팀을 응원하거나, 완전히 다른 의견을 갖고 있는 사람과 일을 하거나, 공통점이라고는 전혀 찾아볼 수 없는 사람과 친구가 되려고 해보라. 아마 동종 선호가 삶을 더 쉽고 편하게 만든다는 사실을 깨닫게 될 것이다.

하지만 이러한 동종 선호가 통제 불가능한 상태가 되어서는 절대 안 된다. 원자화된 사회는 민주주의 경화증으로 이어질 수 있다. 사회가 분단될수록 합의에 도달하고 사회를 효과적으로 통치하는 것이 어려워진다. 그리고 시민들은 정치 제도에 대한 신뢰를 잃게 된다. 결국 동종 선호는 일종의 사회 붕괴로 이어질 수도 있다. 몇몇 조사에서 튀르키예와 미국을 포함한 일부 국가에서 사람들이 다른 정당을 지지하는 사람들과 가까이 살기를 꺼린다는 사실이 확인되었다. 11개의 고도로 분열된 정치 조직에 관한 분석 보고서에 '치명적인 양극화'라는 용어가 등장했다. 치명적인 양극화는 민주주의가 제 기능을 발휘할 능력을 훼손하는 양극화 현상을 뜻한다.[26]

이것은 기하급수적인 시대의 시민들에게 문제가 된다. 공적 논의와 사생활의 많은 부분이 이미 시장 논리에 따라 움직이고 있다. 시장화가 이루어지고 있는 세 번째 요소가 있다. 우리가 누군가를 만나고 그들과 유대감을 형성하는 과정이다. 갈수록 공동체가 거대 디지털 플랫폼을 운영하는 기업들의 지원을 받으며 온라인에서 형성되고 있다. 사회적 유대감이 오롯이 기하급수적인 시대의 디지털 플랫폼에서만 형성된다면, 동종 선호가 통제 불능으로 흘러갈 위험이 있다.

동종 선호 자체는 새로운 현상이 아니다. 오랫동안 우리의 삶 속에 존재했다. 동종 선호 현상에 관해서는 1954년에 최초로 연구가 진행되었는데, 그 결과 인종이나 종교가 같은 사람들은 같은 주거 단지에 모여 사는 경우가 많다는 사실이 확인되었다.[27] 기하급수적인 시대의 기술들은 사회생활에서 나타나는 약하지만 공통된 특징을 널리 확산한다. 그것은 온라인 네트워크 덕분이다.

온라인에서 사람들이 친구를 사귀는 방법을 살펴보자. 소셜미디어는 사람과 사람을 연결하려고 노력한다. 예를 들어 '알 수도 있는 사람' 팝업창이 페이스북 피드에 뜬다. 이렇게 소개되는 사람은 분명히 당신과 뭔가 공통점이 있다. 같은 대학교를 다녔거나, 같은 록 밴드를 좋아하거나, 같이 알고 지내는 친구가 있을 수 있다. 소셜미디어에서 형성된 집단은 나머지 사회집단보다 더 동종 선호적이고 군집적이다. 그리고 기업의 영리 추구 때문에 소셜미디어의 폐쇄성은 더 짙어진다. 비슷한 부류의 사람들과 관계를 맺은 사람들은 그렇지 않은 사람들보다 소셜미디어를 더 자주, 그리고 더 많이 사용하는 것으로 나타났다. 비슷한 관심사를 지닌 집단은 광고주들에게 더 유용하다. 비슷한 유형의 사람들은 대체로 비슷한 상품을 구입한다. 이것은 비슷한 유형의 사람들에게 같은 상품과 서비스를 판매하는 것이 더 쉽다는 뜻이 된다. 그래서 비슷한 사람들을 더 정밀하고 구체적으로 분류하면, 기업은 상업적 이익을 얻을 수 있다.

하지만 이러한 프로세스가 사람들을 어느 때보다 더 고립되고 극단적인 단체로 끌어들일 수 있다. 유튜브와 페이스북 같은 디지털 플랫폼은 갈수록 자극에 둔감해지는 사람들을 웹사이트에 오랫동안 붙잡아 두기 위해 추천 알고리즘을 개발했다.[28] 추천 알고리즘은 이 목적을 달성하기 위해 훨씬 더 자극적이고 극단적인 콘텐츠를 사람들에게 추천한다. 사회학자 제이넵 투펙치Zeynep Tufekci는 다음과 같이 말했다. "채식주의에 관한 영상은 극단적인 채식주의에 관한 영상으로 이어졌다. 조깅에 관한 영상은 울트라마라톤에 관한 영상으로 이어졌다. 유튜브의 추천 알고리즘이 새로운 콘텐츠를 소개하지 못할 정도로 극단적인 성향을 가진 사람은 없는 것 같다." 이런 이유로 투펙치는 "유튜브는 21세기의 가장 강력한 과격화 도구 중 하나일지도 모른다"고 했다.[29] 그녀의 말이 옳은지도 모른다. 유튜브를 대상으로 349개 채널의 33만 건이 넘는 동영상과 7200만 건의 댓글을 분석하는 대규모 조사를 진행했는데, 사용자들이 대체로 자극 수위가 낮은 영상에서 높은 영상으로 점점 이동한다는 사실이 확인되었다.[30] 극단적인 콘텐츠를 소비하고 있는 사용자들도 한때는 자극 수위가 낮은 영상을 시청했지만, 결국 그들도 훨씬 더 극단적인 분야로 이어지는 '과격화 경로'를 밟고 있었다.

가장 극단으로 가면, 과격화 경로가 사람들을 폭력에 노출할 수도 있다. 2018년 페이스북이 ISIS 선전 활동을 지원하고 있는지 확인하기 위한 조사가 진행되었는데, 그 결과를 담은 보고서에서는 테러 집단이 새로운 조직원을 모집하는 데 페이스북이 굉장히 중요한 수단이 된다는 사실을 확인할 수 있었다. 이것은 동종 선호에 관한 조사였다. 사람들은 주류 정치에서 점점 극단적인 정치단체로 빠져들었다. ISIS 지지자와 친구를 맺으면, 페이스북은 수십 명의 다른 ISIS 지지자들의 계정을 추천했다. 이 조사에서 그레고리 워터스Gregory Waters와 로버트 포스팅스Robert Postings는 다음과 같이 결론 내렸다. "디지털 플랫폼에서 가능한 한 많은 사람이 서로 연결되기를 바라는 페이스북은 의도치 않게 극단주의자와 테러리스트를 연결하는 시스템을 만들었다."[31]

조사 기간 동안 워터스와 포스팅스는 페이스북을 통해 테러 집단의 조직원이 되는 사례를 직접 목격했다. 스스로 무교라고 밝힌 뉴욕의 대학생이 어느 순간 ISIS 지지자로 변했다. 이 모든 과정은 6개월도 걸리지 않았다. 페이스북의 자체 조사에서도 이와 같은 결과가 나왔다. 앤드루 보스워스Andrew Bosworth 메타 부사장이 작성한 문건이 유출되었다. 해당 문건은 워터스와 포스팅스의 보고서가 발표되기 1년 전에 작성된 것이었다. 유출된 문건에는 이렇게 적혀 있었다. "우리가 제공하는 서비스를 이용해서 조직된 테러 공격으로 사람이 목숨을 잃을 수도 있다. 그럼에도 우리는 사람들을 연결하는 것을 중요하게 생각한다."[32]

최근 페이스북은 문제의 심각성을 깨달았다. 2017년부터 페이스북은 일명 '무결성 팀'을 자체적으로 조직해 이 문제 해결에 나섰다. 페이스북의 자체 조사 결과는 암담했다. 극우 세력과 인종차별주의가 페이스북이 많이 사용되는 주요 시장에 팽배해 있었다. 그리고 페이스북의 알고리즘이 상황을 더욱 악화시켰다. 극단적인 단체에 가입한 사람들의 64퍼센트가 "페이스북의 추천 알고리즘 결과"였다. 2018년 페이스북 내부 조사는 추천 알고리즘이 "인간 두뇌의 구분 선호 경향"을 남용한다고 결론 내렸다. 그러면서 페이스북이 "사용자의 관심을 끌고 플랫폼에 머무르는 시간을 늘리기 위해 점점 더 분열을 조장하는 콘텐츠를 추천"한다고 지적했다.[33] 많은 외부인이 처음부터 이러한 페이스북의 역기능을 확인했는데, 이제야 페이스북이 직접 그것을 인정한 셈이었다.

새로운 기하급수적인 기술들이 등장하면서, 동종 선호의 문제가 점점 더 심각해지는 듯하다. 게노믹 프리딕션Genomic Prediction은 인공 수정하는 부모가 더 건강한 배아를 선택할 수 있도록 돕는다. 유전자 기술이 확산되면서, 유전자 기술에 관한 금기 사항이 줄어들고 있다. 생식세포

계열에서 파벌성이 나타날 수 있다. 다시 말해, 태어나기도 전에 자신들과 닮거나 생각이 비슷한 자녀를 선택하는 지경에 이를 수도 있다.

이러한 변화는 사회 구성원들을 한데 묶는 공유된 경험, 가치와 목적 등 제대로 기능하는 사회를 뒷받침하는 것들을 훼손할 것이다. 동종 선호는 공동체를 계층화한다. 사회를 작은 원자 단위로 구분해서 접점이 전혀 없는 극단적인 집단으로 나눌 것이다. 동종 선호는 집단과 집단을 연결하는 다리가 아닌 집단과 집단을 철저히 구분하는 높은 벽을 쌓는다.

시민과 시장의 관계를 재정립하는
4가지 방법

듀크대학교 법학 교수 제임스 보일James Boyle은 현 시대를 '제2차 사유화 second enclosure'의 시대라고 부른다. 제1차 사유화는 유럽에서 15세기와 19세기 사이에 일어났다. 소에게 풀을 먹이는 들판, 땔감을 모으는 숲 등 공유지가 여러 토지 사유화 특별법을 통해 한 개인의 소유가 되었다. 많은 경제학자가 토지 사유화 운동이 산업혁명의 기반이 되었다고 주장한다. 공유지 주변에 울타리를 세워 소유권을 분리함으로써 농토를 더욱 생산적으로 사용할 수 있게 된 덕분에 산업혁명이 가능했다고 그들은 주장한다. 하지만 이러한 공유지 사유화는 오랫동안 진행되었고,

그 과정에서 주로 폭력이 수반되었다. 이것은 마을 생활을 지탱하는 사회적 유대감을 파괴했다. 주요한 경제역사학자의 말을 빌리면, 공유지 사유화는 부자가 "문자 그대로 빈자의 공유지 지분을 강탈한다"는 의미였다.[34]

제2차 사유화의 시대에 우리는 일상의 영역들이 새롭게 상품화되고 있는 광경을 목도하고 있다. 보일은 "공공재로 여겨지거나 상품화될 수 없다고 생각되었던 것들이 새롭거나 새롭게 확장된 재산권의 적용 대상이 되고 있다"고 말한다.[35] 우리의 일상을 정의하는 법규는 민간 기업이 만든다. 다시 말해, 공적 논의가 사적 영역에서 이루어진다. 개인의 가장 친밀한 정보가 영리 목적으로 사고 팔린다. 사람을 만나고 사회적 유대감을 형성하는 방법이 거대 기업의 성향에 좌우된다.

그렇다면 이 상황에서 우리가 무엇을 할 수 있을까? 새롭게 사유화된 공간 안에서 우리는 대기업에 휘둘린다. 그들에게 잘못에 대한 책임을 묻는다는 것은 불가능한 일로 느껴진다. 그와 동시에 기하급수적인 시대의 데이터 경제는 우리를 과격하게 만들고 분열시키고 있다. 좋은 시민이 되는 능력을 제한한다. 이 두 가지 현상이 협공을 펼쳐서 사회가 제대로 기능하게 하는 민주적 제도를 지지할 가능성을 떨어뜨린다.

대기업을 포함해 우리 모두는 새로운 규칙이 필요하다는 데 동의한다. 심지어 메타의 총괄 홍보 책임자인 닉 클레그도 주요 디지털 플랫폼의 역할은 민주 정치를 통해 결정되어야 한다고 주장한다. 대기업이 인터넷에서 공적 논의를 독점하면서, 어느 때보다 이러한 노력이 필요한 시점이 되었다. 디지털 플랫폼을 운영하는 기업들이 우리에게 해를 끼친다고 생각되면, 그들에게 앞으로 어떻게 행동하기를 바라는지, 그리고 그들이 무엇을 다르게 하기를 바라는지 분명하게 말해주어야 한다. 민주적인 절차를 통해 이 새로운 시대의 규칙을 결정하지 않으면, 이 시대를 지배하는 기술을 만들어내는 기업들이 자의적으로 규칙을 만들어낼 것이다. 그렇게 되면 코드가 곧 법이 될 것이다.

다행히 우리는 이 시대를 통치할 대안 규칙, 즉 더욱 민주적인 규범의 대략적인 윤곽을 잡을 수 있다. 여기서 목적은 메타나 X, 23앤드미 같은 기업이 반드시 채택해야 하는 구체적인 정책을 수립하는 것이어서는 안 된다. 각각의 결정은 상황에 따라 다양할 것이다. 하지만 시민과 시장의 관계를 규정하는 기본적이고 포괄적인 원칙을 찾아낼 수는 있을 것이다.

첫 번째는 투명성이다. 디지털 네트워크에서 콘텐츠 흐름, 즉 검열 대상과 소비 대상을 결정하는 시스템의 점검이 더 쉬워져야 한다. 오늘날의 복잡한 기하급수적 플랫폼들은 불투명하다. 다시 말해, 이해하기 어렵다. 조직 안에서 작동되고 결정이 내려진다. 거의 모든 것이 대중에게 공개되지 않는다. 투명성이 강화되면 우리는 디지털 플랫폼 기업들이 어떻게 결정을 내리는지 관찰하고, 그 결정이 우리에게 어떤 영향을 미치는지 확인할 수 있다.

투명성 강화가 콘텐츠 조정에서 어떤 의미가 있는지 생각해 보자. 전쟁 사진을 게재했다는 이유로 노르웨이 총리의 계정은 정지시키고, (갑자기 그의 계정을 중단하기 전에) 4년 동안 미국 대통령은 막말을 하도록 내버려 둔 결정은 디지털 플랫폼 기업들이 그동안 이해할 수 없는 규칙에 따라 플랫폼을 운영해 왔다는 것을 방증한다. 그 대신 디지털 플랫폼에서 용인되는 언행과 납득할 수 없는 언행을 결정하는 기준이 분명하고 명백하다면 어떨지 상상해 보자. 이 둘을 구분하는 선을 긋는 것은 쉽지 않다. 오히려 여러모로 2019년 뉴질랜드 크라이스트처치의 이슬람 사원인 알누르 모스크 대학살을 실시간 방송하는 것처럼 더 끔찍한 행동들이 대처하기 더 쉽다. 하지만 혐오 발언으로 간주하기에는 뭔가 부족한 온라인 댓글이나 거의 폭력 사태를 선동하는 것 같은 기사는 골칫거리다. 그러나 지금 우리는 검열 대상인지 아닌지를 구분하는 빨간 선을 어디에 그을 것인지에 관한 공적 논의조차 할 수 없다. 그저 디지털 플랫폼 기업들이 규칙을 자체적으로 만들고 있을 뿐이다.

　디지털 플랫폼의 검열 결과를 감독할 권한을 지닌 외부 인사로 구성된 조직도 필요하다. 예를 들어 디지털 플랫폼에서 사람들이 보는 것과 보지 않는 것을 결정하는 알고리즘이 제대로 작동하는지 감시할 외부 조직이 필요하다. 2018년과 2019년에 연이어서 보잉 737 맥스 두 대가 추락하는 사고가 터지자, 보잉은 항공기의 주요 기능을 다시 설계할 수밖에 없었다. 737 맥스는 여러 안전 기준을 통과하고 나서야 비행이 허가되었다. 보잉이 직접 자신들이 개조한 737 맥스가 비행하기에 안전한지를 판단하지는 않았다. 미국 연방항공청이 결정했다. 디지털 인프라를 어떻게 관리할 것이냐와 관련하여 이 사례에서 뭔가 교훈을 얻을 수 있다. 디지털 네트워크의 알고리즘이 초래할 수 있는 잠재적 피해, 그리고 심리와 판단에 관한 포괄적 절차는 정기적으로 점검받아야 한다. 그리고 그것은 디지털 플랫폼을 만든 기업들이 스스로 만든 규칙에 따라 비공개로 진행되어서는 안 된다. 과격하게 들릴 수도 있다. 하지만 이런 조치는 이미 다른 많은 분야에 도입되어 있다. 트럼프 전 대통령이 미국의 중거리핵전력조약 탈퇴를 선언한 2019년까지 러시아와 미국은 정기적으로 상대방의 핵무기 시스템을 점검했다.[36] 금융 산업에서 은행들은 중앙은행의 명령에 따라 재무제표에 문제가 없는지 확인하기 위해 주기적으로 '건전성 평가'를 받는다.

그러나 시민이나 사용자들이 불쾌하게 느끼지만 디지털 슈퍼스타 기업들이 내린 결정이 합법적이라면 어떻게 할 것인가? 데이터를 어떻게 사용하는 것이 적법하고 적법하지 않은지를 구분하는 기준은 사람마다 다르다. 그래서 법도 제한적으로 사용된다. 여기서 두 번째 원칙이 등장한다. 바로 상호 운용성이다. 이미 상호 운용성이란 개념을 살펴보았다. 상호 운용성은 다른 컴퓨터 시스템이 서로 호환되어야 하고, 한 시스템에서 다른 시스템으로 데이터를 옮겨 담을 수 있어야 한다는 개념이다. 링크트인 가입자가 인스타그램이나 X에서 친구의 게시글에 접속하고 읽을 수 있어야 한다는 뜻이다. 앞에서 이러한 상호 운용성이 어떻게 슈퍼스타 기업들의 성장을 억제하는 데 도움이 될 수 있는지 알아보았다. 하지만 이것은 시민인 우리에게도 도움이 된다. 상호 운용성을 도입하면 각자 더 많은 선택을 할 수 있게 될지도 모른다. 어떤 기업이 데이터를 사용하는 방법이 마음에 들지 않고 불편하다면, 다른 기업의 디지털 플랫폼으로 옮겨가서 활동할 수 있다. 그렇게 해야 서로 경쟁하는 디지털 플랫폼들이 제대로 처신하게 될 것이다.

주요 소셜미디어에 상호 운용성은 낯선 개념이 아니다. 모든 소셜미디어는 우리가 알고 있는 상호 운용성이 가장 높은 시스템을 기반으로 설계되었다. 그 시스템은 바로 인터넷이다. 소셜미디어를 운용하는 대기업은 갈수록 폐쇄적으로 변하고 있지만, 항상 그렇지는 않았다. 대략 2016년까지 디지털 플랫폼은 오늘보다 개방적이지 않았다. 페이스북 게시글이나 X 타임라인에 접속하려면, 각각의 디지털 플랫폼이나 다른 서비스를 통해 각각에 접속할 수 있었다. 내가 세웠던 피어인덱스는 X, 페이스북, 링크트인 등 여러 소셜미디어에서 사용자의 데이터를 읽을 수 있었다. 이런 서비스를 제공하는 데 사용자의 허락이 필요했지만, 소셜미디어의 승인은 필요 없었다.

이러한 데이터 접근법은 소셜미디어 덕분에 가능했다. 소셜미디어는 대체로 오픈 인터페이스(API로 불리는)를 운영했다. 이것은 다른 기업들이 자신들의 시스템에 접속하는 것을 허락했다. 프렌드피드FriendFeed가 그런 상품이었다. 프렌드피드를 사용하면 하나의 단말기로 페이스북 등 수십여 개의 소셜미디어에 접속하고 글을 게재할 수 있었다. 마크 저커버그는 프렌드피드를 좋아했다. 결국 2010년에 프렌드피드를 인수했고, 이어서 프렌드피드 설립자를 메타의 수석 기술개발자로 임명했다.[37] 메타가 프렌드피드를 인수한 뒤에 상황이 변하기 시작했다. 네트워크 효과가 발생했고, 누가 승자인지 분명해졌다. 사람들은 경력 관리를 위해 링크트인을 사용하고, 친구를 만들기 위해 페이스북을 사용하고, 새로운 뉴스를 빨리 얻기 위해 X를 사용하고, 사진을 찍어 올리기 위해 인스타그램을 사용했다. 개방성은 경쟁력의 들러리에 불과했다. 대표적인 소셜미디어들이 상호 운용성을 약화했고, 그들의 시스템 호환성이 떨어졌다.

저커버그와 경쟁자들은 서로 다른 소셜미디어를 사용하는 사람들이 서로 소통할 수 있게 하면 소셜미디어 자체를 희생시켜 소비자와 시민인 그들에게 힘을 넘겨주는 것과 다름없다는 것을 알았는지도 모른다. 상호 운용성은 대기업과 개인의 힘의 불균형을 바로잡는다. 링크트인을 탈퇴하더라도 구인 광고를 계속 올릴 수 있다면, 링크트인이 사용자들에게 발휘하는 힘의 크기와 범위는 훨씬 더 제한적일 것이다. 상호 운용성은 네트워크 효과의 승자가 모든 것을 갖는 힘에 대항할 크립토나이트다. 상호 운용성이 보장된 세계에서 특정 소셜미디어를 탈퇴해도 다른 시스템을 통해 모든 친구들과 변함없이 디지털 플랫폼에서 소통할 수 있다.

이런 종류의 개방된 교환은 간단하지는 않지만, 기술적으로 확실히 가능하다. 매사추세츠공과대학교의 시난 아랄Sinan Aral 교수는 2000년대 초반부터 소셜미디어를 연구했다. 소셜미디어는 "문자 메시지, 영상 메시지와 이야기 등 지금은 어쨌든 같은 메시징 포맷을 사용"한다고 그는 말했다.**38** 그렇지만 이런 변화를 실현하려면 정부가 단호하게 나서야 한다. 국가는 어느 정도 규모가 되는 소셜미디어에 상호 운용성을 보장하라고 지시할 수 있다. 예를 들어 시장의 10~15퍼센트를 점유하는 소셜미디어가 대상이 될 수 있다. 정부는 새로운 디지털 플랫폼이 이 수준으로 성장할 때까지 기다려주면서 설립자들이 시장을 혁신하고 탐구할 수 있도록 지원할 수 있다. 이렇게 하면서 정부는 그들에게 미래에 성공하게 되면 시민으로서 추가적인 책임을 져야 할 것임을 넌지시 알려주어야 한다. 상호 운용성이 소셜미디어에만 국한될 필요는 없다. 긱 근로자가 한 번에 여러 디지털 플랫폼에서 프로젝트 입찰에 참여할 수 있고, 다른 디지털 플랫폼을 통해 수행한 프로젝트 내역을 다른 디지털 플랫폼에 연동시킬 수 있다면 어떨지 상상해보라. 아니면 보건 분야에서 환자가 의료 서비스 제공 업자와 관계없이 다양한 디지털 플랫폼을 통해 자신의 의료 기록에 언제든지 접속할 수 있다면 어떨지 생각해 보라. 각각의 경우에 힘이 디지털 플랫폼에서 한 개인에게로 서서히 이동할 것이다.

상호 운용성은 하나의 디지털 플랫폼의 속박에서 데이터를 자유롭게 풀어준다. 그리고 현재와 미래의 기술 대기업의 힘을 억제하는 데 도움이 된다. 하지만 상호 운용성은 데이터를 어떻게 사용할 것이냐는 논의에는 거의 도움이 되지 않는다. 데이터의 올바른 사용에 관한 논의가 이제 막 활발하게 진행되기 시작했기 때문이다. 디지털 도플갱어의 사유화와 사생활에 미치는 잠재적 영향에 대해 우려를 표한 것은 나뿐만이 아니다. 아이비리그 출신 학자들부터 저명인사들까지 모든 이들이 이 문제에 대해 고민하고 우려를 표하고 있다.

데이터를 재산으로 인식하는 것이 데이터를 올바르게 사용하는 데 도움이 될 수 있다. 2019년, 팝스타 윌아이엠williAm은 〈이코노미스트〉에 기고한 글에서 다음과 같이 말했다. "자신들의 데이터를 소유하고 통제하는 능력은 인간의 핵심 가치로 간주되어야 한다. 데이터 자체는 재산으로 취급되어야 하고, 사람들은 그에 상응하는 보상을 받아야 한다."[39] 매력적인 주장이다. 데이터에 가격을 붙이면 디지털 노동력을 거래하는 좀 더 효율적인 시장이 형성될 것이다. 월드와이드웹을 개발한 팀 버너스 리부터 민주당 하원의원 알렉산드리아 오카시오코르테스Alexandria Ocasio-Cortez까지 유명 인사들이 개인 데이터에 가격을 붙이고 보상을 제공하면 데이터 경제를 쇄신할 수 있다고 주장하고 있다.

하지만 나는 이것이 오판이라고 생각한다. 이번 장에서 살펴보았듯이, 사생활을 이용해 상업적인 수익을 얻는 것 자체가 문제다. 기하급수적인 시대의 디지털 플랫폼에서 얻은 개인적인 경험을 계속 거래 대상으로 삼는 것이 옳은 일인가? 당신은 친구나 가족과 주고받은 메시지를 상품으로 만들어서 메타가 거기에 가격을 책정하도록 두고 싶은가? 그렇다고 답하는 사람들은 이렇게 해서 자신의 손에 들어오는 수익이 보잘것없다는 사실에 실망하게 될지도 모른다. 2019년, 메타는 사용자의 데이터를 이용해 벌어들인 수익이 사용자 한 명당 대략 7달러였다고 발표했다. 여기서 수익의 절반이 사용자에게 돌아갔다면, 사용자는 자신의 데이터로 커피 한 잔 값은 번 셈이다. 문제는 이 금액이 1년 동안 창출된 수익이란 것이다. 이것이 개인 데이터의 가치다. 미안하지만, 윌아이엠 당신의 데이터 가치도 별반 다르지 않다.

그러니 사람들이 자신의 데이터를 팔 수 있어야 하는 것은 아니다. 데이터 자체에 대한 새로운 권리가 필요하다. 여기서 세 번째 원칙이 등장한다. 이것이 시장과 시민의 관계가 균형을 회복하도록 도울 것이다. 세 번째 원칙은 바로 통제력이다. 사람들에게 자신의 데이터에 대해 권한을 행사하고 관리·감독할 권리가 마땅히 주어져야 한다.

자선단체이자 싱크탱크인 루미네이트의 마틴 치즈니Martin Tisne는 침해할 수 없는 데이터 권리 세 가지를 요구한다. 사람들은 부당한 사찰의 대상이 되어서는 안 된다. 누구도 몰래 데이터를 사용해서 다른 누군가의 행동을 조종해서는 안 된다. 그리고 누구도 데이터를 바탕으로 부당하게 차별받아서는 안 된다.[40] 이러한 권리를 어떻게 보장할 것인지에 대해 진지한 논의가 필요한 시점이다.

디지털 권리장전을 시도해볼 수 있다. 미국의 권리장전이나 프랑스의 인간과 시민의 인권 선언과 같은 맥락으로, 디지털 권리장전이 합법적으로 데이터 대상을 기업과 정부의 전횡으로부터 보호할 것이다. 하지만 권리장전은 근본적으로 반응 기제다. 디지털 권리장전이 고압적인 기업과 국가로부터 우리를 보호하겠지만, 데이터의 진정한 혜택을 누릴 권리를 우리에게 부여하는 데는 거의 도움이 되지 않을 것이다. 진심으로 기하급수적인 시대에 시민과 시장의 관계를 다시 조정하고자 한다면, 우선 데이터의 혜택이 더 널리 공유되어야 한다.

개별적으로 아무리 잘 보호되더라도 데이터 자체가 그렇게 흥미롭지는 않다. 데이터는 모두 합쳐졌을 때 유용해진다. 수천 명의 통근자들의 교통 체증 정보는 데이터가 된다. 이렇게 모은 데이터로 목적지까지 빨리 갈 수 있는 길을 찾아주는 앱이 만들어진다. 약물에 대한 환자들의 반응을 연구한 대규모 조사 결과는 데이터가 된다. 이것은 새로운 치료법이 효과적인지를 파악하는 데 도움이 된다. 그리고 정확한 일기예보에 도움이 되는, 휴대전화에서 수집한 공유 정보도 데이터가 된다. 이렇게 데이터 풀이 공익에 기여한다.

기하급수적인 시대의 기업들을 괴롭히는 데이터 악용 문제를 악화

시키지 않고 데이터의 혜택을 고양하도록 데이터를 관리하는 방법이 있다. 하지만 이 방법을 사용하려면 시민과 사회, 공적 영역과 사적 영역의 관계를 근본적으로 다시 평가해야 한다. 자유시장 경제주의의 등장으로 조악한 이분법이 등장했다. 오늘날 사람들은 경제를 시장경제와 국가 경제라는 두 가지 진영으로 구분하곤 한다. 밀턴 프리드먼의 경제 이론이 주축이 되는 세상에서 국가는 무능하고 거만한 행위자일 뿐이다. 좌익 세력도 시장경제와 국가 경제를 양분하는 기본적인 논리를 수용한다. 하지만 진보주의자들은 정부를 좀 더 낙관적으로 바라본다. 문제는 이러한 이분법에 결함이 있다는 것이다. 사람들은 경제를 시장경제와 국가 경제로 양분하는 이분법적 사고 때문에 일상을 더 생산적으로 구조화하는 방법을 알아차리지 못한다.

프리드먼과 동시대인이었던 개릿 하딘Garrett Hardin은 1968년 발표한 〈공유지의 비극The Tragedy of the Commons〉이라는 논문으로 유명해졌다. 그는 이 논문에서 자유롭게 사용할 수 있는 자원은 종류에 상관없이 남용될 것이라고 안타까워했다.[41] 공유지는 공동체 구성원들이 함께 사용하는 공유 자원이 존재하는 장소다. 공해에 서식하는 물고기나 공동체 구성원들이 함께 사용하는 숲이 공유 자원의 대표적인 예다. 하딘의 주장에 따르면, 이러한 공유 자원은 남획되거나 남용되기 쉽다. 사람들은 사회의 니즈를 희생시켜 사적 이익에 도움이 되도록 행동할 것이다. 이러한 사람들의 이기심 때문에 물고기는 멸종되고, 숲은 황폐해질 것이다. 하딘의 이러한 주장은 자유시장 옹호자들에게 거부할 수 없는 유혹이었다. 그것은 고양이 앞에 던져진 생선이나 다름없었다. 하딘은 공유 자원을 합리적으로 할당하는 유일한 방법은 고압적인 국가에 의해 결정되거나(나쁜 방법) 시장의 할당 효율을 통해 결정하는(좋은 방법) 것이라고 주장했다. 결과적으로 공유 자원은 대중의 관심 밖으로 밀려났다.

그러나 하딘의 생각은 틀렸다. 정치경제학자 엘리너 오스트롬Elinor Ostrom은 2009년에 공유 자원이 존재하는 공유지는 민영화하거나 국유화하지 않더라도 잘 관리될 수 있다는 주장으로 노벨 경제학상을 받았다. 오스트롬의 주장대로라면, 공유지는 생기 넘치고 자체적으로 통치될 수 있는 곳이다. 공유지는 공식적이고 비공식적인 기준에 따라 통치될 때 제대로 기능하고 번창하는 복잡한 시스템이라 할 수 있다. 목초지 같은 실제 공유지에서 목동들은 서로 소통하여 소를 지나치게 방목해서 다른 사람들에게 피해를 주는 일을 피한다. 그러므로 공유지는 공유 자원을 사용하는 당사자들에게 이롭게 자원을 관리하고 조직하는 방법을 스스로 만들어낼 수 있다.[42]

투명성, 상호 운용성, 데이터 권리에 이어, 이 대목에서 네 번째 원칙이 등장한다. 바로 공유성이다. 기하급수적인 시대에 우리는 새로운 공유지를 많이 만들어야 한다. 이렇게 하면 일상생활로 사적 영역이 스멀스멀 영향력을 행사하는 것을 막을 수 있다. 감사하게도 공유지는 기하급수적인 기술들 덕분에 어느 때보다 만들기 쉬워졌다. 디지털 무형자산은 공유지 접근법을 통해 관리하기 쉽다. 그것은 전 세계 어디에서든지 쉽게 접근할 수 있다. 그래서 전 세계의 선의를 지닌 사람들이 디지털 무형자산을 만들어내고 관리할 수 있다. 공해의 물고기나 숲의 나무와 달리 디지털 자원은 다 써버릴 수 없다. 실제로 데이터 네트워크 효과와 수확체증의 법칙 때문에 특정 유형의 정보 자원이 사용되면 사용될수록 정보 자원은 증가한다.

데이터가 데이터 공유지에 있는 세계를 상상해보자. 우리의 일상에 관한 특정한 유형의 정보는 신뢰가 가는 환경에 맡겨져 집단적으로 보관될 것이고, 우리에게 이롭게 사용될 것이다. 일부 데이터 공유지는 이미 존재한다. 영국의 바이오뱅크Biobank는 매년 생성되는 우리의 유전자에 관한 수백만 건의 데이터를 훌륭하게 사용한다. 그들은 50만 명의 의료 데이터와 유전자 데이터를 수집하여 분석한다. 개개인이 자신들의 데이터가 심각한 질병에 대한 이해를 높이고 치료제를 개발하기 위해 사용되는 데 동의했다. 모든 합법적인 연구원은 바이오뱅크에 보관된 이러한 자원에 접근하고 그것을 사용할 수 있다. 실제로 2000년에 2만 명 이상의 연구원이 바이오뱅크의 데이터를 활용해 연구를 진행했다. 바이오뱅크의 목표는 데이터를 기부하는 사람들의 동의 아래 새로운 과학적 발견을 이뤄내는 것이다. 다시 말해, 바이오뱅크의 목표는 단지 상업적인 보상을 극대화하는 것이 아니다. 이는 현재 데이터가 주로 관리되는 방법과 현저히 대조적이다. 지금은 주로 누군가가 데이터를 비축하고 소수의 돈 많은 입찰자들에게 경매를 통해 파는 방식으로 데이터가 관리되고 있다.

공유지 접근법도 자원을 공유할 뿐 아니라 생산하기 위해 사용될 수 있다. 인터넷을 사용하는 사람들은 공유지를 이용해 구축한 시스템의 혜택을 누리고 있는 셈이다. 예를 들면 웹서버와 그 밖의 주요 인터넷 서비스의 엔진을 돌리는 오픈소스 소프트웨어가 있다. 느슨한 관계를 맺은 사람들이 자발적으로 수백만 개의 코드에 다시 수백만 개의 코드를 추가하여 하나의 소프트웨어를 만들기도 한다. 이렇게 만들어진 프로그램에는 리눅스 OS, 아파치 HTTP 서버, 모질라 파이어폭스, 브레이브 브라우저 등이 있다. 누구도 오픈소스 프로그램을 소유하지 않는다. 책임지고 해당 프로그램을 관리하는 사람도 없다. 그래서 오픈소스 프로그램에 새로운 코드를 추가하거나 가지처럼 뻗어 나와서 또 다른 프로그램을 만들려는 사람들을 말릴 수 있는 사람도 없다.

이러한 디지털 공유지에서 힘은 어느 한 장소에 존재하지 않는다. 그 대신 디지털 프로젝트는 집단적으로, 그리고 자발적으로 해당 프로젝트에 참여하는 사람들에 의해 관리된다. 이렇게 동류 집단에 기대서 관리되는 디지털 공유지의 가장 좋은 사례가 위키피디아다. 위키피디아에는 매달 10억 명 이상이 방문한다. 그리고 12만 명이 좋은 의도로 자발적으로 위키피디아를 편집하고 관리한다. 위키피디아는 각각의 참가자가 고수하는 정보에 대한 접근 방식, 그들이 공유하는 사명감, 공동체가 주도하는 조정을 통해 갈등이 해소될 것이라는 믿음 덕분에 번창한다. 이러한 사례는 공유지의 비극과는 거리가 멀고, 엄청난 사회적 이익을 낳는다. 이러한 디지털 공유지를 법학자 캐럴 로즈Carol Rose의 말처럼 '공유지의 희극'이라 부를 수 있을 것이다.[43]

대체로 공유지에서 진행되었던 프로젝트가 상업 프로젝트보다 더 성공적이었다. 그리고 기하급수적인 기술의 영향을 받는 분야가 늘어날수록, 산업 활동이 공유지로 옮겨갈 가능성이 커진다.

결과적으로 투명성, 상호 운용성, 데이터 권리, 공유성이라는 네 원칙이 시민과 시장의 관계를 완전히 새롭게 바라보고 정의하는 기회를 제공할 것이다. 그것들은 현대 사회가 안고 있는 기본적인 문제들에 대한 응답이다. 디지털 인프라가 개인적인 삶, 정치적인 삶, 공적인 삶의 많은 부분을 뒷받침하고 있다. 이런 상황에서 독단적으로 민간 기업이 디지털 인프라를 소유하고 운용한다면, 우리는 온전한 시민이 될 기회를 박탈당하고 그저 소비자 역할만 부여받게 될 것이다.

투명성, 상호 운용성, 데이터 권리, 공유성은 모두 견제받지 않는 힘을 제한하는 데 목적이 있다. 누군가의 손에 제멋대로 휘두를 수 있는 힘이 주어지면, 항상 문제가 생겼다. 이것이 자유민주주의의 기본적인 신조이고, 좋은 통치 시스템의 신조이기도 하다. 다시 말해, 힘에는 책임이 따라야 한다. 그리고 힘을 쥔 사람들은 자신들이 속한 공동체의 니즈에 반응해야 한다. 기업들이 선한 의도를 갖고 행동할 수도 있다. 그렇다 하더라도 책임감 없는 힘은 언제든지 문제를 일으킬 수 있다.

이것은 기하급수적인 시대에도 해당된다. 오늘날 새로운 기술들로 말미암아 엄청난 힘이 소수 디지털 기업들에게로 넘어가고 있다. 이런 상황에서 관리와 대표성의 문제가 어느 때보다 시급한 문제로 떠올랐다. 지금 우리는 새로운 규칙 제정자들의 영향력을 한시 바삐 제한해야 한다. 그리고 그들에게 넘어간 힘을 공개적으로 힘이 행사되는 곳으로 되돌려놓아야 한다. 우리는 자신들의 집단 이익을 위해 행동하는 기하급수적인 시대의 시민들을 통제해야 한다.

결 론

유연하게 적응하는 자가
기회를 얻는다

2020년 1월 6일, 시드니대학교의 바이러스학자 에드워드 홈스Edward Holmes
는 푸단대학교의 연구진을 대표해서 바이오로지컬Virological이라는 웹사이
트에 짤막한 글을 게재했다. 이 웹사이트는 바이러스 분자 진화와 전염
병학을 논하는 장소로 불린다. 이것은 틈새 영역이다. 한 달에 수십 명
만 이 웹사이트에 방문한다. 홈스의 글은 실용적이고 냉정했다. "상하
이 공중보건 임상 센터가(그리고 조력자들이) 호흡기 질병이 확산된 우한
에서 채취한 코로나바이러스의 게놈을 풀어냈다. 코로나바이러스 게
놈 시퀀싱 결과는 젠뱅크에 보관되어 있고, 가능한 한 빨리 대중에 공
개될 것이다."[1]

　바이러스학자들은 이 글을 읽었고, 너도나도 젠뱅크로 모여들었다.
젠뱅크는 미국 국립보건원이 운영하는 게놈 시퀀싱 저장소로, 누구나

이 웹사이트에 접속할 수 있다. 이 낯선 바이러스는 사람들로 붐비는 우한 어시장에서 불과 몇 주 전에 발견되었다. 당시 이 바이러스에 감염되어 폐렴으로 사망한 사람은 십여 명에 불과했다. 하지만 전 세계 과학자들이 새롭게 발견된 바이러스를 연구하기 시작했다. 다수가 바이러스를 분석하기 위해 젠뱅크에서 게놈 시퀀싱 데이터를 내려받기 시작했다. 마치 텔레포테이션처럼 코로나바이러스의 게놈 시퀀싱 데이터가 전 세계 컴퓨터로 전송되었다.

코로나바이러스가 퍼지고 각국 정부가 패닉에 빠지기 시작하자, 과학자들은 백신을 개발하기 시작했다. 합성 유전자를 기반으로 200개 이상의 백신이 개발되기 시작했다.[2] 모더나는 2월 7일에 백신 개발에 성공했다. 코로나바이러스의 게놈 시퀀싱 데이터가 유포되고 31일 만의 성과였다. 미국 국립보건원과 손을 잡고 모더나는 불과 6일 만에 백신 개발을 마무리했고, 25일 뒤에 생산에 들어갔다.[3] 사람에게서 코로나바이러스가 발견되고 12개월 만에 많은 국가가 코로나바이러스에 효과가 있는 일곱 개의 백신 사용을 승인했다.[4] 전 세계적으로 거의 2400만 명이 코로나바이러스의 게놈 시퀀싱 데이터가 공개되고 1년이 되는 시점에 백신을 맞았다.

과학자들이 새로운 병원체인 코로나바이러스를 발견하고 효과가 있는 백신을 개발하기까지는 인간 역사상 유례가 없을 정도로 속도가 빨랐다. 뇌막염 백신을 개발하는 데 90년이 걸렸고, 소아마비 백신과 홍역 백신을 개발하는 데 각각 45년과 10년이 걸렸다. 하지만 과학자들은 4년 만에 볼거리 백신을 개발했고, 당시 그것은 자랑스러운 성취였다. 우한에서 시작되어 전 세계를 덮친 제2형 중증급성호흡기증후군 코로나바이러스의 전파력과 영향력을 감안하면, 누구도 백신이 나오기를 오래 기다릴 수 없었다. 그리고 오래 기다리지도 않았다.

물론 코로나바이러스에 전 세계가 경이로울 정도로 발 빠르게 대응했다고 하는 것은 반쪽짜리 이야기일 뿐이다. 코로나바이러스가 전 세계를 위기로 몰아갔기 때문에 빨리 백신이 개발될 수 있었다. 코로나바이러스는 기하급수적인 시대의 고도로 연결된 경제 시스템을 타고 빠르게 전 세계로 확산했다. 3월 20일에 코로나바이러스로 목숨을 잃은 사람은 1만 명이었다. 4월 1일에 전 세계 사망자 수는 5만 명을 초과했고, 9월에는 100만 명을 초과했다. 1년 만에 전 세계적으로 코로나바이러스 때문에 270만 명이 목숨을 잃은 것으로 공식 집계되었다. 하지만 실제 사망자 수는 이보다 훨씬 더 클 것이다. 그리고 코로나바이러스는 엄청난 사회 혼란을 야기했다. 2020년 4월 초에 대다수의 국가가 코로나바이러스 확산을 막기 위해 봉쇄 조치를 단행했다.[5] 코로나19 팬데믹은 현대의 최대 경제 위기였다. 그것은 1929년 월가를 강타한 '검은 목요일'에 맞먹는 경제 위기였다. 시장은 혼란에 빠졌고, 전 세계가 물류와 공급망을 확보하기 위해 다툼을 벌였다. 그리고 이로 인해 수백만 명이 원격 근무를 하거나 최악의 경우에는 실직했다.

코로나바이러스의 기하급수적인 확산세에 대응 속도가 뒤처져서는 절대 안 된다. 조기 백신 개발 성공은 최근 기술들이 단계마다 많은 것을 완전히 바꿔 놓았다는 방증이었다. 첫 타자는 게놈 시퀀싱 기술이었다. 2020년 전 세계의 연구실과 병원, 대학에 대략 2만 대의 게놈 시퀀

　　　　　결론

서가 있었다. 과학자들은 이 장비로 소량의 DNA나 RNA를 분리하고 염기 서열로 변환했다. 염기 서열은 유전자를 구성하는 아미노산을 나타내는 문자의 나열이다. 이러한 정보는 앞 장에 등장한 일종의 공동 데이터뱅크로 업로드되었다. 각각의 데이터뱅크가 사람들이 자유롭게 게놈 정보에 접속하고 사용할 수 있는 게놈 시퀀싱 분야의 위키피디아인 셈이다. 이 기술 덕분에 과학자들이 섬광처럼 빠르게 코로나바이러스를 분석할 수 있었다.

모더나는 '변형된 mRNA'로 백신을 개발했다. 모더나 백신은 우리 몸을 구성하는 세포에게 바이러스에 저항할 단백질을 생성하는 법을 가르치는데, 머신러닝 덕분에 이러한 방식으로 백신을 개발할 수 있었다. 모더나의 머신러닝 플랫폼은 수백만 개의 숫자를 단숨에 분석하고 연산해서 코로나바이러스에 세포가 올바르게 반응하도록 돕는 약물 조합을 찾아냈다. 이것은 그야말로 기하급수적인 프로세스다. 모더나의 마르첼로 다미아니Marcello Damiani는 이렇게 말했다. "실험을 진행할 때, 더 많은 데이터가 수집된다. 확보한 데이터가 많을수록 더 좋은 알고리즘을 만들어서 차세대 의약품을 개발할 수 있다. 이것은 선순환이다."[6] 모더나가 사용한 연산 도구는 처리하는 데 몇 년이 걸리는 작업을 불과 몇 시간 만에 처리해 냈다.[7]

모더나는 디지털 플랫폼 덕분에 백신 테스트 실험 참가자를 대규모로 모집할 수 있었다. 디지털 플랫폼이 없었다면, 실험 참가자를 충분히 모집하는 데 몇 년까지는 아니더라도 적어도 몇 달은 걸렸을 것이다. 백신을 대량 생산하는 동안 보건 당국은 데이터베이스와 온라인 예약 시스템, 문자 메시지를 사용해 백신 접종률을 빠르게 높였다. 데이터베이스는 누가 백신을 맞았고 누구에게 백신이 필요한지를 계속 추적했다. 이러한 기술이 없었다면, 많은 사람이 코로나바이러스로 목숨을 잃었을 것이다.

그와 동시에 기하급수적인 기술들은 코로나19 팬데믹에 대한 문화적 대응과 사회적 대응에도 지대한 영향을 미쳤다. 처음부터 과학자와 정부는 온라인 오보와 전쟁을 벌여야만 했다. 소문, 오해, 의도적인 거짓말, 백신에 관한 부정적인 여론, 가짜 뉴스가 소셜미디어를 통해 폭포처럼 쏟아지면서 전역으로 확산했다. 여러 소셜미디어에서 이러한 조작된 정보를 조사하던 연구진은 코로나바이러스에 관한 잘못된 정보가 얼마나 빨리 확산되는지를 계산했다. 코로나바이러스에 관한 잘못된 정보는 전염성이 굉장히 강했다. 기초감염재생산지수는 감염병의 전파력을 나타낸다. 기초감염재생산지수가 1 이상이면, 감염병이 기하급수적으로 확산될 것이다. 반면에 1 미만이면 확산은 멈출 것이다. 코로나바이러스의 기초감염재생산지수는 3 이상인 것으로 추산된다. 참고로, 일반 감기의 기초감염재생산지수는 2와 3 사이이고 계절성 독감은 대략 1이다. 연구진이 다양한 소셜미디어에서 코로나바이러스에 관한 잘못된 정보의 기초감염재생산지수를 계산했더니, 1.46(레딧)에서 2.24(인스타그램) 사이로 나왔다. 이는 기하급수적인 기술 때문이었다. 마우스 클릭 한 번이면, 사람들은 수백 또는 수천 명의 사람들과 근거 없는 생각을 공유할 수 있다.

봉쇄 기간 동안 수십억 명이 강제적으로 집에 머물러야 했다. 사람들은 컴퓨터나 태블릿PC, 휴대전화 등의 전자기기로 인터넷에 접속해서 넷플릭스부터 온라인 게임까지 다양한 엔터테인먼트 서비스를 이용하면서 고립된 생활을 견뎌냈다. 인터넷으로 식료품을 주문해서 냉장고를 다양한 먹거리로 채웠고, 도어대시나 딜리버루로 다양한 간식거리도 즐겼다. 기업과 학교는 화상회의 시스템을 이용해 원격 근무와 원격 수업을 진행했다. 이런 상황에서 캘리포니아 기업 줌Zoom이 급부상했다. 근무시간이나 수업 시간에 작은 얼굴들이 작은 분할 화면을 가득 채우고 과장된 음파가 익숙하게 배경으로 깔렸다.

코로나19 팬데믹보다 앞선 팬데믹, 예컨대 2003년 사스 팬데믹을 생각해보자. 사스는 코로나바이러스만큼 전파력이 강한 감염병이었지만, 당시 상황은 지금과 완전히 달랐다. 2020년에 생명줄처럼 여겨졌던 다양한 디지털 서비스는 등장한 지 10년 정도밖에 되지 않았다. 봉쇄 기간 동안 그와 같은 각종 디지털 기기와 서비스는 상상조차 할 수 없었다. 2010년 컴퓨터는 지금과 비교하면 연산력이 떨어졌고, 휴대전화은 멍청했고, 광역 통신망은 느려 터졌고, 소셜미디어는 거의 전무했다. 유튜브는 2005년에 설립되었고, 넷플릭스는 2007년에 스트리밍 서비스를 시작했다. 줌은 2011년에 설립되었고, 도어대시는 2013년에 창립되었다. 2003년에는 미국 가구 다섯 곳 중 한 곳만이 광대역 통신망을 사용했고, 인터넷 속도는 2020년과 비교하면 20분의 1 수준에 불과했다. 그러니 원격 근무는 그림의 떡이었다. 2020년에 원격 근무를 지원하는 디지털 인프라가 당시에는 존재하지 않았다.

간략하게 말해, 코로나바이러스로 바뀐 세상은 기하급수적인 기술들이 존재한다는 방증이기도 하다. 코로나바이러스가 확산하자, 이 책에서 소개한 혁신 기술들이 바이러스의 확산세를 부추기는 동시에 억제했다. 코로나19 팬데믹보다 우리가 현재 기하급수적인 시대를 살고 있음을 명확하게 알려주는 사건은 없다.

더 적은 자원으로 더 많은 기회를

이 책의 주제 중 하나는 기하급수적인 기술들이 더 적은 자원으로 더 많은 기회를 창출하는 방법을 탐구하는 것이다. 매년 혁신적인 기술이 등장해서 연산력이 강화되고, 에너지 비용이 저렴해지고 있다. 또한 기하급수적인 시대의 혁신적인 기술들이 물질 조작과 생물공학을 가능케 하고, 자원을 덜 쓰고 비용을 덜 소요해서 더 놀라운 일들을 해내고 있다. 이러한 기술들 덕분에 백신 개발, 전자상거래 확산, 원격 근무제 도입 등이 가능하다. 이것은 순환 프로세스다. 이러한 디지털 서비스에 대한 수요가 증가하면서 모든 것이 라이트의 법칙에 따라 기하급수적으로 변하고 있다. 증가된 생산성은 효율성을 높이고, 변혁적인 기술 개발을 촉진하고, 무역망과 정보망을 강화한다.

기하급수적인 기술에 따른 변화의 속도가 느려지고 있다는 징후는 거의 없다. 인공지능부터 태양광발전까지 거의 모든 기술이 끊임없이 개선되고 발전한다. 그리하여 기하급수적인 시대의 속도는 오직 가속된다. 과학 연구는 지속될 것이고, 기업가들은 새로운 기술을 사용해 혁명적인 상품과 서비스를 계속 만들어낼 것이다. 기술 성능이 지수함수에 따라 기하급수적으로 개선되고, 사회 변혁도 가속되고 있다. 이런 변화의 속도는 앞으로 더욱 빨라질 것이다.

기하급수적인 기술들로 말미암아 경제와 정치, 사회가 변하고 있다는 것을 확인했지만, 이 책에서 몇 년 뒤, 아니 몇 십 년 뒤에 기하급수적인 시대가 어떤 모습일지에 대해서는 거의 살펴보지 않았다. 그럴 만한 이유가 충분히 있다. 기하급수적인 시대에 무언가를 예측한다는 것은 위험한 행동이다. 이러한 시대에 각종 사건들은 우리가 예상하지 못한 방향으로 거침없이 진행될 것이다.

그럼에도 우리는 기하급수적인 시대의 이동 방향을 파악할 수는 있다. 기하급수적인 기술들이 우리의 삶을 어떻게 바꿔 놓을지 정확하게 아는 사람은 아무도 없다. 하지만 그중에서도 좀 더 가능성이 큰 변화의 양상들이 있다.

이 책을 쓰는 시점으로부터 10년이 지나면 컴퓨터 값은 지금보다 100배 더 저렴해질 것이다. 1달러당 지금보다 연산력이 최소한 100배는 강한 컴퓨터를 사용할 수 있게 될지도 모른다. 이러한 변화의 함의를 이해하는 것은 쉽지 않다. 이는 마치 전기가 개발된 초기에, 이를테면 1920년에 사는 사람에게 지금 선진국에서 아무 생각 없이 소비되는 양만큼의 전기를 어떻게 사용할 것이냐고 묻는 것과 같다. 1920년에 영국 일반 가정의 전력 소비량은 1일 50와트시 미만이었다.[8] 그로부터 100여 년이 흐른 지금 영국 일반 가정의 전력 소비량은 200배 증가했다. 미국 가정의 전력 소비량이 훨씬 더 많기는 하다.

1920년에는 전기 바닥 난방, 다양한 색조의 LED 조명, 블라인드를 열고 닫는 작은 모터, 1초당 수백 번 회전하는 전동 칫솔, 눈에 보이지도 않는 동물 비듬을 빨아들이는 진공청소기 등 오늘날 우리의 삶을 윤택하게 하는 기술은 상상하기조차 어려웠을 것이다. 이러한 기기들은 상당한 전기를 소비하고, 폭포수처럼 쏟아져 나오는 다양한 기술에 의해 작동된다. 그러면 10년 동안 최소한 100배 이상 증가할 것으로 예상되는 연산력으로 우리는 무엇을 하게 될까? 전력 소비량의 급성장세가 중단되는 것과 유사한 상황이 발생할 것이다. 그리고 이러한 상황이 벌어지면 우리의 삶이 받게 될 영향을 예측하기는 어렵다.

지금으로부터 10년 뒤에 태양광이나 풍력을 이용해 생산한 전기의 가격은 5배 더 저렴해질 것이다. 아니, 그보다 저렴해질 수도 있다. 2020년 천연가스 가격의 4분의 1 수준까지 떨어질 수도 있다. 전기자동차에 들어가는 배터리 가격은 2020년 가격의 3분의 1 수준이 될 수도 있다. 재생에너지는 주요 국가에서 대표적인 발전 수단으로 자리 잡을 것이다. 선진국에서 새로운 화석연료를 찾아내 전기를 만들 가능성은 거의 없어 보인다. 심지어 빈국에서도 오래된 가스 공장과 화력발전소의 운영을 중단하고 있는 실정이다. 그러므로 석유 기업들은 원유를 채굴하는 것보다 자신들의 시간을 투자하기에 더 좋은 분야를 찾아야 한다. 아랍에미리트와 아프리카 전역에 태양광발전소를 건설하기 위해 투자하는 아부다비가 이런 변화의 방증이다. 하지만 태양광발전과 풍력발전은 지속 가능한 미래로의 전환을 보여주는 일부 사례에 지나지 않는다. 합성생물학의 발전으로 제약 업계가 화석연료 사용을 줄이고 플라스틱 같은 석유 파생품의 사용도 줄일 수 있게 될 것이다.

지금으로부터 10년 뒤에 인간 게놈 시퀀싱 가격은 한 개당 1달러가 될지도 모른다. 그러니 일반적인 의료 서비스의 일환으로 모든 사람의 유전자를 분석하지 않을 이유가 없어질 것이다. 평안 굿닥터 같은 기업들은 미래 의료 서비스가 어떤 모습일지 간접적으로 보여주는 사례다. 미래에는 동네 약국에서 병원급 진단을 받을 수 있게 될지도 모른다. 희귀병에 걸린다면, 개인의 건강 상태에 맞춰서 개발된 의약품이 처방될 것이다. 저렴한 웨어러블 기기와 정기적인 혈압 및 미생물 검사로 의사들은 심각해지기 전에 많은 증상을 찾아낼 수 있을 것이다. 그리고 대규모 인구 데이터와 개인 정보가 결합하여 보건 서비스를 적절하게 미세 조정할 수도 있을 것이다.

앞으로 나타날 변화는 이뿐만이 아니다. 지금으로부터 10년 뒤에는 탑재된 센서로 수집한 데이터를 실시간으로 전송하는 많은 나노 위성 덕분에 산호초와 해양 생태계, 삼림 등 천연자원을 관리하는 것이 수월해질 것이다. 과학자들은 삼림이 얼마나 빠른 속도로 파괴되는지 파악하기 위해 지구에 존재하는 3조 그루의 나무 한 그루 한 그루의 위치를 파악하고, 지도를 만들고 추적할 계획이다. 이것은 탄소 예산을 관리하는 데 매우 중요한 일이 될 것이다.[9] 수직농장은 물과 그 밖의 자원에 대한 의존도를 줄일 수 있다. 그와 동시에 수직농장에서 더 건강하고 영양가 있는 식재료를 도시에 공급할 수 있을 것이다.

간략하게 말해, 우리는 풍요의 시대로 나아가고 있다. 인류 역사상 최초로 에너지, 식량, 연산력 등을 무시할 수 있을 만큼 적은 비용으로 생산하는 시대가 다가오고 있다. 앞으로 인류의 니즈를 거듭 충족시킬 수 있을 것이고, 그때마다 소요되는 비용은 급격히 낮아질 것이다.

그러나 이것은 반쪽짜리 그림에 불과하다. 기하급수적인 기술은 새로운 가능성을 제공하지만, 다양한 문제도 초래한다. 하지만 기술만으로 우리가 안고 있는 문제를 해결할 수는 없을 것이다.

세 가지 문제에 관심을 기울여야 한다. 첫째, 에너지·원자재·보건자원 등의 자원이 풍부하다고 쓰레기 같은 부정적 요소들이 전혀 발생하지 않는다고 할 수는 없다. 물론 일부 국가들은 친환경 에너지원으로 전기를 만들고 탄소 배출량과 GDP의 연결 고리를 끊어냈다. 그렇다고 자원을 전혀 사용하지 않는 것은 아니다. 태양광 전지판과 반도체를 만들려면 모래가 필요하다. 땅에서 추출한 금속으로 배터리를 만든다. 그리고 도시화에는 빌딩, 도로, 하수 시설 등이 필요하다. 실제로 역사적으로 무언가의 가격이 하락하면, 여유가 생긴 사람들이 그것을 더 많이 사용해서 수요가 증가하고, 그것은 다시 가격 인상으로 이어진다. 공급은 수요를 촉진한다. 책상에 어지럽게 놓여 있는 책을 정리하려고 책장 하나를 구입했다고 가정해보자. 결국에는 책장 가득 책이 꽂히고, 책장에 다 꽂지 못한 책이 책상 위를 어지럽힐 것이다. 그러므로 기하급수적인 기술로는 과도한 자원 채취를 막을 수 없다.

하나의 유전체 서열을 분석하는 데 필요한 자원의 가격이 100배 하락해서 게놈 시퀀싱 비용이 크게 떨어졌다고 가정해보자. 이렇게 비용이 급격히 하락한 덕분에 100만 배 이상의 유전체 서열을 분석할 것이고, 그것은 결국 자원 사용량을 전반적으로 증가시킬 것이다. 이렇듯 하락한 비용이 전체 소비량의 증가로 이어질 위험이 있다.[10] 기하급수적인 기술들이 기후변화 같은 위기를 극복하는 데 도움이 될 수 있지만, 기술만으로는 부족하다. 올바른 관리가 없다면, 기하급수적인 기술들로 말미암아 우리는 과소비와 환경 파괴의 길을 걷게 될지도 모른다.

둘째, 기술은 불안정을 낳는다. 기술은 기하급수적인 속도로 개선되고 배포된다. 이 과정에서 일어난 기술적 혁신은 자리를 확실히 잡은 시스템을 흔든다. 이 책에서 거듭 목격했듯이, 기술은 사회 제도와 경제 제도, 정치 제도에 지구를 뒤흔들 정도로 엄청난 영향을 미친다. 새로운 기업들은 오래된 기업들을 시장에서 몰아낸다. 노사 관계가 완전히 변한다. 경제협력은 현지 생산에 밀려난다. 기하급수적인 기술로 촉발된 불안정한 상황은 불안함을 강담할 여력이 거의 없는 약자에게 가장 큰 피해를 준다. 작고 취약하며 기술 수준이 낮은 기업들이 도산한다. 교육 수준이 낮은 근로자들은 긱 노동시장으로 내몰려 노동력을 착취당한다. 공급망의 현지화는 개발도상국의 경제에 엄청난 충격을 주어서 파괴시킬 수도 있다. 기하급수적인 시대의 부정적인 영향은 결코 고르게 분배되지 않는다.

셋째, 기하급수적인 기술로 생겨난 힘의 중심축이 급격히 움직인다. 기하급수적인 기술은 슈퍼스타 기업의 탄생에 기여했다. 기하급수적인 기술에 힘입어 탄생한 슈퍼스타 기업들은 정부마저 의존해야 하는 힘을 갖고 있다. 그들은 민간 기업이 진입할 수 없다고 여겨졌던 사적 영역과 공적 영역까지 침범하여 점점 사회에 큰 영향력을 행사하면서 지배적인 세력으로 성장한다. 하지만 힘이 점점 강력해지는 것은 이러한 슈퍼스타 기업들만이 아니다. 첨단 기술에 관한 지식을 지닌 근로자, 사이버 범죄자, 불량 국가 등 가장 빨리 기하급수적인 기술의 힘을 이해한 개인과 지역도 이해할 수 없을 정도로 막대한 힘을 얻게 된다.

기하급수적인 격차는 이러한 세력들을 종합적으로 아우르는 개념이다. 그것들은 세상이 현재의 시스템과 사고방식으로 감당할 수 없을 정도로 빨리 변하고 있음을 넌지시 보여준다. 어떤 세력이든지 우리를 디스토피아로 이끌 수 있다. 그곳은 무력 충돌이 끊이지 않고, 기업이 갈수록 강해지고, 근로자는 무기력해지는 세상이다. 그리고 기술을 만든 사람들과 소수의 니즈에 맞춰 공적 영역과 사적 영역이 지나치게 상품화되는 세상이다. 설상가상으로 환경 위기 속에서 이러한 세상이 등장할 수도 있다.

기술은 발전 방향을 스스로 결정하지 않는다

그러나 이렇게 디스토피아적인 세상을 피할 수 있다. 변혁적인 기술과 마주하면 결정론적으로 사고하기 쉽다. 간혹 사람들은 사회 변화를 견인하는 것은 오직 기술의 힘이라고만 생각한다. 아니면, 기술이 사람이 통제할 수 없는 길로 나아간다고 믿는다. 하버드대학교의 윤리학 교수 실라 재서노프Sheila Jasanoff는 기술이 "멈출 수 없는 추진력으로 사회를 제 입맛에 맞게 바꾼다"라는 통념을 비판한다.[11] 그는 너무나 많은 사람이 기술에 맞서는 것은 다소 원시적이고 러다이트와 다름없는 시도라고 생각한다고 말한다. 이런 생각을 갖고 있는 사람들은 기술 발전은 멈출 수 없다고 주장한다.

하지만 기술은 발전 과정을 스스로 결정하지 않는다. 기술을 어떻게 발전시킬 것인지는 우리가 결정한다.

이것이 우리가 기하급수적인 격차를 줄이는 열쇠다. 이 책에서 기술을 다시 사회에 도움이 되는 이로운 존재로 되돌리는 방법에 대해 구체적으로 살펴보았다. 하지만 좀 더 포괄적으로 말하면, 기하급수적인 격차에 대한 해결책은 마음가짐을 바꾸는 것이다. 기술이 우리를 어디로 데려갈 것인지를 결정하는 주체는 다름 아닌 우리 자신이라고 인정하는 것이다.

이러한 변화는 두 단계로 이루어진다. 첫 번째는 기술의 형태와 방향, 영향력이 이미 결정된 것은 아니라는 사실을 인정하고 받아들이는 것이다. 물론 새로운 기술은 앞선 기술을 기초로 개발된다. 새로운 혁신적 기술들이 겹겹이 쌓이고 앞선 세대의 혁신 기술들과 결합된다. 하지만 기술이 나아가는 길은 정해지지 않았다. 우리가 개발하고 있는 도구로 무엇을 하고 싶은지는 우리 스스로가 결정한다.

여러 사회에서 기술이 다른 방식으로 활용되는 사례를 보면, 그것이 더욱 분명해진다. DDT를 생각해보라. DDT는 모기를 퇴치해 말라리아 확산을 막는 데 도움을 주지만, 전 세계의 먹이 사슬을 오염시켰다. DDT 사용은 미국과 영국에서 금지되었다. 하지만 수십 년 동안 말라리아 예방이 최우선 과제인 인도에서는 DDT가 사용되었다. 그래서 인도는 DDT 사용으로 말미암은 생태계 파괴는 당연히 감내해야 할 부작용이라고 생각했다. 긱 노동시장도 이와 유사한 이야기를 들려준다. 노동시장이 잘 구축된 영국에서 긱 플랫폼은 근로자의 권리를 용인할

유연하게 적응하는 자가 기회를 얻는다

수 없을 정도로 침해하고, 그들을 위험에 노출한다고 여겨진다. 하지만 인도나 나이지리아에서는 긱 플랫폼이 오히려 현지 노동시장을 개선하는 순기능을 발휘한다. 이러한 국가들은 일용직을 기초로 비공식적인 노동시장이 형성되어 있기 때문이다. 다시 말해, 기술이 실제로 어떻게 사용되는지는 우리의 선택이자 우리의 환경이 결정한다. 역사학자 멜빈 크랜츠버그Melvin Kranzberg는 이렇게 말한다. "핵심은 같은 기술이 어떤 상황에서 도입되었느냐와 어떤 문제를 해결하도록 설계되었느냐에 따라 문제에 완전히 다른 답을 내놓을 수 있다는 것이다."

우리는 기술이 어디에 어떻게 쓰일지, 그리고 어떤 방향으로 발전할지는 미리 정해져 있지 않다는 사실을 인정하고 받아들여야 한다. 그렇다고 기술이 변혁적이지 않다고 말하는 것은 아니다. 크랜츠버그는 기술은 "좋지도 나쁘지도 않고, 중립적이지도 않다"라고 했다.[12] 하지만 좋든 싫든 간에, 기술은 변화를 가져온다. 두 번째 단계는 수용이다. 사람이 기술을 만들고 어디에 쓸지를 결정하지만, 그럼에도 기술은 빠르게 그리고 대체로 예상치 못한 방향으로 혼란을 야기할 것이다. 이렇게 기술로 발생한 변화와 마주하면 새로운 것을 시도하거나 시장의 창의력을 억제하고 싶어진다. 하지만 이런 유혹과 욕구를 외면해야 한다. 새로운 기술의 등장에 따른 혼란하고 예측할 수 없는 상황이 좋은 것일 수도 있다. 흘려보낼 수 있다면 그런 혼란한 상황을 흘려보내고, 그럴 수 없다면 그 상황을 잘 관리하는 것도 우리의 책임이다.

기하급수적인 시대가 가속되면서 범용 기술들이 우리의 가장 소중한 제도들에 영향을 미칠 것이다. 사회는 수천 개의 무언의 규칙과 규범, 가치, 기대로 묶여 있다. 하지만 기술은 이것들을 뒤흔든다. 재서노프의 말을 빌리면 "어떤 모습이든지 모든 기술은 통치의 도구로 쓰인다." 기술은 우리가 의지하는 윤리와 법, 사회 시스템을 형성한다.[13] 누구도 이것을 막을 수 없지만, 인도할 수는 있다.

기하급수의 시대에 살아남기 위한 3가지 원칙

물론 기술에 따른 변화의 속도에 대한 사고방식을 바꾼다고 해서 기하급수적인 격차가 해소되지는 않을 것이다. 그래서 정책과 사회운동, 새로운 정치와 경제 조직이 필요한 것이다. 정치와 경제, 사회의 많은 부분이 이미 기하급수적인 기술의 영향을 받고 있다. 이런 상황을 고려하면, 앞서 말한 것들을 개발하고 도입하는 것이 쉽지만은 않을 것이다.

이 책에서 보았듯이, 기하급수적인 격차를 해소하는 방법은 다양하다. 경제는 수확체증의 법칙에 따라 시장을 독점하게 된 소수의 대기업의 지배를 받게 될 것이다. 이러한 기업들은 데이터가 자유롭게 흐르도록 만드는 인터넷부터 기업이 제대로 돌아가도록 돕는 소프트웨어까지 현대 사회를 지탱하는 인프라를 운영한다. 그들은 기업의 성장에는 한계가 있고 독점은 나쁘다는 통념에 반기를 든다. 그러므로 우리는 시장 점유에 대해 새로운 개념을 수립할 필요가 있다. 그리고 시장을 독점하기 시작한 기업에 새로운 규제와 사회적 책임을 부여해야 한다.

우선, 일터에서 고용자와 피고용자의 관계가 약화되고 있다. 노동자들을 위태로운 위치에 노출할 수 있는 디지털 플랫폼들이 노동시장을 지배하기 시작했다. 그리고 기업들은 갈수록 생산성과 효율성을 최적화하기 위해 설계된 알고리즘을 사용해서 노동자들을 관리해나갈 것이다. 조직 체계와 생산방식이 변하면서 노동자들에게 돌아가는 보상이 줄어들 수 있다. 그러므로 노동자들의 권리를 신장할 새로운 방법이 필요하다. 공식적인 근로계약을 체결한 노동자든 긱 노동자든 간에, 모든 노동자는 노동의 존엄과 유연성, 안정성을 보장받아야 한다. 그렇게 해야 그들의 삶이 감당할 수 없을 만큼 비참해지지 않고, 빠르게 변하는 직장 환경에 적응할 수 있다. 가장 좋은 방법은 새로운 유형의 집단 행동을 통해 노동자들이 고용자들에게 압력을 행사할 수 있도록 만드는 것이다.

지역에 대한 감각도 확장되고 있다. 공급망이 다시 현지화되면서, 선진국에서 지역 경제의 독립성이 대두될 것이다. 그리고 도시의 위상도 커질 것이다. 도시는 많은 지역 인재를 끌어들이고, 정치인들의 정책 결정에 주요한 요소가 되고 있다. 하지만 시골과 소도시는 이런 변화에 뒤처질 수 있다. 국가적인 문제라고 생각했던 것들이 지역적인 문제 또는 심지어 현지 문제가 되고 있다. 그렇다면 이러한 변화를 모두 고려해서 국가 내에서, 그리고 국가와 국가 사이에 권력 구조를 어떻게 바꿔야 할까? 이와 관련해 정부는 자신들이 섬기는 사람들, 즉 국민에게 좀 더 가까이 다가서야 한다. 하지만 국제 공조를 유지하고 세계가 계속 기하급수적인 기술의 혜택을 누릴 수 있도록 새로운 국제조직도 필요하다.

현지로의 복귀가 국가와 국가, 그리고 지역과 지역의 갈등으로 이어질 수 있다. 이러한 위기는 군집 드론부터 끊임없는 사이버전까지 훨씬 더 쉽게 상대를 공격할 수 있게 하는 새로운 기술들 때문에 악화된다. 이렇게 하다가는 극도로 혼란스러운 시대로 빠져들 수 있다. 그러므로 국가는 방어력을 강화해야 한다. 그리고 자국민에게 공격에 좀 더 탄력적으로 대응할 수 있는 방도를 가르쳐야 한다. 그와 동시에 갈등이 전쟁으로 확전되는 것을 막고 새로운 무기가 확산되는 것을 막기 위해 전쟁에 관한 새로운 규칙과 규범도 마련해야 한다.

마지막으로, 시장의 역할과 관련된 시민과 사회의 관계에 대해서도 다시 생각해보아야 한다. 공적 논의부터 개인 정보까지 일상의 많은 부분이 상품화되고 있다. 시장의 손아귀로 넘어가서는 절대 안 되는 사적 영역과 공적 영역이 있다. 이것들은 상품화되지 않도록 해야 한다. 기술 대기업이 좀 더 투명하게 의사 결정을 내리게 만들고, 디지털 시민들에게 특정한 권리를 분명히 보장한다면 가능하다. 그와 더불어 공공 소유와 통제 시스템을 마련한다면, 소수가 통제하는 민간 기업이 아닌 공동체가 기하급수적인 기술의 힘을 이용할 수 있을 것이다.

언뜻 보면 이러한 정책들은 서로 관련 없어 보일지도 모른다. 하지만 그것들을 하나로 묶는 몇 가닥의 실이 있다. 기하급수적인 격차를 심각한 문제라고 생각하고 해결하고자 하는 사람이라면 누구나 유념하고 있는 통일된 주제다. 물이 증기가 되어도 우리는 증기가 된 물의 힘을 사용할 수 있다. 하지만 증기를 다룰 새로운 도구가 필요하다. 그런 도구가 없으면 우리는 뜨거운 증기에 델지도 모른다. 그래서 기하급수적인 시대로 접어들면서 나타난 새로운 형태의 힘들을 관리할 새로운 도구가 필요한 것이다.

첫 번째 원칙은 공동성이다. 세계가 점점 빨리 변해가면서 혼자 그 변화의 속도를 따라잡을 수 있는 국가나 기업, 근로자는 없다. 그래서 따로따로 떨어져 있는 집단을 한데 묶어서 협업하고, 서로 아이디어를 주고받을 수 있게 하는 제도를 마련해야 한다. 공동성은 이 책에서 살펴본 많은 정책을 뒷받침한다. 예를 들어 상호 운용성은 서로 다른 기업들이 함께 일하도록 권장하는 데 목표가 있다. 또한 소비자로서(그리고 고객으로서) 우리가 어느 한 기업에 속박되지 않고 쉽게 여러 기업이 제공하는 서비스를 사용할 수 있도록 한다. 새로운 정부 간 조직을 설립해 비슷한 관심사를 가진 국가와 국가의 협력을 권장하면, 세계 분쟁의 위험성을 줄이는 데 도움이 될 것이다. 협력도 공동으로 소유하고 운영하는 조직들을 설립하는 데 큰 도움이 될 것이다. 예를 들면 누구나 데이터에 접근하고 심지어 서비스를 개발하는 데 참여할 수 있도록 하는 조직이다. 그리고 노동자의 집단행동을 강조하고 권장하면, 모두가 변화무쌍한 노동시장에서 더 큰 교섭력을 지니게 될 것이다.

두 번째 원칙은 회복탄력성이다. 세계는 어느 때보다 빨리 발전하고 있다. 우리는 끊임없이 이어지는 변화에 대응하기에 충분할 정도로 견고하고 단단한 제도가 필요하다. 새로운 형태의 복지 체계를 마련해야 한다. 이와 관련해 빠르게 변하는 노동시장의 압박에 못 이겨서 무너지지 않는 시스템을 구축하려고 노력하고 있다. 5장에서는 그 사례로 덴마크의 '유연안정성'이라는 개념을 살펴보았다. 그리고 시민에게 새로운 디지털 권리를 보장해야 한다. 그래서 지금 디지털 플랫폼들이 어느 방향으로 나아가든지 제자리에 남아 있을 수 있는 기본적인 보호 체계의 기반을 마련하고 있다. 이것은 몇 가지 제안에 불과하다. 모든 조직이 단단한 시스템을 마련하는 방안에 대해 고민해야 한다. 이런 시스템을 마련할 때는 처음부터 회복력을 염두에 두어야 한다. 시스템을 도입하고 나서 회복탄력성을 고민하면 늦는다.

그렇다고 회복탄력성이 경직성을 의미하는 것은 아니다. 그래서 세 번째 원칙이 존재하는 것이다. 유연성을 보장해야 한다. 사회가 변하면, 제도는 그 변화에 빠르게 적응할 수 있어야 한다. 사이버 위협을 무시했거나, 고용법을 업데이트하지 못했거나, 독점의 본질에 대해 다시 생각해 보는 데 늦었거나, 어찌 되었든 간에 현재의 각종 시스템이 변하는 기술 질서에 대응하는 데 태만했던 것은 사실이다. 이 책에서 제도들이 좀 더 빠르게 기하급수적인 기술에 따른 변화에 적응할 수 있도록 돕는 방법을 많이 제안했다. 힘이 현지 행위자들에게 주어지면, 민첩하게 대응할 수 있을 정도로 작은 정치 단위를 만들어야 한다. 기술 대기업의 투명성을 높인다면, 걷잡을 수 없는 상황으로 심각해지기 전에 초장부터 문제를 포착하고 빨리 대응할 수 있게 될 것이다. 이것은 몇 가지 사례에 불과하다. 기하급수적인 시대에 모든 제도는 유연성에 대해 진지하게 고민해 보아야 한다. 제도가 너무 경직되어 있다면, 변하는 세상이 제도를 추월해 버릴 것이다.

새로운 시대를 위한 새로운 생각

2040년 전에 이 책을 읽고 있고 있는 사람은 기하급수적인 시대를 살아갈 날보다 기하급수적인 시대 이전에 살았던 날이 더 많을 가능성이 크다. 이것은 기존의 제도들만으로도 충분했다는 뜻이다. 산업화 시대는 내연기관, 전화기, 전기 등 새로운 기술을 탄생시켰다. 이에 대응하여 인간은 직업 안정성과 노동자의 집단 교섭권 보장, 국가 전기 위원회, 도로 안전 매뉴얼 등 자신들의 니즈에 맞게 이러한 새로운 기술들을 관리할 사회 제도를 만들었다. 20세기가 시작되면서 이런 제도들이 서서히 사회의 변하는 니즈에 따라서 변모했다. 1990년대에 효과적인 규범은 1930년대와는 달랐다. 이렇게 점진적인 변화는 문제가 없었다. 기술은 사회 혼란을 야기하지 않는 속도로 발전했다. 제2차 세계대전과 1973년 석유파동 등 충격적인 사건들이 일어났다. 하지만 대체로 새로운 기술은 단절이 아닌 진화의 시대를 세상에 선사했다.

하지만 지금은 기하급수적인 시대다. 불안정과 무질서는 기하급수적인 시대의 정수다. 그래서 끊임없는 변화의 시대에 적합한 새로운 사회적 합의가 필요하다. 공동성과 회복탄력성, 유연성을 확보하는 것이 요원한 일처럼 느껴질 수 있다. 하지만 이러한 원칙들을 확립하는 것이 기하급수적인 시대에 제도들이 제 기능을 하게 하는 유일한 방법이라고 생각한다. 이러한 세 원칙이 상상 속에나 존재하는 허황된 것이라고 생각된다면, 앞서 우리가 완전히 바꿔 놓은 제도들을 떠올려 보라. 보편적 참정권과 영속적인 고용계약, 글로벌 공급망 같은 개념도 한때는 소설에나 등장할 법한 허황된 꿈이었다.

인류가 이렇게 새로운 제도들을 만들어냈다는 사실은 기하급수적인 기술들과 마주한 현재 우리가 희망을 가져도 되는 충분한 이유가 된다. 기하급수적인 시대에 기술은 예측 불가능한 요소다. 새로운 혁신 기술들이 사회를 어떻게 바꿔 놓을지는 누구도 정확하게 이야기할 수 없다. 왜냐하면 기하급수적인 기술은 기업, 일, 지역, 갈등과 정치를 관리하는 제도와 끊임없이 상호작용하기 때문이다. 하지만 과거에도 기술적 혁명 이후에 인간은 그 혼란한 상황 속에서 번창할 방법을 찾아냈다. 현대 역사는 두 가지 큰 힘으로 정의된다. 기술적 변화의 비범한 힘과 그 힘에 맞서 우리가 원하는 세계를 만들어내는 인간의 독창성이다. 기술은 우리가 통제할 수 있는 것이다.

그리고 기술이 아무리 복잡하고 정교해지더라도 우리의 통제 아래 있다. 그래서 기술은 선을 위한 힘으로 사용될 수 있는 것이다. 물은 증기가 된다. 그렇다고 증기로 변한 물이 지닌 힘을 우리가 사용할 수 없는 것은 아니다.

기술의 진화가 기하급수적 차이를 만든다

2040 위대한 격차의 시작

1판 1쇄 발행 2024년 1월 24일
1판 2쇄 발행 2024년 5월 24일

지은이 아짐 아자르
옮긴이 장진영
펴낸이 고병욱

펴낸곳 청림출판(주)
등록 제2023-000081호

본사 04799 서울시 성동구 아차산로17길 49 1009, 1010호 청림출판(주)
제2사옥 10881 경기도 파주시 회동길 173 청림아트스페이스
전화 02-546-4341 **팩스** 02-546-8053

홈페이지 www.chungrim.com **이메일** cr1@chungrim.com
인스타그램 @chungrimbooks **블로그** blog.naver.com/chungrimpub
페이스북 www.facebook.com/chungrimpub

ISBN 978-89-352-1448-8 03320